여자정신대,
그 기억과 진실

여자정신대,
그 기억과 진실

박광준 지음

뿌리와
이파리

일러두기

1. 단행본, 정기간행물 등은 겹낫표(『 』), 논문, 시 등에는 홑낫표(「 」), 노래제목, 영화, TV프로그램 등은 홑화살괄호(〈 〉)를 사용했다.
2. 인명, 지명 등은 국립국어원의 외래어표기법 표기일람표와 용례를 따랐지만, 관례로 굳어진 경우는 예외를 두었다.
3. 본문의 굵은 고딕체는 강조의 의미로 표시했다.

차례

지도 및 도판

표 및 그림

지도

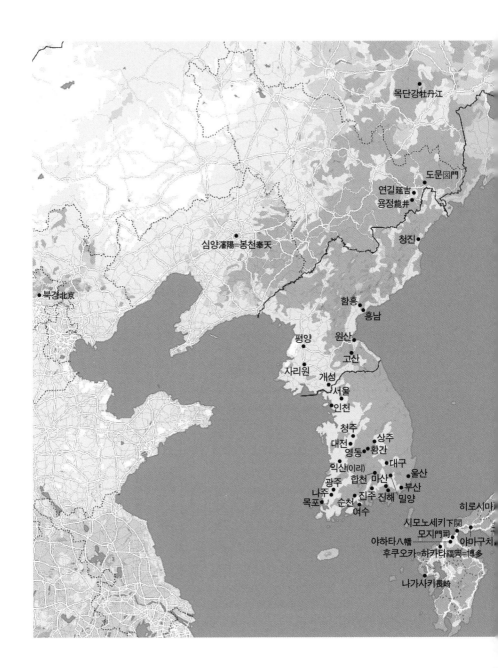

목단강牡丹江

도문図門

연길延吉
용정龍井

청진

심양瀋陽=봉천奉天

북경北京

함흥
흥남
원산
평양
고산
사리원
개성
서울
인천
청주
상주
대전
영동 황간
익산(이리)
광주 합천 마산 대구
나주 울산
목포 진주 진해 밀양 부산
순천
여수
히로시마

시모노세키下関
아하타八幡 모지門司
후쿠오카=하카타福岡=博多 야마구치
나가사키長崎

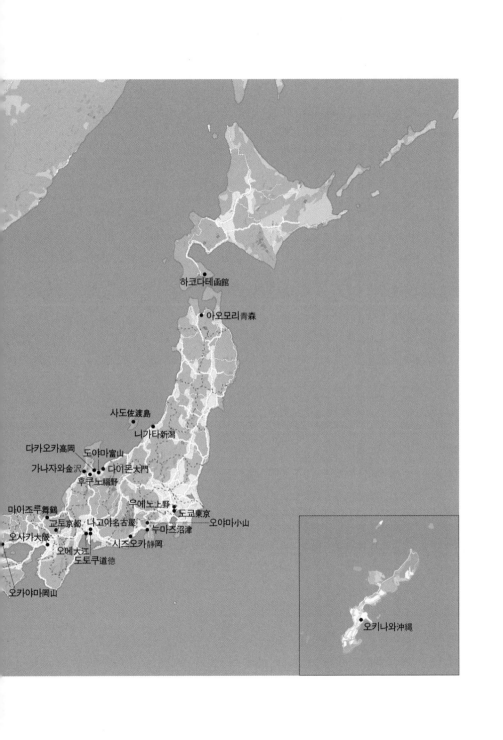

하코다테函館

아오모리青森

사도佐渡島

니가타新潟

다카오카高岡
도야마富山
가나자와金沢
다이몬大門
후쿠노福野

마이즈루舞鶴

우에노上野

교토京都
나고야名古屋
도쿄東京

오사카大阪

누마즈沼津

오야마小山

오에大江

시즈오카静岡

도토쿠道徳

오카야마岡山

오키나와沖縄

서문

이 책의 주제는 남북한(이하 조선으로 칭함)이 일제식민지하인 1943년 봄부터 해방 때까지 약 2년 반 동안 일본 군수공장으로 노무동원되었던 조선여자근로정신대朝鮮女子勤勞挺身隊(이하 여자정신대 혹은 조선정신대로 칭함)다. 정신대란 원래 '앞장서서 나서는 조직'이라는 뜻으로 당시 여러 단체 이름에 사용되었다. 하지만 여기서 말하는 여자정신대는 일제의 국가총동원법에 의거하여 제도화된 조직이며, 1943년까지는 14세 이상, 1944년 2월 이후는 국민학교를 막 졸업한 만 12세 이상의 소녀들이 다수 포함된 근로협력단체였다. 근로협력단체라는 용어는 '일제가 요구한 근로협력에 응한 단체'라고 풀이할 수 있다.

여자정신대는 조선 내의 병기창 등에 단기간 동원되기도 했지만, 이 글의 범위는 조선에서 조직되어 일본으로 장기간(1년 이상) 동원된 정신대다. 재일 조선인 단체도 일본 현지에서 여자정신대를 결성했지만 연구범위에서 제외한다. 당시 조선정신대는 일본에서 반도半島여자정신대라고 불렸는데, 그 규모는 2000명에서 최대 4000명 정도로 추정된다. 일본 내에서도 일본인 여학교나 동창회를 단위로 정신대가 조직되거나 지역단위로 조직되기도 하면서 군수공장에 동원되었는데, 일본인 정신대수는 47만여 명이었다.

전시체제하의 일본은 기업을 국유화하지는 않았으나, 노무관리 전반은 완전히 국영체제로 운영했다. 기업은 노동자를 자유롭게 채용하거나 혹은 퇴직시킬 수 없었다. 노동자를 채용할 경우에는 필요한 노동력을 국가에 신청해야 했고, 국가가 노동자를 선발하여 해당 기업이나 사업체에 배분했다. 노동자는 기업으로부터 임금을 받았지만, 국가가 지정한 기업이나 사업체에서 일해야 했다. 그러므로 노무통제는 개인의 직업 선택 혹은 기업 선택의 자유를 제한했고, 고용되지 않고 살아갈 자유를 박탈했다. 노동자를 이런 방식으로 산업현장에 동원하는 것을 노무동원이라고 한다. 여자정신대는 노무동원의 일환으로 시행된 제도다.

노무동원은 당초에는 노동자에게 근로협력을 요구하는 방식이었으나 일제 말기가 되면 근로를 명령하는 방식, 즉 징용이 된다. 징용체제에서는 국가가 본인 의사와 관계없이 지정된 곳에서 노동하도록 명령하고 그에 불응하면 처벌할 수 있었다. 노무동원은 중일전쟁이 일어난 1937년 이후 징병의 급증으로 인한 노동력 부족을 메우기 위하여 본격적으로 시행되었는데, 조선에서는 1939년경부터 시작되었고 징용이 시행된 것은 1944년 9월부터였다.

이 책이 뜻하는 바는 여자정신대의 결성과 동원 과정, 일본 군수공장에서의 생활과 노동, 귀국과정에 관한 전반적인 역사적 사실들을 명확히 하고, 그에 관련된 의문들을 설명하는 것이다. 오늘날 우리 사회에는 여자정신대에 관한 많은 오해가 있으나 이 책은 오로지 지금까지 한국정부 및 연구자 등이 수집 작성한 정신대원들의 구술자료, 그리고 일본에서 행해진 정신대 소송에 제출된 원고진술서에 근거하여 여자정신대에 관한 객관적 사실을 밝히고자 한다. 그들이 어떻게 모집되어 동원되었으며, 인솔자는 누구였고, 어떻게 출국하고 어떻게 귀국했는가, 일본 공장에서는 어떤 작업에 동원되어 하루 몇 시간 노동했으며, 임금은 어떻게 지불되고 미불임금은 어떻게 처리되었는가, 동원 중 산업재해를 당한 사람 혹은 사망자는 어느 정도 규모였는가 등을 가능한 한 세밀하게 기술하는 데에 주안점을 둔다.

여자정신대의 대부분은 집단으로 귀국했으나, 현지 공장에서 스스로 이탈한 사람도 약 20명 정도로 추정된다. 그들 일부는 밀항 등을 통해 곧바로 조선으로 귀국한 경우도 있었지만, 그중 3명은 위안부, 1명은 군위안부가 된 것으로 보인다. 그 경위에 대해서도 내 나름의 설명을 제시한다. 이 책으로 인해 여자정신대에 관한 이해가 깊어지고, 나아가 일제하 노무동원 전반에 관한 시야가 보다 입체적이 되기를 기대한다.

한국사회에서 정신대 문제는 해방 후 오랫동안 매스컴이나 문학예술 작품 등을 통해 다루어지고 알려졌다. 정신대 문제가 학술적으로 논의되는 것은 1990년대 초부터인데, 그 이후 논의는 두 갈래로 나뉜다. 하나는 역사적 사실에 기초한 과학적 논의였는데 안타깝게도 확산되지 못했다. 다른 하나의 갈래는, 정신대와 관련하여 해방 이후 간간히 제기되어오던 불분명한 근거의 정보들을 매스컴과 사회단체, 그리고 학계조차도 무분별하게 답습하고 재생산한 논의다. 후자는 정신대에 관한 오해를 급격히 확산시켰다. 거기에 감정적 민족주의를 부추기는 일부 상업화된 문화예술과 문학 등이 가담했다. 그러한 영향으로 오늘날 많은 한국인들 사이에 공유되고 있는 정신대에 관한 집단적 기억은 그 역사적 사실에서 매우 멀어진 것이 되고 말았다.

정신대의 본질을 밝히는 것은 곧 '정신대는 군위안부가 아니다'는 사실을 밝히는 연구에 다름 아닐 정도가 된 것이 한국 현실이다. 그만큼 정신대를 군위안부와 동일시해왔던 것이다. 이 문제는 사실 군위안부 문제에 관한 오해, 특히 그 동원 규모에 관한 오해와 깊이 관련되어 있다. 군위안부 문제는 이 책의 범위를 벗어나는 것이지만, 서로 관련되는 부분이 있기 때문에 여자정신대 논의에서 필요한 경우에 한정하여 언급하기로 한다.

2000년을 전후한 시기까지 한국 방송매체나 관련운동단체, 심지어는 관련학자들조차도 정신대와 군위안부를 혼동했고, 학교 교과서에서도 그렇게 기술된 적이 있었다. 그러한 사실 오류의 만연은 누구보다 어린 시절 여자정신대로 동원된, 적어도 2000여 명의 여성들에게 말할 수 없는 고통을 주었다. 그들은 자신들이 곧 군위안부로 오해받을까 두려워서 과거를 숨기고 조마조마하게 살았다. 결혼 후 여자정신대였다는 사실이 배우자에게 알려져 배우자로부터 실제적인 피해를 입었다는 당사자 증언도 다수 있다. 다른 한편, 비록 어린 나이였지만 정신대에 지원했다는 사실로 인해 친일파로 매도될까 두려워하며 살기도 했다.

더구나 한국사회의 정신대 논의는, 일본을 비난하는 말이라면 거짓말이라도 문제삼지 않는 듯한 그릇된 사회풍토를 심화시켰다. 사실에만 근거하여 논의하더라도 일제의 책임을 추궁할 수 있음에도 불구하고, 피해사실을 과장해야만 책임 추궁이 가능하다는 생각에 빠진 듯한 논객도 적지 않다. 그래서 '사실을 말한다'는 것이 더이상 우리 사회의 가치가 아닌 듯한 분위기마저 현저해졌다. 학계에서마저 그러한 풍토가 보인다. 한국사회 전반에 이러한 분위기가 고착되면서 일본 내 자국의 진정한 과거사 반성을 촉구하며 피식민자의 고통에 공감해왔던 학계나 언론매체조차도 한국 측 관련자들(단체들)이나 한국학계의 말을 쉽게 믿지 않으려는 경향이 강해졌음을 나는 실감하고 있다.

역사적 사실은 그 시대를 체험했던 한 사람 한 사람의 기억과 다를 수 있으며, 널리 공유된 집합적 기억collective memory도 진실이 아닐 수 있다. 즉 집합적 기억이 곧 역사는 아니다. 본래 기억이란 개인적이고 주관적인 것이다. 하지만 개인적 기억들이 집적되어 체계화된 집합적 기억도 존재하며 그것이 다음세대로 전수된다.

집합적 기억을 연구대상으로 삼았던 프랑스 사회학자 모리스 알박스(M. Halbwachs, 제2장)는, 집합적 기억이 두 가지 점에서 역사와 다르다고 지적했다. 첫째, 집합적 기억은 그 집단 고유의 경험이나 인식에만 착목하지만, 역사는 사회 전반을 객관적으로 관찰하고 각 집단 부분들을 전체로서 종합해가는 과정을 통해 형성된다는 점이다. 두 번째 상이점은, 역사는 그 고찰대상인 집단이 없어진 이후에도 존속하지만, 집합적 기억은 구성원들 사이에 공통의 가치관이나 관념이 있을 때만 존속할 뿐 그 공통적 가치관이 상실되면 사라지고 만다는 점이다.

정신대에 관한 오늘날 우리 사회의 집합적 기억도 마찬가지라고 나는 생각한다. 특기할 점은 정신대 문제에 관한 한국사회의 집합적 기억은, 그것이 자연스럽게 형성되어왔다고 하기보다는 인위적으로 만들어져 확산되어왔다는 점이다. 따라서 역사적 사실이 확인됨으로써 사회성원들의 관념에 공통성이 약해지고 다양한 가치관이나 역사관이 확산되면, 정신대에 관한 오늘날의 집합적 기억도 오래가지 않아 소실되거나 크게 달라질 수 있다고 말하지 않을 수 없다.

과거 독일이 유대인에게 가했던 심각한 박해에 대해 진지하고도 철저한 반성을 행동으로 보여주었다는 사실은 한국에도 잘 알려져 있다. 그것은 반성을 주저하는 일본을 공격하는 전형적 논거로 사용되어왔다. 그런데 우리는 그 피해자인 유대인사회가 자신들의 피해사실을 어떻게 공표하는가에 대해서도 관심을 가져야만 한다. 공표된 유대인 피해사례를 의심하는 사람은 거의 없다. 왜냐하면, 유대인사회가 피해사실 하나하나에 대해 자체적으로 철저한 검증을 거친 후 명확하게 사실로 판명된 사례만을 공표해왔기 때문이다. 그것은 피해배상금 지급방식의 특징과도 관련되지만, 공표된 피해사례에서 사소한 것이라도 사실 아닌 것이 포함되어 있으면 유대인 피해사실 전체가 그 사실성을 의심받게 되는 현실을 그들은 냉철하게 직시하고 있는 것이다.

일제식민지배에 의해 직접적 피해를 입은 당사자들의 증언은 더없이 소중한 사료史料다. 그러나 사료들은 철저한 과학적 검증과정을 거쳐야만 비로소 '역사적 사실'로서 인정받을 수 있다. 과학자의 역할은 그 사료들을 가능한 한 설명하는 것이다. 그들의 말을 그대로 전하는데 그치는 것은 과학자의 임무가 아니다. 과학자 본연의 임무란 그들이 말하는 의미가 무엇인지를 설명하는 데에 있다. 설명한다는 것은, 그들의 증언이 왜 그렇게 되어 있는가를 논리적으로 기술하는 것인데, 그것은 당사자의 구술 내용을 나름대로 이해했을 때에만 가능하다. 그리고 구술자료를 설명하기 위해서는, 기본적으로 당시 노무동원이나 노동에 관련된 법령이나 규칙들을 검토하는 것은 물론, 노무동원에 관련되어 있던 많은 일본인들의 증언 등을 가능한 한 찾아서 비교적으로 검토하는 것이 요구된다. 그것은 당사자들의 귀중한 목소리에 숨을 불어넣어 역사에 등장시키는 작업이다.

한 조각의 사료를 역사에 등장시키는 것은 구술 당사자에 대한 역사가의 예의다. 그 작업에는 우선 피해자의 고통에 공감하는 정열이 요구된다. 하지만 더더욱 요구되는 것은 그 정열의 바탕에 있어야 마땅한, 무엇보다 사실을 중시하고 사료가 말하는 범위 내에서만 설명을 시도하고자 하는 이성적이고도 겸손한 자세다. 차가운 이성은 비유하자면 촛불의 푸른 불꽃심이다.

촛불은 심지 가까운 곳에 푸른 불꽃이 있고 그것을 붉은 불꽃이 감싸고 타오른다. 붉은 불꽃과 푸른 불꽃은 각각 감정과 이성, 예술과 과학 등으로 비유할 수 있을 것이다. 촛불이 제구실을 다하기 위해서는 두 가지 불꽃의 어울림이 필요하다. 정신대 문제에 대해서도, 피해자에 공감하는 뜨거운 정열만으로 역사적 사실이 밝혀질 수 없다. 식민지배에 공분하고 피해자 고통에 공감하려는 붉은 불꽃은, 그 깊은 곳에 진리와 사실을 냉철하게 추구하는 푸른 불꽃심과 어우러질 때 비로소 주위를 비추는 밝은 빛이 될 수 있다. 촛불의 푸른 불꽃심을 지키는 것, 그것은 역사가의 역할이요 사회과학자의 역할이다. 학식자들이 조각조각의 수많은 사료들 중에서 보다 진실되고 중요한 것만을 가려 뽑아 역사에 등장시키는 것, 그것이 사회과학자가 보여주어야 할 피해 당사자에 대한 공감 방식이다. 그리고 그러한 치밀한 작업이 대외적으로는 식민지배 가해자에게 당당하게 맞설 수 있는 힘과 정당성을 만들어주며, 대내적으로는 우리 사회를 보다 성숙하고 강한 사회로 이끌어줄 것이다.

한국사회가 거짓을 사실인 것처럼 말한다는 평판을 얻게 되면, 장차 그 폐해는 '헤아릴 수 없이 큰 것'이며, 그 피해는 누구보다도 바로 '한국인'에게 돌아온다. 언론이 오보를 예사로 여기고, 학계가 사실 확인 절차도 거치지 않고 다른 이의 논의를 그대로 인용하고 퍼뜨리거나,

혹은 상대방의 저술을 읽어보지도 않고 폄하하는 경향이 있는 오늘날의 우려할 만한 현상은, 남이 아닌 바로 '우리 사회'의 건전성을 파괴하고 있다. 그리고 국제적으로는 한국과 한국민에 대한 호감도를 떨어뜨리게 한다. 오늘날 세계 나라들이 너나 할 것 없이 자국의 호감도를 높이려고 무던히 힘쓰는 이유는 무엇인가? 그것은 호감도라는 것이, 그 나라 국민 개개인과 사회단체, 기업들의 활동에 더없이 귀중한 사회자본이기 때문이다. 결국 거짓의 만연은 우리의 소중한 사회자본을 우리 스스로가 갉아 없애는 자해행위다.

나는 이 책이 두 가지 점에서 우리 사회에 기여하기를 바란다. 하나는 여자정신대에 대한 올바른 역사적 사실 이해에 도움이 되었으면 하는 것이다. 이 목표는, 학문적 저술이라면 모두가 추구하는 평범한 것이다. 이에 덧붙여 나는 이 책이 사실만을 말하는 사회, 사실 아닌 말의 해악을 두려워하는 사회풍토가 만들어지는 데에 보탬이 되기를 바란다. 물론 이 책에는 상당한 논란거리를 포함하고 있으므로, 비판적 견해에 대해서는 우선 겸허히 받아들이고, 나아가 비판적 논객들과 대화하려는 마음의 준비가 되어 있다.

용어와 인명표기에 관하여

이 책에서는 1944년 '여자정신대제도 강화방책요강' 혹은 '여자정신근로령'에 근거하여 조선에서 편성되어 일본으로 동원된 정신대를 '여자정신대' 혹은 '조선정신대'로 표기한다. 여자정신대의 출신지역은 식민지 조선 전토, 즉 오늘날의 남북한에 걸쳐 있었다. 일본에서도 약 47만여 명의 여자정신대가 결성되어 동원되었는데 그들은 '일본정신대'로 표기한다. 조선정신대의 실상 파악을 위해서도 일본정신대와 비교하는 것이 필요하며, 실제로 조선정신대가 동원된 공장 대부분에는 일본정신대 혹은 일본학도대가 동원되어 있었으므로 양자가 동시에 언급되는 경우가 적지 않다. 일본정신대와 구분하기 위해서라도 조선정신대라는 용어가 필요하다.

정신대에 참가한 사람은 '정신대원' 혹은 '대원'이라고 표기한다. 뭔가 자연스러운 용어는 아니지만, 달리 사용할 만한 마땅한 용어가 없고 간략하다는 장점이 있기 때문이다.

여자정신대가 일본의 군수공장 일터에서 탈출하는 행위는 '이탈'로 표기한다. 당시 일본에서는 도주逃走 혹은 도망이라는 용어를 주로 썼고 정신대원 스스로도 도망이라는 용어를 사용하고 있지만, 이탈이라는 용어가 보다 가치중립적이라고 판단된다.

군위안부와 위안부도 구분하여 사용한다. 군위안부란 일본군이 설치한 군위안소에서 위안 일을 했던 여자를 말하며, 위안부란 민간 시설에서 위안 일을 하는 여자를 뜻한다. 주로 군인을 상대했다고 하더라도 군위안소가 아닌 곳에서 위안 일을 한 경우는 위안부라고 칭한다. 위안부는 흔히 매춘부라고 불리기도 하지만, 한국에서 매춘부라는 단어는 하나의 직업 호칭이 아니라 경멸적 호칭 혹은 욕설과 같이 쓰이기 때문에 사용하지 않는다. 1990년대 대다수 한국 신문에서는 정신대를 군위안부와 혼동했다. 매춘부, 창녀, 창안부라는 표현도 발견된다. 위안부라는 용어는 일본에서 유입된 것으로 보이는데, 해방 이후 1960년대 한국에서도 정부문서에서 공식적으로 사용된 용어였다.

한자로 된 일본 국왕[天皇] 명칭은 '덴노'라고 표기한다. 일본 한자말을 우리말로 직역하면 천황이 되지만, 그것은 고유명사이므로 일본 발음대로 덴노로 표기하는 것이 천황 혹은 일왕으로 표기하는 것보다 적절하다고 생각한다.

일제日帝(일본제국주의)는 일본내각과 조선총독부를 포함한 전체적인 식민지 지배 기구를 뜻하는 용어로 사용된다. 주로 조선총독부를 제외한 일본내각을 의미할 때 일본정부라고 표기한다. 노동자 이동이나 노무동원 정책에서는 일본내각과 조선총독부가 태도나 입장을 달리한 경우가 있었으므로, 필요에 따라 양자를 분리하여 논의한다.

노무동원이라는 용어는 1939년 국가총동원법 이후 국가정책에 의해 조선인이 일본 군수공장 등으로 동원된 경우를 일컫는다. 1939년 이전의 노동자 이동은 기본적으로 본인의 선택 문제였으므로 그 경우는 노동자 이주 혹은 노동자 이동으로 표기한다.

본문에는 많은 정신대원 구술자의 이름이 등장한다. 한국정부의 강제동원피해진상규명위원회가 발행한 구술자료집은 출판에 동의한 사람만의 구술이 실려 있으므로 구술자 이름을 그대로 싣기로 한다. 그중에는 가명도 포함되어 있다. 위안부가 되었던 4명 중 강덕경은 실명이지만 이미 잘 알려져 있기 때문에 그대로 싣고, 나머지 3명은 원래부터 가명이므로 구술자료집의 이름을 그대로 싣는다. 일본에서 행해진 여자정신대 소송 원고 그리고 판결문의 경우, 이름이 영문 대문자만으로 표기되거나(예를 들면, 원고 S씨) 이름 일부가 지워진 채 공개되어 있는 경우가 있는데, 원고 이름은 공개된 판결문대로 표기한다. 예를 들면 '이○순'과 같은 표기인데, 공교롭게도 이 표기에 해당하는 사람이 두 사람 있다. 이 경우, '이○순a, 이○순b'로 표기한다.

제1장

여자정신대에 대한
접근방법과 관련 사료

해방 이전 그리고 2000년 이후에도 한국사회에서는 여자정신대를 군위안부와 동일시하는 오해가 있었고, 그 오해는 매스컴과 학계에도 퍼져 있었다. 이 장에서는 먼저, 이러한 오해의 발단과 배경을 살펴본다. 다음으로 조선정신대에 관한 국내외의 선행연구들을 검토한다. 그리고 한국사회에서 조선정신대에 접근할 때 유의해야 할 사항, 그리고 이 책에서 시도하는 접근방법의 특징을 설명한다.

여자정신대 문제에 관하여 무엇보다 중요한 사료는 정신대원의 구술자료와 증언이다. 구술자료는 정부조사자료집에 실려 있는 23명의 구술자료를 비롯하여 개인 연구자들의 저술에도 적지 않게 수록되어 있다. 그리고 조선정신대가 일본정부 혹은 기업을 상대로 일본재판소에 제소한 경우가 4건 있는데, 각각의 소송에서 각 원고들이 제출한 진술서도 중시해야 할 증언자료다. 증언은 모두 60여 건에 달하는데, 이 책에서는 가능한 한 모든 증언을 활용한다.

정신대 당사자는 아니지만, 여자정신대 동원에 관여했던 당시 조선인 교사 1명과 일본인 교사 수 명의 증언, 그리고 정신대가 일했던 일본 사업장 내에 설치되어 있던 청년학교의 관계자나 교사, 기숙사 관계자 등의 증언도 있다. 조선정신대와 같은 시기 같은 공장에 동원되었던 일본여자정신대 혹은 일본학도대가 남긴 문집 안에도 조선정신대에 관한 내용이 들어 있으므로 활용한다.

정신대원들의 개인적 기억을 객관적으로 해석하기 위해서는, 그것들을 정신대령을 비롯한 중요한 법령자료나 역사사료에 비추어보는 과정이 반드시 필요하다. 정신대를 받아들이는 기업에 대한 노무관리 지침, 일본 공장법의 여자노동자 보호규정, 총동원법 노무동원자에 대한 원호사업 요강, 그리고 각 기업의 역사서, 기업을 관할하던 지역 경찰서의 역사서 등이 거기에 포함된다.

1. 여자정신대란 무엇인가?

정신대의 말뜻

정신대를 풀이하자면 '정신挺身하는 부대(단체)'다. 정신이란 낱말 자체는 한자로 된 우리말이다. '자진해서 나옴. 무슨 일에 앞장섬'(『이희승 국어대사전』 1982년 수정판)이라는 뜻이다. 이미 『조선왕조실록』에도 '몸을 돌보지 않고 나서는 행위'를 의미하는 단어로 정신이란 말이 흔히 사용되었다. 일본어로도 정신이란 '스스로 앞장서는 것, 자신의 몸을 던져 어떤 일을 하는 것'(『고지엔広辞苑』)을 뜻한다. 대隊란 군대 편제를 뜻한다. 극단적 군국주의 시대였던 1940년대에 일본은 국가총동원체제를 갖추고 초중고 학생이든 주부든 모든 조직에 대隊를 붙여서 군대처럼 조직하고 동원했다.

일제시대 특히 그 말기에는 여러 단체들 이름에 정신대가 붙어 있었다. 예를 들어 농촌정신대, 보도정신대, 구호정신대, 인술정신대, 국어(일본어)보급정신대 등이 있었다. 이 단체들은 기본적으로 인력을 동원하는 성격을 띠었다. 함경도 함흥의 각 군郡에서 60~100명을 뽑아 2~3개월간 국책공사에 동원할 계획이라는 보도(『매일신보』 1940. 11. 13.)를 보면, 적어도 1940년에는 정신대라는 이름의 노무동원이 있었음을 알 수 있다. 실제로 1937년에 도일한 어느 재일 여성은 "조선 농촌에 살고 있었는데, 일본인이 여자정신대를 흔히 모집하고 있었으므로 그 모집에 응해서 도일했다"(在日本大韓民国青年会, 1988: 129)고 증언한다.

그러나 이 연구의 대상인 여자정신대는 이전의 단체들과는 달리 법적 근거를 가진 것이었다. 1944년 8월 23일 시행된 칙령 여자정신근로령女子挺身勤勞令(이하 정신대령)이 그 법령이며, 이로써 여자정신대 동원에는 법적 강제성이 전제되었다. 그런데 정신대령은 1944년 3월 각의閣議에서 결정된 '여자정신대제도 강화방책요강'을 거의 그대로 입법화한 것이므로, 조선에서 강제성이 전제된 공식적인 정신대는 사실상 이 각의결정 이후라고 할 수 있다. 본격적으로 정신대를 일본으로 동원하기 시작한 것은 이 요강이 시행되는 1944년 봄부터다. 즉 정부방침(각의결정)에 근거하여 조선에서 정신대를 동원했지만, 그 몇 달 후에 법적 근거인 정신대령이 시행된 셈이다.

다만 조선과 일본에서 정신대령 1년 전에 '여자근로동원의 촉진에 관한 건'(1943. 9.)이라는 정부방침에 근거하여 자주적 단체로서 여자정신대 결성이 추진된 적이 있었다. 더욱이 자주적 정신대를 포함하여 이 정부방침 이전에도 여자노무동원자가 있었는데, 그 수는 현재 확인된 경우만도 약 90명이다. 이들 중에는 근로보국대라는 이름으로 동원된 경우도 포함된 것 같다. 그들은 동원된 뒤, 정신대령에 근거한 공식적 조선정신대가 일본 공장에 도착하자 그 정신대에 편입되어, 해방 전후 시점에는 여자정신대의 신분이 되어 있었던 것으로 추정된다. 일본으로 동원된 조선정신대의 규모는 약 2000명 정도로 추정되는데, 일본인 정신대원은 47만 2573명이었다. 조선정신대가 동원된 일본 군수공장에는 일본정신대도 동원되어 있었지만, 기숙사나 노동장소가 분리되어 있어서 서로의 접촉과 교류는 한정적이었다.

정신대령은 이듬해 국민근로동원령(1945. 3. 6.)에 의해 국민의용대로 재편되었다가 종전과 더불어 폐지된다. 국민근로동원령이란, 가동가능한 모든 노동력을 국가가 지정한 산업에 동원 배치하기 위하여 그에 관련된 5개 칙령(국민징용령, 노무조정령, 학교졸업자사용제한령, 국민근로보국협력령, 여자정신근로령)을 일원화한 칙령이었고, 해방 때까지 유효했다.

여자정신대는 원칙적으로 미혼여성으로 구성된 근로협력단체였다. 정신대령은 제1조에서 이 법이 '근로협력에 관한 명령'이며 정신대원은 '근로협력을 행해야 하는 자'로 규정했다. 일본정부와 조선총독부는 정신대령이 만들어지기 전부터 정신대는 징용과 다르다는 점을 계속 강조했다. 징용은 근로명령이지만, 정신대는 어디까지나 근로협력에 관한 명령이라는 것이었다.

정신대의 최저연령은 1944년 2월 이후 만 12세, 즉 국민학교를 정상으로 졸업한 연령이 되었다. 1943년까지는 14세가 하한연령이었다. 일본 공장에서 일하기 위해서는 일본어를 알아야 했기 때문에 국민학교 졸업 정도의 학력이 요구되었다. 일제는 이 시기 이전부터 조선의 국민학교에서도 일본어만을 사용하도록 강제했기 때문에 정신대원 중에는 일본어에만 익숙해서 집에서 부쳐온 한글 편지를 스스로 읽지 못하는 경우조차 있었다.

한편, 일본 내 재일 조선인사회에서도 여자정신대가 조직되었다. 『매일신보』(1944. 8. 27.) 보도에 의하면, 오사카부府 협화회는 ○○명으로 구성된 '오사카(在大阪)여성정신대'의 결성식을 협화회관에서 개

최했고, 이어서 제2차, 제3차 정신대를 편성할 계획이었다. 그 규모는 크지 않았다고 여겨지는데, 이 책의 연구범위에서는 제외했다.

공식적 정신대가 일본 공장에 처음 도착한 것은 1944년 4월경, 그리고 정확한 도착일을 알 수 있는 경우는 5월 9일의 일이다.[1] 정신대 노동은 근로협력이라는 이름을 달고 있었지만, 임금이 지불되고 노동자 보호를 위한 공장법(1911년 입법. 1916년 시행)의 적용대상이었기 때문에 그 처우는 일반노동자와 크게 다르지 않았다. 다만 일본으로 정신대를 동원한 경우는 조선 내 동원과는 큰 차이가 있었다. 먼 길 이국땅인데다가 1년 이상 장기간 동원이었으며, 조선과 일본 사이에는 언어를 비롯한 문화 차이가 있었고, 민족차별 풍토가 강했던 일본에서 민족적 마이너리티로서 일하는 것이었기 때문이다.

협력성과 강제성

'근로협력을 행해야 하는 자'라는 정신대령 규정에는 '협력성'과 '강제성'이라는 두 가지 모순적인 개념이 함께 담겨 있다. 정신대는 '형식적으로는' 본인과 보호자의 동의를 전제했다. 즉 협력을 요청하고 그에 동의한 사람을 동원한다는 것이다. 한편 강제성이란 정신대에 동의하여 '일단 대원으로 편성된 후에는 동원을 거부할 수 없다'는 뜻이다. 편성 후 동원거부에 대한 법적 제재는 두 단계를 거치는데, 최종적으로는 국가동원법에 의한 처벌(1년 이하의 징역 혹은 1000엔 이하의 벌금)이었다.

----

1) 공식적 정신대라고 말하는 이유는, 1944년 이전 자주적 정신대 등의 신분으로 동원된 후 일본 현지에서 정신대로 편성된 경우가 있었기 때문에 그 정신대와 구분하기 위해서다.

여자정신대를 동원한 여러 사례를 살펴보건대 민족차별적 요소가 있었음은 분명하다. 당시 조선에서는 국민학교를 졸업하거나 상급학교(高等女學校=高女. 국민학교 졸업자 대상, 5년 혹은 4년제. 지역에 따라 3년제도 가능)에 수학 중인 일본인이 다수 있었음에도 불구하고, 그들을 정신대로 동원한 사례는 지금까지 발견되지 않기 때문이다. 일본인이 여자정신대 기숙사 관리인(료보寮母)에 지원하는 경우는 있었다. 또한 어느 일본인 경찰서장 딸이 정신대로 일본으로 같이 갔다는 증언이 단 한 건 있지만, 워낙 특별한 증언이며 신빙성이 낮아 보인다. 즉 조선정신대는 조선에 있던 조선인만으로 편성된 조직이었다.

일본에서는 여자정신대나 학도대 중 실제로 군수공장에 동원되었던 연령은 일반적으로 14세 이상이었으나, 내가 확인한 최저연령은 13세(고녀 2년생)이며, 그들이 군수공장에 장기 동원된 시기는 1945년이 되어서였다. 그러나 조선정신대는 1944년부터 당시 일본 공장법이 규정한 최저노동연령인 12세 이상을 동원대상으로 삼았다.[2] 당시에는 늦은 나이에 국민학교에 입학하는 경우가 적지 않았으므로, 5학년 재학생이라도 12세를 넘긴 경우가 있었다. 12세 이상 여자 중에서 일본어를 아는 사람, 즉 국민학교 졸업자 혹은 국민학교 취학 경험자가 그 대상이었다.

여자정신대 동원은 1943년 봄부터 시작되었다. 본격적인 단체동원은 1944년 4월부터였는데, 그들이 만약 해방 때까지 계속 일본에서 일

---

2) 1944년 2월 이전까지 장기간 노무동원 최저연령은 일본과 조선 둘 다 14세였다. 14세로 설정된 데에는 일본의 의무교육기간이 8년으로 규정되어 있었던 사실과 관계가 있을 것이라고 생각된다. 아동 보호자로 하여금 '14세에 달할 때까지는 아이를 학교에 취학시키도록 의무지우는 것이 아동보호에는 매우 중요하다'(重松, 1941: 21)고 지적되고 있었다.

했다면 최장 15개월 정도 노동한 셈이다. 마지막 동원은 1945년 3월이었으므로 이 경우는 최장 5개월 정도 노동했다. 최장기간이란 일본에 있었던 전체 기간을 말한다. 당시는 공습으로 인해 공장이 파괴되어 다른 지역 혹은 다른 회사의 공장으로 전속되는 경우가 있었다.

정신대원들은 소속학교 교사, 조선총독부 노무관계 직원 혹은 면 직원, 일하게 될 회사 직원 등의 인솔로 조선을 출발했다. 그들 중에는 해방 이전에 귀국한 대원들도 상당수 있었다. 조선 사리원에 새로 건설될 공장으로 전속 발령을 받은 420명은 해방되기 약 한 달 전에 귀국했다. 건강상 문제로 조기 귀국한 경우도 10여 명 있다. 그 경우에도 교사나 회사 직원에 의해 조선까지 인솔되었다. 해방 후 귀국하는 경우에는 당시 조선행 연락선이 출발하는 일본 항구(하카타博多, 시모노세키下關, 니가타新潟 등)까지 회사 직원이 인솔하여 귀국했고, 일본인 교사도 부산항까지는 인솔했다. 해방 후 조선에서 공무원이 정신대를 데려오기 위해 일본 공장까지 갔다는 증언도 있다.

하지만 안타깝게도 살아서 귀국하지 못한 대원들도 있었다. 일제 말기가 되면 일본 본토가 미군의 잦은 공습을 받았는데, 정신대가 일하던 군수공장은 미군의 공격 목표였다. 공습으로 인한 사상자가 적어도 2명, 지진발생으로 인하여 6명의 사망자가 발생했고, 원인불명 사망자가 적어도 1명, 장티푸스 사망자가 1명 있었다. 장차 확인이 필요하지만, 나가사키 원자폭탄 투하로 평양대隊가 집단적으로 희생되었다는 증언이 한 건 있으며, 중도 귀국하던 어느 정신대원이 탄 배가 침몰해서 희생되었다는 증언도 한 건 있다.

정신대에 대한 오해가 지속된 이유

정신대에 관한 우리 사회의 오해는 다음 네 가지다.

첫째, 정신대란 곧 군위안부라는 것이다. 연구자에 관한 한, 이렇게 오해하는 사람은 지금은 거의 없다고 생각되지만, 민족주의를 상업화한 영화나 문학 등이 여전히 오해를 부채질하기도 한다. 이런 오해는 약 2000여 명의 여자정신대원들에게 심각한 고통을 주었지만 당사자들은 침묵했다. 목소리를 내면 도리어 위안부였다고 오해받을 위험이 있었고, 혹은 친일파로 매도될 가능성도 있었다. 일장기 머리띠를 하고 일하는 모습, 신사를 집단 참배하는 모습 등의 사진이 남아 있기 때문이다. 결국은 우리 사회의 난폭한 논의 문화가 정작 당사자인 그들을 침묵시킨 것이다. 군위안부와 여자정신대를 구분해야 하는 이유를, 여자정신대원들이 받을 수 있는 엄청난 사회적 불이익에서 찾으려고 하는 중요하고도 당연한 지적은, 그 후 강정숙(2006)에 의해서 비로소 제기되었다.

일본에서도 정신대와 위안부의 혼동이 아주 없었던 것은 아니다. 예를 들면 '여자특별정신대원'이라는 용어가 있었다. 일본은 패전 후 점령군이 진주해오자 '점령군을 위한 위안부'제도를 만들어 일본인 여자를 동원했는데, 그들을 여자특별정신대원이라고 칭했다.[3] 군수공장에 동원되었던 일본정신대 일부가 전후 점령군 위안소로 동원된 경우도 있었다. 다만, 일반적으로 여자정신대가 47만여 명이나 되었기 때문에 양자의 구분은 비교적 명확했다.

---

3) 이들을 모집하기 위한 신문광고가 남아 있는데, 제목은 특별여자종업원 모집, 모집주체는 특수위안시설협회(RAA)로 되어 있다. 약 5만여 명이 모집되었다고 알려져 있다. 1946년에 폐지되었다.

둘째, 정신대 모집이 군위안부 동원의 수단이었다고 보는 오해다. 1990년대 한국정부의 군위안부 생활지원사업에서 군위안부 피해자로 신고한 사람이 약 170명이다. 그런데 (군)위안부였던 사람 중 4명이 여자정신대라는 이름으로 동원되었음이 사실로 확인된다. 이를 근거로 '(관이) 군위안부를 동원할 때 여자정신대라고 선전했다'고 주장하는 것이다. 이렇게 주장하는 학자나 사회단체는 지금도 있다. 민간 업자나 인신매매 관계자가 (군)위안부를 모집하면서 여자정신대 모집이라고 속여서 동원한 경우는 적지 않았을 것이라고 판단된다.

셋째, 여자정신대의 규모에 관한 오해다. 여자정신대로 동원된 규모는 5만 명에서 7만 명, 혹은 20만 명 정도의 대규모였다는 것이다. 그런데 이것은 정신대와 군위안부를 혼동함으로써 생긴 오해다. 군위안부 동원자수는 1970년대에 5만~7만 명으로 기사화되다가, 그 후 더욱 부풀려 최고 20만 명이 군위안부로 동원되었다는 주장인데, 그것이 터무니없는 수치라는 것은 당시의 여자 인구 통계(제6장)를 살펴보면 명백하다.

조선정신대수를 추정한 국내연구 중에 정신대수를 가장 적게 추정하는 이는 1000명 정도다. 다카사키 소지高崎宗司(高崎, 1999)는 최대 4000명 정도로 추산하는데, 적어도 그 수준을 넘지는 않을 것으로 보인다.

이상 세 가지의 오해는 자연적으로 만들어지고 심화된 것이 아니다. 1970년대 이후 언론의 오보, 교과서의 잘못된 기술 등 사람들에 의해 '만들어진 것'이다.

마지막으로, 이상의 입장들과는 완전히 다른 오해인데, 조선에서 일본으로 동원된 공식적인 정신대가 없었다는 주장도 있다. 조선정신대가 일본으로 동원된 것은 사실인데, 그것은 정신대령이라는 칙령에 근거한 것이 아니었다는 주장이다. 이것은 워낙 학술적인 논쟁인데, 이에 대해서는 제7장에서 자세히 논의한다.

정신대를 군위안부와 동일시하는 현상은, 1991년 김학순 할머니의 증언 이후 해방 전의 국민학교 학적부가 공개되면서 한국사회 전체를 뒤흔들고 국민적 공분을 불러일으키면서 더욱 증폭되었다. 만 12세의 졸업생 혹은 재학생 학적부에 '여자정신대로 일본에 동원'이라고 기재되어 있다는 사실이 확인되자, 그것을 근거로 '국민학생을 군위안부로 삼았다'고 보도했기 때문이다. 네이버라이브러리로 검색할 수 있는 『조선일보』『동아일보』『한겨레신문』『경향신문』은 물론, 확인 가능한 모든 신문이 그런 오보를 실었다. 이와 관련해서는 일본에서도 『아사히신문朝日新聞』이 오보를 실었다가 후일 공식 사죄했고,[4] 『요미우리신문読売新聞』(1987. 8. 14.)도 오보에 가까운 기사를 실었다고 판단된다.

그러한 오해는 여순주(1994)가 두 제도가 별개의 것이라는 점을 지적한 후에도 지속되었다. 그사이에 여러 선행연구들이 사실을 지적했고, 최종적으로는 박정애(2015; 2020)에 의해 구분이 명확해져서 이 문제는 더이상 학술적 논란 대상이 아니다. 그러나 사회 일반에서는 여전히 그러한 오해가 남아 있다.

---

4) 2014년 8월 5일자 신문은, 1990년대 초에 보도한 두 건에 대해 '당시 정신대 연구가 많지 않았고 역사적 진실을 깊이 밝히려는 자세가 부족하여 위안부와 정신대를 혼동한 사실 아닌 기사를 보도했다'고 오보를 인정하고 사죄했다. '정신대 등의 이름으로 동원하여 위안소에서 일본군을 상대로 매춘을 강요했다'(1991. 12. 10.)는 보도, 그리고 '조선인 여성을 정신대라는 이름으로 강제연행했다. 그 수는 8만 명이라고도 20만 명이라고도 일컬어진다'(1992. 1. 11.)는 두 개의 보도를 공식적으로 정정했다. 그리고 조선정신대 일본 동원자수는 많이 잡아서 4000명 정도라고 보도했다.

여자정신대에 관한 오해는 왜 그렇게 오래 지속되었을까? 그 배경에는 다음 세 가지 문제가 자리잡고 있다.

첫째, 당시 조선의 사회경제 상황을 구체적으로 이해하지 못한 가운데, 오늘날의 기준에서 조선정신대만을 잘라내 논의하는 경향이 있었다는 점이다. 식민지 조선에서는 새로운 법제도의 이식으로 근대국가의 법치적 사회질서가 구축되기 시작했던 반면, 식민지기 내내 전통사회로부터 물려받은 빈곤은 해소되지 않았으며, 여성차별 그리고 경제활동 유인을 억압하는 의식구조에는 이렇다 할 개선이 없었다. 더구나 일제 말기는 극단적 전시체제였다. 오늘날의 기준으로 본다면 전혀 정상적인 사회가 아니었다.

둘째, 비과학적 설명의 만연과 표절을 예사롭게 생각하는 문화가 있어왔다는 사실 또한 가볍게 볼 수 없다. 조선왕조는 말언어와 기록언어가 다른 언문불일치 사회였다. 비록 사대부라 할지라도 한문 문장 만들기는 쉽지 않았기 때문에 고전이나 다른 이의 문장 일부를 떼어와서 글을 짓는 경우가 흔했다. 유명 인사의 글귀를 그대로 옮기는 것을 용사用事라고 하는데, 용사는 그 글을 읽어 알고 있다는 의미로 자랑처럼 여기는 풍토가 있었다. 비교적 잘 알려진 일이지만, 최초의 언문일치 저술인 유길준의 『서유견문』은 후쿠자와 유키치福沢諭吉의 『서양사정西洋事情』(1866~70)을 상당부분 그대로 한글 번역해 실은 것이다. 나는 오늘날 학문윤리 기준으로 당시 풍토를 비난할 의도란 손톱만큼도 없다.[5] 다만 다른 저작이나 보도를 검증 없이 그대로 옮기

___

5) 오히려 나는, 유길준을 유학에서 얻은 지식과 경험을 '독점'하지 않고 책의 출판을 통해 '공유'하려고 적극적으로 노력한 선각자로 평가하고 싶다. 『서유견문』의 출판(초판 1000부 제작)은 그런 의미에서 큰 의의가 있다. 출간 이듬해 '아관파천'으로 유길준이 역적으로 몰리면서 이 책이 금서가 된 것은 매우 안타깝다.

는 경향이 해방 이후 한동안 학계에 만연했고, 그러한 풍토가 여자정신대에 대한 오해의 확산을 조장했다는 사실을 인정해야 한다고 지적하고 싶을 뿐이다.

셋째는 역사관과 관련된 문제로서, 우리의 의식구조에 '피지배층을 완전히 무력한 존재로 보는 인간관'이 자리잡고 있다는 것이다. 이러한 역사관은 여자정신대를 동일집단으로 간주하기 쉽고, 그 한 사람 한 사람이 주체적으로 움직이는 인간이라는 인식을 결하기 쉽다.

여자정신대 논의에서는 당시 조선이 일제의 식민지였다는 사실을 잊어서는 안 된다. 식민지 경험은 일본으로 동원된 사람들에 국한된 것이 아닌 전全 민족적 수난이었다. 조선 내 공장에도 많은 조선인들이 동원되었고 혹은 지금은 이름조차 찾을 수 없는 사업체에 동원되어 그 피해를 하소연할 곳 없는 이들이 부지기수다. 더구나 조선의 어린 학생들은 공부 대신 송진 채취나 비행장 풀 뽑기에 동원되기도 했고, 방학이면 조선신궁이나 신사 등의 참배와 청소를 강요당했다. 비행장 건설 때문에 학교가 폐쇄된 경우도 있었다. 식민지가 된다는 것은 그만큼 엄청난 민족적 고난이었다.

2. 선행연구와 사료

선행연구

한국에서 여자정신대 문제에 학술적으로 접근한 첫 연구는 여순주(1994)의 석사학위 논문이라고 판단된다. 여순주의 연구목적은 정신대의 실태를 밝히는 것이었다. 거기서 여자정신대는 군위안부와는 다른 제도라는 견해를 신중히 개진했다. 즉 정신대로 모집되어 위안부가 된 피해사례가 몇 개 있지만, 정신대와 위안부의 관계는 신중히 검토되어야 함을 지적했다. 원原정신대원 60대 여성 31명에 대한 면담조사를 바탕으로 하고, 정신대에 관한 핵심 자료들을 가능한 한 활용하면서 동원 방법이나 일본에서의 생활을 비교적 적확하게 기술한 훌륭한 논문이다.

그런데 안타깝게도 이 논문의 영향은 한정적이었던 것 같다. 널리 읽히지 않았던 탓인지, 혹은 일단 읽히기는 했지만 그 견해가 받아들여지지 않았던 것인지는 알 수 없다. 여순주는 군위안부 문제를 주로 다룬 한국정신대문제대책협의회(이하 정대협)에서 활동한 것으로 보이는데, 그 단체 내에서조차도 논문 내용이 공유되지 못했던 것 같다. 그 후에도 정신대가 위안부 동원의 수단이었다는 주장이 정대협에서 계속 제기되었기 때문이다. 적어도 1990년대 말까지 정대협이나 혹은 거기에 관여한 학자들도 정신대와 위안부를 혼동하고 있었다고 판단된다. 정진성(정대협 편, 『증언집』 2, 서문, 1997)은, '위안부 연행의 도구가 근로정신대 제도'라는 소제목 아래 근로정신대로 동원되었다는 위안부의 증언 사례를 들어 정신대가 위안부 동원의 도구가 되었다고 말한다. 그 2년 뒤 『증언집』 3 서문(1999)에서는, 근로동원이 군위안부 동원의 통로가 된 사례가 있음을 언급하면서 "근로정신대와 군위안부 동원의 관계를 정리하는 것은 식민지기 역사 정리작업의 중요한 과제"라고 기술하고 있다.

이 문제를 살펴보는 것은 역사적 사실을 확인한다는 것 이상으로 중요하다. 왜냐하면, 군위안부 문제를 주로 다루는 단체의 명칭에 '정신대'를 넣게 되면, 적어도 2000여 명의 정신대원들에게 부당하고도 심각한 스티그마가 부여되기 때문이다. 뒤에서 검토하듯이, 1990년대 말 정대협에서는 정신대와 위안부는 다른 제도라는 것을 인식하여 협회명을 바꾸어야 하는지에 관한 논의를 한 것으로 보인다.[6] 그러나 결과적으로는 협회명에 정신대라는 명칭을 고수함으로써 오해가 더욱 확산되었고 정신대원들의 고통은 더욱 깊어졌다. 그 논의과정에서, 정신대라는 낱말이 들어간 협회명을 고수한다면 정신대 문제를 왜곡할 가능성이 있고 정신대원들에게는 심각한 피해를 줄 수 있다는 사실 인식은 없었던 것으로 보인다. 그러한 혼동이 지속된 데에는 무엇보다 학계가 그 점을 정확히 밝힐 학문적 실력을 갖추지 못했거나, 명백한 사실 오인을 외면했거나, 심지어는 학자 스스로가 정신대를 잘못 이해한 채 거짓사실을 사회에 퍼뜨렸기 때문이다. 이 점에서 무엇보다 학계의 책임이 크다고 하겠다.

여순주 논문 이후에 여자정신대에 관련된 국내 연구로는 정진성(2001; 2016)의 「군위안부/정신대의 개념에 관한 고찰」 등이 있다. 그러나 이 글에는 사실오인이 있으며, 정신대의 개념이나 실상 이해에 도움이 되는 논문이라고 말하기 어렵다. 다음 임인숙(2003)의 연구는 10명의 정신대원에 대한 면담조사에 기초한 것으로, 정신대원들이 자신의 정신대 경험에 어떤 의미를 부여하는가를 밝히는 데에 주안점을 두고 있다.

조선여자정신대에 관한 연구는 오히려 일본에서 많이 발표되었다(高崎, 1999; 山田, 2001; 2005; 山田·古庄·樋口, 2005: 第5章). 가장 최근의

---

6) 당시 한국에 유학하여 정대협 활동을 가까이서 지켜보았다고 하는 야마시타(山下, 2008: 43)에 의하면, "역사적 사실로서 위안부도 근로정신대로 존재하고 또한 오늘날까지 둘 다 정신대라는 이름하에 묻혀온 것이므로, 두 문제 모두 시야에 넣어서 활동해야 한다"는 의견이 대세였다고 한다.

연구로는 도노무라 마사루(外村大, 2017)가 있다. 이 연구들은 공개된 사료나 면담조사자료 등에 근거하면서, 정신대 동원 규모나 지원 동기, 그리고 노동실태 등을 다루고 있다.

한편, 일본인 여자정신대에 관한 저술도 있다. 무엇보다 프리저널리스트인 이노우에 세쓰코(いのうえせつこ, 1996~98)가 월간잡지(『月刊状況と主体』, 谷沢書房)에 19차례에 걸쳐 연재한 「여자정신대 여성들」(1-19)은 그 하나하나의 기고문이 매우 자세하며 중요한 사료를 담고 있다. 정신대 제도 전반의 이해에도 크게 도움이 되는 자료이며, 그중 조선정신대에 관련된 내용도 적지 않게 포함되어 있다. 이노우에는 그 내용을 간추려서 단행본(『女子挺身隊の記録』, 1998)을 발간했다.

여자정신대에 동원되었던 일본인들은 학교나 동창 단위로 자신들의 경험을 문집 형태로 남겨놓기도 했다. 그 문집은 확인된 것만도 76권에 이른다. 또한 그들은 '전시하 근로동원소녀의 모임'을 결성하여 여자정신대 체험기록을 수집하면서 자료집을 발간했다(戦時下勤労動員少女の会, 2013. 이하 少女の会). 이 자료들은 조선정신대 생활을 일본정신대와 비교 관점에서 이해하는 데에 도움을 준다.

한편, 일본의 고등여학교(高女) 학생들은 정신대 이외에 학도대라는 이름으로도 대규모로 노무동원되었다. 조선정신대가 동원되었던 군수공장인 후지코시강재주식회사不二越鋼材株式会社(이하 후지코시), 미쓰비시나고야항공기제작소三菱名古屋航空機製作所(이하 미쓰비시명항), 도쿄마사방적주식회사東京麻糸紡績株式会社(이하 도쿄마사)에는 같은 또래의 일본학도대가 동원되어 있었다. 그들 역시 체험문집을 발간하기도 했는데, 그중에는 드물게 당시 공장에서 자신들이 직접 목격했던 조선정신대를 언급한 내용도 들어 있다. 그 기록들은 조선정신대의 현

지생활을 비교관점에서 파악할 수 있도록 해주기 때문에 활용할 가치
가 있다.

활용하는 사료들

여자정신대에 관한 사료 중 중요한 것은 무엇보다 당사자 및 관련자
의 구술자료다. 우선 한국정부(일제강점하 강제동원피해진상규명위원회,
2008. 이하 진상규명위)가 발간한 여자정신대 구술자료집이 있는데, 세
개 기업에 동원된 23명의 증언이 실려 있다.[7] 진상규명위의 조사가
이루어진 2006년에는 정부 차원의 강제동원자 보상이 논의되고 있었
기 때문에, 구술자들 중에는 그 점을 의식하고 구술하는 경우가 있었
던 것으로 보인다. 구술면담을 담당했던 조사관도, 구술자료집에 국가
보상을 의식한 구술과 그렇지 않은 구술이 있음을 지적한다.

그리고 여순주(1994)와 임인순(2003)의 논문 등 선행연구 중에 정신
대원의 구술내용이 실명 혹은 익명으로 인용되어 소개되어 있다.[8] 히
구치(樋口, 1990), 이토(伊藤編著, 1992) 등 개인의 저작에도 조선여자정
신대의 구술자료가 각각 몇 편씩 실려 있다. 또한 정대협이 발간한 『증
언집』(1·2·3)에 정신대로 일본에 간 뒤 위안부가 되었다는 4명의 증언

---

7) 자료집에 의하면, 피해신고사례는 2008년 4월 현재 계183건이었는데, 동원된 회
사별로 보면 후지코시 116건, 미쓰비시명항 41건, 도쿄마사 25건, 동원지가 확인
되지 않은 경우가 1건이었다. 신고 당시 생존율은 약 89퍼센트였는데, 1944년과
1945년에 동원되었으며 대부분이 14~16세였다. 2006년 피해신고자 중 66명을
인터뷰했는데(후지코시 36명, 미쓰비시명항 19명, 도쿄마사 11명), 그중 자료집에는 정보
공개에 동의한 23명만의 구술이 실려 있다.

8) 야마다(山田, 2005)는 한국학회지(한일민족문제연구)에 발표한 논문에서 당시까지 밝
혀진 여자근로정신대 동원사례 명부를 작성하여 실었다. 도쿄마사 6명, 후지코시
22명, 미쓰비시명항 8명, 동원되었다가 연령이 낮다는 이유로 송환된 1명 등 모두
37명이다.

이 실려 있다.

한국과 일본에서 벌어진 정신대 소송에서 제시된 소송 원고들의 법정 진술도 신뢰할 만한 사료다. 일본에서 진행된 정신대 소송은 다음의 4건이다. '후지코시 소송'(1992년 제소. 1차 및 2차 원고 9명), '미쓰비시명항 소송'(1999년 제소. 원고 7명), '도쿄마사 소송'(1997년 제소. 원고 2명), '칸푸關釜재판'(1992년 제소. 원고 중 정신대원 6명)이다. 앞의 3개 소송은 단일 기업에 대한 소송이지만, 칸푸재판은 1992년 정신대 2명(박소득, 유찬이. 이상 후지코시 동원)과 군위안부 2명(하순녀, 박두리)이 일본정부를 상대로 공식사죄를 요구하여 야마구치山口 지방재판소 시모노세키지부에 제기한 소송이다.[9] 그중 후지코시 소송에 대해서는 국사편찬위원회(2005)가 방대한 관련자료를 모아서 출간했다.[10]

이상의 구술 내용에는 서로 다소 모순되는 경우가 있으며, 한 사람의 구술내용에서도 모순되는 내용이 섞여 있는 경우가 있다. 한 사람의 대원이 개인연구자, 소송원고, 진상조사위 진술 등에 겹쳐서 등장

9) '부산종군위안부 여자정신대 공식사죄 등 청구사건'인데 흔히 칸푸재판으로 불린다. 이 소송에는 1993년 후지코시에 동원된 1명(박순복), 그리고 도쿄마사에 동원된 3명(이영선, 강용수, 정수련) 등 4명이 원고에 합류했다. 일본정부를 상대로 '일본의 한국병합과 전쟁동원으로 인한 희생, 그리고 그 희생을 전후 방치했던 것에 대하여 국회 및 국제연합 총회에서 공식 사죄'하기를 요구한 소송이다.

10) 후지코시 소송은 다른 소송과는 달리 화해가 이루어졌다. 1심 2심에서는 패소했지만, 최고법원에서 후지코시는 화해금을 지불하는 것에 합의했다. 최초 원고 세 사람의 청구금액과 소송 준비 중인 사람, 그리고 태평양전쟁희생자유족회에 '해결금'으로 3000여만 엔을 지불하겠다는 합의를 한 것이다. 다만 후지코시는, 소송의 주요 쟁점이었던 강제연행이나 미불임금을 부정했고 사죄요구도 받아들이지 않았다. 그렇지만 '20세기에 일어난 일은 20세기에 마무리를 짓고 싶기 때문'이라고 화해 이유를 밝혔다. 소송과정에서는 법정에서의 투쟁만이 아니라 후지코시 본사 앞에서 물리적인 시위도 병행했고, 그 시위는 꽤 과격해서 이 소송을 지원한 일본시민단체 회원들 중 시위방법에 회의적인 의견을 보인 사람들도 있었다고 한다. 그래서 후지코시는 법정에서의 다툼보다는 회사 정문 앞에서 행해지는 시위에 대하여 화해금을 지급한 것이라는 의견이 있는 것 같다.

하기도 한다. 그러나 연구자에 의한 조사나 법정진술, 그리고 국가 진상규명위의 조사는 그 각각에, 다른 구술자료집에는 없는 아주 특별한 내용이 들어 있는 경우는 드물다. 크게 보아 대동소이하며 내용도 대체로 일관성을 보인다.

주의할 것은 구술내용이 단편적인 경우가 적지 않기 때문에 구술의 의미를 밝히기 위해서는, 여자정신대에 관한 전체적인 맥락 속에 단편적 구술을 배치하고 해석하는 노력이 필요하다는 것이다. 전반적으로 볼 때, 그들의 구술내용은 우리 사회에 잘 알려져 있지 않다고 판단된다. 구술의 콘텍스트를 고려하지 않고 기록 중 어느 한 부분만을 잘라내 소개하거나, 먼저 자신의 입장을 정해두고 그에 맞는 구술내용만을 잘라내 인용하는 행태는 정신대원의 귀중한 구술을 왜곡할 수 있으므로 지양해야 한다.

정신대원은 아니지만, 그 관련자의 증언도 있다. 먼저 정신대 학교 동원과 정신대 인솔에 관여했던 당시 교사들의 증언이다. 교사 증언자는 조선인 교사 1명, 그리고 일본인 교사 3명이다. 정신대원들은 이들 4명의 교사 외에 다른 인솔교사 이름을 언급하기도 하므로, 인솔교사는 더 많았을 것이다. 해방 직전 국민학교 교사 절반 이상이 조선인이었지만, 조선인 교사의 증언은 인솔 교사 한 사람을 제외하고는 현재까지 보이지 않는다. 한편, 조선정신대가 동원된 공장에는 청년학교라고 불리는 연소노동자(주로 12~14세)를 위한 학교가 설치되어 있었는데, 조선정신대는 청년학교에 부정기적으로 그리고 한시적으로 그곳에서 교육을 받기도 했다. 그 청년학교 교사 중에서 자신들이 목격한 조선정신대에 관하여 증언한 경우가 있다. 그리고 정신대 기숙사 관계자들의 증언도 있다.

조선정신대원의 편성과 동원에 관한 중요한 사료로는 당시의 신문 기사가 있다. 총독부 기관지인 『매일신보每日申報』(1938년부터 '每日新報'. 국한문 혼용신문)와 『경성일보京城日報』(일본어), 그리고 『경성일보』 자매지로서 전시에 한시적으로 발행되었던 『황민일보皇民日報』(일본어)[11]가 있다. 지역신문인 『부산일보釜山日報』(일제시대 일본인이 발간한 부산지역신문. 국한문 혼용. 일본으로 가는 관문이 부산이었기 때문에 일본 도항과 관련된 기사를 적지 않게 실었음. 현존하는 『부산일보』와는 무관함), 『조선시보朝鮮時報』(부산의 지역신문. 일어 및 한글. 1941년 앞의 『부산일보』에 통합) 등에도 정신대 관련 기사들이 보인다. 이들 신문들은 기본적으로 일제의 식민통치에 협력하는 신문들이었다는 점은 염두에 두어야 한다. 또한 일본에서 발행된 신문에도 조선정신대 관련 기사가 있다.

3.1운동 후 창간된 민족신문인 『조선일보』와 『동아일보』는 1940년에 강제로 폐간되었으나 그 이전까지의 조선상황에 관한 중요한 정보를 제공한다. 『조선중앙일보』(1930년대 민족신문. 1937년 폐간)도 있다. 민족신문 기사들은 식민지하의 조선사회상을 생생히 전하는데, 빈곤, 노동쟁의, 여자 인신매매 등에 관한 기사가 매우 많다.

이상과 같은 미시적 사료들을 정확하고 객관적으로 해석해나가기 위해서는, 먼저 당시 여자정신대와 관련된 중요한 정부문서들을 조회하는 것이 필요하다. 그에 필요한 1차문헌은 여자정신대와 관련된 법령과 각의결정, 정부지침이다. 그리고 조선총독부의 책자나 발간물, 조선총독부가 일본 제국의회에 제출한 회의자료, 총독부 지도급 인사

---

11) 『황민일보』 창간사(1942년 6월 25일)에는 조선인이 황국신민이 되기 위해서는 모두 일본어를 사용할 수 있어야 하는데, 그를 위하여 경성일보사에서 쉬운 일본어로 쓰인 『황민일보』를 발간한다는 창간목적이 기술되어 있다.

(총독, 총감, 광공국장鑛工局長 등)들의 훈시나 대담에도 중요한 방침들이 제시되어 있다. 거기에 정신대를 받아들인 기업의 사사社史도 중요한 참고문헌이다. 또한 공장이 위치한 지역의 경찰사警察史나 향토사에도 정신대에 관한 중요한 정보가 담겨 있으므로 검토할 필요가 있다.

조선인 노무동원 전반에 대해서는 박경식(朴慶植, 1992) 등 초기 재일 학자들이 수집하여 정리해둔 문서자료집이나 조사연구가 크게 참고가 된다. 매우 방대한 사료인데, 어려운 여건 속에서 가능한 한 최선의 학문적 공헌을 한 것이라고 평가할 수 있다. 초기 재일 학자의 연구는 민족주의적 경향이 전면에 나와 있다는 지적이 있는 것 같으나, 연구란 아무래도 시대적 산물일 수밖에 없다. 만약 그 영향이 지금까지 한국학계에 남아 있다고 한다면, 그 내용들을 신중히 검증하지 않고 마구 인용한 후학들이 책임져야 할 문제일 뿐이다. 여자정신대를 비롯한 노무동원에 관한 신문 등 보도자료를 꼼꼼히 수집하여 출간한 자료집(金英達, 1992; 金英達·飛田雄一編, 1993)은 관련된 신문기사를 일일이 확인하는 수고를 덜어주는 고마운 자료다.

노무동원 경험자인 재일 한국인을 대상으로 한 조사자료로는 재일본대한민국청년회(在日本大韓民国青年会, 1988. 이하 재일한국청년회로 약칭함)가 주체가 되어 1982년 10월~1983년 1월, 일제시대에 12세 이상 연령으로 도일한 재일한국인을 대상으로 한 조사보고서가 있다. 『아버지 들려주세요, 그날의 일을アボジ聞かせてあの日のことを』이라는 이름의 조사보고서는 '우리들의 역사를 되찾는 운동 보고서'라는 부제가 붙어 있는데, 조사에 응한 1106명의 목소리와 더불어 조사결과를 취합하여 싣고 있다. 그중 '증언편'에는 도일 배경, 일제의 정책, 일본에서의 노동 및 생활 내용, 조선에서 살았을 때 가장 인상적인 일,

노무동원의 체험, 해방 때의 기분 등에 관한 많은 사람들의 생생한 목소리가 자유기술 방식으로 실려 있다. 내가 이 책을 쓰는 데에 직접적인 참고문헌이라고는 할 수 없으나, 여자정신대원들의 증언을 해석할 때 참고가 된 소중한 사료다.

그리고 『백만 명의 신세타령』(百万人の身世打鈴編集委員会, 1999)이라는 증언집도 있다. 이 증언집은 7년의 세월에 걸쳐 일본과 한반도의 강제동원 경험자 100명 이상의 증언을 기록했다. 다양한 사업장에 동원된 많은 사람들의 체험담이 해설과 함께 실려 있다. 그중 여자정신대 동원자의 구술은 1건(양금덕. 미쓰비시 판결문과 부분적으로 겹침)이지만, 그 이외의 증언들도 노무동원 전반의 실태를 잘 보여주므로 귀중한 자료다.

당시 조선의 인구, 교육, 노무자원 등 사회 전반에 관한 객관적인 통계자료로는 『조선총독부 통계연보』(각 연도), 『조선연감』(각 연도), 『인구조사보고서』(조선편. 첫 인구조사가 이루어진 1925년 이후) 등이 중요한 기초자료다. 또한 『구례 유씨가의 생활일기』[12] 등 일제시기를 살았던 조선 농부의 일기 기록도 당시의 물가나 교육사정, 일제의 지방통치 등에 중요한 정보를 제공한다.

한편 일본에서 진행된 조선정신대 소송에는 일본의 법률가뿐만 아니라 사회단체나 사회활동가, 학자 등 많은 사람들이 다양한 지원활동을 하고 있다. 그 단체나 관계자에 대한 면담조사를 통해서도 필요한

---

12) 전남 구례에 살았던 시인 유제양柳濟陽(1846~1922)이 기록한 1851~1922년까지의 일기(『시언是言』), 그리고 그의 손자 유형업이 1898~1936년까지 기록한 농촌생활 일기(『기어紀語』)를 합하여 『구례求禮 유씨가柳氏家의 생활일기』라는 제목으로 농촌경제연구원에 의해 상하권으로 번역되어 있다. 이 중 유형업의 일기는 일제 치하의 생활상을 보여주는 중요한 정보를 제공한다.

정보를 얻을 수 있다.

이 책은 위의 객관적 자료들을 기초로 사회 전반에 관한 거시적 시각을 가지면서, 다른 한편에서는 정신대원들의 증언 등 미시적 자료들을 활용하여 정신대의 실체를 가능한 한 입체적으로 규명하고자 한다.

3. 정신대 문제에 대한 접근

노무동원에 관한 비교적 고찰

일제는 전쟁을 확대하면서 청장년 남성에 대한 대규모 징병을 시행했다. 1945년 종전 때 군인수는 850만 명으로 전 국민의 11퍼센트를 넘었다. 징병으로 빠져나간 노동력 부족을 메우기 위해 일제는 학생, 여성과 주부, 일반노동자를 동원했다. 노무통제를 전제로 하는 노무동원은 기업을 국유화하지 않으면서 노동시장을 국영시스템으로 만드는 것이었다. 기업은 필요한 노동자수를 국가에 신청하고, 국가가 노동자를 동원하여 기업에 할당했다. 노동자가 극도로 부족했기 때문에 기업간에 인력확보를 위한 격심한 경쟁을 방지한다는 측면도 있었다.

여성도 농업생산에 필요한 최소한의 인원 이외에는 동원되었는데, 여자정신대는 그 일환이었다. 노무동원자는 원칙적으로 그 공장의 일반노동자와 같은 노동조건으로 일하게 되어 있었다. 공장(사업장)은 필요한 노동자수를 정부에 신청할 때, 노동자의 급여수준, 산업재해시의 보상방법, 기숙사 설비와 경비부담방법 등에 관한 상세한 계획서를 제출해야 했다. 동원된 노동자를 해고할 경우에는 관할 경찰서장의 허락을 받아야 하는 등 강한 규제가 있었다. 당시 직업소개는 조선에서도 일본에서도 직업소개소와 경찰의 주관 업무였으므로, 노무동원에는 경찰이 깊이 관여했다.

여자정신대는 동일한 법령에 근거하여 일본과 조선에서 시행된 제도다. 그러므로 정신대 실태를 밝히기 위해서는, 조선뿐만 아니라 일본 상황을 이해해야 하며 노무동원체제 전반에 관한 종합적이고 비교적인 시각이 필요하다. 식민통치와 관련된 논의에서 '식민지 없는 식민지 논의'는 말할 것도 없지만, '식민본국 없는 식민지 논의' 역시 반쪽 논의에 불과함을 냉철히 인식할 필요가 있는 것이다. 비교의 차원은 다음 세 가지다.

첫째, 조선과 일본의 노무동원 기반의 차이를 비교 관점에서 고찰하는 것이다. 조선의 사회문화와 노무자원은 일본과 달랐으며, 노무동원의 바탕인 사회기반에도 차이가 있었다. 특히 노동관과 노동강도는 매우 대조적이었다. 일본은 전통적으로 매우 강한 노동윤리가 지배하는 사회였고 임금에 반드시 성과급이 반영되었다. 같은 사업장에서도 한 사람 한 사람의 노동할당량이 정해져 있는 것이 관례였다. 여성의 노동관에도 큰 차이가 있었다. 일본은 전통적으로 여성의 경제활동이 활성화되어 있었지만 조선에는 조혼 풍습이 있어 미혼여자의 경제활동 참가율이 매우 낮았다.[13)

둘째, 정신대 실태를 파악하기 위해서는 일본의 총동원체제, 전반적인 노동행정, 연소노동자 및 여성노동자 보호, 교육제도, 공안 등과 관련지어 살펴보고, 정신대 증언도 그에 관련된 문헌들의 맥락 속에서

---

13) 1935년 일본에서 일하던 오빠의 소개로 일본 방적회사에 취업한 한 여성은, 일본 도착 후 공장에서 일하는 일본여자가 많은 걸 보고 깜짝 놀랐다고 말한다(在日本大韓民国青年会, 1988: 153).

고찰할 필요가 있다. 그렇게 했을 때 비로소 그 실태가 입체적으로 나타난다. 조선에서 본다면, 정신대는 집단모집이나 징용에 비하면 매우 소규모의 노무동원이었지만, 일본으로 장기 동원되었던 만큼 조선 노동자의 일본 이주에 관한 정책 등을 아울러 살필 필요가 있다. 왜냐하면, 정신대 동원 과정은 결국은 집단모집이나 관 알선, 징용 등의 노무동원과 중첩되기 때문이다.

셋째, 여자정신대 실태에 관한 정신대원의 증언을 당시의 법령이나 정부지침에 비춰 해석하는 것은 물론, 가능한 한 일본인 정신대나 일본인 학도대의 증언 및 기록들과 비교하면서 기술하는 것이 필요하다. 조선정신대가 동원된 곳은 대규모 공장이었고, 일본인 정신대와 학도대도 동원되어 있던 공장이었다. 물론 서로 떨어져서 노동하고 생활했지만, 일본인 정신대원 등은 전후 자신들의 경험을 비록 단편적이기는 하지만 문집으로 기록을 남겼다. 이들이 목격한 조선정신대에 관한 기록을 찾아내 비교적으로 활용하면, 조선정신대 실상을 보다 객관적으로 파악할 수 있다.

정신대 접근에 대한 유의사항

한국사회의 관점에서 조선정신대 문제에 접근할 때에는 다음과 같은 점에 유의할 필요가 있음을 지적해두고 싶다.

첫째, 관련법령과 정부방침 등 1차문헌을 탐구할 때에는 유사한 용어가 매우 많다는 점, 그리고 그 용어들은 각기 다른 법령이나 정부계획에 근거하고 있다는 점이다. 노무동원과 관련된 전문용어가 한자말로 되어 있다고 하더라도 한국과 일본 간에 다른 의미로 사용되기도 하며, 당시의 의미와 현재 의미가 달라져 있는 경우가 있다. 용어를 어떻게 정의하는가는 논의의 범위를 결정하는 중요한 문제다. 특히 일본을 상대로 한 노무동원 관련 소송에서 용어를 정확하게 구분하지 않고 모호하게 사용하는 것은 주장의 신뢰성을 떨어뜨리는 결과를 가져온다.

유사한 제도라도 그 명칭이나 내용을 바꾸려면 새로운 근거법(규칙)을 마련하고 가능한 한 구체적으로 규칙을 정하는 것이 일본의 관행이다.[14] 그렇기 때문에 일본에서 전문용어들은 학계보다는 정부 법령이나 행정기구가 만들어내는 경우가 많다. 예를 들어 일제의 통치이념을 나타내는 용어로서 융화와 협화協和가 있지만, 사전적인 뜻만을 본다면 양자는 유사하다. 그러나 각각의 기본적 정책기조는 매우 다른 것이므로 엄격히 구분할 필요가 있다.

둘째, 노무동원에서는 일본과 식민지 조선이 같은 법령에 근거한다고 하더라도 동원 방법이 달랐고 법령의 적용시기가 다른 경우가 흔했다는 점이다. 그 주된 원인은 양자의 사회경제적 기반에 차이가 있었기 때문이다. 예를 들면 1939년 시행된 국민징용령의 적용대상에서 조선인은 제외되었는데, 조선인이 국민징용령 대상에 포함되는 것은 1944년 8월의 일이므로 약 5년의 시차가 있다.[15] 징병제도도 마찬가

---

14) 예를 들어 '남자취업금지직종 지정男子の就業禁止職種の指定'(厚生省告示 第566号, 1943. 9. 26.)은 여성노동자를 대신 투입하기 위해 남성이 취업해서는 안 되는 직종을 17가지로 지정하고 있다. 그중 첫 번째가 '사무보조자 직종'인데, 그것은 다음 7가지의 사무를 하는 사람을 말한다고 매우 상세하게 규정되어 있다. ①문서의 접수 발송 분류, ②문서, 카드, 도서자료 등의 정서, 등사, 복사, ③문서, 카드, 도서자료 기타 그와 유사한 것의 분류, 정리, 출납, ④정해진 방법 형식에 의한 전표, 카드, 장부의 기재, ⑤정해진 방법 형식에 의한 전표, 장부, 통계표 등의 집계나 계산, ⑥전표, 증표, 카드, 승차권 등의 검사, ⑦소정의 방법 형식에 의한 증표안내서, 통지서, 청구서, 보고서 등의 기재.

15) 조선인 징용이 수년간 시행되지 않았던 데에는 여러 가지 요인이 있다. 노동자의 의사소통문제 등을 포함한 노동의 질 문제도 있고, 징용했을 경우에 소요되는 재

지였다. 조선의 노무동원 방법이 일본과 달랐던 것은, 조선에는 철저한 노무동원에 필요한 행정관리인력이 부족했고, 노무자원에 대한 정보가 부족했기 때문이다. 또한 여자의 경우, 일본어를 이해하는 인구가 극히 드물었다. 일본에서는 사무직 남자노동자를 징병이나 중공업 분야로 차출하더라도 그 자리에 여자노동자를 동원하여 투입할 수 있었지만, 조선에서는 남자 사무직 노동자 자리를 메워줄 수 있는 여자 노무자원이 거의 없었다.

노동자를 모집하여 노동력을 필요로 하는 기업에 할당해주기 위해서는 정부가 국민노동력에 관한 정보를 미리 가지고 있어야 한다. 그 정보에 기초하여 적격자를 심사하여 노동자를 기업에 인계해야 하는데, 거기에는 막대한 행정력이 소요된다. 일본에서는 노무동원의 주무부서인 직업소개소가 전국적으로 조직되어 있었고 12세 이상 노동 가능한 모든 국민의 노동력 정보를 직업소개소에 등록하게 되어 있었다. 그러나 조선에는 직업소개소가 전국에 10개 정도밖에 없었고, 노동력 정보를 등록하는 사람은 일부 기능인에 한정되어 있었다. 더구나 노동자가 스스로의 힘으로 일본 공장까지 갈 수 없었으므로 인솔이 필요했다. 그러므로 조선인 노무동원 구조를 밝히려면 노무동원의 조직적 기반에 관한 이해가 필요하다.

셋째, 조선정신대는 어린 나이에 기계공업이나 중공업산업에 투입되었다. 선반이나 밀링, 페인트칠 등에 투입되었고 일의 숙련 정도에 따라 직급이 달라졌다. 정신대가 소지한 사원수첩에도 숙련 정도가 기

정부담(산업재해 등에 대한 국가보상금 등)이 컸기 때문이라는 관점도 있으며, 조선인 노동자의 유입이 많아져서 노동쟁의가 발생하면 사회체제에 큰 위협이 된다는 관점도 있다. 그 원인은 매우 복합적이다.

록되어 있다.

조선정신대가 투입된 중공업 공장에서는 여자 연소노동자의 투입이 이미 그 이전부터 이루어지고 있었다. 여자노동자가 중공업에 종사한 경위를 이해하려면, 일본의 전쟁 확대로 인한 산업구조의 급격한 변화(중공업 팽창)와 관련법령을 살펴보는 것이 필요하다. 여성 및 연소노동자 보호법인 공장법이 시행되는 과정과, 일제 말기로 가면서 진행된 공장법 특례(공장법 규제의 완화) 등 여성노동관련 법제의 변화는 여자정신대 노동을 이해하기 위해서 살펴보아야 할 항목이다. 조선에서 일본 공장법이 적용되지는 않았지만, 조선정신대가 일하는 곳이 바로 일본의 공장이었기 때문이다.

4. 증언이라는 사료에 관해

미시사적 사료, 증언

여자정신대의 전모를 밝히는 데에 필요한 자료원은 크게 나누면 세 가지다.

첫째는 여자정신대에 관련된 법령이나 방침 등이다. 이 사료는 없어지는 것이 아니므로 연구자가 철저히 추구하려는 의지가 있다면 언제나 활용이 가능하다.

두 번째 자료원은 국가나 기업(사업장)이 법령을 시행하는 과정에서 수집한 정보 자료인데, 그것은 법제도의 시행실태를 있는 그대로 전해주는 결정적으로 중요한 자료다. 정신대에 관한 핵심적인 정보 자료는 행정기관이나 경찰조직 등에 의해 취합되었다. 또한 일본사회의 조합주의적 특성상 기업들은 산업별 협회를 결성하고 있었기 때문에, 각 산업협회는 여자정신대를 동원했던 개별 기업의 자료를 취합하고 있었음에 틀림없다. 그러한 사료들은 말하자면 여자정신대에 관한 '공적인 기억'이다. 공적인 기억은, 거시적 법령자료와 당사자 증언을 연결해주는 역할자에 다름 아니다.

그러나 잘 알려진 대로 특히 노무동원에 관한 사료는 현재 남아 있는 것이 드물다. 전쟁 통에 소실되는 일도 있었지만, 일제는 패전 직후 노무동원에 관련된 정보자료를 폐기했고 또한 산업협회 등에 폐기를 지시했기 때문이다. 그로 인하여 핵심적 사료들이 소실되었다. 다만, 개별 기업은 관련자료를 부분적으로나마 보존하고 있을 가능성이 있다. 개별기업의 자료는 특히 소송문제와 연계되면 더더욱 접근하기가 어렵겠지만, 가능한 한 사료를 찾아내려는 노력이 필요하다.

세 번째의 자료원은 여자정신대원 당사자의 증언이다. 이것은 말하자면 '사적 기억'이다. 정신대원들이 일했던 공장환경과 노동내용은 상당히 다양했기 때문에 법령만으로는 그 시행상황을 파악하기 어렵다. 위의 두 번째 자료원(공적 기억)이 매우 부실한 현실이므로, 당사자의 증언은 각 공장에서의 제도시행 상황을 알려주는 극히 소중한 자료원이다.

사적 기억에는 증언자에 따라 '여러 개의 진실'이 존재할 수 있다. 법령이나 제도에 관한 자료라면, 그 사실성의 검증이 가능하고 '하나의 진실'만이 존재하는 경우가 적지 않다. 그러나 같은 날 같은 장소에서 같은 경험을 한 경우라도 그 기억 내용은 사람에 따라 다르다. 그 기억 하나하나가 그들만의 진실인 것이다. 더욱이 그 진실들이 서로 모순적일 수도 있다.

그러므로 사적 기억을 해석할 때에는 무엇보다 '진실인가 거짓인가'라는 잣대를 버려야 할 것이다. 물론 증언내용을 의도적으로 왜곡하는 경우는 논외다. 그 전제하에서 하나의 증언을 다른 여러 증언들과 관련지어 해석해나가는 것, 나아가 증언들을 여자노동자 보호법(공장법)과 정신대 노무관리 지침, 기업의 노무관리 관행, 그리고 남아 있는 기업자료 등과 신중하게 대조하면서 해석해가는 것이 요구된다.

정신대원의 증언은 미시사적 사료다. 미시사micro-history는 연구대상을 좁은 범위에 한정하여 세밀하게 기술하고, 개인적이고 일상적인 것을 연구대상으로 삼는 역사기술이다. 역사기술은 특정지역이나 인물을 중심으로 한 농밀한 관찰기록과, 거시적 변화에 대한 역사기술이 상호보완적인 모습을 갖출 때 비로소 생생하고 입체적인 모습이 된다(朴光駿, 2020).

역사적 사실의 관계자들로부터 직접 의견을 청취하고 그 기록에 기초하여 역사를 기술하는 것이 구술사oral history다. 구술사는 특정 시대, 특정 지역의 상황 등을 파악하는 데에 유익하다. 역사연구에서 미시사적 사료가 중시되는 것은, 관련 인물의 일기나 문집, 계약문서나 판결문 등의 자료가 역사 현장을 보다 생생하게 전해준다는 장점이 있기 때문이다. 그러나 조선정신대의 증언에 기초한 역사기술은 구술사라고 칭하기에는 다소 한계를 가진 특별한 점이 있다. 그것은 대부분 자신의 경험으로부터 약 50년이나 지난 후 고령의 나이가 되어 회상하는 형식의 구술이라는 점이다. 증언을 뒷받침해줄 사진이나 사원수첩을 가지고 있는 경우는 있으나, 당시 기록한 일기나 편지 등의 자료가 공개된 것은 현재 없는 듯하다. 정신대원들 중에서 면담조사에 응한 사람은 일부에 한정되어 있으며, 면담에 응한 사람과 응하지 않은 사람, 정신대 관련소송의 당사자인가 아닌가에 따라 증언 내용에 차이가 있을 수 있다.

특히 당사자 증언에서 유의해야 할 것은 알박스의 지적대로, 과거 기억의 생성과정에서 사회통념이나 주위 사람들의 기억이 큰 영향을 미친다는 사실이다. 정부의 면담조사 사례는 적지 않지만, 조사가 이루어진 시점이 강제동원자에 대한 국가보상이 논의되는 시기였기 때문에, 그러한 상황이 구술 내용에도 영향을 미쳤을 수 있다. 또한 정신대 소송의 경우, 칸푸재판 판결문도 지적하듯이 원고들의 진술내용이 부자연스러울 정도로 유사한 경우가 적지 않아 '원고 상호 간의 기억 간섭' 현상이 보이기도 한다.

그럼에도 정신대원들의 기억은 반드시 그럴 만한 근거를 가진 것이라고 믿는 게 중요하다. 대원들의 증언인 미시사적 사료를 어디까지 활용할 수 있는가는 결국 역사가가 그들의 주관적 경험담을 객관적이고 거시적인 사료들과 연결시키는 것에 성공하는가 아닌가에 달려 있다. 사료가 곧 역사가 될 수는 없다. 서문에서도 지적했듯이 한 조각의 사료를 역사의 전면에 내세우려면 사료의 검증과 나름대로의 설명이 역사가에게 요구된다. 여자정신대에 관한 연구나 역사기술에서 당사자 증언을 곧 역사적 사실로 간주하는 태도는 삼가야 할 일이다.[16]

16) 위안부 문제에 관한 당사자의 구술에 기초한 연구를 예로 들자면, 군위안부였던 『문옥주의 구술사료』(森川万智子構成 · 解說, 1996)가 있다. 이 책은 문옥주의 구술을 토대로 재구성하면서 그 내용 하나하나를 가능한 한 (거의 대부분) 검증했고, 그녀의 구술이 거의 대부분 사실이었다는 것을 입증한 역사서다. 이와 같은 검증과정 없이 구술 내용만을 근거로 그것을 곧바로 '역사적 사실'이라고 내세우는 것은 매우 우려할 만한 일이다.

주관적 경험과 객관적 사료

'사회는 과거사를 어떻게 기억하는가'라는 문제를 추구한 폴 코너턴 (Paul Connerton. 제1장)은 모든 사고의 시작에 회상이라는 요소가 포함되어 있기 때문에, 현재를 기준으로 과거를 객관적으로 기억해내는 것이 매우 어려운 일이라고 지적한다. 그 이유는 현재 삶의 여러 요인들이 과거 기억에 영향을 주어 왜곡 가능성을 높이기 때문이기도 하지만, 동시에 과거 삶의 요인들이 현재의 경험에 영향이나 왜곡을 줄 가능성도 있기 때문이라는 것이다. 따라서 그 기억들을 취합하는 작업과 역사를 재구축하는 작업은 분명히 구분해야 한다고 지적했다.

코너턴은 기억을 역사와 연결지우는 역사가는 마치 법정 증인에 대한 변호사의 반대신문과 같이 '증언 내용에 포함되어 있지 않은 것이 무엇인가'를 추구하고, 증언 내용과 반대되는 정보를 종합적으로 고려해서 검증해야 한다고 강조한다. 물론 검증 후 그 증거들을 채택할 것인가 아닌가는 전적으로 역사가가 판단할 일이다. 역사가 카E. H. Carr가 지적했듯이, 역사기술이란 역사가 자신이 보다 중요한 사실이라고 판단한 것만을 골라 기술하는 작업이다. 하지만 그 판단 이전에 적어도 여러 증언이나 사실들을 가능한 한 검증하는 과정을 거치는 것은 역사가의 의무일 것이다.

다만, 앞서 언급했듯이 정신대 증언에 한계가 있다는 점 역시 인정해야 한다. 여자정신대 증언은 현장의 생생한 체험기록이라기보다는 빨라도 50년 정도 이전의 기억을 회상하는 형식이기 때문이다. 그 점에서 그것은 일본여자정신대 증언과도 그 성격을 달리한다. 일본정신대의 경우는, 그 수가 월등히 많았을 뿐만 아니라 학교단위 동원의 경우에는 동창회나 학교 문집을 통해 이미 1960년대부터 자신들의 기억과 체험을 기록으로 남겨왔기 때문이다. 더욱이 동원 당시에 스스로 남겨놓은 일기나 메모 등 기록들이 남아 있으며, 그 기록에 근거하여 체험을 기술하는 경우가 적지 않다. 그러나 한국과 일본에서 발간된 조선정신대의 증언들은 먼 과거 기억에 바탕을 두고 있기 때문에 기억 자체가 매우 선택적이거나 사실오인을 포함할 가능성이 있다. 증언 중에는 임금 등 핵심적인 사안에 대해서조차 명백하게 서로 모순되는 경우가 적지 않은 것이 현실이다.

이러한 한계를 극복하기 위해서는 다음과 같은 과정이 꼭 필요하다. 즉 정신대원의 증언을 연구에 활용할 경우에는 주관적 경험에 관한 부분과 객관적 조건에 관한 부분을 구분하고, 객관적 조건에 관한 증언을 사료로서 활용할 때에는 반드시 법령자료 등을 조회하는 과정을 거치는 것이다. 예를 들어, 대원들의 숙소 사감(寮監)이 대원들을 대했던 태도는 대원들에 따라 달리 인식될 수 있다. 여자정신대 기숙사 사감 중에 상이군인이 있었던 모양인데, 그가 매우 강압적이었고 무서웠다는 증언이 있지만, 따뜻한 사감이었다는 증언도 있다. 이러한 증언의 상이함은 오히려 자연스럽다. 인간 태도에 대한 인지 자체가 주관적이기 때문이다.

한편 항상 배가 고팠다는 증언의 경우, 비록 배고픔은 큰 문제가 아니었다는 증언자도 적지 않지만, 다수의 대원들이 제시하는 내용이다. 또한 그 점은 일본정신대 기록에서도 일관되게 보인다. 이런 경우라면, 물론 1인당 급식량(당시는 식량배급제)에 관한 객관적 사료가 제시되지 않더라도 배고픔 증언들 그 자체가 열악한 급식의 증거로 삼는다 한들 무리가 없다.

그러나 임금이나 노동시간 등 핵심적인 사안에 관하여 증언자들 사이에 모순되는 내용이 있다면, 반드시 그 객관적인 사료와 비교 확인하고 객관적 사료를 같이 제시해야 한다. 새삼 언급할 것까지도 없으나, 사료가 말하는 것 이상의 것을 역사가가 마음대로 기술할 수는 없기 때문이다. 하물며 자신의 입장을 먼저 정해두고 그에 맞는 사료만을 골라 줄 세우는 것은, 역사왜곡에 다름 아니다. 예를 들어 동일한 사업장에 동원된 정신대원 중에서 임금을 받았다는 증언과 받지 못했다는 증언이 있는 경우, 그리고 객관적 사료가 임금지급 사실을 보여준다면 임금을 받지 않았다는 증언은 받아들여질 수 없다. 당사자에게는 임금을 받지 않았다고 기억할 만한 그런 경험이 있었을 것이라고 해석할 수밖에 없는 것이다.

노동시간 역시 핵심적 노동조건의 하나이며 공장법(공장법 특례 포함)에 규정되어 일률적으로 사업장에 적용되는 것이었다. 그러나 당시 개인의 실적주의를 기본원칙으로 삼고 있던 일본 노동현장에서는 작업내용이나 부서에 따라 노동시간이 다를 수 있었고, 야간근무 유무나 기술 수준에 따라 임금 차이나 수당에 차이가 있었다. 그러므로 노동시간과 임금 수준에 관한 증언 내용에 차이가 있더라도 그것들이 서로 모순적이라고 볼 수는 없다.

요컨대, 정신대 증언의 해석에 있어서는 정신대 노무관리를 규정한 노무정책, 공장법과 그 특례들, 임금규정 등에 대한 고찰이 반드시 필요하다. 그러한 객관적 자료와 조회가 이루어질 때 비로소 개별적인 증언 내용에 대해 연구자가 나름대로의 관점에서 설명할 수 있게 되는 것이다.

제2장

식민지통치구조와
노동자 이동

노무동원의 구조와 특징 등을 이해하기 위해서는 일제통치구조에 대한 이해가 불가결하다. 일본의 식민통치 인력은 프랑스의 베트남 지배나 영국의 인도 지배와 비교하면 상대적으로 대규모였다. 중앙통치조직에는 일본인 관료가 압도적이었지만, 지방관리는 조선인이 대부분을 차지했다. 지배구조에 지주나 자본가계급을 끌어들이는 일본 정치의 특성이 반영된 관료제가 식민지 조선에 이식되었는데, 그로 인하여 지주나 자본가계급의 자녀가 추천을 통해 관료로 진출하여 새로운 지배층을 형성한다.

식민통치 전 기간에 걸쳐 조선의 전통적 빈곤은 이렇다 할 개선이 없었으며, 인구증가는 농촌 빈곤을 더욱 심화시켰다. 조선 노동자가 일본 혹은 만주 등으로 이주한 주된 원인은 농촌 빈곤이었다. 노무동원이 시작되는 1939년 이전까지 노동자 이주는 대부분 개인적 선택에 의한 것이었다. 재일한국청년회에서 1982년 재일 한국인을 대상으로 해방 전 일본으로 도항한 동기를 조사한 보고서(在日本大韓民国青年会, 1988)에는 일본 도항의 이유로 경제적 이유가 70퍼센트를 상회했다. 즉 노무동원이나 징병 등으로 일본으로 간 경우나 유학의 경우 등을 제외하면 대부분 빈곤 탈출이 도일의 배경이었던 것이다.

조선의 산업화는 매우 느리게 진행되었다. 1920년대부터는 영세한 공장이 늘어나고 연소노동자나 여자노동자가 증가하면서 고한苦汗노동, 착취노동으로 인한 분쟁도 증가했다. 일본에서 1916년부터 시행된 공장법을 조선에서도 도입해야 한다는 논의가 있었으나 성장주의 논리에 가로막혀 공장법은 도입되지 않았다.

조선 노동자의 일본 진출에 대해서는 조선총독부와 일본내각이 입장을 달리했다. 일본내각은 조선인의 유입이 일본 내 실업률 상승이나 조선인-일본인 주민 사이의 분쟁, 조선인 사이의 경쟁격화, 정국불안 등을 야기할 것이라는 이유로 1940년 전후까지 일관되게 유입 억제정책을 견지했다. 그러나 심각한 농촌 빈곤 해소라는 현실적 과제를 가진 조선총독부는 노동자 일본 진출에 적극적이었다. 직업 알선의 경우 고질적인 문제로 조선 내 알선이건 일본 취업이건 간에 당초부터 불법조직이나 불법행위로 인하여 많은 조선인에게 피해가 발생했다.

1. 식민통치구조와 행정조직

조선총독부의 직제

1910년 8월 29일 대한제국은 일본에 합병되었고, 다음날 '총독부관제'가 공포되어 조선총독부(이하 총독부)가 성립된다. 조선총독은 육해군 현역대장으로 임명한다는 것이 명문화되었다. 조선총독은 덴노에 직속되어 일본내각의 관할 밖에 있었고, 일본 총리대신과 마찬가지로 덴노에게 상주上奏하여 재가를 얻는 직위였다. 따라서 일본내각의 결정이 총독부에 대해 그대로 구속력을 가지는 것이 아니었다. 조선총독을 역임한 후에 일본 총리대신이 된 경우가 3명이나 있었고, 총리대신 경험자가 총독으로 부임하는 경우도 있었다. 그만큼 조선총독은 고위직이었다. 노무동원의 경우, 그 실시 여부는 총독의 권한 밖의 일이었겠으나, 후술하듯이 노무동원 방법의 강압성은 총독이 누구였는가에 따라 다소간의 온도차가 있었다고 생각된다.

조선에서 시행되는 법은 법률, 칙령勅令, 제령制令, 부령府令이 있었다. 법률은 일본의 법을 그대로 시행하는 경우도 있었지만, 조선 사정에 비추어 변경하는 경우도 있었다. 칙령은 제국의회의 협의를 거치지 않고 덴노 권한으로 제정된 명령이다. 제령은 조선총독이 덴노의 재가를 얻은 것이며 일본의 법률에 해당한다. 부령은 총독부가 제정한 명령이다.

조선총독부가 편집하여 출간한 『조선법령집』(예를 들면 『朝鮮法令輯覽』1937)이 2000쪽 넘을 정도로 수많은 법과 규칙이 제정되었다. 동서양의 논객들은 일본의 근대적 국가체제가 '미숙한 민주주의와 법치주의의 조합'이라고 특징짓는다. 이 지적대로 확실히 일제는 법치주의에 집착했지만 민주적 제도운영에는 무관심했다.[1]

대한제국 관료들은 합병 후 거의 그대로 유임되었다(박은경, 1999: 10-11). 합병조약에도 조선인 관리 등용에 관한 규정이 있었다. 대한제국 관료의 44.9퍼센트는 신체제의 교육을 받았고 그들 대부분이 일본 유학 등으로 일본어 교육을 받았기 때문에 합병 후 직무수행이 가능했다. 과거 합격자가 15.3퍼센트, 근대교육을 받은 자가 44.9퍼센트였으며 나머지는 거의 추천이었다. 일제에 합병되기 전 과거 합격자의 경우, 문과(44명)와 무과(11명)에 급제한 후 왕실과 민비 등에 의해 급

---

1) 법치는 개인 간의 이해조정에 법이 개입하는 것이다. 예를 들어 국민의 소송 건수는 법치의 중요한 지표 중 하나인데, 이철우(2006)는 식민지기 민간소송 상황을 분석하여 당시의 소송 건수가 한국의 1970년대 중반 수준이었음을 밝힌 바 있다. 그것은 공권력에 의한 개인 간 이해조정이 정착되어가는 현상으로 볼 수 있으며, 재산권 등 개인의 권리가 보장되어가는 과정이기도 했음을 시사한다. 그러나 다른 한편 그 공권력은 민주적으로 통제되는 권력이 아니었다. 일제가 추구하는 법치란 '법의 지배(rule of law)'가 아니라 '법을 앞세운 지배(rule by law)'였고, 그런 점에서 일제가 내세운 법치는 이상적인 법치와는 거리가 있었다.

속하게 승진한 사람들이었는데, 정치성향으로 본다면 노론이 56명으로 압도적으로 많았다(김영모, 2009: 표 10 및 128). 노론은 일반적으로 성리학을 강하게 신봉하고 소중화주의의 성향이 강했다.

총독부체제 출범 당시 도 장관 13명 중 조선인이 6명이었다. 특기할 만한 점은, 군수는 모두 조선인으로 임명되었다는 것, 그리고 부府의 우두머리인 부윤府尹은 모두 일본인으로 채워졌다는 것이다(경기도 개성부윤만은 조선인). 부는 원래 개항장 도시였으며 일본인 거류민단이 형성되어 있었던 곳이다. 대한제국에서 유임된 군수 대부분은 한말 정치변동 속에서 일본 망명 경험을 가진 친일관료였고 의병토벌활동을 했던 무관 출신자들이 많았다(김영모, 2009: 120). 또한 일제의 조선침략에 협력했던 일진회 회원이 다수 포함되어 있었다(홍순권, 1995: 40). 군수는 군의 수장이지만 그 하급자인 일본인 관리가 실제적 결정권자였다고 알려져 있다. 그만큼 일본인 우위, 즉 민족차별이 확고한 원칙이었다는 뜻이다.

시市로 분류되는 부는 13개였고 도시인구 비율은 7퍼센트에 불과했다. 압도적 대다수가 농촌거주자였다. 군은 군청소재지인 읍과 여러 개의 면으로 나누어져 있었다. 총독부는 1910년 11월 면을 지방행정 말단기관으로 공인하고 면장 직제를 공식화했다(총독부령 제8호). 면은 지방공공단체는 아니었으나 주민에 대한 부과금 혹은 부역의 징수, 사용료나 수수료 징수를 할 수 있는 제한적 재정권을 가지게 되었다. 그리고 면장은 부(부윤)와 군(군수)의 지휘 감독하에서 면내의 행정사무를 보는 보조집행기관이 되었다. 합병 전 13도 12부 317군 4322면이었던 행정체제는 합병 후 12부 220군 2522면(그 직후 2521면)이 되었고, 1915년 부분적 직제개편이 있었지만 거의 그대로 유지되어 해방 직전에는 '21부 218군 2도 114읍 2211면' 체제였다.[2] 식민지 후기로 가면서 일본인이 군수로 임명되는 경우도 있었다. 1931년에는 면 중에서 지정면指定面(1925년 41개)을 읍으로 승격시키면서, 해당 읍장은 모두 일본인으로 임명했다.

1943년 시점에서 총독부 직제는 총독관방, 총무국, 사정국司政局, 재무국, 식산국殖産局, 농림국, 법무국, 학무국, 경찰국으로 이루어져 있었다.

강한 정부의 출현과 식민지의 정치경제 사정

일제 통치는 조선이 일찍이 경험한 적 없는 타이트한 체제였다. 일본의 경우, 에도시대부터 중앙의 권력이 마을단위에까지 미쳤고 인민에 대한 장악력도 조선왕조와는 비교가 되지 않을 정도로 철저했다. 느슨한 지배체제에 익숙해 있던 조선 민중은 국가권력이 개인생활에까지 미치는 체제, 때로는 폭력과 억압을 동반한 타이트한 체제의 출현에 당혹스러운 일이 많았을 것이다. 일제시대가 되면 농촌 마을에서 농민이 키우는 농작물의 종류까지 일제가 간섭하는 경우가 있었다. 면을 생산하도록 되어 있는 지역에서는 농민이 마음대로 콩이나 벼 심는 것을 금지했다. 커밍스(『한국전쟁의 기원』상, 제1장)도 지적하듯이 타이트한 통치체제는 한반도 역사상 처음으로 출현한 것이었고 지금까지 이어지고 있기 때문에, 한국에서의 강한 국가 기원은 이 시기에서

---

2) 2도二島는 제주도와 울릉도를 말한다. 이전의 군郡을 도로 재편했다. 도의 장은 도사島司라고 칭했다. 직제개편 이유는 멀리 떨어진 섬에는 육지와는 다른 특성이 있기 때문이라는 것이었는데, 도사에게는 도지사나 경무부장의 권한 일부가 이양되었다. 도사는 일본인으로 임명되었고 경찰서장을 겸임했는데, 그 체제는 해방 때까지 계속되었다.

찾아야 할 것이다.

그러나 상대적으로 많은 통치인력이 조선에 배치되어 있었다고 해도, 이 책의 주제인 노무동원을 원활하게 추진할 수 있을 정도의 행정인력을 총독부가 갖추고 있었던 것은 아니다. 노무동원을 위해서는 모든 노동자에 관한 노동력 정보를 정확하게 파악해두어야 하며, 노동자와 기업을 적절하게 매치시킬 수 있을 정도의 행정력을 갖추어야 하는데 그 정도 수준은 아니었다.

일본 헌법은 식민지에 적용되지 않았다. 조선인은 일본 국적이 되었으나 식민지 거주자는 일본인이든 조선인이든 선거권(투표권)이 주어지지 않았다. 그러나 일본에 거주하면 조선인에게도 선거권과 피선거권이 주어졌다. 다만 일본이 남성에 대한 보통선거권을 실시한 1925년 이전에는 조선인에게 선거권이란 큰 의미가 없었다. 선거권과 피선거권 모두 일정액 이상의 세금(地租)을 납부한 사람에게만 주어졌기 때문이다. 1920년 중의원선거에서는 지조地租 3엔 이상 납세자가 선거권자였다. 그러므로 조선인이라도 일본에 거주하면서 3엔 이상의 지조를 납부했다면 선거권을 행사할 수 있었다.

피선거권에는 거주조건이 없었다. 따라서 한반도나 타이완 거주자도 이론상으로는 일본의 선거에 입후보할 수 있었다. 그러나 선거권에는 거주요건이 규정되어 있었기 때문에 일본 본토에 거주하는 사람만이 투표할 수 있었다. 조선인 박춘금朴春琴(1891~1973. 조선인 첫 일본 제국의회 국회의원[代議士]. 후일 식민통치협력자로 지정)은 1932년 중의원선거(도쿄 4구)에 입후보하여 당선, 1937년 선거에도 당선되었다. 그 밖에 지방의원선거에서도 조선인 당선자가 있었다고 한다. 당시 일본에는 조선인 거주자가 상당한 규모였고 일본어를 전혀 모르는 사람도 적지 않았으므로 일본인 입후보자도 선거권을 가진 조선인의 표를 의식해야 했다. 현재 입후보자 한자 명함에 한글 발음이 병기된 것이 남아 있다.

다음은 재정상황이다. 조선총독부는 시작부터 재정자립을 하지 못했고, 그것은 해방 때까지도 그러했다. 오랫동안 총독부 재무국장을 역임했던 미즈타 나오마사水田直昌의 구술자료(財団法人友邦協会編, 1981)에 의하면, 1911년 총독부 예산은 약 5000만 엔이었는데, 그 4분의 1인 약 1250만 엔이 일본의 무상보조였다. 일제는 총독부 재정자립을 목표로 1918년에는 300만 엔까지 보조금을 줄였으나 3.1운동을 계기로 1920년에 재정보조를 1000만 엔으로 늘렸고, 그 이후 보조금을 줄이지 못했다. 일본의 보조금은 '총독부 직원 급여는 일본에서 오는 것이지 식민지 인민으로부터 징수한 세금으로 지불하는 것이 아니다'는 정치적 메시지가 있었다고 한다. 그러나 재정자립이란 어디까지나 형식적인 지표일 뿐, 일본이 조선지배를 통하여 얻는 이익, 혹은 거꾸로 말하면 조선이 식민지가 됨으로써 잃은 손실은 재정지표에는 포함되지 않는다.[3]

당시 총독부 직원들은 본국으로부터 가능한 한 많은 보조금을 확보하려고 노력했다고 한다. 그러나 일본의 재정보조가 있었다고 해서 조선인의 재정부담이 가벼웠던 것은 결코 아니다. 이전보다 세율이 높아졌다. 국세와 지방세로만 보더라도 1915년에서 1920년 사이에 1호당

---

3) 이러한 상황에 대하여 일본은 '우리가 조선을 위하여 많은 돈을 쓴다'고 호언장담하는 분위기가 있었던 모양이다. 『동아일보』(1924. 11. 10.)는 '합병 후의 조선, 소득이 무엇인가'라는 제목의 시론을 1면 톱으로 실으면서 그에 대해 조목조목 반론하고 있으며, 일본의 주장은 사실 왜곡이며 합방으로 조선이 잃은 것이 더 많음을 지적한다.

세금은 6,082엔에서 13,364엔으로 두 배 이상 증가했다(李淸源, 1936). 거기에 세금이나 잡부금 징수도 매우 철저했다. 『구례 유씨가의 생활 일기』는 이렇게 민심을 잃어서는 "나라가 곧 망할 것"이라고 쓰면서 다음과 같이 기록했다. "구례군 경찰서장이 출장 와서 토지면 주재소 건축 기부금 내라고 독촉하고 갔다"(1921. 5. 16.), "한 개 면에 한 개 국민학교를 건설하는데, 국고보조가 약간 있지만 그 건설비는 모두 우리 (주민)가 부담한다"(1924. 11. 10.), "면사무소 건축 예정비가 4000원인데 모두 주민 부담이다. 면장 최 모 씨가 꾸민 일이다"(1927. 3. 23.) 등. 이 외에도 학교 운동회, 주재소 일본인 송별연 찬조금, 화재의연금 등의 부담도 있었다.

한인지배층과 조선인 관리

'칙령 제318호'는 "한국의 국호를 고쳐 지금부터 조선이라고 칭한다"고 명기했다. 합병 시의 덴노 조서詔書는 "한국 황제(순종)를 책봉하여 왕으로 삼고 창덕궁 이왕이라고 칭한다"고 되어 있다(『순조실록』 1910. 8. 29.). 순종과 '덕수궁 이태왕'이라는 직위가 된 고종, 그리고 왕세자 등은 비록 조칙에서는 일본의 황족皇族과 같은 대우를 하며 전하殿下라는 칭호를 사용할 수 있고 세비가 지급되기는 했지만, 실제에 있어서는 황족보다 낮은 지위인 왕족으로 정해졌다.[4]

---

4) 합병 후 국호와 고종 등에 대한 예우를 어떻게 할 것인가에 대한 논의에 관해서는 많은 증언이 공표되어 있다. 일본 측 안은 ①한국(대한제국)이라는 국호를 고쳐서 조선으로 한다, ②현 국왕 순종을 태공전하太公殿下, 황태자는 공전하公殿下라는 존칭을 사용한다는 것이었다. 이에 대한 이완용의 제안은 ①한국이라는 국명의 존속, ②왕의 존칭 부여, 이 두 가지였다. 일본은 한국이라는 이름을 그대로 두면 '國 안에 다른 國'이 있는 모습이 된다는 이유로 받아들이지 않은 대신, 두 번째 안은 받아들여 순종은 '이왕李王 전하'라는 명칭이 되었다(旗田編, 1987: 93-94).

일제의 조선인 관리 양성 원칙은 무엇보다도 식민통치 협력자들을 최고 수준으로 처우하는 것이었다. 일제는 왕실 혈족이지만 왕족 예우를 받지 못하는 자, 합방에 공로가 있는 자를 '조선귀족'으로 임명하여 그들 방식으로 예우했다(조선귀족령, 1910년. 1947년 폐지). 조선귀족으로 임명된 사람은 이완용을 위시한 76명으로 그들은 여러 등급의 작위를 받았고, 거액의 하사금을 받았으며, 은사恩賜 공채 이자로 생활하게 되었다. 조선귀족으로 임명된 76명 가운데 유길준 등 6명은 작위를 거부했다. 조선귀족 이외에 고위직 관료 등 13명에게도 하사금이 지급되었는데, 그중 당시 이미 피살된 김옥균이나 김홍집 등은 유족에게 지급되었다.

'귀족 공로자 및 그 유족, 대한제국 고위관리에 대한 일시 은급' 대상자는 3638명에 달했고, 그 금액은 824만 6800엔(『朝鮮總督府 30年史』 1935. 1999년 복각본: 22-24)이었다.[5] 1911년 총독부 예산이 약 5000만 엔이었으니 은사금 규모가 얼마나 큰 것인지 알 수 있다. 식민통치의 대가로 돈을 받았던 많은 사람들은, 을사 '오적'이라는 정형문구 뒤에 숨어서 안도했을 수 있다. 을사오적이야 말할 것도 없지만, 그에 버금갈 정도로 망국에 책임을 느껴야 할 사람들은 셀 수 없을 정도다. 어쩌면 이 은사금을 받은 사람들이야말로, 마치 오적 때문에 나라가 망한 양 떠들며 을사오적이라는 낱말을 널리 퍼뜨렸던 장본인일지 모른다.

---

5) 작위 거부자 이외에도 작위를 받은 후 박탈된 사람도 있었다. 이용식李容稙과 김윤식金允植은 3.1운동 시에 독립청원서를 제출한 것으로 사법처리되어 작위를 박탈당했다. 또한 윤치호는 부친(윤웅렬)의 사망으로 작위를 습작하였으나 소위 105인 사건의 주모자로 연루되어 징역형을 받고 작위를 박탈당했다. 그 후 윤치호는 말년에 조선지원병 후원회장 등 식민통치에 협력했다. 조선귀족 중에는 한일합병에 반대한 사람도 포함되어 있기 때문에 일본의 조선귀족 선정기준은 알 수 없다.

왕족과 조선귀족에 대한 거액의 은사금은 토지구입에 주로 사용되었고 그들을 지주층으로 변신하게 했다. 총독부 보고서(『朝鮮に関する東亜経済局調査報告』 1913)는 "조선의 대지주 주류는 귀족계급인데, 그들은 합병 시에 일본으로부터 받은 679만 엔의 대부분을 소중농민의 토지를 구입하는 데에 써서 토지소유를 늘렸다"고 쓰고 있다.

일제는 문관 고위층을 조선귀족으로 임명하여 실제 권력에서 배제시키면서 무관출신의 관료를 적극 양성했다. 그것은 전통적으로 무사계급이 통치집단이었고, 메이지유신의 주도세력이자 그 이후의 지배층 역시 대부분 무사계급이 차지했던[6] 일본의 역사문화적 전통을 반영한다.

일본이 조선인 관료를 기용 혹은 양성하는 방식은 조선 내 지배층의 형성과 지속이라는 문제와 직결되기 때문에 사회정책사에서도 중요한 의미를 갖는다. 『일제하 한인지배층 연구』(김영모, 2009)는 당시 구조변화의 특징에 대해 전통적인 지배층인 문관 급제자가 몰락하고 무관 급제자가 승승장구하여 지배층의 핵심을 형성해간다는 점을 지적한다. 조선귀족은 실제적인 권력 밖에 있었다. 대신 대지주와 상공인들이 주로 경제력을 바탕으로 한 자녀 유학 등 교육을 통해 식민지 관료와 지식인으로 재등장했다. 지주 부농이나 사업가들의 자손이 교육을 통해 신분이 상승하는 현상은 식민지기 전 기간에 걸쳐 관찰된다. 관료지배층이 되려면 문관시험에 합격하거나 전문대학을 졸업할 필요가 있었는데, 관료는 추천제 임용 방식이 많았으므로 친일성이 강한

---

6) 일본 메이지시대(1868~1912) 권력지배층의 신분배경을 보면, 하층무사계급이 35.5퍼센트, 귀족 28.0퍼센트, 상층 무사계급이 9.8퍼센트였다(Silberman, B. S. and Harootunian, H. D. ed., 1966: 235).

관리와 지주부농 자손이 용이하게 신분 상승을 했던 것이다. 국정운영에 자본가와 지주계급을 끌어들이는 일본의 특징적 정치문화는 한반도에 그대로 적용되었다.

중앙통치기구인 총독부의 고위직은 압도적으로 일본인 차지였다. 총독부 직원의 계급은 덴노가 임명하는 칙임관勅任官, 총독이 내각에 신청해 임명되는 주임관奏任官(1~8등. 고등문관시험 합격자는 주임관 7등으로 임용됨), 조선총독이 임명하는 판임관判任官이 있었다. 칙임관은 장기간 근무한 주임관 중에서 극히 일부가 선정되었다(坪井, 2004: 72).

합병 직후 총독부 및 소속관서의 직원 총수는 2만 1302명, 그중 조선인이 8437명으로 그 비율은 39.6퍼센트였다. 그러나 총독부 본부에서 일하는 직원 약 1000명 중 조선인은 44명에 불과했고 그것도 대부분 통역 등 하급직이었다(『조선총독부 통계연보』 1918). 1942년의 총독부 직원수는 15만 1700명, 조선인은 7만 4107명(48.9퍼센트)이었으며 읍면 직원수는 7만 9523명이었다. 급여에도 큰 차이가 있었다. 공직이든 기업이든 일본인이 조선에서 근무하면 외지 근무라는 이유로 급여 가산이 있었는데, 그 점을 고려하더라도 급여는 민족차별적이었다.

커밍스(김주환 역, 1986)는 총독부 고위관리에서 차지하는 조선인 비율은 식민지 말기 10년 동안 18~22퍼센트, 절대수로 본다면 442명 정도였고, 경찰의 경우는 13~19퍼센트(210명에서 251명)였으며, 조선인 판사나 검사 역시 그 정도 비율이었다고 추산한다. 군부의 경우, 조선인은 종전 후 전범으로 처형된 홍사익을 비롯하여 적어도 9명의 장성급 군인이 있었다.

한편 식민지 말기에는 조선인 하급관리가 급격히 늘어나는데, 그것은 일본이 15년전쟁에 돌입하면서 조선에 와 있던 일본인 남자관료들이 징용되자 그 자리가 조선인으로 채워졌기 때문이다. 그들 관리들은 조선인 노무동원의 하수인이 되었는데 그 수법이 대체로 거칠었다는 것은 많은 증언을 통해서 알려져 있다. 또한 무엇보다도 해방되자마자 민중들이 그들을 격렬하게 공격했다는 사실을 통해서 짐작할 수 있다. 충청도 여자정신대였던 권석순(진상규명위)이 증언한 바로는, 귀국해 보니 노무동원을 담당했던 면서기는 보국대로 일본에 동원되었다가 돌아온 사람들에게 맞아 죽었더라고 말한다.

2. 식민지 조선의 빈곤과 조선 거주 일본인

빈곤과 실업문제

당시 빈곤문제의 특징은 '전통적 빈곤문제 심화와 식량 부족'이라고 표현할 수 있다. 식민지 전 기간 동안 특히 농촌에서 극심한 빈곤에 시달렸다. 쌀이 일본으로 이출(수출)되는 양이 늘어날수록 조선 내 절대적인 식량 부족은 당연했다. 식량 부족은 식량 가격의 상승을 불러와서 빈곤층의 삶을 더욱 악화시켰다. 농민의 대다수를 차지하는 소작농은 착취성이 강한 소작료 부담에 신음했다. 자연재해가 곧 기근으로 이어지는 현상은 조선왕조시대와 다르지 않았다. 거기에 인구가 증가했다. 하지만 농촌의 잉여인구를 흡수할 산업이 없었으므로, 농민들은 쉽사리 농촌을 떠날 수 없었다. 식민통치의 가장 심각한 피해자는 몰락한 농민층이었다. 그들 중 이농을 선택한 사람들은 화전민 혹은 도시 토막민이 되거나 일본, 만주 등으로 이주했다.

　총독부의 빈곤구제사업은 홍수나 한발 등 자연재해로 인해 발생한

2-1(좌) 연변지역 용정龍井으로 이주한 조선인의 주택.
2-2(우) 조선인민회 용정금융부 내부 모습. 이주민 규모가 상당규모였음을 짐작하게 한다.
두 사진 모두 출처는 朝鮮總督府,『朝鮮の人口現象』(1927). 이 조사자료는 당시 조선인구의 규모나 지역인구 변동, 자살 상황에 이르기까지 매우 귀중한 내용을 담고 있다.

이재민 구호가 대부분이었다. 더구나 이재민 구호에는 국민의 의연금도 중요한 역할을 했다. 예를 들어 1933~42년의 재해구조비를 재원별로 구분해보면, 국비 50.9퍼센트, 지방비 30.9퍼센트, 의연금 15.6퍼센트, 은사금 등이 2.7퍼센트였다(『朝鮮總督府統計年報』各年度).

흔히 보릿고개라고 불리는 '춘궁기'(가을에 수확한 쌀이 바닥나고 보리수확 직전인 봄철의 식량 궁핍)는 농촌 빈곤의 상징이었다. 1930년 기준으로 지주호를 포함한 전체 농민가구의 47퍼센트, 소작농의 66.8퍼센트가 춘궁상태였고, 충청남도는 거의 90퍼센트가 춘궁상태였다(朝鮮總督府農林局, 1932). 『조선일보』 사설(1932. 2. 20.)은 다음과 같이 기술한다. "1930년 말 현재 조선의 총 호수는 380만 호, 그중 농가호수는 286만 호(전 호수의 85퍼센트)인데, 지주농과 자작농을 제외한 자소작 및 소작농가가 222만 호로 그 80퍼센트를 상회한다. 220만 호 중에서 보리수확 이전에 작년 수확한 식량이 남아 있는 경우는 농가의 10퍼센트인 22만 호에 불과하고 나머지는 곤궁계층인데, 그중 90만 호는 식량이 없어 초목근피로도 연명하기 어려운 상태다."[7]

조선의 높은 실업률은 만성적이었다. 총독부는 매년 대규모 실업조사를 실시했다.[8] 실업조사는 1932년 이후 조사대상이 100만 명을 넘었다. 조사결과뿐 아니라 이렇게 대규모 실업조사가 매년 행해지고 있었다는 사실 자체도 주목할 필요가 있다. 그만큼 조선의 실업문제가 심각하고 만성적이었다는 사실을 반영하기 때문이다. 〈표 2-1〉은 일련의 실업조사 결과를 보여주는데, 표에서 확인할 수 있는 특징은 다음과 같다.

첫째는 무엇보다도 높은 실업률이다. 1930년에는 12퍼센트에 달한다. 이 시기는 세계경제 공황기였고, 일본은 그 직접적인 영향을 받았으며 그 영향은 조선에까지 미쳤다. 또한 일본과 조선의 경제 모두 전쟁 상황에 따라 큰 영향을 받을 수밖에 없었다. 1937년 중일전쟁이 발발한 해의 조선인 실업률은 5.4퍼센트까지 낮아졌다. 실업률은 일본인과 조선인 사이에 큰 격차가 있다.

둘째, 조선의 실업률은 도시지역과 농촌지역 사이에 별다른 차이를 보이지 않는다는 점이 특징적이다. 1932년의 경우 부읍府邑의 실업률이 12.9퍼센트고 면의 실업률이 12.1퍼센트였다. 1933년에는 각각

---

7) 당시 조선 농촌의 실상을 조사한 연구자(久間健一, 1935)는 "조선농민의 궁핍화는 심각하다고 하기보다는 처참하다"고 평했다. 그 이후의 조사에서도 높은 춘궁농민 비율은 크게 달라지지 않았다. 인구증가로 식량압력이 컸고, 특히 남부지역은 인구밀도가 높았으며 1인당 농지면적도 극도로 줄어들었다. 평소 1년에 100석의 수입을 가졌던 비교적 부유한 농민도 1932년 기근 시에는 "나 또한 나무껍질로 입에 풀칠을 해야 했으니 전체 마을에서 소나무 껍질을 면할 수 있는 자가 몇 명이나 될지 모르겠다"(『구례 유씨가의 생활일기』)고 쓰고 있다.

8) 1930년 조사결과는 『조선사회사업朝鮮社會事業』(朝鮮總督府社會課調査)에 실려 있고, 그 이후 조사는 총독부(내무국內務局 혹은 학무국學務局)가 『조사월보調査月報』를 통해 매년 공표했다.

11.6퍼센트와 10.1퍼센트였다.

셋째, 표에는 나타나지 않지만, 조선 내에서 1920년대 말부터 공업화가 부분적으로 일어난 북부지역과, 그렇지 않던 남부지역의 실업률 사이에는 엄청난 격차가 있었다. 도시부의 경우에도 남부와 북부 간 실업률에는 큰 격차가 있었다. 남부지역의 높은 실업률은 만성적이었다. 1934년 10월 조사에 의하면, 부 중에서 실업률이 높은 순으로 보면 목포 17.9퍼센트, 군산 17.8퍼센트, 경성 16.9퍼센트, 부산 15.8퍼센트였다. 그에 반해 신의주나 청진 등 북부지역 도시는 실업률이 매우 낮았다. 가장 낮은 청진은 1.4퍼센트에 불과했다. 일본인의 경우, 일고노동자 실업률이 가장 높고 급료생활자가 가장 낮은 데 비하여, 조선인의 경우는 급료생활자의 실업률이 가장 높았다(「朝鮮における失業調査」『調査月報』第6卷 第3号, 1935. 3.: 20-21). 1930년대 중반까지 일본으로 이주한 조선 노동자의 대부분은 남부지역 출신자였다.

후술하듯이 일본으로의 인구이동은 보다 높은 임금을 추구하기 위해서라기보다는 '취업 그 자체'가 동기였다. 이광재(李光宰 2014: 48)는 "저임금 노동력이 고임금 노동력으로 이동하는 시장의 움직임은 조선에서는 없었다"고 주장한다. 다만 농촌노동력이 빠져나가 농촌임금이 상승하면 노동자가 일본으로 도항하지 않으려고 했던 것은 사실이므로 임금 수준이라는 요인이 무시될 수는 없다. 하지만 어느 쪽이냐 하면 만성적 빈곤과 높은 실업률이 인구유출의 가장 결정적 요인이었고, 임금노동자가 보다 높은 임금을 쫓아 일본으로 이동하려는 현상은 드물었다는 뜻이다. 그렇다면, 집단모집 등으로 일본 노동시장에 편입된 조선 노동자 중 상당수가 탄광 등의 직장을 스스로 이탈했는데, 그것은 어떻게 설명할 수 있는가? 이는 강한 노동강도나 비인간적 처우에

표 2-1 1930년대 조선의 실업률 추이

연도	구분	조사대상 일본인	조사대상 조선인	실업률(%) 일본인	실업률(%) 조선인	급료생활자	일고노동자	기타	계
1930. 6.		44,585	176,573	5.9	12.0	3,551	11,865	6,729	22,145
1932. 6.	부읍	56,484	192,119	4.4	12.9	16,904	89,970	163,512	
	면	27,228	1,144,140	1.9	12.1				
1933. 6.	부읍	58,594	198,137	4.0	11.6	15,914	71,651	44,118	131,683
	면	30,308	1,080,404	1.1	10.1				
1934. 6.	부읍	45,711	42,579	3.8	10.0	13,229 (11.0%)	48,548 (9.2%)	33,142 (9.5%)	94,919
	면	22,211	77,786	1.3	9.4				
1935. 10.	부읍	65,643	215,447	3.6	10.1	12,157 (9.1%)	42,312 (7.9%)	24,745 (7.4%)	79,214
	면	31,867	787,400	0.7	7.2				
1936. 10.	부읍	70,643	251,894	2	8	5,925 (7.0%)	40,452 (7.0%)	19,431 (7.0%)	74,699
	면	33,442	773,671	0**	7				
1937. 10.	부	59,999	203,773	1.7	7.5	8,122 (5.1%)	28,887 (5.2%)	19,431 (5.8%)	56,440
	읍	24,942	99,163	0.6	3.8				
	면	34,435	748,161	0.2	5.0				

주: * 실업자수는 조사대상자 중 실업자수. 필호 인의 수치는 각 직종별 실업자.
** 면부 실업률을 0퍼센트는 실제수는 158명이네 통계표에 0퍼센트로 나와 있음.
자료: 총독부가 실시한 각 시기의 실업조사 결과에 근거하여 필자 작성. 인자료는 「府及び指定面における失業状況調查」, 「朝鮮における失業調查」, 各年度, 「植民地社会事業關係
資料集, 朝鮮篇 4, 「戰前·戰中期アジア研究資料」1999에 각 연도별 실업조사 결과가 실려 있음.

대한 반발이라는 배경도 있지만, 그들의 이탈은 일본 내에서 보다 나은 일자리, 보다 높은 임금을 추구하기 위한 것이었다고 판단된다.

빈곤의 폐해와 여성

빈곤의 폐해 중 특히 여자와 관련하여 식민지기에 현저했던 문제로서 지적하고 싶은 것은 두 가지다. 하나는 아동 유기며 다른 하나는 인신 매매다. 이 문제들은 특히 기근이 발생하면 심화되었다. 그 폐해는 김동인의 『감자』를 비롯하여 김유정, 나도향, 이태준, 현진건, 현경준 등 수많은 소설가의 작품에서 적나라하게 묘사되어 있다.

우선 수해나 한발 발생 시 버려진 아동 문제다. 예를 들면 '천여 명의 고아군群'이라는 기사(『조선일보』 1924. 9. 12.)는 수많은 아동이 경성역 주변에서 구걸하고 있다고 전한다. 유기된 아동을 남녀별로 보면 여아가 많았고 그것은 조선의 남존문화를 보여주는 것이었다(『조선일보』 1925. 3. 14.). 1925년을 전후한 자연재해 이후 1930년대 초의 자연재해 때도 아동 유기에 관한 기사들이 많이 보인다.

인구증가는 기근 때 빈곤을 더욱 심화시켰으며, 아동과 여성은 그중에서도 가장 심각한 영향을 받았다. 아동 유기와 더불어, 딸 특히 양녀를 유흥업소나 유곽에 파는 행위는 진귀하지 않았으며, 소녀들의 가출 문제도 심각했다. 당시 사회사업가의 글에는, 조선 소녀들에게 만연된 가출과 그 폐해에 탄식하는 내용이 있다. 즉 소녀들이 쉽게 가출하는 것은, 가출 즉시 일할 수 있는 술집이나 유흥업소가 많기 때문이라는 것이다. 그리고 다시 그 배경에는 음식점이라고 하더라도 시중드는 여자종업원이 없으면 남자 손님이 들지 않는 풍토가 조선에 있다고 지적한다.

아동 유기에는 지역별 편차가 컸는데, 특히 대구는 유독 그 수가 많아 『매일신보』뿐만 아니라 민족신문류나 지역신문에서도 '기아棄兒의 도시'라고 불렸다. '기아의 도시'라는 용어는 1931년 『동아일보』(1931. 7. 16. '기아의 도시 대구. 1월부터 6월까지 47명. 현재 공비로 양육하는 아이 200여 명'), 『조선일보』(1931. 8. 28. '불황의 고민, 기아의 도시 대구. 8개월에 102명이나'), 『매일신보』(1932. 5. 27.) 등에서 등장하며 이후 1936년까지 많은 기사들이 있으며 그 이후로도 간간이 보인다.[9]

다른 하나의 빈곤 폐해는 여아나 여자의 인신매매다. 1920년대 초 신문에는 조선의 버려진 여아들을 인신매매하는 중국인들의 문제가 자주 보도되었다. 중국인 '여아女兒 도적단', '아해(아이) 도적'이라는 제목의 기사다. 평양지방과 전라도지역을 무대로 버려진 여아를 노린다는 기사들이 상당히 많이 발견되며, 그중에는 납치도 있었다. 버려진 여아와 인신매매 여아들은 그 10여 년 후가 되는 1930년대 후반에 성산업에 종사하게 되었을 가능성이 있다. 『동아일보』(1925. 10. 14.) 사설('인신매매를 근절하자')은 다음과 같이 주장한다.

---

9) 후지이(藤井. 1933)는 대구의 특별히 높은 유기 아동 발생을 다각도로 검토했지만 그 원인을 밝혀내지 못했다. 1929~33년 10월의 대구 아동 유기 총수는 281명(연평균 56명)으로 조선에서도 두드러지게 많았다. 당시 일본의 유기 아동 발생은 연간 150명 정도, 인구 500만 명인 도쿄의 기아발생이 연간 50명 수준이었는데, 인구 12만 명인 대구의 기아 건수가 그보다 많았다. 또한 평양 등 대도시라도 대구의 20퍼센트 수준, 국제항구도시인 부산이나 인천은 기아발생이 극히 적었다. 그러므로 높은 기아발생률은 대구만의 특징이라고 할 수 있다. 기아의 약 3분의 1은 생후 1개월 이하, 1세 이하가 3분의 2, 기아의 추정사망률은 3분의 1이었다. 이에 대해서는 보다 복합적이고 심층적인 검토가 필요하다. 대구 경북지역 출신의 위안부가 매우 많았던 사실과도 관련이 있을 수 있다. 버려진 아동은 법률혼 자녀가 아닐 가능성이 있고, 유흥업에 종사하는 미혼여성의 출산도 포함되어 있을 수 있기 때문이다. 제사製絲공장 여공이 많았던 것과 관련이 있을 수도 있겠다.

근래에 순진무구한 유부녀와 소녀들을 유인하여 무지한 중국인에게 팔아서 남북 만주로 보내는 사건이 날로 많아져서 마음 아프다. 30여 명의 유부녀와 산골 처녀들을 유인하여 일본 각지에 보내어 창기로 팔아먹으려고 하다가 발각되어 현해탄을 건너지 못하고 범인은 체포되었다고 한다. 그러나 어찌 이것뿐이랴. 이같은 범죄사실이 얼마나 많이 숨어 있는지가 짐작된다. … 조선 경찰당국은 인신매매의 흉한들을 대거 수색하여 검거할 방도는 어찌 강구하지 아니하는가?

화류계 종사자 중 조선인과 일본인을 비교한 기사도 있다. 『동아일보』(1928. 11. 14.)는 다음과 같이 보도한다. "화류계에 종사하는 여자 대부분은 인신매매업자의 꾐에 빠진 경우로 1743명이며, 친권자에게 팔린 사람이 1485명, 정부情夫에게 속아넘어간 자도 많다. 그러나 일본인의 경우는, 업자의 꾐에 넘어간 경우도 있지만 가족을 위해 자신을 희생한 자가 보다 많다고 한다."

이 기사와 관련된 것으로, 일본사회의 성윤리는 조선과 매우 대조적이었음을 지적해둘 필요가 있다. 에도시대에 미혼 여자가 결혼 전 몇 년간 유곽에서 일하거나 개항장에서 외국인 첩으로 살았다는 것은 귀향 후의 혼사에서 전혀 결격사유가 아니었다. 17세기 이후 당시 에도사회를 관찰한 외국인들의 적지 않은 여행기에는, 일본의 이러한 성윤리가 매우 특이한 일로 기록되어 있다.[10] 유곽에서 일하더라도 봉공奉

---

10) 예를 들어 1690년 나가사키의 데지마(네덜란드나 포르투갈과의 무역을 위한 인공섬) 네덜란드관의 의사로서 일본에 왔던 독일인 엥겔베르트 켐퍼Engelbert Kämpfer(ケンフェル · 呉秀三訳, 1929)는 그곳 유곽의 창기가 훗날 일반인과 결혼할 때에는 전혀 그 전력이 문제시되지 않았고 별다른 흠결이 없는 한 사람의 부인으로서 인정되던 일본 풍습을 언급하며, 그것은 유럽과는 다른 진귀한 문화였다고 기록했다. 이 지적은 당시 일본사회의 성풍속에 관한 여러 외국인 기록과도 일치한다. 다만 유

公이라고 불렸는데, 그것은 남자가 가족 생계를 위해 타지에서 일하는 것과 다름없는 일로 받아들여졌음을 의미한다. 결혼 전 여자의 봉공은 부모에 대한 효도라고 여겨졌다.[11] 일본인이 군위안소에서 만난 조선인 군위안부와 결혼하는 사례나 원래 군위안부였음을 알고서도 결혼하는 사례, 혹은 민간 매춘업자에 복속되어 있던 조선인여자를 구출하여 아내로 삼는 사례 등이 보이는 것은, 조선에서는 생각하기 어려운 특이한 일본문화의 소산이다.

여자 인신매매에 관한 기사는, 대규모 자연재해가 발생했던 1924년과 1925년에 폭증하여 그 수를 헤아리기 힘들 정도이고 그 후 1940년경까지 이어진다. 광주 일당 7명이 임실과 나주 등에서 부녀자를 속여 유곽에 55원에서 300원으로 팔아넘긴 사건(『조선일보』 1924. 10. 21), 여자 네 명을 사서 북사할린으로 한 사람당 180원에서 300원까지 받고 팔아넘긴 함경도 남룡석南龍錫 사건(『동아일보』 1924. 9. 2.), 10세 소녀를 꾀어 중국인에게 45원에 팔아넘긴 사건(『동아일보』 1924. 4. 15.) 등이다.[12]

곽 경영자에 대한 일본사회의 평판은 낮았다고 기록한다.

11) 에도시대 1680년대가 되면 유녀遊女에 관한 계약서에도 '유녀로 판다'는 용어가 아니라 '유녀 봉공으로 보낸다'는 표현으로 바뀐다고 한다. 즉 부친이나 남편이 여자를 판 결과 유녀가 되는 것이 아니라 유녀라는 이름으로 노동한다는 인식으로 바뀌었으며 그것은 큰 의식개혁이었다(下重, 2012: 160-164). 다만, 그것은 여자가 신분으로부터 자유롭게 되었다는 것을 의미하는 것은 아니며, 빈곤 해결을 위해 딸을 파는 행위가 부모에 대한 효도라고 인식되는 상부구조 문화가 형성되었다는 의미일 뿐이다.

12) 엄청난 규모의 인신매매 범죄로는 희대의 유괴마誘拐魔 하윤명河允明 부부(하윤명 40세, 김춘교 36세) 사건이 있다. 전라도와 충청도의 빈곤한 농촌지역을 돌며 취직시켜준다고 부모를 속여 10원 내지 20원을 쥐어주고 13~14세의 어린 처녀들을 데려가 유곽 등에 팔아넘긴 사건인데, 하윤명은 국내뿐 아니라 중국의 봉천, 천진, 목단강, 상해 등에 최저 700원, 최고 1000원에 팔아넘겼다. 피해자는 자백한 사람만도 65명, 서울 유곽에 남은 자가 40여 명이었다(『조선일보』 1939. 3. 5.). 4년 동안

한편 강제결혼이 인신매매의 성격을 띠고 있었다는 것을 느끼게 하는 기사도 적지 않다. 1930년대 초 기근이 들었을 때에는 딸을 팔아 채무를 갚고 생활에 보태는 자가 많다는 기사가 등장한다. 예를 들면 딸을 200원 정도 가격의 주택을 얻는다는 조건으로 맞지도 않는 상대와 혼인시키는 일(『조선일보』 1931. 3. 24./8. 4.) 등이다.

재조 일본인에 대한 태도

해방 당시 한반도에는 70만 명이 넘는 일본인들이 살고 있었다. 미즈타(財団法人友邦協会編, 1981)는 해방 직후 조선 민중의 일본인에 대한 태도는 상대방의 직업에 따라 달랐음을 다음과 같이 술회한다. "일본인 교육자, 의사, 종교인에 대해서는 호의적이었다. 조선 민중들은 오히려 다른 조선인들의 폭력으로부터 그들을 적극적으로 보호하려고 했다. 다른 한편, 총독부 직원이나 경찰에 대해서는 말할 것도 없고, 일본인 민간인에 대해서도 극히 적대적인 태도를 보였다. 그동안 일본이 행했던 짓을 생각하면, 그러한 적대적 행동은 당연한 것이었다고 생각한다."

이 증언은 당시의 상황을 있는 그대로 보여준 것으로 생각된다. 실제로 여자정신대에 관련한 자료 중에도 해방 직후의 혼란기에 일본인 교사가 조선인 제자들의 보호 아래 무사히 일본으로 귀국했음을 술회하는 사례가 적어도 2건 확인된다. 그런데 경찰이나 관리들에 대한 적의는 그렇다 치고, 일본 민간인에 대한 조선 민중의 적의는 어디에서

100명의 처녀를 인신매매한 배장언(裵長彦, 56)의 경우도 있다. 지인의 양녀(15세) 도장과 호적등본을 위조해 중국 간도로 가서 250원에 팔아넘긴 평양의 이정현(李庭鉉, 37세) 사건도 피해자가 30명이나 되었다(『동아일보』 1925. 10. 9.).

온 것일까?

개항(1876) 직후 한동안 일본에 대한 조선인의 태도는 지배층과 민중이 서로 달랐다. 지배층은 학일學日과 반일反日로 갈라졌고, 학일은 개화, 반일은 쇄국을 주장했다. 결국은 '개화 즉 학일'과 '쇄국 즉 반일'이라는 세력을 형성했고 두 세력은 대립했다. 그러나 조선 민중들은 개항 이후 일관되게 반일적 태도를 보였으며 더구나 반일감정은 날로 격화되었다. 임오군란(1882) 때에는 상당수의 일본인들이 민중에 의해 살해되었고, 친일적 개화파 관료들도 죽임을 당했다. 종두법 보급에 주력하던 지석영池錫永마저도 일본에서 종두법을 배웠다는 이유로 체포령이 내려지고 종두시설이 파괴당했을 정도다. 개항 후 불과 6년이 지난 시점에 민중의 반일감정은 그만큼 격렬하게 표출되고 있었다.

개항 이후 조선 민중 사이에 반일감정이 강했다는 사실은 거의 모든 외국인 여행기에 일관되게 보인다. 더욱이 반일감정은 식민지기를 통해 더욱 강해졌다. 차재호(1994)의 한국인 가치관 변화 분석을 보더라도 개항기와 식민지기 중, 조선 민중들의 공통적이고도 현저한 변화는 반일감정이 높아진 것이었다.

반일감정은 전라도 지방에서 특히 강했는데, 그 이유에 관해 홍순권(1991)은 다음의 요인들을 들고 있다. 즉 곡창지대인 호남에서 쌀이 만성적으로 유출되어 민중의 생활이 악화되었다는 것, 일본의 농장건설 과정에서 일본인 토지소유의 절반이 전라도에 집중됨으로써 가장 큰 희생을 강요당한 지역이었다는 점, 목포와 군산항을 중심으로 한 상권 침탈, 남서부 해안 일대의 어업 침탈 등이었다. 거기에 더하여, 나는 그 이전의 문제로 시작 단계부터 일본 축출을 내세운 동학농민군을 무자

비하게 진압 학살한 일본에 대한 구원舊怨이 개입되어 있지 않을 수 없었다고 생각한다.

반일감정은 개항기에 발원하여 해방 때까지 계속 강화되었다. 거기에는 물론 공권력에 의한 폭력적 침탈이 있었지만, 일본 민간인의 침탈 역시 그에 못지않았고, 그것이 앞의 미즈타의 증언에 나타난 것처럼 일본 일반인에 대한 적대감정을 만들었다. 조선인 반일감정의 뿌리 찾기는 간단한 일이 아니지만, 여기에서는 그 적대감정의 원인제공자로서 일본 민간인의 존재가 있음을 지적하고, 그에 관해서만 간략히 언급한다.

일본의 조선 침략 과정에서 특징적인 것은, 국가나 군대의 행위는 제외하더라도 개항 이후 조선에 진출한 민간인들의 성향이 매우 침략적이었다는 점에 있다고 나는 생각한다. 이 점은 서구세력의 조선 진출 방식과는 결정적으로 다르다. 잘 알려진 대로 서구인들의 조선 진출은 종교나 선교사들이 먼저 들어와서 민중과 어려움을 함께하는 방식으로 시작되었기 때문이다. 개항장은 조선 인민이 처음으로 일본인을 경험하는 곳이었는데, 일본인들은 주로 단기간의 경제적 이익을 추구하는 상인들이었고, 폭력배도 많이 섞여 있었으며, 위안부들도 많이 포함되어 있었다. 1910년 시점에서 조선에 거주하던 일본여자의 경우, 본업을 가진 여자 8498명 중 48.2퍼센트(4093명)가 '예기, 창기, 작부'라고 불리는 위안업소 종사자였다(『조선총독부 통계연보』 1910). 위안업에 종사하는 여자들 역시 침략의 첨병으로서 존재(広瀬, 2014)하고 있었다.[13]

---

13) 스웨덴 기자 아손(2005)은 개항장에서 본 일본인의 횡포를 언급하며 "조선 개항장에서 목격한 일본인은, 일본에서 본 일본들 모습과는 너무나도 달랐다"고 기술

한반도에 진출한 일본 민간인은 '침략의 첨병' 혹은 '제국의 브로커'라는 성격을 가지고 있었다(梶村, 1992; 木村, 1989; 우치다 준/한승동역, 2020; 기무라 켄지, 2004). 개항기 일본의 조선 진출 과정을 보면, 조선과 충돌이 발생할 때마다 상대국에 배상금을 요구하며 손에 넣는 것이 하나의 패턴이었다. 그런데 배상금 청구와 입수는 일본정부뿐만 아니라 민간인이나 민간단체에 의해서도 이루어졌다는 점이 특징적이다.

개항 이후 일본 어민들은 제주도 부근에서 잠수기계 등을 동원하여 전복 등 수산자원을 약탈적으로 채취하였는데, 그에 대한 반감으로 제주도 어민들이 일본 어선을 파괴하는 일이 생기자 일본 어민들은 일본정부를 등에 업고 거액의 배상금을 챙겼다(허호준, 2014). 방곡령사건(防穀令, 1884)에서도 민간업자는 일본정부를 등에 업고 터무니없는 배상금을 요구하여 관철시켰다. 이러한 사례들은 조선에 진출한 일본 민간인의 약탈적 속성을 무엇보다도 명확하게 보여준다.

한반도에 거주하는 일본인의 재산축적수단 중 가장 중요한 것은 고리대와 중매업이었다. 다카사키(高崎, 2002: 8)는 고리대가 재산축적 수단으로 강조된 이유는, 그것이 개항기에 한하지 않고 일본이 패전할 때까지 이어졌기 때문이라고 지적한다. 그리고 식민지 말기에 조선에서 교직에 있었던 어느 일본인의 다음과 같은 증언을 소개하고 있다. "소위 성공한 사람들의 겉으로 알려진 직업은 농업, 상업, 공업 등으로

한다. 물론 일본 상인 등이 보였던 불공정한 경제행위나 횡포, 폭력 등은 무엇보다 강화도조약이라는 불평등조약이 있었기에 가능한 일이었지만, 민간인의 행위가 약탈적 성격을 띠고 있었다는 것은 반일감정의 원인론으로서 결코 간과할 수 없는 부분이다. 당시 외국인의 기록에는 환전업을 하는 일본인이 그곳을 이용하는 무지한 조선인에게서 사기나 다름없을 정도로 폭리를 취하는 모습 등이 그려져 있다.

되어 있지만, 어떤 경우든 실제의 직업은 고리대였으며, 몰락한 농민의 토지를 겸병兼倂하여 지주가 된 자가 많다."

토지를 뺏기 위하여 대여한 돈의 만기일을 의도적으로 숨기는 일까지 있었다. 만성적인 채무는 조선의 심각한 빈곤문제의 중요한 특징 중 하나였다.[14] 농민이 돈을 빌릴 수 있는 곳으로는 금융조합이 있었는데, 그 이자는 연 10퍼센트였다. 그러나 금융조합은 조합원 가입자가 아니면 이용할 수 없었고 은행도 대출조건이 까다로워서 대다수 빈곤층은 이용하기 어려웠다. 빈궁한 농민은 필요하면 고리대를 이용할 수밖에 없었는데, 고리대의 이자는 연 40퍼센트나 되었다. 고리대 금업자가 농민을 파산으로 몰아넣은 사례는 당시의 신문을 통해서도 무수히 확인된다. 많은 일본인이 고리대에 관련되어 있었으므로, 일본 민간인에 대해서 민중이 적의를 품은 것은 당연한 귀결이라고 할 것이다.

민족격차 문제

새삼스러운 말이지만, 일본이 조선을 식민지로 삼은 목적은 조선 인민을 보다 잘살게 하기 위한 것이 아니었다. 그 목적이 일본의 안정적인 식량 확보와 국방의 필요에 있었다는 것은 너무나 명백한 사실이다. 따라서 조선 내에서 조선인과 일본인의 격차문제를 일제가 시정해야 할 문제의 우선순위에 두었을 리가 만무하다.

개항 당초부터 현저했던 민족격차는 일본자본이 조선에 들어오면

---

14) 총독부의 조사자료(『朝鮮の小作慣行』1932 下: 146)에 의하면, 1930년 기준으로 지주를 제외하고 전국의 소작농과 자소작농 224만 7194가구 중 75퍼센트(173만 3194가구)가 부채를 가지고 있었는데, 평균부채액은 60.53엔이었다.

서 더욱 심화되었다. 식민지기의 민족격차를 만약 수치를 통해 증명하려고 한다면, 그것을 뒷받침하는 자료는 아마도 거의 무한정하게 만들어낼 수 있을 것이다. 오늘날 식민지 논의에서 일제의 수탈 그 자체를 부정하는 논의는 한국사회에서 찾아보기 어렵다. 그런 시점에서 민족격차의 자료 만들기에 에너지를 소모하는 것은 의의 있는 일이라고 생각되지 않는다.

민족격차 문제는 분명히 수치를 통해서 드러난다. 그 격차에 민족이라는 요인이 크게 작용했다는 것은 틀림없는 사실이다. 그러나 그렇다고 민족이라는 요인만으로 민족격차를 모두 설명할 수는 없다. 거기에는 많은 복잡한 요인들이 작용하고 있기 때문이다. 실업률의 격차, 임금격차, 계층이동의 기회 등에는 직업 차이나 숙련정도의 차이, 교육수준 차이 등에 의한 영향도 크며, 그것들은 이민족의 조선지배라는 요소만으로는 해명될 수 없는 매우 복잡한 양상을 보인다.

예를 들어, 현재 한국에는 약 70만 명의 중국동포(중국 조선족)가 거주한다. 그들이 한국으로 들어온 것에는 중국의 배출요인도 있고 한국의 흡인요인도 있다. 그들은 일반적으로 중국 내에서 보다 높은 임금시장으로 진출하기 어려운 계층이라고 할 수 있는데, 한국에서 얻는 소득은 중국에서의 4.5~9.5배다(노대명 박광준 외, 2019: 제7장). 한국에 거주함으로써 그들의 경제생활은 향상되고, 그들 중에는 상당한 부를 축적하여 계층상승한 사람도 적지 않지만, 그렇다고 해서 한국인과의 경제격차가 줄어드는 것은 아니다. 그러한 격차 심화를 한국인-조선족이라는 국적 요인만으로 설명할 수 있을까? 한국인이 조선족을 수탈했다고만 설명할 수 있을까?

한국인과 재한 조선족의 경제격차 심화를 수치적으로 증명하려고

표 2-2 민족별 직접세 부담액(1925)

	일본인			조선인		
	부담금액	1가구당	1인당	부담금액	1가구당	1인당
부府(도시)	4,493,569	82,582	20,620	1,720,137	12,583	2,792
군郡·도島	4,858,989	82,513	23,493	39,806,501	11,865	2,216

자료: 善生永助(1928).

한다면, 그 역시 거의 무한하게 만들어낼 수 있을 것이다. 투자를 위해 자본을 가지고 중국에 진출한 한국인과, 중국 현지의 조선족 사이의 격차 또한 마찬가지일 것이다.

식민지기 전체에 걸쳐 민족 간 경제격차는 뚜렷이 드러난다. 조선총독부의 임금통계에 따르면 1931년 6월 기준 평균임금(일급)은, 남성 노동자의 경우, 일본인과 조선인이 각각 1.81엔과 0.80엔, 여성은 각각 0.87엔과 0.44엔이었다. 산업별로 보면 인쇄업과 식품가공 산업에 비교적 고임금이 많았다. 최고임금을 민족별로 보면, 인쇄업의 경우 일본인 7.15엔, 조선인 4.0엔, 식품가공은 각각 6.07엔과 4.80엔이었다. 방적산업 여공의 경우, 각각 1.16엔과 0.60엔이었다.

민족 간 빈부격차는 세금부담액의 격차에서도 적나라하게 나타난다. 〈표 2-2〉에서 보듯이 도시지역의 경우 일본인의 1인당 직접세는 조선인의 약 7.4배, 농촌지역은 10배 이상에 달함을 알 수 있다.

이러한 거시지표를 염두에 두면서, 여기서는 조선 내 공장에서 일본 노동자와 조선 노동자가 함께 근무한 경우, 그 임금격차와 민족감정이 어떠했는지를 미시적 자료를 통해 살펴보자. 1920년부터 1945년까지 평양 근처 승호리勝湖里 마을에 설립되어 있던 오노다小野田시멘트

공장이 그 사례다.[15]

승호리의 오노다 시멘트는 상시 30~70명 정도의 화이트칼라 사무직원과 약 700명의 노동자를 고용하는 공장이었다. 일본인 노동자 비율은 전 기간에 걸쳐 13~20퍼센트 정도였다. 1920년대 초반에는 전체 633명의 직공 중 86명이 일본인 직공이었다. 이들은 모두 일본 본사 공장에서 훈련된 숙련공 중에서 전출되어 승호리 공장에 온 사람들이었고, 계장이나 부계장의 지위를 가지고 있었다. 식민지기가 끝날 때까지 직장구조에서 계장직이나 부계장급은 모두 일본인 숙련공 차지였다.

오노다 공장의 민족별 임금 수준을 보여주는 것이 〈표 2-3〉이다. 전술한 대로 총독부 관리를 포함해 일본인이 조선 등 소위 외지에 근무할 경우에는 외지수당을 지급하는 것이 관례였다. 기업 노동자의 경우는 더더욱 그러했다. 일본 노동자는 기본적으로 일본에서 근무하는 것을 선호했으므로, 일본을 떠나 조선에서 일하는 근무자는 상당 수준 높은 임금을 받는 것이 일반적이었다. 오노다 공장 역시 일본인 숙련공을 조선에 머물게 하기 위해 많은 인센티브를 제공했다. 급여 면에서 우선 해외수당과 직급수당 등을 지급했다. 전체적인 임금 수준을 보면, 같은 일본인 노동자 중에서도 승호리 공장의 노동자가 일본의 오노다 본사 노동자보다 50퍼센트 정도 높은 수준의 임금이었다. 조

---

15) 오노다 공장 관련 내용은 박순원(1994)의 연구에 기초하고 있다. 박순원은 조선의 오노다 공장에서 일했던 노동자의 지역이동, 노동자 모집방법, 교육수준, 일본인과 조선인의 임금격차, 민족감정과 갈등 등을 분석했다. 조사방법은 노동자의 기록, 비교적 잘 보존되어 있는 회사기록, 오노다 공장에서 일한 적이 있는 조선인 노동자에 대한 면담조사, 그리고 오노다 본사 관련인사와의 인터뷰조사 등이었다. 분석내용에는 중국에 설립되었던 오노다 공장도 포함되어 있으므로, 당시 임금노동자에 관한 포괄적인 이해에 도움을 주는 중요한 참고문헌이다.

표 2-3 오노다 본사, 중국 대련 공장, 조선 승호리 공장 노동자 월 평균임금 비교

(단위: 엔)

	승호리 공장			오노다 본사	중국 대련大連	
	일본인	조선인	평균		일본인	중국인
1920. 9.	1.72	0.56	0.71	1.615		
1920. 11.	2.40	0.86	1.07	1.554		
1921	2.26	0.86		1.480	2.31	0.64
1922	2.56	0.87		1.470	2.30	0.68
1923	2.27	0.88		1.452	2.23	0.56
1924	2.29	0.86		1.460	2.35	0.55
1925	2.27	0.86	1.11	1.478		
1942	3.41	1.38	1.53			

* 1926년 이후는 오노다 본사 및 중국 대련 공장의 자료가 없음.
자료: 박순원, 1994, 표 8에 근거하여 재구성.

선에서 근무하면 일본 근무자보다 40퍼센트 정도 더 많은 임금을 받는 것이 일반적이었다고 한다.

조선인 노동자의 임금은 1942년 일급 1.38엔이며, 일본인 3.41엔의 절반에도 크게 미치지 못하는 수준이다. 자료가 남아 있는 1920년대의 상황을 보면, 승호리의 조선 노동자 임금은 중국 대련 공장의 중국인 노동자 임금에 비해 40퍼센트 정도 높은 수준이다. 임금격차에는 물론 민족차별적 요소가 포함되어 있다. 그러나 임금 수준을 단순비교하기가 어려운 것이, 일본에서 데려온 노동자들은 숙련공이었기 때문이다. 조선 노동자들은 조선인이 경영하는 다른 영세한 공장에 비해 오노다 공장의 노동조건이 훨씬 좋았으므로 전직을 희망하지는 않았다고 한다.

학력을 보면, 1927년 기준으로 승호리 공장 조선 노동자의 81.1퍼센트가 보통학교 중퇴였으나 일본인 노동자는 90퍼센트 이상이 보통

학교 졸업 이상의 학력을 가지고 있었다. 조선 노동자 중 상당수는 제법 긴 시간이 걸려서 숙련공이 되었던 것으로 보인다. 1933년 오노다 공장은 "아주 유능하고 잘 훈련된, 안정된 숙련공 409명을 확보하고 있고 그중 301명이 조선인 직공"이라고 기록하고 있다.

다음은 민족감정이다. 임금격차는 조선 노동자들에게도 잘 알려져 있었다. 일본인 노동자에게는 임금 이외에도 전용 사택이나 목욕시설 등이 제공되었다. 모든 시설 면에서 일본인 시설과 조선인 시설은 정돈과 청결 면에서 심한 차이가 났다. 또한 공장 내에서 조선인에 대한 일본인 직원의 태도는 매우 멸시적이었고 그에 대한 조선 노동자의 반발 역시 강해서 결코 융화적인 분위기는 아니었다고 한다. 이 공장에서 일한 적이 있는 어느 한국 노인은, 당시 공장 내 일본인들이 입버릇처럼 "저자들은 일을 하라고 하면 소처럼 느리면서, 무엇을 먹을 때 보면 비행기처럼 빠르다"고 말했다고 회고한다. 한편, 조선인 노동자들 사이에서는 "우리는 일본놈들 임금의 40퍼센트를 받으니까 일도 40퍼센트만 하면 되는 거야"라는 의식이 있었다고 한다.

3. 조선의 산업화와 공장법 논의

산업화의 시작과 그 특징

자본주의 진행과정에서 가장 희생자가 되기 쉬운 인구층은 아동과 여자다. 역사적으로 볼 때 가장 먼저 보호대상이 되었던 노동자도 그들이었다. 조선에서도 산업화가 진행되면서 영세한 공장이 늘어나고 유년공과 여공이 점차 증가했다. 1920년대 초가 되면 민족신문들이 예외 없이 주로 고무공장과 방적공장 여공들의 애환과 노동쟁의 등을 보도하면서 공장법 도입 등 노동자 보호의 필요성을 호소했다. 총독부 경무국은 적어도 1920년대 중반에는 여공과 연소노동자의 실태 등 공장법 시행을 염두에 둔 공장조사를 실시했다. 하지만 공장법은 도입되지 않았다.

1910년 시점에서 조선에는 151개의 공장이 있었고, 직공은 일본인 1486명, 조선인 6637명, 외국인 98명으로 총 8203명에 불과했다. 명백히 산업화 이전의 사회였다. 20년 후인 1930년에 공장수는 4025개, 직공은 남자 4만 8839명, 여자 2만 6012명(외국인 제외)으로 산업화가 약간 진행되었을 뿐이다(『조선총독부 통계연보』 각년도). 1910년 조선의 광업과 제조업에 종사하는 가구는 0.81퍼센트에 불과했고 농업에 종사하는 가구는 84퍼센트였다. 그 후 산업노동자수는 1932년 28만 명에서 1945년에는 130여만 명으로 급증한다.

표 2-4 조선인의 직업별 구성비의 변화

직업	1917년		1926년		1935년	
	인수	비율	인수	비율	인수	비율
농업·임업·목축업 등	14,095,950	84.4	15,463,774	83.1	16,598,923	78.1
어업 및 제염업	226,345	1.4	262,983	1.4	300,943	1.4
공업	357,590	2.1	415,294	2.2	540,221	2.5
상업 및 교통업	975,903	5.8	1,142,766	6.1	1,400,000	6.6
공무 및 자유업	235,828	1.4	420,030	2.3	633,926	3.0
기타 유업자	454,910	3.3	657,487	3.5	1,421,038	6.7
무직 무업 무신고자	270,896	1.6	252,699	1.4	353,810	1.7
계	16,617,431	100	18,615,033	100	21,248,864	100

자료: 『朝鮮總督府統計年報』 各年度.

조선의 산업구조 변화를 살펴보면(〈표 2-4〉) 1917년에서 1935년 사이에 1차산업 종사자는 약간 낮아졌지만, 공업인구는 2.1퍼센트에서 2.5퍼센트로 거의 제자리임을 알 수 있다. 산업화의 속도가 빨라진 것은 1920년대 말 조선 북부지역을 중심으로 중공업이 전개되고 일본의 방적자본이 유입되면서 제사공장이나 방적공장이 늘어나면서부터였다.

조선의 산업화를 상징하는 노래라면 〈신고산타령〉이 있다. "신고산이 우루루루 함흥차 가는 소리에 구舊고산 큰애기 반봇짐만 싸누나…"라고 시작되는 노래다. 함경남도 안변군 고산高山에 경원선京元線(경성-원산)이 개통된 것은 1914년의 일이다. 고산에 철도역이 생기자 역 주변에 새로 생긴 마을이 신고산이 되었고 옛 마을이 구고산이 되었다. 마산에 신마산, 구마산이 있었던 것과 마찬가지다. 또한 신노량 구노량과 같이 배의 선착장이 새로 생김으로써 고을이 신구로 나누어지기도 했다.

경원선은 경성에서 청량리-의정부-동두천-연천-철원-복계-검불랑-삼방-고산-석왕사-안변을 거쳐 원산으로 이어졌다. 원산 북쪽의 함흥도 곧 철도로 연결되었는데, 함흥은 1920년대 중반부터 개마고원에 수력발전소가 건설되면서 공업 중심지가 되었다. 〈신고산타령〉은, 신고산에서 함흥으로 가는 기차소리가 들리면 그곳 제사공장 등에 일하러 가려고 짐 싸는 큰 애기(소녀) 모습을 풍자한 노래다. 입지를 우선시한 공장이라는 새로운 일터가 만들어지고, 그곳으로 인구가 이동하는 현상이 곧 산업화다. 그 큰 애기들은 가족 부양, 동생들 학비 마련 등의 동기를 가지고 새로운 삶을 꿈꾸었을 테지만, 그들을 기다리던 공장현실은 너무나 가혹했다.

여기서 혹사노동을 특징으로 하는 일본 방적산업이 조선에 진출하게 된 배경을 간략하게 소개해두자. 일본 자본주의는 섬유산업을 통해 발전했다고 일컬어질 만큼 섬유산업은 기간산업이었다. 섬유 노동자의 대부분은 여공이었는데, 열악한 노동조건과 가혹한 임금, 높은 이환율 등 여공의 비참했던 현실은 1900년대부터 입소문으로 알려지기 시작했다. 일본에서 1925년 출간된 『여공애사女工哀史』라는 책은 여공의 현실을 사회에 알리는 데에 크게 기여했다. 여공이나 그 가족들은 점차 방적 여공을 회피했고 당시 여자의 출가노동은 결혼 전 몇 년간 단기간 행하는 것이 관습이었으므로 상시로 여공 모집이 필요했다. 일본 방적자본은 먼저 조선 여공 모집을 통해 여공 부족을 메우다가 이윽고 공장 자체를 조선에 세우게 된다.

1920년대 중반에는 일본 중공업이 조선으로 진출했다. 전력과 전기화학공업이 조선으로 진출한 배경에는, 조선에는 공장법이 시행되지 않았으므로 기업규제가 비교적 적었다는 점, 그리고 일본에 비해 기업과 행정기관의 이해가 비교적 일치하는 경향이 있었던 점이 작용했다. 1926년부터 함경남도 부전강赴戰江에 수력발전을 위해 조선수전水電이 설립되었고 1929년부터는 송전을 시작했다. 그 근처인 함흥 남쪽 지역 서호진西湖津(후일 흥남으로 개칭)에 조선질소비료공장이 설립되면서 전력개발과 공장건설이 가속되었다. 거기에 전력을 이용하는 제사공장 등 경공업도 들어서자 흥남 공업지대에는 많은 여공이 모였다. 총독부 식산국의 자료(『부산일보』 1935. 7. 30.)에 의하면 1935년 당시 조선 공장직공의 85퍼센트가 여공이었다. 14~15세 여공의 초급은 하루 25전(한 달 7엔)이었으며, 노동시간은 하루 14시간에 가까웠다.

함흥에서 1928년 문을 연 가타쿠라片倉제사방적은 조선에 진출한 일본제사공장의 대표 격이다. 이 회사는 나가노長野현 오카야岡谷에 본 공장을 가지고 있었고, 조선의 전주와 이리(현재 익산) 등에 제사시험소를 가지고 있었다. 오카야에는 한때 여공만도 3만 명이 모였다고 하는데, 이미 1910년대부터 조선 여공도 그곳에 진출했다. 오카야에 있는 스와코諏訪湖라는 호수에는 견디기 힘든 공장 생활 속에서 그렇다고 고향으로 돌아갈 수도 없었던 일본 여공들이 투신하는 일이 많아 "까마귀가 울지 않는 날은 있어도 스와코에 여공이 투신하지 않는 날은 없다"는 말까지 있었다고 한다. 여공들의 집단자살 기사(『東京朝日新聞』1926. 4. 7.)도 보인다.

공장법 도입 움직임

1930년대에 들어서면 여공이나 연소노동자 문제에 관한 보도가 크게 늘어난다. 『동아일보』는 '조선의 여공 문제: 노동조건을 개선하라'(1935. 2. 26.)는 사설을 싣고 그 실태와 더불어 대책의 방향성을 제시하고 있는데, 다음은 그 요약이다.

10인 이상의 여공을 고용한 기업조사에 의하면, 조선의 여공수는 2만 3000명, 전체 노동자의 4분의 1을 차지한다. 남자에 비해 저임금이기 때문에 기업은 여공을 선호한다. 조선의 공업은 거의 모두 경공업이므로, 봉제, 방직, 직물, 식품공업, 정미精米공업 노동자의 대부분이 여공이다. 여공 임금은 성년이라도 최저 하루 10전, 보통은 46전이다. 연소여공의 경우는 최저가 6전이라고 하니 놀랍다. 조선에는 최저임금제도가 없어 고용주가 임의로 임금을 정하지만 정말 비인도적인 수준이다. 노동시간은 하루 8~10시간이 169개 공장(총수의 14퍼센트), 10~12시간이 578개

(44퍼센트), 12시간 이상이 493개(41퍼센트), 그 외 시간 부정이 9개(1퍼센트)다. 일본의 경우는 9시간 이내가 9퍼센트, 10시간 이내가 36퍼센트, 11시간 이내가 39퍼센트, 12시간 이내가 13퍼센트이므로 일본에 비해서도 장시간 노동이다. 공장법이 도입되지 않아서 그러하다. 공장 위생 시설 등도 나쁘다. 앞으로 위생시설은 물론, 여성 임신 출산을 고려한 시설도 갖추어야 할 것이며 무료탁아소도 필요하다. 노동조건의 개선은 여공 자신의 깨달음과 당국의 적극적 관심 없이는 불가능하다.

1937년에는 여공수가 3만 4000명으로 늘었다. 『동아일보』(1937. 2. 17.)는 이러한 제반 문제를 해결하는 첩경은 여공들에게 자율적인 방어수단을 허용하고 부여하는 것이라고 주장했다. 여공들의 정당한 권리행사에 대하여, 당국이 사상규제와 같은 방침으로 단속하는 것은 결코 있어서는 안 되며 그 점에 대한 당국의 큰 반성이 필요하다고 지적했다.

당시 기사에는 여공의 노동조건을 개선하기 위한 단체행동이 적지 않다. 공장주 횡포(임금 미지급, 휴일임금 미지급, 임금인하, 작업장 내에 벌금제도를 만들어 벌금 형식으로 돈을 받는 것 등)를 막아달라고 요구하며 경찰서에 몰려가 호소하는 내용이 자주 눈에 띈다.

또 하나의 노동 약자인 유년공의 경우, 노동쟁의의 발생(『매일신보』 1936. 10. 11. '100여 명의 소년공이 노동시간 단축을 요구하며 노동쟁의' 기사 등)뿐만 아니라, 산업재해 등에 대한 개별적 소송도 많았다. 유년공의 열악한 처우에 대해서는 『조선중앙일보』나 『조선시보』 등의 신문 기사를 통해 확인할 수 있다. 그중 1936년 부산의 제판공장에서 일어난 연소공 학대사건(『조선시보』 1936. 8. 15.)은, 그 끔찍함이 1802년 영국 공장법 성립의 발단이 되었던 도제 학대사건을 연상하게 할 정도였다. 공장주 박명삼이 한 고아 출신 아동을 데려와 밥을 먹여주고 1년에 5원 정도의 잡비를 준다는 조건으로 일을 시키면서 폭행하여 경찰에 입건된 사건이다.

당시 직업소개는 경찰의 중요한 업무였기 때문에 경찰이 노사관계 문제에 개입하는 경우가 많았다. 산업재해나 노동쟁의에 대한 조선경찰의 입장은 두 가지였다. 하나는 일본에서와 마찬가지로 노동현장에 사회주의 세력이 침투하는 것을 크게 경계하여, 노동쟁의가 발생했을 경우 그 배후를 따지고 밝혀내려는 입장이다. 유소년노동자들이 중심이 된 쟁의에 대해서는 기본적으로 외부세력이 개입했을 가능성을 의심하여 조사했다. 다른 하나는 사업주 횡포가 명백한 경우인데, 그에 대해서는 중재하거나 사업주를 단속했다.

『조선시보』(1935. 8. 26.)는 '소년공을 보호하라'는 사설에서 연소노동자의 국제적 동향과 일본 공장법 등을 언급하면서 조선의 연소노동자 보호가 시급함을 주장했다. 50인 이상을 고용한 비교적 큰 공장만을 따져도 연소공은 2117명으로 성년노동자의 3퍼센트에 이르고 있다는 사실, 1935년 1분기 임금조사에 의하면, 임금은 여자 30전, 남자 49전에 노동시간은 거의 11시간에 가깝다는 것이다.

유년공의 산업재해나 재해사망과 관련된 소송도 많았다. 제판공장 견습 도중 소년 강 모가 사고로 장애를 입어 공장주를 상대로 750엔의 위자료 청구 소송을 부산지법에 제소한 사례(『조선중앙일보』1935. 8. 2.), 산재로 사망한 14세 유년공의 부친이 2000엔 위자료 소송을 부산지법에 제소한 사례(『조선시보』1935. 8. 26.), 17세 소년이 비누공장에서 손가락이 절단되어 공장주(일본인)에게 위자료 5700엔을 청구하여 경성법원에 제소한 사례(위자료 산정 근거는, 장차 임금을 1일 1원 39전 받을 것인데 40여 년간 임금을 받는다는 것)(『매일신보』 1938. 9. 22.) 등이다.

중요한 것은, 총독부 내부에서도 부서에 따라 노동자 보호에 대한 입장이 서로 달랐다는 사실이다. 연소노동자의 열악한 노동환경 문제가 가시화되자 1920년대부터 일본에서 시행되던 공장법을 조선에서도 도입해야 한다는 목소리가 높아졌고, 적어도 1926년에는 경무국의 주도로 공장법 시행을 추진했다. 경무국장은 공장법 시행을 준비한다는 취지에서 공장조사를 실시한다는 통첩을 보내기도 했다(『조선시보』 1926. 7. 4.). 1930년대에는 『조선중앙일보』(1933. 10. 29.), 『조선시보』 (1936. 8. 15.) 등도 공장법 시행을 촉구하는 사설이나 특집기사를 싣고 그 대책을 호소했다. 그러한 분위기 속에서 총독부 사회과는 1937년 공장법 관련 예산을 계상했다.

그러나 다른 한편, 상공商工 혹은 식산殖産 담당 부서(장)는 노동자보호 입법에 반대했다(『조선중앙일보』 1934. 11. 10.). 식산국장 호즈미 신로쿠로穗積眞六郎는 조선이 자본주의 초기단계에 있기 때문에 공장법을 실시하면 자본주의 진행속도가 늦어지므로 시기상조라고 주장했다(『부산일보』 1935. 7. 30.).

총독부 내 부서 간 견해 차이는 1930년대 중반까지 지속된 것 같은데 결과적으로 경제성장 논리가 승리했다. 1936년에 경무국장은 공장법 도입을 추진하겠다고 언명했고 사회과는 공장법 시행 준비를 위한 예산까지 계상했지만, 결국 공장법 도입은 실현되지 못했다. 총독부는 공장법 도입을 단념하는 대신, 공장주의 불법행위에 대한 단속을 강화

하는 방법을 통해 노동자 보호책을 강구하게 된다.[16]

1931년부터 1936년까지 총독부 경무국장을 역임했던 이케다 기요시池田淸는 공장법 도입을 추진했던 인물이다. 그는 경인지역 공장주들과의 간담회에서 노동자 보호와 공장설비 개선을 요구하고 공장법 실시에 필요한 자료수집을 지시하기도 했다(『조선중앙일보』 1936. 3. 13.). 그러한 움직임은 1932년부터 수년간 학무국(혹은 내무국) 사회과장에 유만겸兪萬兼(1932년 2월~1934년 1월까지 재임)을 비롯하여 조선인 관료가 연임되었던 사실과 무관하지 않음에 주목할 필요가 있다. 유만겸은 『조선의 사회사업』(총독부)이라는 책자 편집자(이각종 편집의 내용과 거의 같음)이기도 하다. 그는 경상북도 지방관료에서 총독부 핵심관료로 진출한 경우인데, 그 후 충청북도 지사를 역임하였으나 창씨개명을 끝내 거부하여 총독부의 압력으로 관직에서 물러났다. 유만겸은 유길준의 장남이다. 그의 후임인 조선인 두 명도 사회과장 후 도지사를 역임했다.[17]

---

16) 경찰의 중점 단속항목은 다음 11가지였다(『조선시보』 1936. 4. 4.). "임금을 낮게 설정하고 승급시키지 않는 것, 퇴직이나 재해 사망 시에 수당을 지급하지 않는 것, 산업재해에 대한 적절한 구제방법을 갖추지 않는 것, 유년공이나 여공의 장시간 노동, 공휴일에 임금을 지불하지 않는 행위, 취업시간 중 지나치게 짧은 휴식시간, 직공의 위락시설을 갖추지 않는 것, 직공을 위한 적절한 의료설비·변소·욕실 등을 갖추도록 할 것, 안전하지 않은 건축물이나 매우 협소한 기숙사의 개선, 각종 위험 방지, 직공의 교양 함양 등."

17) 공장법 도입 문제를 비롯하여 당시 조선 사회사업에 유만겸이 어떻게 관여했는가는 별도의 연구과제로 한다. 일제하에 조선관료의 역할은 매우 제한적이었으나, 그럼에도 불구하고 가볍게 취급되어서는 안 된다. 플레하노프(プレハーノフ著·木原正雄訳, 1958. 2018年版)의 통찰처럼, 역사 속 개인의 역할을 필요 이상으로 찬미하는 것은 경계해야 하지만, 그것을 일체 부정하는 것도 경계해야 할 일이다. 즉 개인의 역할을 전적으로 배제하고, 객관적인 상황의 분석으로부터 역사적 필연을 논하는 숙명론에 가까운 논의는 피해야 한다.

4. 조선 여공의 탄생

조선 여공의 대두

조선 여공의 탄생은 조선 노동자 탄생이라고 할 수 있을 만큼 노동자의 대다수를 차지했다. 조선에 진출한 일본 방적자본이 일본 방식을 그대로 조선에 이식했다고 하더라도, 조선 여공들에게는 심각한 폐해가 발생했을 것이다. 노동강도가 높았고 게다가 조선사회는 자본주의적 노동 방식이나 사고에 익숙하지 않았기 때문이다. 하물며 공장법이 시행되지 않았으므로 조선에서의 여공 처우가 일본보다 더 나았을 리가 없다. 일본 방적공장의 풍토는 혹사노동을 당연시하는 것이었는데, 그에 더하여 조선사회의 여자 멸시 문화는 여공의 삶을 더더욱 가혹하게 만들었다. 공장관리의 말단인 반장이나 조장은 조선인 남자였는데, 방적자본의 하수인인 그들에게 여공의 인격존중을 기대하는 것은 애초에 무리일 것이다. 가혹한 노동조건과 처우에 여공들은 반발했고 회사는 폭력적으로 대응했으며 그로 인하여 파업 등이 발생하는 등 큰 사회적 파문이 일었다.

  1928년 문을 연 가타오카片岡제사는 그해 말 여공 400명을 채용했으나, 저임금과 혹사노동은 물론이요 구금과 폭력, 학대 등 심각한 문

2-3 서울 동대문 밖의 빈곤지역 관련 기사(『동아일보』 1935. 2. 14.).

제가 발생했다. 여공 학대사건과 그로 인한 여공의 단식항의와 파업은 큰 사회적 파문을 일으켰다. 『조선일보』(1929. 10. 7.)는 "모집할 때 들었던 말과는 딴판인 생활, 13시간 노동에 견습 월급 3엔, 식사와 숙소는 열악, 극도의 자유 구속, 가족이 위급하다는 전보를 전해주지 않음, 회사 간부가 밤에 여공 방에 들어와 잠을 잠" 등등 온갖 문제들을 알리는 특집 기사를 싣고 있다. 조선인 여공(14~20세) 480명, 조선인 남자 직공 100명, 일본인 8명이었다. 온갖 감언이설에 속아 사방에서 모여든 사람들, 먹고살 길이 없어 부득이 온 사람들, 농촌의 시집살이를 피해 자유로운 생활을 동경하여 도망해온 며느리들이 대부분이라고 신문은 보도했다.

가타오카 공장의 직공모집에는 그 지역 행정기관이 적극 협력했던 것 같다. 광주나 영등포에 입지한 가네보방적(鐘淵紡績. 제사공장) 공장과는 달리, 함경도에는 인력이 비교적 귀했기 때문이었는지는 알 수 없지만, 행정기관이 공장과 결탁했던 것으로 보인다. 왜냐하면 이 공장의 여공 학대문제가 알려지자 공장에 남녀 공원 107명을 보냈던 함경도 통천군의 보호자들이, 그곳 취업을 주선한 면사무소나 군사무소에 찾아가 항의하고 문제해결을 요구(『조선일보』 1929. 12. 20.)했기 때문이다.

조선 내에서 여공을 모집하는 주된 경로는, 남자노동자 모집에서 보이는 연고모집(고용된 노동자가 자신의 고향 출신이나 지인을 소개하여 데려오는 모집 방식)이 아니라 '모집쟁이'라고 불리던 모집책에 의한 모집이 많았다. 모집공원 1인당 소개료를 지불하는 방식이었으므로, 모집책들은 가난한 농촌지역을 돌면서 온갖 감언이설로 여공을 동원했다(『동아일보』 1934. 1. 2. '여공생활기').

표 2-5 1936년 3분기(7~9월) 50인 이상 종업원 고용사업장의 1일 임금

(단위: 전錢)

	성년공		유년공	
	남자	여자	남자	여자
일본인	177	104	77	45
조선인	92	51	38	29

자료: 총독부 문서과 임금조사(『조선일보』 1936. 12. 25.).

여공의 임금은 모든 산업에 걸쳐 매우 낮았다. 1927년 조선의 직조 산업에 종사하는 여공 임금은 하루 20전에서 40전(『동아일보』 1927. 10. 21.)이었다. 『조선일보』(1932. 12. 1.)는 부내府內 노동임금조사에 관한 기사에서 연소노동자 및 여공 임금이 하루 20전에서 50전, 12시간 노동 여공의 최고임금이 60전이라고 소개한다. 1935년 10월, 100명 이상을 고용한 기업의 임금조사에서 연소여공의 임금은 39전이었다. 1930년대 중반에는 일본 대기업도 조선에 진출하는데, 인천에 설립된 동양방적東洋紡績을 위시한 일본 대기업 여공들의 임금도 하루 20전에서 45전이었다.

일본 기업인 가네보 광주 공장의 경우, 15~17세 여공의 노동시간은 아침 6시부터 저녁 7시까지, 임금은 하루 25전인데, 식비가 15전이므로 그것을 제하면 한 달에 손에 남는 돈은 3엔이었다(『동아일보』 1936. 1. 12./1936. 5. 13./1936. 6. 2.). 여공에 대한 가혹한 처우로 가네보 여공들이 탈출한 사건 보도(『조선일보』 1937. 2. 9.)도 있다.

〈표 2-5〉는 총독부 문서과가 공표한 1936년 3분기 임금조사 결과인데, 그 임금 수준을 민족별·연령별·성별로 제시한 것이다. 조사대상 기업이 50명 이상을 고용한 비교적 큰 규모의 공장(351개)임에도 조선 유년공 여자의 임금은 하루 29전이다.

일본의 조선 여공

일본으로 건너간 조선 여공의 실태에 대해서는 당사자 면담조사가 병행된 김찬정·방선희(金賛汀·方鮮姬, 1977)와 김찬정(1982)의 연구가 매우 훌륭하다. 홍양희(2018)는 식민지시대 재일 조선인 여공에 관한 선행연구(한국과 일본)의 경향성을 민족적 및 계급적 관점의 연구, 문명사적 접근, 행위성에 주체적 의미를 부여하는 접근방식이라는 세 가지로 유형화하고, 김찬정의 연구를 첫 번째 유형(민족적 계급적 관점)으로 분류한다. 의미 있는 분류라고는 생각되지만, 나는 김찬정의 저술에 등장하는 구술기록에는 위의 세 가지 관점이 모두 포함되어 있다고 생각한다. 당사자들의 솔직한 육성이 담긴 매우 귀중한 자료이며, 선배 연구자들의 노력에 머리가 조아려진다.

일본 농상무성 공장감독관 조사보고서(1917. 11.)에는 당시 조선인 노동자를 고용한 공장과 그들을 고용하기 시작한 시점이 나와 있는데, 그에 의하면 셋쓰攝津방적 기즈가와木津川 공장은 1911년부터, 셋쓰방적 아카시明石 공장(효고兵庫현)은 1912년 6월부터였다. 아카시 공장은 1913년 5월에 조선에서 16명의 여공을 모집했고 그 이후에도 11차례의 모집을 했는데, 모두 208명을 모집했다(武田, 1938: 6-7). 당시 오사카부는 부령府令에 의해 직공을 모집할 때에는 모집지역을 보고할 의무가 있었기 때문에 그 기록이 남아 있다고 한다(金·方, 1977: 20). 일본에서 일하는 조선 여공에 관한 일본 신문기사 중 내가 확인한 범위에서 가장 최초의 것은 1913년의 '방적공장의 조선 여공'이라는 기사(『오사카아사히신문大阪朝日新聞』, 1913. 12. 26.)다.[18]

---

18) 이 기사에는 1913년 진주에서 모집되어 셋쓰 공장에서 일하고 있던 두 사람의 조선 여공, 김남기金南琪(19세)와 이화연李化年(15세)의 사진이 실려 있다. 김남기에

2-4(좌상), 2-5(좌하) 일본 원모회사의 조선 여공 사진과 조선 여공 거주지(자료:
朝鮮総督府『朝鮮の人口現象』1927).

2-6(우) 식민지기 초기, 일본 신문의 조선 여공 기사 및 사진(자료:『大阪朝日新聞』
1913. 12. 26.). 조선 여공은 일본 여공에 비하여 유순하며 근면하다는 것, 남자 만
나러 외출하는 일이 없어 관리가 편하다는 것, 1913년 6월 회사 직원이 진주晋州
에 출장 나가 3년 계약으로 모집한 14~27세 19명이 일한다는 것, 회사가 근처 국
민학교 교장을 초빙하여 여공에게 매일 3시간 일본어를 가르쳐서 일본어 회화나
편지쓰기가 가능하다고 기사는 전한다..

　재일 조선 여공이 증가하면서 1919년부터는 여공을 관리하기 위해
공장에서 조선인 남자를 감독으로 채용하기 시작하는데, 1922년에는
재일 조선 여공이 1만 1010명으로까지 증가한다. 1930년 시점에서
일본의 방적공장에서 근무하는 여공들 중 조선 여공 비율은 3퍼센트
정도로 추정되지만, 오사카지역처럼 조선 여공이 밀집된 지역에서는
전체 여공의 20퍼센트 정도가 조선 여공인 경우도 있었다. 일본에서
직업을 가지고 일하는 조선인(2만 1116명) 중 여공이 차지하는 비율은

대해서는 "여공 제일의 미녀, 그녀는 모 여관의 딸로서 경성(서울)의 일본 여학교
를 졸업하여 일본어도 자유자재로 구사하지만, 방적산업을 연구하고 싶다는 생각
에서 무리하게 부모의 허락을 받고 여기에 온 경우"라고 소개하고 있다.

46퍼센트(9723명)에 이르렀다(金·方, 1977: 24).

조선 여공이 일본으로 진출한 주된 동기는 빈곤이었다. 가타쿠라 공장은 원료인 누에를 확보하기 위해 대구, 밀양, 용인, 이리 등에 잠종소蠶種所를 경영하면서 경성, 함흥, 전주 등에서 제사공장을 경영했는데, 그곳들을 거점으로 삼아 빈곤한 농촌지역에서 주로 모집인을 통해 여공을 모집했다. 빈곤가정에서는 집에서 나가는 것이 '한 사람 입을 더는 것'으로 간주되던 시절이었다. 일본에서 일하던 삼촌이 고향에 왔을 때, 가족의 빈곤을 덜어주기 위해 조카를 일본으로 데리고 가서 취직시킨 사례가 김찬정의 저술에 소개되어 있으며, 다른 사료에서도 유사한 사례들이 많다. 일본 방적공장에서 온 모집인을 보았을 때, 이젠 살았다는 기분으로 모집에 응했다는 사례도 있고, 이번 기회를 놓치면 다시는 일본으로 갈 수 없을 것이라는 마음으로 모집에 응했다고 술회하기도 한다(金·方, 1977: 31-32). 취업활동에는 여비나 경비가 들기 때문에 그 활동경비를 마련하기 어려운 빈곤층이 직업을 찾기는 매우 어려웠으므로 모집인을 만나는 것은 아무런 경제부담 없이 취업하는 기회였던 것이다.

아마 가족관계의 결속이 강한 조선사회 특유의 현상일지 모르나, 일본에 있는 부모나 남편 등 가족을 찾기 위해 일본에 가는 방편으로써 여공 모집에 응한 경우도 적지 않았다.[19]

---

19) 당시 나가노에는 방적공업뿐만 아니라 남자노동자들이 종사하는 토목공사도 많았다. 나가노에서 일하는 남편을 만나기 위해 여공 모집에 응했다는 사례가 김찬정의 저술에 다수 있다. 한편 이미 여공으로 일본에 가 있는 어머니를 만나기 위해 여공으로 보내달라고 가족에게 읍소하여 일본으로 가 나고야의 방적공장에서 어머니를 재회한 경우도 있다. 여공이 아버지를 찾는 다음과 같은 사례도 있다(『東京朝日新聞』 1927. 3. 21.). "19일 낮, 도쿄역 앞의 파출소에 들어와 아버지를 찾아달라고 부탁하는 조선 소녀가 있었다. 경시청에 데려와 조사해보니, 이 소녀는 경상남도 출생 노점련盧點連(18세)인데 8세 때 헤어진 아버지(盧聖濬)가 일본에 있는 것을

재일 조선 여공에게는 언어장벽이 특히나 높았다. 그들 대부분은 빈곤가정 출신이었고 취학기회를 결했으므로 한글조차 해독하지 못하는 이들이 많았기 때문이다. 그것이 일본어 장벽을 더욱 높게 만들었다. 1924년 총독부 조사(金·方, 1977: 76)에 의하면 오사카부에 사는 4627명 중 일본어를 잘 아는 이는 371명에 불과했고 약간 아는 자는 1447명이었던 반면, 전혀 모르는 자는 60퍼센트(4627명)였다.[20]

임금은 시기적으로 변동하기 때문에 임금 관련 증언에는 편차가 크다. 1920년대에는 '처음에는 하루 15전, 숙련 후 25전, 죽도록 일하면 50전'이라는 증언이 있다. 당시 조선 여공은 빈곤가정 출신이 많았기 때문에 공장에서 밥을 먹여주니 임금에 대해서는 별로 신경 쓰지 않는 이들이 많았다고 한다. 세계공황기였던 1930년 조선인을 고용하고 있던 기시와다岸和田방적의 여공 최고임금은 하루 2엔 80전, 최저임금은 45전이었다. 오사카지역의 공장 중 최저임금은 하루 45전이었다(金·方, 1977: 121-122, 170).

노동의 질에 있어서는 조선 여공이 일본 여공에 비해 손색이 없었다는 것이 정평이다. 앞으로 매우 우수한 노동력이 될 것이라는 전망기

알고 히메지姬路에 와서 방적 여공이 되었다. 여비를 마련하여 도쿄로 오던 중 아버지의 주소가 적힌 종이를 잃어버려 울면서 경찰을 찾아온 것이었다. 경찰이 아버지 있는 곳을 찾아내어 10년 만에 드디어 부녀 상봉이 이루어졌다."

20) 김찬정 저술에는 일본어를 몰랐던 여공(이인술)이 겪었던 일화가 소개되어 있다. 이 여공은 13세 때 아이치愛知현의 작은 방적 공장에서 아침 6시부터 밤 8시까지 일했다. 당시 일본인 여공은 보통 17~19세였다. 어린 조선 아이가 일하는 것에 대한 동정심 때문이었는지, 가까이 와서 가만히 과자를 두고 가는 여공들이 있었다고 한다. '아리가토(고맙습니다)'라는 일본말을 몰라서, 과자를 받으면 '아리마스, 아리마스(있습니다, 있습니다)'라고 말했다. 어떤 이는 그 말을 듣고는 기묘한 표정을 짓고 섰다가 과자를 도로 들고 가버렸다. 당시에는 '한번 준 과자를 왜 도로 들고 가는가' 하고 화가 났다고 회상한다.

사도 있다.[21] 일본 현지의 방적산업에서는 민족차별적인 임금이 적었던 것 같다. 당시 방적회사 노무계에서 일했던 어느 일본인은 "조선인 차별임금은 없었지만, 공장감독이 행하는 기술사정제도가 있었기 때문에 같은 일을 하더라도 여공 간에 임금격차가 컸다"고 말한다. 당시 임금제도는 10~20명을 한 그룹으로 만들고 그룹단위의 성과를 기초로 그룹별로 임금을 지불하는 방식(청부임금)이었다. 공장감독은 그룹 임금을 여공 개개인의 기술 수준 평가에 기초하여 차등 지급했다. 그것이 기술사정이다. 하루 평균임금이 1엔이라고 하더라도 같은 그룹에서 1.2엔을 받는 이도, 0.8엔을 받는 이도 있었던 것이다.

그렇다고 해서 여공 임금이 전적으로 기술 수준이라는 객관적 기준만으로 정해진 것은 아니었다. 감독이 일본인이라면 일본 여공에게 유리한 기술사정을 할 수 있었기 때문이다. 실제로 어느 감독자는 다음과 같이 말한다. "조선 여공만 힘든 게 아니다. 그 이상으로 어려운 일본 여공도 있다. 도와준다면 일본 여공을 먼저 구해주고 싶은 것이 인정이다"(金·方, 1977: 124-125). 결국 세계공황으로 인한 불황 때에는, 임금격차가 없는 산업에서는 조선 여공이 우선적으로 해고당했다.

조선 여공들도 불충분한 영양과 열악한 환경 속에서 장기간 혹사노동에 시달렸고, 일본 여공과 마찬가지로 결핵 사망자가 많았다.[22] 휴

---

21) 이 점은 조선남자 노동의 질에 대해서, 조선 내에서나 일본에서나 평가가 매우 낮았다는 사실과 대조된다. 1940년 전후 조선 노동자를 수입한 일본 건설회사의 일반적인 평가는 다음과 같았다. 즉 "신체적 조건으로 본다면 1등 조선인, 2등 중국인, 3등 일본인. 노동의 질로 본다면 1등 일본인, 2등 중국인, 3등 조선인."

22) 당시 일본 제사 여공, 방적 여공의 결핵 환자 발생률은 높은 수준이었다. 군제郡是제사의 1930년 결핵환자 발생을 보면, 1만 3004명의 직원 중에서 결핵환자가 671명으로 직원 중 5.2퍼센트를 차지했다(西垣, 1942: 16). 참고로 일본의 인구 10만 명당 결핵 사망률은 1918년에 피크였는데 257.1이었다.

2-7 당시 조선 여공을 많이 고용했던 기시와다방적 식당에서 조선 여공이 식사하는 모습(자료: 朝鮮総督府『朝鮮の人口現象』 1927).

일은 일반적으로 월 2~4회였다. 1925년 조사에 의하면 나가노현 제사공장 여공의 일과는 다음과 같았다. '아침 5시 기상. 30분 내지 1시간 작업 후 10~15분 휴식시간에 아침식사. 오전 11~12시에 점심. 오후 3~4시에 간식. 저녁식사는 일마치고 난 후(식사 회수 4번).'

당시 경상북도 청도 출신으로 오카야의 제사공장에서 일했던 박순은 다음과 같이 회고한다. "새벽 5시 기적소리에 잠을 깨어 시작하는 하루, 그리고 공장에서 이어지는 힘든 노동 때문에 기계가 돌아가는 한 이 괴로움이 계속된다는 마음에 공장주나 감독에 대한 미움보다는 기계를 원망하고 기계를 부숴버리고 싶다는 생각이 들었다"(金·方, 1977: 25, 97). 영국 산업혁명기에 일어난 기계파괴운동Luddite Movement을 연상시키는 장면이다. 다른 것이 있다면 조선 여공은 기계가 자신의 노동을 가혹하게 만드는 것에 대한 원망이었고, 영국 노동자의 감정은 주로 자신들의 일자리를 빼앗아가는 기계에 대한 원망이었다는 점이다. 하지만 기계가 노동자의 생존을 위협했다는 점에서는 다르지 않았다.

여공들의 리스크

여공들이 일본 공장에 도착할 때까지의 여비는 일본 기업이 부담했다. 하지만 모집인들의 농간도 많았고 인신매매와 같은 최악의 피해도 발생했다. 총독부가 일본 기업의 조선 내 노동자 모집에 상당한 규제(1918년 노동자모집취체규칙 등)를 행했던 것의 배경에도 그러한 폐해가 있었다. 합병 직후부터 총독부는 일본 방적공장에 조선 여공을 송출하는 것에 대해 쉽게 허가를 내주지 않았다.

김찬정의 저술 내용을 보면, 10명 이상의 노동자를 모집하는 경우, 일본 회사가 총독부의 허가를 받아 여공을 모집하면 1인당 35엔 정도, 아는 이를 통해 모집하면 1인당 25엔 정도가 들었던 모양이다. 그런데 모집인의 입장에서 보면 자신의 수입은 모집된 여공 인원에 따라 정해졌으므로 그들은 빈곤가정을 돌며 온갖 감언이설로 여공을 모집했다. 하루 3엔의 임금이라거나 3년 일하면 300엔을 모을 수 있다거나 하는 식의 과대선전이었다. 사실 일본 내의 여공 모집에서도 모집인의 거짓말은 큰 문제가 되었고 『여공애사』라는 책에서도 모집인을 '거짓말에서 탄생한 인간'이라고 악평하고 있다. 노동자를 모집하면서 숙련공 최고임금 수준을 선전하는 행태는 1940년대 광부 모집에서도 마찬가지였다.

조선 여공의 리스크는 더더욱 컸다. 1912년부터 조선 여공을 모집한 셋쓰방적에서는 그러한 피해사례가 그 이듬해부터 발생했다. '조선 여공 몰려오다'라는 현지의 신문기사를 보자(『大阪朝日新聞』 1914. 7. 5.). "경남 밀양군 박춘겸(28세)은 작년(1913) 10월 가고시마 사람 구보久保의 감언에 넘어가 12세 이상 29세 이하의 여자 14명에게 권유하여 함께 오사카로 와서 셋쓰방적 노다 공장의 공녀工女로 일하게 되었다. 그러나 회사는 약속한 대우를 해주지 않았기 때문에 7월 4일 일행인 조선 소녀들을 데리고 북경찰서(北署)에 출두하여 회사의 무정함을 호소하고 있다."

이러한 문제들이 발생하자 1910년대 중반 이후 총독부는 일본 사업자의 노동자 모집에 대해 규제와 단속을 강화했다. 하지만 1920년대 이후 자연재해로 인한 기근이 이어지고 인구증가와 식량 부족이 심화되면서 전통적 빈곤이 조금도 개선되지 않자, 총독부는 조선인의 일본 취업을 장려하게 된다.

여공의 피해 중에는 모집인이 여공 임금을 미리 받아서는 착복하는 바람에 여공이 일본에 와서 일정기간 급여를 받지 못하는 피해사례가 많았다. 이러한 악평 때문에 조선에서도 모집인을 통한 취업보다는 지인을 통한 소위 연고모집을 선호했다. 불법 모집도 있었는데, 그 경우에는 밀항을 했다. 『조선일보』(1928. 2. 26.) 보도에 의하면 10여 명의 조선 여공을 싣고 몰래 일본으로 건너가려다가 발각되어 주모자가 체포되었다.

최악의 피해는 여공 취업희망자가 인신매매 범죄의 희생자가 되는 경우였다. 『여공애사』에도 일본 여공이 인신매매로 매춘업에 빠지는 사례가 있는데, 조선 여공들에게도 그러한 피해가 있었다. 어느 재일 조선인 할머니는 지인의 피해사례를 다음과 같이 말한다. "15~16세에 여공으로 모집되어오던 도중에 아마도 용모가 예뻤던지 모집인에게 당하고 난 후 심하게 고통받는 생활을 했다. 18세 때, 지금의 남편이 매춘업소(女郞屋)에서 이 여자를 보고 반해서 열심히 돈을 벌어 돈을 내고(빚인지 몸값인지) 부인으로 삼았다. 남편이 좋은 사람이었기에 지금은 행복하지만, 만약 그 매춘업소에 계속 있었더라면…"(金·方,

1977: 72).

이미 일본에서 취업한 여공을 상대로 한 납치나 감금 등 인신매매와 관련된 범죄행위로 경찰에 입건된 사례만도 적지 않으므로 실제 피해는 상당한 규모였을 것이다. 다음은 조선과 일본에서 각각 보도된 신문기사 내용이다.

> 후쿠야마시福山市 방적회사에서 일하던 조선인 여공 2명이 행방불명되어 그 오빠가 여러 방면으로 수색했는데, 오사카와 오카야마岡山, 두 곳을 거점으로 조선 부녀자를 전문으로 유인하여 팔아먹는 조직이 있음을 찾아내었다. 수괴자는 경남 창원군 김두이(35세). (『동아일보』1927.8.30.)

> 10일 오전 1시경 세타가야 경찰서 형사 2명이 밀행 중 밭에 있는 비료창고에서 여자의 비명소리가 들려 조사해보니 한 여자가 건장한 남자로부터 폭행을 당하던 참이었다. 남자는 세타가야에 사는 조명규에게 몸을 의탁한 조장수(28세), 여자는 경상남도 출생 김용봉(18세)이었다. 조명규의 집에는 여자 두 사람이 더 감금되어 있었고 그들은 형사를 발견하자 울면서 구출을 요청했다. 조명규도 연행해 조사한 결과, 조선여자 2명은 김용봉과 마찬가지로 모두 후지富土방적의 여공 정차련(17), 이복희(16)였다. 그들은 한 달 25엔의 월급으로 일하고 있었는데, 조명규의 처 송경(22세) 등이 공장에 와서 월급 50엔 받는 공장을 소개해주겠다고 하므로, 그에 속아서 감금당해 있었다. (『東京朝日新聞』1927.1.11.)

5. 조선 노동자의 일본 이동

조선인 노동자 이동의 시작

1910년 이전에도 상당수의 조선인 노동자가 일본으로 이동했다. 그러나 1980년대 말까지 일본학계에서는 1910년 합병에 의해서 조선 노동자의 일본 이주가 시작되었다는 견해가 주류였다고 한다. 1899년 칙령 제352호('조약 혹은 관행에 의해 거주자유를 가지지 못한 외국인의 거주 및 영업 등에 관한 건')는 '외국인 노동자 입국제한법'으로 알려져서, 단순 노무직 외국인 노동자의 입국금지를 규정한 법령이라고 해석되었기 때문이다. 비록 1910년 이전에도 일본에 거주하는 조선인들이 있었으나 그들은 대부분 유학생 혹은 친일 성향의 정치가들이라는 것이 통설이었다.

그런데, 사실 이 법령에 기술된 외국인이란 중국인(淸國人)을 지칭하는 것이었으며, 따라서 조선인은 합병 이전부터도 입국금지대상이 아니었다. 허숙진(許淑眞, 1990)은 이 법령안에 대한 추밀원樞密院의 심의기록 등을 분석하여, 이 법에서 입국을 제한한 외국인은 중국인만이었다는 점을 밝혔다.[23] 그 후 1994년에는 『한국병합 이전의 재일 조선인』(小松·金·山脇編, 1994)이 출간되는 등 관련연구도 활성화됨으로써 19세기 말부터 조선인 노동자의 일본 진출은 활발하게 이루어졌음이

---

23) 조선인 노동자의 입국이 금지되지 않은 이유는 다음과 같은 사정 때문이었다. 즉 일본에서 볼 때, 중국과는 통상조약에 의해 상호 간에 영사재판권이 인정되어 일본인과 중국인은 각기 지정된 거류지에만 거주하도록 되어 있었다. 그러나 당시 일본과 조선 간의 조약(강화도조약)은 일본만의 영사재판권을 인정하고 일본 내 조선인의 영사재판권은 인정하지 않는 불평등조약이었다. 그러므로 조선인은 일본의 어느 곳에나 거주할 수 있다고 해석되었던 것이다. 내가 조회해본 선행연구에 관한 한, 식민지 이전의 조선 노동자 이주에 관한 연구는 이 연구로 인해 촉발된 것으로 보이므로, 허숙진의 연구는 매우 귀중하다고 평가할 수 있겠다.

밝혀졌다.[24] 많은 일본인 또한 개항 직후부터 주로 상업 목적으로 조선에 진출했다.

일본 유학 또한 일찍부터 시작되었다. 흔히 조선 청년의 일본 유학이라고 하면 고종이 1881년 파견한 조사朝士시찰단(사대부 12명과 수행원, 통역관 등 모두 64명으로 구성)이 약 4개월간 일본을 시찰한 것이 잘 알려져 있다. 그러나 그 이전에도 사비유학은 이루어지고 있었다. 김영모(1972: 165)는 한말 일본 유학생에 대한 체계적인 조사분석을 통해, 사비유학생 수를 정확히 추정하기는 어렵지만 실제로는 개항(1876년) 이전부터 일본 유학생이 있었다는 것을 밝히고 있다. 그러나 조선인 노동력 이동이 본격화된 계기가 1910년이었다는 사실은 부정할 수 없다.

1910년부터 해방까지 행해진 조선인 노동력의 일본 유입을 1기(1910~25년), 2기(1925~39년), 3기(1939~45년)로 구분하는 선행연구가 많다.[25] 식민지 이후 조선인 노동력의 일본 유입은 자연스럽게 진행되다가 1925년 이후 일본내무성이 노동력 유입을 억제하기 시작했고, 1939년 이후는 국가총동원법에 의한 조직적 노동력 동원이 시작되기 때문이라는 것이 이러한 시기구분의 이유다. 하지만 나는 조선 노동자 일본 유입에 대한 일본내무성의 방침은 일관되게 억제하는 정책이었

---

24) 이미 1897년에 규슈지역 탄광(長者炭坑)에는 주로 경성과 부산 출신 57명(그중 2명은 요리인)의 조선인 노동자가 취업했다. 조선어를 아는 쓰시마對馬 사람이 조선에서 직접 노무자를 모집, 인천을 통해 배로 인솔해왔다. 이들은 조선(당시 대한제국)에서 출국허가를 받은 사람들이었다. 그즈음 규수지역 탄광에만 수백 명의 조선인 광부가 취업해 있었다. 기업주들은 조선인 광부의 노동에 매우 만족해했다고 한다. 그렇지만 조선인 광부 취업은 지속적이지 않았던 것 같다. 일본인 광부와의 다툼이 있었고 큰 상해사건으로 번지기도 하여 조선인 광부 취업은 중단되었다.

25) 이 구분은 재일 학자들에 의하여 일찍이 제시되었고 일본 학자들도 대부분 동의하는 것 같다.

다고 판단하기 때문에, 총독부가 조선인을 조직적으로 노무동원하는 1939년을 경계로, 그 이전과 이후 두 단계로 구분하는 것으로 충분하지 않을까 생각한다.

일반적인 추이는, 1920년대에 일본 이주가 증가했고 1930년대 초에는 정체했으며 1930년대 말부터 다시 증가했다. 세계경제공황과 관련하여 쇼와昭和공황으로 불리는 1930년에는 도항자보다 귀환자가 많았다. 일본 도항자의 증가는 조선농촌의 피폐와 심각한 실업률에 의해 발생한 것으로 기본적으로는 일본경제가 호황일 때 증가하고 불황일 때는 감소하는 경향을 보였다.

커밍스(김주환 역, 1986)의 연구에 기초하여 당시의 조선 노동인구 이동상황을 보자. 조선인이 산업노동자가 되는 경로는 두 가지였다. 하나는 1920년대부터 1930년대 초까지 토지조사와 토지소유 집중에 의해 경작농지를 잃은 농민의 농지이탈이다. 1930년대에 일본이나 만주로 떠난 사람들의 대부분이 이러한 유형이었다. 예를 들면 고베시神戸市의 조사에 의하면 고베 거주 조선인의 약 90퍼센트는 농민출신이었다.

또 하나의 경로는 1937년 중일전쟁, 1938년 국가총동원령 이후 다양한 노무동원과 징용 등에 의해 이루어진 인구이동으로 여성과 아동을 포함한 대규모 인구가 일본으로 이주하게 된다. 1945년 시점에서 전 노동력의 32퍼센트가 조선인 노동력이었다. 1941년 통계에 의하면 당시 일본 거주 조선인은 140만 명이었는데, 그중 노동자가 77만 명(공사현장 22만 명, 공장노동 20.8만 명, 광산노동 9.4만 명), 나머지는 농업과 어업에 종사했다. 1941년부터 1945년까지의 5년간 다시 50만 명 이상의 노동자가 일본으로 이동했는데, 그 절반 이상은 탄광노동자였다. 당시의 갱도노동자의 60~70퍼센트가 조선인이었다고 한다. 1944년에 조선 총인구의 11.6퍼센트가 국외에 거주하고 있었다.

일본내각과 총독부의 입장 차이

1910년 이후 조선인의 일본 이주를 이해하는 데에는 다음 두 가지 유의점이 있다. 하나는 이 문제에 대한 일제의 입장은 단 하나의 입장으로 파악할 수 없다는 점이다. 우선 총독부와 일본정부의 입장이 서로 달랐다(山脇, 1993; 西成, 1997; 丁振聲·吉仁成, 1998; 박광준, 2013). 총독부 정책은 일제의 정책기조를 반영하는 것이기 때문에, 통치정책이라는 큰 틀에서 볼 때 총독부의 입장과 일본정부의 입장을 분리시켜 검토할 필요는 없을 것이다. 그러나 개별정책, 특히 노동자 이동이나 빈곤 구제정책에 관한 한, 양자를 구분하여 검토할 필요가 있다. 왜냐하면 빈곤문제나 실업문제는 지역상황을 반영할 수밖에 없기 때문이다. 빈곤문제의 성격이나 정도는 일본과 조선에서 사뭇 달랐고, 따라서 일본정부와 총독부의 입장은 때때로 대립적이었다.

일본정부는 조선 노동자의 급속한 일본 유입이 정국 불안과 더불어 일본의 실업률을 높이는 요인으로 간주했다. 그래서 기본적으로 일본 유입을 억제하면서, 노동력이 부족할 때에 한하여 규제를 완화하고 유입을 허가하는 정책을 견지했다.

그러나 총독부는 조선인의 일본 도항이 조선의 잉여노동력을 줄이고 빈곤 완화에 기여하는 것으로 간주했다. 따라서 총독부는 1920년대에 들어서면 조선 여공의 일본 진출에 대해서도 적극적으로 바뀐다. 다만 총독부는 일본정부와 직접 대립하기보다는, 일본이 일시동인 一視同仁 내지 내선일체內鮮一體의 이념을 내세우는 한 조선인의 일본 도항을 막을 수 없다고 강조하는 전략을 구사했다. 특히 일본에서의 취업이 확실시되는 조선인의 도항은 막아서는 안 된다고 주장했다. 그만큼 조선농촌의 심각한 빈곤문제 및 실업문제의 해소가 현실적이고 시급한 과제였던 것이다.

총독부는 특히 자연재해로 인한 흉작지역 노동자들의 이주에 적극적이었다. 적어도 1939년까지 총독부는 일본 기업이 조선 내에서 조선인 노동자를 모집하는 경우, 일본 관할 지사의 모집증명 서류가 첨부되면 조선인 노동자를 송출한다는 방침을 가지고 있었다(遠藤公嗣, 1987). 그러나 일본 정부, 특히 치안유지의 책임을 진 내무성은 취업이 확실한 경우라고 하더라도 노동자 모집을 허가하지 않도록 총독부에 요구했다. 내무성의 조선인 일본 이주억제 방침은 기본적으로 해방 때까지 바뀌지 않았다. 이주를 억제하려고 한 이유는 다음 세 가지였다.

첫째, 조선인 노동자 유입으로 인해 일본 내 실업문제가 심화할 수 있다는 것이었다. 둘째, 그들이 일본 내 노동운동 혹은 조선독립운동과 연계될 가능성이 있다는 것이었다. 공안이나 특고特高(특별고등경찰. 사회주의자나 독립운동을 감시하는 경찰)는 조선인 노동자들이 사회주의운동과 손잡는 것이 아닌가, 혹은 그러한 민족차별이 조선독립운동을 격화시키지 않는가 등의 눈으로 보고 있었다. 셋째, 보다 현실적인 문제로서 조선인과 일본주민 사이에 벌어지는 충돌이었다. 실제로 도시부에서 조선인의 슬럼이 형성되어 불법거주문제나 위생문제, 쓰레기문제 등으로 상당한 충돌이 발생했다. 당시 조선에서 일본 도시로 들어온 유입자들은 '도시슬럼의 마지막 주인공'(吉田, 1994: 130)이라

고 불린다. 일본으로 이주해온 조선인 자녀의 교육문제도 발생했다.[26]

당시 도쿄나 오사카 등 조선인이 많이 모여든 도시에서 가장 심각한 문제는 실업문제와 주택문제였다. 그중 주택문제는 특히 심각했는데, 조선인이 많이 모인 오사카에서는 '조선인에게 집을 빌려주지 않는 집주인동맹'과 같은 주민조직이 결성될 정도였다. 집주인들이 조선인에게 집을 빌려주지 않으려 했기 때문에 특히 가족단위 거주자들은 주거를 확보하기가 매우 어려웠다. 또 하나의 주택문제는 불량주거 혹은 불법주거문제였다. '바라크'라고 불리는 판잣집이 늘어났으며, 공유지나 기업부지에 바라크가 한두 집 들어서면 갑자기 집이 늘어나서 슬럼을 형성했다. 이로 인하여 일본주민과 심각한 마찰이 일어났다.

주의할 것은, 총독부가 빈곤구제의 관점에서 조선인의 일본 이주에 적극적이었다고 해도, 그것은 어디까지나 '소규모로 자연스럽게 서서히 진행되는 이주'에 대해서 그랬다는 점이다. 기업의 집단모집이나 집단동원은 농촌노동자를 대규모로 일본으로 유출시키는 것이었으므로 적어도 1940년경까지는 그에 소극적이었다. 총독부는 기업이 노동자 모집 신청을 행할 때 희망 모집자수보다 적게 허가하는 경향이 있었다.[27] 그도 그럴 것이 농촌의 주요 노동력이 빠져나가면 농촌이 피

---

26) 당시 일본에서는 저소득층 자녀를 위한 심상야학교尋常夜學校가 변두리에 상당수 설립되어 있었는데, 1930년대 말이 되면 그곳에 조선인 아동의 입학이 급증했다. 한 방문기록에 의하면(小池, 1940: 43-44), 1940년 6월 어느 심상야학교의 경우, 일본인은 27명(남아 15명, 여아 12명)이었는데 조선 아동은 78명(남아 52명, 여아 26명)이었다. 그런데 이러한 사정은 다른 야학교의 경우에도 마찬가지였다고 한다. 후카가와구深川區의 경우, 1939년 3월 기준 일본인 아동 280명에 대해 조선인 아동은 424명이 재적하고 있었다. 특히 저학년 조선 아이들은 일본어를 전혀 모르는 상태라고 기록되어 있으므로, 이들 대부분은 일본에서 태어난 것이 아니라 조선에서 막 일본으로 이주한 가정의 아동들이었다고 생각된다.

27) 1940년 3월 24일 『부산일보』 기사를 보자. 부산직업소개소는 홋카이도 왓카나이稚內탄광에서 석탄반출을 위한 궤도공사를 하는 데 필요한 터널 및 철도공사

폐해지고 농촌임금이 상승하여 농촌 빈곤이 더욱 심각해지기 때문이었다.

일본정부 내에서도 부서에 따라 조선인 일본 이주에 대한 입장이 갈라졌다. 노무동원이 시작되기 직전까지도 노무동원 책임부서(1937년 이후는 후생성)와 치안책임을 진 내무성의 입장은 서로 달랐다. 후생성은 징병으로 빠져나간 일자리를 메우지 않으면 물자 생산에 큰 제약이 발생하므로 노동자를 동원하는 것을 최우선과제로 삼았고, 따라서 조선인 노동자를 동원하는 데에 적극적이었다. 그러나 치안문제를 우려하는 내무성은 일관되게 조선인 노동자의 일본 이입에 반대했다.

내무성의 조선인 일본 이주 억제수단은 크게 두 가지였다. 하나는 '도항증명서' 제도를 활용하여, 일본 취직이 정해졌거나 수긍할 만한 사유를 가진 사람에게만 도항을 인가하는 것이었다. 당시 여공으로 일본에 갔던 사람들의 증언에도 나와 있듯이, 일본행 연락선 안에서는 경찰이 모든 승객들에게 일본 도항의 동기를 묻고 일본어를 할 수 있는지 없는지를 확인했다. 도항신청자가 도항하지 못하도록 하는 것을 유지(諭止. 깨닫게 하여 금지시킨다는 뜻)라고 한다. 유지는 관할 경찰서에 도항신청을 했을 때 도항허가서를 발급하지 않는 방법이 있었고, 연락선 승선 장소인 부산항 등에서 직접 승선을 저지하는 방법도 있었다. 조선에서 승선했다고 하더라도 일본 항구에서 상륙을 거부하는 경우도 있었다.

인부를 모집했는데, 일본 후생성에서는 5000명 인부를 요구했지만, 총독부가 조정하여 2500명으로 정했다. 그중 부산직업소개소에 할당된 모집인원은 300명이었다. 참고로 모집 조건은 다음과 같았다. '2년 계약, 20세부터 40세까지, 임금은 하루 2원에서 2.5원, 식비는 하루 65전, 피복비와 홋카이도 탄광까지의 여비는 모두 사용자 부담.'

조선인 일본 이주를 억제하는 다른 하나의 방법은, 일본으로 가려는 노동자들에게 조선 북부에 건설된 공장에 공업노동자 직업을 알선하는 것이었다. 거기에는 항구에 위치한 부산직업소개소 등과 경찰이 관여했다.

재일 조선인의 조직화

1930년대 조선에 대한 일본의 정책에는 융화가 강조되었으나 일제는 조선인 이주문제가 융화를 해치는 심각한 문제라고 인식했다. 1934년 10월 30일 각의결정된 '조선인 이주대책의 건'은 매우 중요한 문서인데, 주거문제로 인한 갈등을 심각시하여 조선인 일본 이주를 억제한다는 정부방침을 분명히 하고 있다.[28]

이러한 배경에서 일본은 일본 거주 조선인의 조직화를 추진했다. 그 조직이 협화회協和會다. 조선 민중을 동원하기 위한 이념이 연성이었다면, 이미 일본에 들어와 있던 조선인을 대상으로 한 새로운 이념이 협화였다. 1930년대 중반까지는 융화融和라는 이념이 강조되었으므로 재일 조선인 대책의 이념은 융화에서 협화로 변화한 셈이다. 융화란 동등한 인간들끼리의 화합인데 그것이 사실상 불가능하기 때문에,

---

28) 이것은 매우 중요한 문건인데, 그 취지와 요지는 다음과 같다. '조선 남부지방은 인구밀도가 높고 생활이 궁핍한 자가 많아 이 지역민 중 일본으로 도항하려는 자가 최근 급증하고 있다. 그 때문에 일본인 실업률이 높아지고 일본 거주 조선인의 실업률도 심각하게 높아지고 있다. 조선인 관련 각종 범죄가 많이 발생하고, 집 임차를 둘러싼 분쟁이 발생하여 조선인과 일본인의 융화를 저해하거나 치안문제를 발생시키고 있기 때문에 적절한 대책이 필요하다. 조선 내에서 조선인의 생활을 안정시키기 위해서는 다음 세 가지 정책이 필요하다. 첫째, 농촌진흥과 자립갱생 정책에 더한층 노력할 것. 둘째, 춘궁기 궁민구제를 위해 사환미제도를 보급하고 토목사업 등 공공사업을 추진할 것. 셋째, 조선북부의 개척, 철도부설 등의 실시를 가능한 한 촉진시킬 것.'

진정한 내선일체란 조선인의 수준을 먼저 높인 다음 그 이후에나 가능하다는 관념이 곧 협화였다. 그러므로 협화라는 이념은 민족차별의식이 강화된 것이었다고 볼 수 있다. 일본은 융화라는 이념이 성공적이지 못했던 원인을 조선인과 일본인을 동질적 존재로 본 것에서 찾았다. 여기서 동질과 이질이라는 것은 문화적 다양성을 말하는 것이 아니다. 황국신민으로서의 자질이 낮다는 의미였다.

3.1운동 이후 일본에서는 융화가 강조되어 일본인과 조선인이 합동으로 상호부조단체나 원호단체를 결성하여 거기에 융화라는 이름을 붙이는 경우가 있었으며, 일본은 그러한 단체를 지원했다. 그러나 1930년대 중반이 되면 이 융화사업은 유명무실했을 뿐만 아니라, 융화는커녕 재일 조선인 노동자를 억압하고 지배하는 단체가 되어버렸다. 당시 일선日鮮 융화를 내건 상애회相愛會라는 단체가 있었는데, 철저히 지배층에 이용된 단체였고 오히려 재일 조선인 노동자를 수탈했다. 어느 재일 여공은 월급에서 월 50전이라는 상애회비를 강제로 징수하는 것에 큰 불만을 품었다(金·方, 1977: 158)고 말한다.

협화사업은 일제가 조선인에 대한 대책을 세우는 데 개입과 통제를 강화했음을 의미한다. 왜냐하면 융화단체들은 민간단체였지만, 협화사업의 주체는 국가였기 때문이다. 내무성은 일본에 거주하는 조선인의 교육교화, 국민정신 함양, 생활조건의 개선과 향상을 도모한다는 목적으로 도쿄에 거주하는 조선인을 중심으로 중앙협화회를 결성하고 전국조직화를 추진했다. 그리고 1936년부터 내무성 소관으로 협화사업비 예산을 계상했다. 협화사업을 국가사업으로 공식화한 것이다. 협화사업단체에 조성금을 교부하면서 경찰의 관여도 강화되었다. 1938년 1월 설립된 후생성은 협화회 전국조직화를 추진하여 1939년

6월에는 중앙협화회가 설립되었고, 각 도부현에도 협화회가 설립되어 협화회체제가 성립했다.

협화사업이라는 이름으로 실제적인 부조사업이 행해지기도 했다.[29] 협화회의 간사는 조선인이 임명되기도 했지만, 전반적으로 볼 때 협화회는 '일제에 의한 조선인 대책'이라는 성격을 가진 단체였고, 재일 조선인을 통제하는 핵심조직이 되었다. 중앙협화회는 사단법인으로 민간기관의 형식이지만, 사무국에는 후생성 관리나 촉탁관리가 취임했고, 비용 대부분을 국고에서 부담했다. 지방조직에서는 경찰서장이 협화회 대표가 되기도 했다. 1939년 10월에는 후생성 사회국장과 내무성 경보국장 연명 통첩에 의해 협화회 사업비의 증액과 증원이 이루어졌고, 재일 조선인에게는 협화회 회원증 휴대를 의무화했다. 협화회 회원증은 재일 조선인의 직업이동을 통제하는 수단이 되었다. 또한 집단모집 방식으로 일본에 간 탄광노동자가 계약기간 2년이 끝났을 때, 사업주의 요청대로 귀국하지 않고 계약기간을 연장하도록 조선 노동자를 설득하거나 강요하는 일에도 협화회가 중요한 역할을 했음이 밝혀졌다.[30]

---

29) 1936년 10월에 후생성 사회국장과 내무성 경보국장은 연명으로 지방장관에 대하여 '협화協和사업 실시 요지'를 발송했는데, 거기에는 주택개선과 밀집주거 방지, 생활 전반의 개선에 대한 구체적 지시가 포함되어 있었다. 이 통첩에 의해 각 도부현(공역공공단체)에서는 관제조직인 협화회가 설립되어 협화사업을 통한 조선인의 주택개선 및 주택공급사업이 시작된다. 당시 조선인 집단주택의 평면도 등이 남아 있는데, 그것을 보면 주로 2층의 간이주택으로서 가족원수에 따라 몇 가지 형태가 있었다(加藤, 2017). 집세는 월 3엔부터 15엔까지 다양했다. 집단주택의 공급수가 어느 정도 규모였는지 전체적으로 파악하기는 어려운데, 오사카부 협화회의 경우에는 부내에 234호의 주택을 공급했다.

30) 어느 재일 한국인은 당시 일본에서 생활하는 조선인들이 조선어를 사용하지 못하도록 감시하고 강제했다고 증언한다(在日本大韓民国青年会, 1988: 184).

6. 노무동원 이전의 노동자 이동과 그 규모

1939년 이전의 노동자 이동과 그 규모

조선인 일본 이주에 대한 일본정부와 조선인의 입장은, 일관된 것이 아니라 30여 년 동안 각각 수많은 입장 변화를 보였다는 사실 또한 중시해야 한다. 조선인 이주는 일본 노동시장이라는 흡입요인과 조선에서 살아가기 힘든 배출요인을 동시에 고려할 필요가 있으며, 더욱이 외부환경에 의해서도 큰 영향을 받았다.[31] 따라서 노동자 이동은 시기별로 큰 기복을 보인다.

우선, 일본경제는 이 기간 동안 몇 차례 요동쳤다. 일본은 이미 세계경제에 편입되어 있었기 때문에, 1929년 세계경제공황으로 촉발된 경제위기에 의해 큰 타격을 입는 등 국제환경으로 인한 경기침체가 있었다. 그리고 무엇보다도 전쟁(만주사변, 중일전쟁 등)으로 인한 경기부양과 침체가 잦았다. 따라서 일본경제가 호황일 때에는 노동수요가 증가하여 조선인 노동력이 일본으로 유입되었고, 불황일 때에는 조선인 노동자들이 조선으로 돌아오거나 일본 이주 증가세가 멈추었다.

노동자들의 입장도 농사 작황에 따라 변했다. 예를 들면, 가뭄으로 인한 심각한 기근이 발생했던 1939년에는 일본 도항 신청자가 쇄도했다. 하지만 풍작이 들면 도항 희망자가 적었다. 조선인에게 일본 이주는 큰 부담이자 리스크이기도 했던 것이다. 게다가 1930년대 후반

---

31) 물론 이주정책의 변화에는 경제 외부적 요인도 작용했다. 3.1운동 직후에는 인구 이동 억제책을 강력히 시행했고, 관동대지진 때 일본 민간인에 의한 조선인 학살 사건이 일어났을 때에도 인구이동을 억제했다.

부터 조선 북부에 공업화가 진행되자 국내노동을 선호했다.[32] 또한 농촌노동력이 유출됨으로써 농촌임금이 상승하면 당연히 조선에 머무르려고 했다.

내무성은 조선인 이주를 억제했지만, 그럼에도 불구하고 재일 조선인 인구는 계속 늘어났다. 1920년 인구조사(國勢調査) 결과 재일 조선인은 4만 7055명에 불과했으나 1930년에는 41만 9009명으로 10년간 10배 이상 늘었다. 1940년에는 다시 3배 이상 늘어 124만 1315명이 되었다. 1939년 이후의 조선인구 급증에는 노무동원자가 포함되어, 1944년에는 193만 6843명(내무성 통계)까지 증가했다. 해방 후 많은 사람들이 귀국하여 1953년에는 재일 조선인이 55만여 명으로 줄었다.

일본정부가 조선인 일본 이주 억제정책을 견지하고 있었음에도 불구하고 일본 내 조선인 인구가 증가한 이유는 무엇인가?

먼저 일본 도항자의 지속적 증가가 있었다. 그 추이는 〈표 2-6〉에 나타난 바와 같다. 도항자가 크게 늘어나 그 수가 귀환자를 넘어섰기 때문에 결과적으로 일본 거주자가 늘어났다. 세계공황의 여파로 일본에 큰 불황이 닥쳤던 1930년에는 예외적으로 귀환자가 더 많았으나 그 이외의 기간에는 일본 이주가 늘었다.

일본에 정착하는 조선인이 늘어나면서 자녀의 출생으로 인해 비노동인구가 증가한 것도 재일 조선인 증가의 중요한 요인이었다. 일본

---

32) 『부산일보』(1940. 4. 13.) 보도에 의하면 부산직업소개소는 어부 500명 모집광고를 냈다. 함경북도 어대진에 있는 조선수산개발회사가 성어기 어업을 위하여 500명 인부를 필요로 했는데, 노무자의 대량 모집은 직업소개소를 경유하게 되어 있었으므로, 회사관계자가 부산직업소개소를 방문하여 직업 알선을 요청했다는 것이다.

표 2-6 조선인의 일본(내지) 도항자 추이(1917~39)

	부산항에서의 조사*			부산·여수항에서의 조사**			제주도***		
	도항a	귀환b	a-b	도항c	귀환d	c-d	도항c	귀환d	c-d
1917	14,012	3,927	10,085						
1918	17,910	9,305	8,605						
1919	20,968	12,739	8,229						
1920	27,479	20,947	6,550						
1921	38,118	25,536	12,582						
1922	70,462	46,326	24,136						
1923	97,395	89,745	7,650				5,190	3,150	2,040
1924	122,215	75,430	46,785				14,278	5,107	9,171
1925	131,273	112,471	18,802				15,906	9,646	6,260
1926	91,092	83,709	7,383				15,862	13,500	2,362
1927	138,016	93,991	44,025				19,224	16,863	2,361
1928	166,286	117,522	48,764				16,762	14,703	2,059
1929	153,570	98,275	55,295				20,418	17,660	2,758
1930	95,491	107,711	▼12,220				17,890	21,426	▼3,536
1931	93,699	77,578	16,121	102,164	83,651	18,513	18,922	17,685	1,237
1932	101,887	69,488	32,399	113,615	77,575	36,040	21,409	18,307	3,102
1933	136,029	79,280	56,749	153,299	89,120	64,179	29,208	18,062	11,146
1934	132,530	87,707	44,823	159,176	112,462	46,714	16,904	14,130	2,774
1935	85,035	81,844	3,191	108,639	106,117	2,522	9,486	11,161	-1,675
1936				113,714	110,559	3,155	9,190	11,095	-1,905
1937				121,882	120,748	1,134			
1938				164,923	142,667	22,256			
1939				284,726	176,956	107,770			

자료: 丁振聲·吉仁成, 1998: 표 1. 원자료는, *京都市社会課『市內在住朝鮮出身者に関する研究』(1937), **朝鮮總督府『最近に於ける朝鮮治安状況』(1939), ***杉原達·玉井金吳編『大正·大阪·スラム: もうひとつの日本近代史』(1996).

국세조사보고(1950년)에 의하면, 일본 거주 조선인의 연령별 구성 중 1~14세까지의 인구가 차지하는 비율은 1920년에는 8.5퍼센트에 불과했으나, 1930년에는 22.6퍼센트로 증가했고, 1940년에는 37.8퍼센트로 그 비중이 가파르게 높아졌다. 10명 중 거의 4명이 14세 이하 인구인데, 그들 중 다수는 일본 내에서 출생했을 가능성이 높다.

밀항(부정도항)에 관하여

부정도항이라고 불리는 밀항에 의해 일본으로 건너간 규모를 정확히 밝히기는 어렵지만, 식민지기 동안 거의 일상화되어 있었고 해방 직후 한동안도 그러했다. 여자정신대로 동원되었던 사람이 일본 공장을 이탈해 밀항으로 귀국한 사례도 내가 확인한 범위 내에서 2건이 있을 정도다(제5장). 노무동원이 시작되는 1939년부터는 조선인의 일반적 도항은 원칙적으로 금지된다. 따라서 집단취업이나 징용에 의해 지정된 사업장이 아닌, 다른 사업장에서 일하고자 한다면 밀항 이외에 달리 도항할 방법은 없었다. 그 때문에 밀항자가 증가했고 단속도 강해졌다.

〈표 2-7〉은 조선인 노동자의 일본밀항 건수와 유지(諭止=차단) 건수를 보여준다. 먼저 유지를 보면, 1925년에서 1937년까지 12년간 출발항에서 이루어진 유지가 16만 3760건, 출발지에서 도항허가를 내주지 않았던 경우가 72만 7094건이다. 즉 약 90만 명(도항허가를 받지 못해 다시 신청하는 경우가 있으므로, 실수는 이보다 적을 것임)의 일본 이주신청이 거부된 것이다. 그러므로 만약 이주억제책이 없었다면 일본 내 조선인 인구는 더욱 급증했을 것이라고 판단된다.

또한 1930년에서 1942년까지 부정도항으로 적발된 인원이 3만

표 2-7 조선인 노동자 일본 도항 유지(諭止=차단) 및 부정도항의 추이

년	출발항 유지	출발지 유지		부정도항	
		출원出願	유지	부정도항 발견	그중 조선송환
1925(10~12월)	3,774	-	727,094	-	-
1926	21,407	-	-	-	-
1927	58,296	-	-	-	-
1928	47,297	-	-	-	-
1929	9,405	-	-	-	-
1930	2,566	-	-	418*	210*
1931	3,995	-	-	783*	509*
1932	2,980	-	-	1,277	943
1933	3,396	300,053	-	1,560	1,339
1934	4,317	294,947	169,121	2,297	1,801
1935	3,227	200,656	188,600	1,781	1,652
1936	1,610	161,477	153,528	1,887	1,691
1937	1,491	130,430	87,070	2,322	2,050
1938	-	-	71,559	4,357	4,090
1939	-	-	75,216	7,400	6,895
1940	-	-	-	5,885	4,870
1941	-	-	-	4,705	3,784
1942	-	-	-	4,810	3,701

주 1. 일본 도항 유지 통계는 총독부경찰국(「最近における朝鮮治安狀況」) 1933년판 및 1938년판.
  2. 출발항 유지는 1925~30년은 부산항, 그 이후는 부산·여수·청진항 통계임.
  3. 출발지 출원 및 유지는 도선내 각도 보고서 집계이며 노동자와 그 가족을 포함한 통계임. 출원에 대한 결정 후 다시 출원하는 경우는 그 수가 중복되어 있음.
* 부정도항 통계는 내무성경찰국(「社会運動の狀況」各年度) 통계임. 1930년 및 1931년의 부정도항은 1월부터 11월까지임.
자료: 森田芳夫(1996: 74) 표 8 및 표 9를 합성하여 작성.

9482명, 그중 조선송환자도 3만 3535명에 이른다. 조선 내에서 출발하기 전에 적발되는 경우도 허다했다. 흉작이 겹치면 많은 농민이 조선을 탈출하려 했고 그들은 많은 경우 밀항을 이용했다. 노무동원이 시작된 1939년부터 1942년까지로 한정하더라도 3년간 부정도항으로 발각된 자가 2만 2800명, 그중 조선으로 송환된 자만도 1만 9250명에 이른다.

조선인이 일본으로 가려면 도항증이 필요한데, 도항증을 정상적으로 발급받을 수 없는 사람들을 상대로 한 범죄도 많이 발생했다. 밀항 브로커들은 무지한 농민들이 가산을 처분하여 마련한 돈을 거두어가면서, 밀항에 실패하면 그들을 범법자로 만들어버리기도 했다(『동아일보』 '횡설수설' 1938. 8. 3.). 가짜 도항증을 만들어 30~40원에 판매하던 브로커들이 여러 지역에서 검거되었다는 보도도 보인다(『동아일보』 1940. 4. 21.; 7. 7.).

조직적인 노무동원이 시작된 1939년 이후에도 일본으로 밀항하기 위한 시도가 끊이지 않았다는 것은 무엇을 의미하는가? 그것은 두 가지로 해석할 수 있겠다.

하나는 일본으로 가서 일자리를 찾는 절박한 사람들이 그만큼 일정 규모로 존재했다는 것이다. 이주희망자 중에는 신체검사나 사상문제에 걸려 집단모집이나 징용 등 공식적인 경로를 통해서 일본으로 갈 수 없는 사람들이 다수 있었다. 당시 징용의 잠정대상자인 출두명령을 받은 자 중에서 신체검사 등 심사를 거친 후 징용대상이 되는 것은 그 3분의 1 정도였다.

다른 하나의 해석은 단순히 일본에 가서 일하는 것을 목적으로 삼는 것이 아니라, 정부나 기업에서 추진하던 탄광 등의 일자리보다 '더 좋

은 조건의 일자리'를 찾기 위해 도항하려는 사람들 역시 일정 규모로
존재했다는 것이다.

제3장

조선인 노무동원과
여자노무자원

일제는 대규모 징병으로 빠져나간 산업노동력을 메우기 위해 1939년 이후 국가총동원법에 근거하여 가능한 모든 노동력을 동원했다. 노무동원의 최종 형태이자 강제동원인 징용은 1939년 일본인 남자만을 대상으로 시행되었다. 조선인 남자 징용을 실행한 것은 1944년 9월부터였다. 미혼여성에 대한 노무동원은 일본에서 1941년부터 시작되었는데, 일본 여자노무자원이 곧 바닥나자 1943년부터 조선여자도 노무동원에 포함시켰다.

일본은 국민등록제를 시행하여 모든 국민의 노동력 정보를 확보하고 그 정보에 기초하여 노무동원을 행했지만, 조선에서는 국민등록제도가 시행되지 않았기 때문에 동원대상자 선정과 편성에 관, 즉 읍면조직과 경찰이 직접 개입했다. 당시 조선인 여자는, 일본어는 물론 한글을 읽을 줄 아는 사람이 극히 드물었고, 경제활동 참가자 자체가 적었다. 따라서 동원 가능한 여자의 절대수가 매우 적었다.

일제는 노무동원이 시작되는 시점이 되어서야 조선인 기초교육에 관심을 가진다. 국민학교에 취학하지 못한 사람을 위해 2년간 교육을 시행하는 간이학교를 활용하고, 무학의 조선 청년을 대상으로 한 특별연성소를 만들어 1년 정도 교육을 행했다. 다만 그것은 국민기초교육이 아니라 황민의식을 주입하여 노무동원이나 군무동원을 원활히 하기 위한 것이었다.

일본으로 동원하는 여자정신대는 일본어를 할 줄 알아야 했기 때문에 국민학교 졸업 정도의 학력을 필요로 했다. 국민등록 대상 연령은

1944년 2월에 종전의 14세에서 12세로 낮추었다. 공장법이 규정한 노동자 최저연령도 12세였다. 1944년부터 조선과 타이완에서는 12세 이상이 동원대상이 되었지만, 내가 확인한 범위에서는 일본에서 산업 현장에 장기적으로 노무동원된 최저연령은 13세였다.

1939년부터 시행된 노무동원은 집단모집, 관 알선, 징용의 순으로 점차 강제성이 더해졌다. 그 각각의 동원 방법은 완전히 독립된 것이 아니라 시기적으로 중첩되어 있었다. 징용은 남자만이 대상이었고 여자는 집단모집과 관 알선을 통해 동원되었다. 여자정신대는 관 알선 형식의 동원이었지만, 강제성의 측면에서 본다면 관 알선과 징용의 중간형태를 띠었다.

1. 15년전쟁과 노동력 부족

15년전쟁과 징병

1931년 만주사변에서 1937년 중일전쟁 개시, 1941년 제2차대전(태평양전쟁), 그리고 1945년 일본의 패전에 이르는 일련의 전쟁은 흔히 '15년전쟁'이라고 불린다. 만주사변이 일어날 당시 일본군은 32만 명이었다. 그러나 중일전쟁이 발발한 1937년에는 108만 명으로 증가했고, 1941년에는 240만 명, 그리고 패전 시에는 830만 명에 이르렀다. 전체인구의 11.5퍼센트에 달하는 규모였다.[1] 하지만 전사자나 전상자가 계속 늘어났기 때문에 "군대마저 정원을 채우지 못하는 현상"(樋口,

---

1) 군인수에 대해서는 자료에 따라 상당한 차이가 있어 보이는데, 여기서는 다음 자료에 근거했다. 『数字でみる日本の100年』(改定第7版, 矢野恒太記念会, 2020)

1990)이 생길 정도였다. 정부와 산업계는 병력으로 빠져나간 노동력을 메우기 위해 농사 등에 필요한 최소한의 인원만을 남기고 여성을 포함한 모든 인력을 동원했다.

1939년에 1차 노무동원계획(후일 국민동원계획)이 시행되면서 노무동원 규모는 급속히 커졌다. 1943년부터는 전쟁포로나 수형자의 동원도 행해졌다(『昭和史事典』: 1980).[2] 1944년 6차 국민동원계획에 기초한 동원자는 454만 명, 그중 여자 비율이 43퍼센트였다.

중일전쟁이 발발한 1937년 8월에 '국민정신精神총동원 실시요강'이 각의결정되었고, 총력전을 수행하기 위해 기획원企劃院이 창설되었으며, 1938년 4월 1일 국가총동원법이 공포되고 동년 5월 5일 시행된다. 총동원법의 목적은 '전시(전쟁에 준하는 사변의 경우 포함)에 국방목적을 달성하기 위해 국가의 모든 힘을 가장 유효하게 발휘할 수 있도록 인적·물적 자원을 통제 운용하는 것'(제1조)이었다. 그 내용은 국민징용, 고용 제한, 노동쟁의 방지, 물자의 수급조정, 수출입 통제, 물자의 사용과 수용, 자금의 수급조정, 공장시설의 수용, 광업권 제한, 물가 통제, 출판 제한 및 금지 등이었다.

총동원법에 근거하여 경제를 통제하기 위해 제정된 칙령의 수는, 1942년 5월까지로 한정해보더라도 국민징용령, 의료관계자징용령, 국민근로보국협력령, 생활필수물자통제령, 지대집세통제령, 국민직업능력신고령 등을 포함하여 모두 65개에 이른다.

〈그림 3-1〉은 노무동원 및 관련 법령의 변화를 군인수와 전쟁확대 과정에 관련지어 요약한 것이다.

---

2) 종전 직전 도쿄대공습에 의해 수많은 사상자가 발생했을 때, 시신 치우기 등에는 교도소 재소자들이 동원되었다. 재소자들로 구성된 그 단체 이름은 '형정분격정신대刑政憤激挺身隊'였다(波多野, 2015: 117).

그림 3-1 전시 노무동원의 관련법

군인수*	연도	노무동원 관련 동향과 법령

32만 명 | 1931년 만주사변

108만 명 | 1937년 중일전쟁

> 1938. 5. 국가총동원법 시행

> 1939. 1. 국민직업능력신고령(조선은 기술인력에만 적용)
> 1939. 7. '1차 노무동원계획'(113.9만 명)
> 1939. 7. 국민징용령(여성 제외. 조선인 제외)

240만 명 | 1941년 태평양전쟁

> 1941. 1. 긴급국민근로동원방책요강(각의결정)
> 1941. 9. 미혼여성 노무동원 계획
> 1941. 11. 국민근로보국협력령(근로보국대 편성. 1년 30일 이내 무상노동. 1943년 6월부터 1년 60일 이내로 확대)

> 1942. 1. 노무조정령
> 1942. 4차국민동원계획(미혼여성, 학생, 조선인 노동자 대상)

> 1943. 6. 학도전시체제동원요강
> 1943. 9. 여자근로동원 촉진에 관한 건(정신대 편성)

> 1944. 6차 국민동원계획(454만 명)
> 1944. 2. 결전비상조치요강(각의결정)
> 1944. 3. 결전비상조치에 의한 학도동원 실시요강(각의결정)
> 1944. 3. 여자정신대제도 강화방책요강(각의결정)
> 1944. 8. 여자정신근로령, 학도근로령
> 1944. 9. 국민징용령 조선인 적용

830만 명 | 1945년 패전

> 1945. 3. 결전교육조치요강(국민학교초등과 외 1년간 수업정지)
> 1945. 4. 이후 동원 불가능(선박통행 불능)

자료: 필자 작성.
* 군인수는 『数字でみる 日本の100年』 改定第7版, 矢野恒太記念会, 2020에 근거함.

노무동원과 노무통제

노무동원은 노동시장을 국영체제로 운용하는 것이다. 그것은 노동자가 기업이나 직업을 선택할 자유, 노동하지 않을 자유를 제한하거나 혹은 박탈했다. 퇴직도 마음대로 할 수 없었다. 여성노동자로 대체할 수 있다고 판단되는 특정 직종에는 남성노동자 고용이 금지되었다. 노무통제의 시작은 1938년 8월 '학교졸업자사용제한령'이었는데, 그것은 노동자 부족이 특히 심했던 공광업계 졸업자에 대한 자유경쟁 모집을 금지하고, 노동력 적정배치라는 이름으로 국가가 노동자를 모집하여 기업에 할당하는 것이었다. 공광업학교 졸업자를 고용하고자 하는 기업은 후생성에 그 수를 신청하여 허가를 받아야 했다.

조선에서 일본으로 노무동원이 행해진 시기는 국가총동원법에 의한 1차 노무동원계획이 책정 시행되는 1939년부터였다. 징용은 1944년 9월 시작되어 조선과 일본 사이의 연락선 운행이 불가능해진 1945년 3월까지 행해졌다. 이 시기의 노동력 동원은 흔히 강제연행 혹은 전시동원 등으로 표현되지만, 전시동원에는 병역동원(1938년 지원병제도, 1944년 징병제도)도 포함되므로 여기서는 노무동원에 그 범위를 한정시킨다.[3]

한 가지 부언해두고 싶은 것은 '연행連行'이라는 용어의 의미다. 당시 사용되던 연행이란 개념은 '데리고 간다'는 뜻이며, '본인 의사에

---

[3] 강제연행에 관하여 중요한 연구성과를 낸 재일 학자 김영달(金英達, 2003: 25-32)은 강제연행이라는 용어에 관하여 다음과 같이 지적한다. "이 시기의 노무동원이 강제연행, 강제노동, 민족차별이라는 세 가지 실질적인 문제를 불러일으키면서 강행된 것이었기 때문에, 그 문제점을 직접적으로 표현하기 위하여 강제동원이라는 용어가 정착된 것 같다. 이 용어는 확실히 여론에 어필하는 정도가 높다. 하지만 그것이 역사용어로서 통일된 개념규정이 이루어져 있다고 보기 어렵고, 그 범위 또한 혼란이나 오해를 만드는 원인이기도 하다." 그리고 김영달 자신은 '전시동원'이라는 용어를 제안한다.

반하여 데리고 간다'고 하는 오늘날의 의미와는 다르다. 해방 이전에 연행이라는 용어는, 조선에서나 일본에서나 '데리고 가는 것'을 의미했다.[4]

　조선의 노무동원에는 당연히 총독부가 깊이 관여했다. 1939년 이전의 일본취업은 기업의 자유모집이나 지인을 통한 연고취업이 대부분이었다. 노무동원은 1939년 이후 집단모집의 형식을 띠다가 1942년부터 관 알선, 그리고 1944년 9월 이후 징용 방식이 되었다. 이 점에 대해서는 거의 모든 선행연구자들의 의견이 일치한다. 그러나 노무동원 방법과 그 변화를 고찰할 때, 주의해야 할 점이 두 가지 있다. 하나는 조선인 노무동원 방법은 중첩되어 있었다는 점, 매우 다양한 여러 형태가 혼합된 동원 방법이 적지 않았다는 점이다. 연고모집도 계속되었으며 근로보국대로서 일본의 탄광으로 동원되기도 했다.[5]

　다른 하나는, 조선의 노무자원은 결코 끊임없이 솟아나는 우물과 같은 것이 아니라 한정되어 있었다는 점이다. 1939년 시점에서 조선의 노무자원은 비교적 풍부했고 취업지원자도 많았다. 그러나 노무동원이 지속되자 노무자원도 고갈되어 책정된 동원자수를 채우기가 매우

---

4)　낱말의 의미는 시대에 따라, 혹은 어떤 법률이 생김에 따라 변화한다. 연행이라는 용어의 의미도 그러하다. 『국어대사전』(이희성 편) 1961년 초판에는 '①데리고 감, ②피의자 등을 체포하여 동행함'이라고 풀이되었는데, 1982년 수정판에는 ①의 내용은 같지만, ②의 내용이 다음과 같이 달라졌다. '②**본인의 의사와는 관계없이** 데리고 가는 일. 특히 경찰관이 범인·용의자 등을 경찰서로 데리고 가는 일'(강조는 인용자). 고딕으로 강조된 부분이 추가되어 있는 것이다. 일본어 연행의 의미에도 '본인 의사에 반해서 데리고 감'이라는 의미가 부가되는 것은, 전후 1948년 '경찰관직무집행법'에서 연행이라는 용어를 그러한 의미로 규정한 이후부터라고 한다. 중국어 '連行'은 '데리고 감, 동행함=連行, 相連而行, 同行'이라는 의미다.

5)　예를 들어 『매일신보』(1943.6.24.)의 '내지행 근로보국대 출발'이라는 기사는 다음과 같다. "평산군平山郡(황해도) 노무계에서는 군내 각 읍면에서 근로보국대를 조직하여 적당한 훈련 후 일본 나가사키현 탄광에서 일하기 위해 6월 20일 탄광직원의 인솔로 일본으로 향했다."

힘들었다. 일제 말기에는 50세를 훨씬 넘긴 이들이 동원되기도 했다. 노무동원자의 속성은 철강부문인가 탄광부문인가에 따라서도 크게 달랐다. 철강노동자는 비교적 기술직으로 국졸 등 학력수준이 높았고 숙련공이 되는 경우가 상대적으로 많았다. 반면 탄광노동자는 거의 대부분이 무학자였고 단순노동과 혹사노동에 종사했다.

노무동원은 최소한의 농업생산 인구를 남겨두는 것을 전제로 한다. 조선에서는 여자가 직접 농업에 종사하는 경우가 일본에 비해 드물었기 때문에 상대적으로 농촌 남자 노동력이 더 필요했다. 그리고 취업수요는 농사 작황과도 연계되어 있었다. 조선에서 징용이 개시되는 1944년 8월 시점에서 조선의 노무자원은 거의 고갈된 상태였다. 신체검사 출두명령서를 받은 사람 중 실제 징용된 사람 비율은 약 3분의 1 정도였다는 사실이 그 상황을 뒷받침해준다.

노무동원자, 특히 집단동원자 중 해방 후 일본에 남은 사람이 어느 정도의 규모인지는 정확하게 파악하기 어려우나 그 수는 많지 않았다. 1982년 해방 전에 일본으로 가서 계속 살았던 재일 한국인을 대상으로 한 재일한국청년회 조사보고서(在日本大韓民国青年会, 1988: 146-161)에는, 징병이나 징용 이외의 이유로 일본에 간 182명의 간략한 구술자료가 실려 있는데, 노무동원의 형태로 일본에 간 사람 중에 일본에 남은 사람은 최초의 동원 사업장에서 이탈한 경우가 대부분인 것 같다. 집단동원자는 해방 후 대부분 집단적으로 귀국하는 경우가 많았다고 추정된다.[6]

------

6) 다만 같은 보고서에 실려 있는 징용자의 일본 경험 증언 44사례의 일본 도항 시기를 보면, 징용이 시행되었던 1944년 도일한 경우는 매우 드물고, 대부분 1940년을 전후한 시기였다. 일본에서 노동하던 중 현원징용된 경우에도 기본적으로 자신을 징용자라고 인식하는 것으로 생각된다. 이 보고서 중 정신대를 언급하는 증

여자정신대와 관련된 노무동원

노동력 부족이 극심해지면서 일본은 노무동원 연령의 하한선을 계속 낮추도록 법령을 개정했다. 최종적으로 1944년 2월에는 국민등록 대상을 12세 이상으로 낮추어 동원대상으로 삼았다. 그 이전의 노무동원 하한연령은 조선에서도 14세였다.

연소자를 일본으로 동원하는 제도로 소년공少年工제도가 있었는데, 그것은 노무동원과 기술공 양성이라는 두 가지 성격을 가진 것이었다. 소년공제도는 1941년 3월부터 시행되었고, 국민학교를 졸업한 우수한 청소년 600명을 조선에 지점이나 공장을 가진 일본 기업 혹은 사업장으로 보내 2~3년간 기술을 배우게 한 후, 조선으로 귀국시켜 근무하게 한 것이다. 1941년에 전국에서 모집된 14~20세의 330명이 송출되었는데, 그들은 일본의 여러 공장으로 분산되어 3년간 기술 습득 후에 귀국할 예정이었다(『매일신보』 1941. 2. 28.; 5. 29.). 소년공의 단체 사진도 남아 있으며, 신문기사에 따라서는 '내선일체 정신대, 기술과 노동력의 교류'라는 제목으로도 소개되었다.

소년공제도의 당초 대상연령은 14세 이상이었다가 1944년 2월부터 12세로 낮아졌다. 타이완 소년공의 경우에는 군속을 양성하기 위해 가장 우수한 아동(12~18세)을 선발했고, 그 수는 약 8000명에 달했다고 한다. 조선 소년공도 제도의 취지는 타이완의 경우와 유사했겠지만, 그 실체는 신문기사를 통해 간간히 엿볼 수 있는 것이 고작이다.

언이 1건 확인된다. "근로봉사, 정신대로서 히로시마 구레(吳)의 에다지마라는 곳에서 해방을 맞았다"(247쪽)고 말하는 사람인데, 도일 시기가 1939년이다. 그 외에도 1940년 도일한 여성 중 모포공장이나 농업일을 한 경우가 보인다. 이들이 조선에서 집단모집이나 관 알선으로 간 것인지, 혹은 일본 현지에서 노무동원된 것인지는 알 수 없다.

다음은 소년공에 관한 신문보도를 간추린 것이다. '소년공 선발시험 공고'(『매일신보』 1941. 5. 2.), '제5차 소년공 300명 일본강재에 송출'(『매일신보』 1942. 9. 22.), '경성직업소개소의 알선으로 200명의 소년(대부분 16~17세라고 함)이 일본으로 떠났는데, 이 200명을 포함하면 당시까지 일본으로 동원된 소년공 인원은 모두 2000명에 이르며, 국민학교 졸업 후 조선 내 공장에 취업한 자 중에서 우수한 자를 선발하여 3년간의 기술훈련이 예정'(『매일신보』 1944. 3. 4.), '1944년 7월부터 각 도에서 선발된 소년공을 5년 동안 기술을 배우게 하기 위해 후쿠오카로 출발할 예정'(『매일신보』 1944. 6. 9.) 등이다. 소년공의 출발 시에도 부민회관 등에서 장행회壯行會가 열렸다.

한편 일본에서는 학생들의 학도근로대 동원이 대규모로 이루어졌다. 조선에서도 학도근로대가 조직되었는데, 주로 국내에서 동원되었고 일본 동원은 거의 없었던 것으로 보인다. 내가 확인한 바로는, 징용 이전에 일본으로 노무동원되었던 사람 중 학도대 신분으로 일본으로 동원되었다는 증언자가 있는데(朝鮮人强制動員真相調査団編, 1990), 그 경위는 알 수 없다. 당시의 민족신문에는 학도대에 관한 내용들이 가끔 보인다.[7]

국민근로보국대라는 이름의 노무동원도 있었다. 이것은 국민근로보국협력령(1941. 12. 1. 시행)에 근거한 것이었다. 그 대상은 14세 이상

---

7) 예를 들어 『동아일보』(1938. 6. 18.; 1938. 6. 23.) 기사내용은 다음과 같다. "총독부는 중등학교 학생을 근로학도대로 동원하기 위해 각 도의 학무과장회의를 열 계획이다. 남학생은 토목공사 등에, 여학생은 공원이나 신사의 청소, 군용품 생산의 보조 등에 동원한다. 경기도는 도내 35개 공사립중학교 교장을 소집한 회의에서 1만여 명 학도동원으로 근로학도대를 조직하기로 했다. 여름방학 시작일부터 10일간 중학교 4학년 이상 학생을 동원한다. 남자생도 5000명, 여자생도 6000명 합계 1만 1000명의 학도근로대를 조직하여 학생근로보국대 결성식을 거행할 예정이다."

40세 미만 남자(학생이나 군인, 군속 등은 제외), 14세 이상 25세 미만 미혼 여자였다. 그 이전에도 근로보국대라는 이름의 임의단체가 있었지만, 이 법령에 의한 정식명칭은 '국민'근로보국대였다. 그들은 전쟁수행상 필요로 하는 업무, 군사상 필요한 토목공사 등에서 비교적 숙련을 요하지 않는 작업(탄광의 경우는 갱외 작업)에 동원되었다. 근로 기간은 1년에 60일 이내였다. 보국대를 받아들이는 사업장은 보국대원에 대하여 왕복여비·수당·숙박료·식비 등의 경비를 부담, 보국대원의 업무상 부상과 질병, 사망에 대해서는 국민총동원령이 규정한 보상규정에 근거하여 본인이나 유족에게 보상하게 되어 있었다.

조선의 남자 보국대 일부는 일본의 탄광이나 공사현장에 장기적으로 동원되었음이 밝혀졌다. 일본의 지역신문보도를 통해서도 조선 보국대가 상당 규모로 일본에서 일하고 있었음을 알 수 있다. 여자의 경우는 노무동원이 시작된 직후부터 집단모집을 통해 일본으로 이동하였는데, 주로 여공으로서였다. 또한 해방 전후한 시점까지 일본에서 조선정신대 신분으로 일하던 사람 중에는 1943년에 동원된 사람들이 다수 포함되어 있었는데, 그들의 신분은 근로보국대 혹은 자주적 정신대였을 것으로 추정된다.

한편, 교도소 재소자 중에서 모범수를 대상으로 한 재교육(당시 용어로는 '재연성再鍊成')을 실시하여 산업현장에 활용하려는 시도(『부산일보』1944. 2. 29.)도 있었다.

2. 조선여자노무자원의 특성

여자 취학률과 문자 해독률

조선인 취학률은 1930년대 들어 급속히 높아지기는 했으나, 1935년 시점에서는 17.6퍼센트에 불과했다. 그것도 남자 27.2퍼센트였던 것에 비해 여자는 7.3퍼센트로 극히 낮았다(『朝鮮總督府統計年報』各年度). 일제는 조선의 국민학교 의무교육을 1946년부터 시행한다고 밝혔는데, 1946년 목표 취학률은 남자 90퍼센트, 여자 50퍼센트로 설정되어 있었다. 낮은 여자 취학률은 남존여비 문화의 반영이기도 하지만, 기본적으로는 학비부담이 무거웠기 때문이다.

당시 일본은 의무교육을 시행하고 있었지만 무상의무교육이 아니었으므로 학부모에게 상당한 재정부담이 요구되었다. 하물며 의무교육마저 시행되지 않았던 조선에서는 보호자가 부담하는 학비나 기성회비가 학교운영의 큰 몫을 차지했다. 거기에 다양한 잡부금도 있었다. 국민학교 설립 그 자체도 학부모의 재정부담으로 행해지는 경우가 많았다. 민족차별로 인하여 일본인 교사의 급여가 상대적으로 높았기 때문에, 조선 아이들이 일본인 교사의 급여부담을 강요당하는 역진적인 현상까지 발생했다.

소위 월사금月謝金이라는 이름으로 매월 납부하는 최소한의 학비는 어느 정도였을까? 월사금은 지역에 따라 달랐을 수 있겠으나 『구례 유씨가의 생활일기』에는 두 아이 월사금으로 1엔 20전을 지출했다는 기록이 여러 번 등장한다. 그대로라면 1인당 한 달에 60전 정도. 재일한국인 조사에서도 1941년에 도일한 사람은 월 60전의 월사금이라고 말하며, 1929년에 도일한 사람은 월 50전의 월사금이었다고 말한다.

후술하듯이 당시 조선 내 방적여공의 평균임금은 하루 30~40전 정도, 식비를 제외하면 한 달에 3~4엔 정도가 손에 남았다. 그러므로 특히 농촌지역에서 아동 1인당 매월 60전을 납부한다는 것은 매우 큰 부담이었다. 약간이라도 여유가 있다면 가족 중 사내아이를 우선적으로 취학시켰을 것이다.[8] 당시 극빈층의 취업률이 낮았던 것도, 낮은 문자 해독률과 더불어 최소한의 취직활동비를 마련하지 못했기 때문이다. 일본으로 도항한 여공 중 극빈가정 출신은 드물다고 일컬어지는 이유가 여기에 있다.

1936년 일본어 이해율(10세 이하 제외)은 9.8퍼센트(남자는 16.1퍼센트, 여자는 3.4퍼센트)였다. 해방 직후 남한의 한국어 이해율(13세 이상 인구대비)도 22퍼센트 수준이었다(外村, 2012: 23~24). 해방 후 미군정청 학무국의 발표(1945. 12. 15.)에 의하면, 6세 이상 18세 미만 인구 중 학교교육을 받은 자는 567만 명, 그중 취학자는 171만 명(약 30퍼센트)이었다. 남한과 북한 합해서 교원은 2만 4000명 정도였다(최영희, 1996: 122).

〈표 3-1〉은 1930년 인구조사에 근거한 경기도(경성부 포함)와 강원도의 남녀별 문자이해율이다. 경기도 전체 조선인 중에서 '일본어도 조선어도 이해 불가능한 사람', 즉 완전 문맹자는 70.7퍼센트(남자 57.6퍼센트, 여자 84.4퍼센트), 강원도는 80.0퍼센트(남자 66.9퍼센트, 여자 94.6퍼

---

8) 1930년대 말에 발표된 현경준의 단편소설 「별」에는 월사금에 관한 가슴 아픈 사정이 잘 그려져 있다. 국민학교 3, 4학년이 되면 월사금 때문에 결석 아동이 증가하여 5, 6학년이 되면 교실 내 빈자리가 매우 많아진다. 교사가 결석 아동 가정을 방문해보면 가족이 풀뿌리로 연명하는 상태였다. 어느 빈곤가정의 큰딸은 어머니의 반대를 무릅쓰고 제사공장에 취직하려 했는데, 그녀는 "여공으로 일하면 한 달에 10엔은 받는다고 하니, 식비 제하고 남는 돈이 있으면 월사금 달라고 아우성치는 동생들 학교 보내주고 싶다"고 말한다.

표 3-1 1930년 지역별 조선거주인 언어 이해 정도(1930년 인구조사)

지역 및 구분		언어 이해력	남녀별 인구		
			계	남자	여자
경기도	전체 (일본인 포함)	총인구	2,157,413	1,113,354	1,044,059
		일본어 조선어 모두 가능	221,916	179,278	42,638
		일본어만 가능	103,627	54,758	48,869
		조선어만 가능	374,877	263,671	111,206
		일본어 조선어 모두 불가능	1,456,993 (67.5%)	615,647 (55.3%)	841,346 (80.6%)
	경성부 (일본인 포함)	총인구	394,240	206,566	187,674
		일본어 조선어 모두 가능	90,971	69,134	21,837
		일본어만 가능	81,528	43,148	38,380
		조선어만 가능	60,170	30,338	29,832
		일본어 조선어 모두 불가능	161,571 (41.0%)	63,946 (31.0%)	97,625 (52.0%)
	조선인만	총인구	2,004,012	1,025,990	978,022
		일본어 조선어 모두 가능	213,025	172,024	41,001
		일본어만 가능	310	225	85
		조선어만 가능	373,937	262,859	111,078
		일본어 조선어 모두 불가능	1,416,740 (70.7%)	590,882 (57.6%)	825,858 (84.4%)
강원도	전체 (일본인 포함)	총인구	1,487,715	778,657	709,058
		일본어 조선어 모두 가능	75,119	66,034	9,085
		일본어만 가능	7,951	4,426	3,525
		조선어만 가능	220,580	191,218	29,362
		일본어 조선어 모두 불가능	1,184,065 (72.9%)	516,979 (66.4%)	667,086 (94.1%)
	조선인만	총인구	1,473,972	770,104	703,868
		일본어 조선어 모두 가능	73,913	64,989	8,924
		일본어만 가능	553	498	55
		조선어만 가능	220,450	191,095	29,355
		일본어 조선어 모두 불가능	1,179,056 (80.0%)	513,522 (66.9%)	665,534 (94.6%)

* 경기도와 강원도는 언어 이해력 최고 및 최저수준 지역이라는 의미가 아니라 필자가 임의로 선정한 것임.
자료: 朝鮮總督府, 『昭和五年朝鮮国勢調査』 道編 인구통계에 기초하여 필자 작성.

센트)였다. 서울 포함 경기도 거주자 중에서 일본어 이해자는 10.6퍼센트에 불과했다. 정신대의 조건인 국민학교 졸업자(일부 재학생)라는 학력은 조선사회에서 중간계층과 같은 의미였다고 해도 과언이 아니다.

이러한 상황을 보면 농촌인구, 특히 여자가 자신의 힘으로 조선 내의 먼 지역에 있는 취업장을 찾기란 매우 어려웠으며, 하물며 일본 도항은 상상하기 어려운 일이었다.[9] 1920년대부터 총독부가 이동직업소개사업을 시작했을 때, 이동이란 '도 경계를 넘어선 노동이동'을 의미했다. 1923년 8월 부산직업소개소에서 취업희망자 200명에게 조선 북부 함경도의 수력발전소 등에 직업을 소개했는데, 그러한 실적이 있었기 때문에 같은 해부터 사회과 직원을 직업소개소에 상주시켜서 지역 간 이동소개를 시작했던 것이다. 일본 도항자도 부산항이나 여수항에서 가까운 남부지역 출신자가 대부분이었다.

총독부가 발행한 『국민징용의 해설国民徴用の解説』이라는 책자에는 징용자(응징사應徵士)가 조선 본가에 편지로 연락하고 송금할 수 있다는 규정에 관련하여, '글을 읽고 쓰지 못하는 사람은 어떻게 연락하는가?'라는 질문항목을 두었다. 답은 '징용자를 받아들이는 각 작업장에는 편지를 대신 써주는 대필사가 있다'였다. 그러나 동시에 대필사의 힘을 빌려 조선으로 편지를 보낸다고 하더라도, 집에서 그 편지를 읽을 수 없는 현실적 문제도 지적되어 있다.

---

9) 야마구치山口현에서 일하는 조선인 노무동원자 1636명에 대한 조사(1940. 10. 20.)에 의하면 노무동원자의 기본 속성은 다음과 같았다(司法省刑事局, 1941). 첫째, 원래 직업은 농업이 1214명으로 압도적으로 많았고, 일고노동이 288명, 직공 13명, 사무원 3명, 기타 118명이었다. 둘째, 교육정도를 보면, 중등학교 이상 졸업 혹은 수업修業이 4명, 보통학교 졸업이 171명, 보통학교 중도 퇴학 240명이었고, 무학이 1221명으로 압도적이었다. 셋째, 문자 이해도는, 일본어를 아는 자 366명, 조선어를 아는 자 352명, 문자이해 불능자가 916명이었다.

낮은 경제활동 참가율

조선여자를 노무동원하기 위해서는 무엇보다 여자의 노동관련 정보를 확보할 필요가 있다. 앞서 언급했듯이 일본에서는 국민직업능력신고령에 근거하여 여자의 경우 14~40세의 노동정보를 등록하게 했으므로 직업소개소에서는 국민의 기본적인 노동정보를 확보하고 있었다. 그러나 국민등록을 시행하지 않았던 조선에서는 여자노무자원에 관한 기본정보가 부족했다. 총독부에서 여자 노동력의 일본 동원을 준비하기 시작한 것은 1940년인 것으로 보이는데, 동원준비는 다음 두 가지로 정리할 수 있겠다.

첫째, 총독부는 1940년 3월부터 9월에 걸쳐 전국의 노무자원에 대한 조사를 실시했다. 장차 조선인도 징용대상이 된다는 것, 그리고 여자 노동력 동원도 있을 수 있다는 가정하에서 이루어진 조사였다. 그 결과가 다음 〈표 3-2〉다. 20~45세 남자 중 노무동원이 가능한 사람은 약 148만 명, 그중에서 노동을 원하는 사람은 40만 명에 미치지 못했다. 12~19세 여성의 경우, 출가노동을 원하는 사람은 대상자 35만 2570명 중 3만 2331명(9.2퍼센트)에 불과했다. 전국 대부분 지역에서 유사한 결과를 보였다.

미혼 여자의 경제활동은 결혼에 지장이 있다는 인식이 매우 강했다. 여자정신대로 동원되었던 이봉심(진상규명위)은 귀국한 후 19세에 결혼할 때까지 집에만 있었다. 부모가 바깥활동을 허락하지 않았기 때문이다. 게다가 여자가 일할 수 있는 직장이란 방적공장의 어린 여공 이외에 거의 없었기 때문이기도 했다.

여자가 옥외에서 농사일을 하는 경우도 드물었다. 일본에서는 농촌 남자를 동원하더라도 여자나 고령자에 의해 농업이 최소한으로 유지

표 3-2 조선의 노무자원조사 결과

	출가出嫁노동 노동전업轉業 가능자수		출가노동 노동전업 희망자수	
	남 20~45세	여 12~19세	남 20~45세	여 12~19세
전국 합계*	1,479,676명	352,570명	395,992명	32,331명

* 이 수치는 지역별로 편차가 매우 크다. 이유는 명확하지 않지만 평안북도의 수가 압도적으로 많다.
자료: 樋口雄一編, 2000(資料集 1. 노무자원조사관계자료)

될 수 있었으나, 조선농촌의 경우, 남자가 동원되면 농업 자체가 유지되기 어려웠다. 1930년대 초 복지 관련 잡지에는, 농번기에 아동방치 위험을 줄이기 위해 탁아소를 보급하려고 해도 여성 옥외노동에 대한 거부감이 강해 보육사업 보급이 어렵다고 토로하는 사회사업가의 글이 보인다.

또한 낮은 문자 해독률로 인해 사무직 일을 수행할 수 있는 여성이 적었던 것도 일본과 다른 사정이었다. 일본에서는 사무직 남자를 노무 혹은 징병으로 동원해도 그 자리를 메워줄 여자노동자가 비교적 많았으나, 조선에서는 남자 사무직을 대신할 만한 여자노무자원이 거의 없었다.

둘째, 총독부는 조선여자의 호적정보를 정확하게 파악하려는 작업을 진행했다. 남자 호적정보는 병력동원을 위해 비교적 일찍 정비되었는데, 여자동원을 위해 특히 20세 이하 미혼여성의 호적을 정비했다. 경성지방법원 호적계는 20세 이하 여자의 호적을 일제히 조사하겠다고 발표했다(『매일신보』1943. 10. 10.). 여기에는 소위 '첩' 신분의 여성에 대한 조사가 포함되었다.

조선에서는 조혼으로 인하여 법률혼이 인정되는 15세 이상 여성 중 미혼여성은 많지 않았다. 그런데 '첩'이라고 불리는 여성이 상당 규모

표 3-3 25~44세 여성 미혼율의 추이와 조선-일본 비교(여성인구 1000명당 미혼자수)

연도	조선				일본			
	계	25세	30세	44세	계	25세	30세	44세
1925	53	15.47	7.37	14.33	*	111.3	42.5	21.7
1930	59	7.49	2.81	9.49	*	130.6	45.3	16.5
1935	63	11.61	3.26	1.07	510	156.4	52.8	17.2

자료: 中谷·河内, 1944; 표 1, 2에 근거하여 작성. 원자료는 각 연도 인구조사.
* 참고로 1935년 기준 25세 인구 1000명당 여성 미혼율을 지역별로 보면, 최고는 경기도 29.56, 최저는 강원도 3.76이다.

로 존재하는 것도 특징이었다. 신뢰할 만한 인구조사는 1925년부터 시작되어 5년마다 실시되었으나, 여자 응답자가 배우자가 있다고 응답한 경우에 그 혼인이 법률혼인지 아닌지를 확인하기는 어려웠던 것으로 보인다. 조선 인구조사 분석에 의하면(中谷·河内, 1944: 33~44), 법률혼이 아니면서 '배우자가 있다'고 응답한 여자(일방적 유배우자라고 명명하고 있음)는 10만 명 이상일 것으로 추산되었다. 일본에서도 첩은 여자정신대의 대상으로 삼았고, '정신대에 나서면 첩이라는 오명을 반납할 수 있다'고 노골적으로 선전하는 신문도 있었다.

〈표 3-3〉은 당시 인구조사에 근거하여 25~44세 여성의 미혼율 추이를 비교한 것이다. 일본에 비해 조선 미혼율이 압도적으로 낮음을 알 수 있다. 확인할 수 있는 중요한 경향은 시간에 따라 미혼율이 증가해가는 일본과 달리, 조선 미혼율에는 시대에 따른 변화가 거의 없거나 혹은 오히려 미혼율이 낮아지고 있다는 점이다. 25세와 30세 미혼율(여성인구 1000명당)은 1925년 기준으로 각각 15.47과 7.37이었으나, 1935년에는 11.61과 3.26으로 낮아졌다. 이것은 조선여성의 경제활동 참가율이 그 10여 년간 증가하지 않았다는 증거다. 혹은 일제의

여성징용 혹은 노무동원 가능성에 대한 방어적 반응, 즉 조혼이 반영된 것일 수도 있다.

3. 여자노무동원의 준비와 이념전략

조선인을 동원하기 위한 이념개발

1939년경까지 전쟁수행의 주력은 청장년 남성, 그것도 일본인이 주된 대상이었다. 일본은 1930년대까지 인구과잉(식량 부족) 상태였기 때문에 만주나 조선 등으로 자국민 이주를 추진했다. 그러나 전쟁확대와 대규모 징병으로 인한 노동력 공백을 채우기 위해서는 남자 노동력 동원을 늘리거나, 여자 노동력을 동원하거나, 혹은 식민지 노동력을 동원하는 것 외에 없었다. 다만 여자와 식민지의 노동력을 동원하기 위해서는 그 정당성을 제공해줄 수 있는 새로운 이념개발이 필요했다. 일제는 필요할 때마다 내선일체를 강조했지만, 조선인들은 여전히 일본을 침략자 혹은 딴 나라로 여기고 있었기 때문이다.

합병 이후 일제는 조선 민중의 교육에 무관심했다. 오히려 고등교육기관의 보급은 억제하려는 움직임마저 있었다. 일제가 조선 민중의 전체적인 교육수준에 국가적 관심을 가지게 된 것은 1930년대 말부터였다. 노무동원을 통해 노동자를 확보할 경우, 특히 탄광노동자 대부분이 문맹자였기 때문에 노동자의 질을 향상시키는 것이 필요했다. 사실 일본에서 시행된 징용령을 조선에서 몇 년간 시행하지 않았던 것에도 언어장벽 문제와 이질적인 노동문화 문제가 있었다.

당시 조선의 교육제도 중 중요한 것은 국민학교였다. 조선에서 의무교육은 시행되지 않았고(1946년 시행 예정이었음), 보통학교(1906년 명칭. 대개 4년제. 1938년 소학교로, 1941년 국민학교로 개칭됨) 수업료는 대부분 학부모 부담으로 충당되었다. 더 많은 학교 설치를 요구하는 민중의 거센 요구에 의해 학교가 설립되는 경우에도 그 설립자금은 거의 기부금에 의존했다. 식민지기 조선인의 교육수준이 높아진 것은, 일제의 교육정책에 의해서가 아님은 명백하다. 그것은 조선인 학부모들의 궁리와 노력의 결과, 말하자면 어떻게 해서든 자식을 교육시키려고 노력했던 조선인들의 가족전략의 결과였다.

국민학교에는 고등과가 있었는데, 졸업 후 2년간 더 수학하는 제도였다. 국민학교 고등과 재학생 중에도 정신대로 동원된 경우가 다수 있다. 국민학교 졸업 후 진학하는 여학생의 경우, 고등여학교(고녀. 4~5년제)와 실업학교가 있었다. 실업학교는 국민학교 졸업 정도의 학력을 가진 자를 입학생으로 하여 2~3년간 농업·공업·상업 등 실무교육을 담당하던 교육기관이었고, 사립도 상당수 설립되어 있었다. 여자의 국민학교 취학률은 1940년대에도 30퍼센트 정도였는데, 졸업 후 상급학교 진학률은 극히 낮았다. 조선정신대원 중 고등여학교 재학생이나 졸업생은 보이지 않고 실업학교생은 한 명 정도 확인되고 있다.

무취학자를 위한 교육기관으로는 2년제의 간이학교가 있었다. 또한 일본의 청년학교를 본떠 1927년에 설립된 청년훈련소가 있었다. 일본의 청년학교는 1935년 청년학교령青年学校令에 의해 설립된 교육기관이었다. 국민학교 6년 졸업 후 상급학교에 진학하지 않고 취업하는 젊은이를 교육하기 위한 사회교육기관이며 그 이전에 있던 청년훈련소를 공식교육기관으로 만든 것이다. 조선의 청년훈련소는 무학자로서 취업을 희망하는 청년을 위한 교육기관이었지만(『朝鮮年鑑』 1943年

度:521) 공식적인 교육기관으로 발전하지는 못했다.

조선정신대가 동원된 공장에는 청년학교가 설치되어 있었는데, 대원들은 그곳에서 부정기적으로 공부하기도 했다(제5장). 조선정신대 모집과정에서 정신대로 가면 공부할 수 있다거나 상급학교에 진학할 수 있다고 선전한 내용은 이 청년학교를 염두에 둔 말이었을 가능성이 크다.

일본 국내에서 여자의 노무동원을 위한 이념전략은 소위 '국민화'였다. 국민화란 '국가를 구성하는 국민의 한 사람으로 승인되어, 국민으로서 적절한 자질이나 공헌을 기대하여 교육 대상으로 삼는 것'(渡邊, 2003: 3)이었다. 물론 여자를 교육대상으로 삼아 국책사업에 동원하려는 시도는 이전부터 있었다. 1910년 전국처녀회, 만주로 이주한 일본 남성 개척민의 배우자를 조달하고 양성하기 위한 만주개척여숙滿洲開拓女塾, 혹은 중일전쟁 중 전개된 농촌 계절탁아소 등이 그 사례다. 하지만 여자청년단은 총력전 체제하에서 조직된 것이다. 국가나 사회가 필요로 하는 전쟁국가 여성상을 확립하기 위해 여성의 교육과 조직화를 추진하는 사업이 여자청년단이었다.

동원대상에서 제외시켜두었던 조선인을 동원(노무동원 및 병역동원)하기 위해서도 우선 그럴듯한 이념개발이 필요했다. 교육령을 개정하여 내선일체나 황국신민 의식을 주입시키는 것이 그 첫 단계였다. '황국신민'이라는 용어는 1938년경 조선에서 탄생하여 일본으로 파급된 용어였는데, 당시 총독부 학무국장 시오바라 도키사부로塩原時三郎(반도의 히틀러라고 불린 인물)의 고안물이라고 알려져 있다. 그는 학교교육을 개혁하여 학교 규정에 '충량한 황국신민을 육성한다'는 목표를 명

문화했고 〈황국신민서사〉[10] 제창을 의무화한 자였다.

그러나 조선의 낮은 취학률로 인하여 기존 교육제도를 통한 이념주입에는 한계가 있었다. 따라서 조선인을 군대나 노무에 동원하기 위해서는 단기간에 교육과 이념주입을 동시에 수행할 수 있는 새로운 동원체제가 필요했다. 그것이 연성鍊成이라는 정책이념인데, 그것을 실현하기 위한 기구가 연성소였다. 연성이란 조선인을 황국신민으로 만든다는 의미였다. 연성은 원래 일본에서 교육쇄신의 일환으로 사용되기 시작한 용어였는데, 1938년경 조선인 병역동원을 강력히 추진했던 미나미 지로南次郎 총독(재위기간 1936~42. 전후 극동재판에서 종신형)이 도입했다고 알려져 있다.

1939년 9월 1일 총독부는 남자청년단에 대응하는 여자청년단을 조선 전국에 설치하기로 결정하고 각 도지사에게 통첩했다. 그리고 계획이 순조롭게 진행된다고 신문을 통해 선전했다(『경성일보』1940. 1. 12.). 그 후 총독부는 여자청년단 간부 양성의 일환으로 18~25세의 우수한 여성 50명을 뽑아 지도자 양성교육을 행하는 등 1년에 100명의 지도자 양성을 개시했다. 경성부의 경우, 15~25세 미혼여자를 단원으로 하여(26세 이상 미혼자는 특별단원) 여자청년단의 결성이 진행되었는데, 목표인원은 5000명 정도였다(『경성일보』1940. 4. 1.; 1940. 7. 8.).

그 후 교육령개정(1941. 4. 1.)을 통해 교육계에 도입된 연성이념은 곧 최고의 교육목표가 되었다. 고이소 구니아키小磯國昭 총독(재위기간 1942. 5~1944. 7. 총독 후 일본총리. 극동재판에서 종신금고형)이 취임한 이

---

10) '皇国臣民の誓い.' 조선총독부가 제정한 교육선전 문구. 아동용과 성인용이 있는데, 아동용은 다음과 같다. "하나, 우리들은 대일본제국 신민입니다. 둘, 우리들은 마음을 합하여 천황폐하에게 충의를 다하겠습니다. 셋, 우리들은 어려움을 참고 단련하여 훌륭한 강한 국민이 되겠습니다."

후는, 1942년 학무국 안에 연성과를 설치했고, 연성은 조선인을 국가 총력전에 적합한 인간형으로 개조하기 위한 이념적 수단이 되었다.

조선청년특별연성령과 연성소

노동에 관한 관념, 노동강도 등에 관한 사회문화는 조선과 일본 사이에 큰 차이가 있었다. 그러나 일제의 입장에서 볼 때 1930년대 중반까지 노동윤리의 문제는 주로 조선 내 문제였다. 조선에 진출한 일본 기업이나 사업자들 사이에서는 노동문화의 이질성을 큰 난제로 여기기도 했지만, 그것이 일제의 사회적 의제가 되지는 않았다.

500여 년간의 조선왕조는 세계사에도 유사한 사례가 없을 정도로 극단적인 신분사회였고 강력한 국가분배체제로 운영되었다. 빈곤문제에 대해서도 국가가 방대한 창제도(환곡)를 통해 적극적으로 대처했다. 오늘날의 용어로 말하면 사회주의체제와 흡사한 사회였고, 따라서 시장은 매우 제한적이었으며 개인의 경제적 유인은 중시되지 못했다. 개항기에 조선에 온 많은 외국인 관찰자들은, 조선 인민이 열심히 일하지 않는 이유는 노동의 결과물을 지배층이 빼앗아가기 때문이라고 입을 모아 지적한다.

그러나 일본의 에도시대는 비록 신분사회였지만, 조선과는 완전히 대조적이라고 할 만큼 개인책임주의가 팽배한 사회였다. 즉 가족 단위로 죽기 살기로 일하지 않으면 살아남기 어려운 사회였다. 농촌에서는 소농사회를 기반으로 하여 강한 노동강도를 통한 생산성혁명이 일어났는데, 그러한 현상은 영국의 산업혁명industrial revolution에 대비하여 '근면혁명industrious revolution'이라고 불린다. 한마디로 강한 노동윤리의 사회였고 그러한 전통은 근대로 계승되었다(박광준, 2018). 지금 현재도 선진국들 중에서 일본만큼 빈곤의 원인을 개인책임으로 여기는 나라는 없다고 해도 과언이 아니다.

따라서 조선 인민이 일본 공장체제에서 일하게 되면, 한편에서는 공장제도라고 하는 새로운 노동환경에 적응하는 것과, 다른 한편에서는 일찍이 경험해보지 못한 높은 노동강도에 적응하는 것이 요구되었다. 그것은 노동자들에게 큰 고통이었고, 거기에 적응하기까지는 많은 시간이 걸렸다.[11]

조선인 노무동원자를 받아들인 일본 내 기업 역시 상당 기간 동안 노동문화의 차이와 더불어 언어장벽 문제에 고심했다. 그러한 관점에서 조선 노동자의 특성이나 노동문화에 대한 관심이 높아졌고, 조선 노동자 노무관리 지침이 나오기도 했다. 공안부문에서 작성된 것도 있고 기업이 작성하여 노무관리자 교육에 활용한 것도 있는데, 그 지침서들에는 대체로 조선에 대한 멸시적 시각이 반영되어 있다. 하지만 그중에는 구한말 조선에 관한 외국인 견문록에서 지적하는 조선문화에 관한 관점 및 그 내용과 일치하는 부분이 적지 않다.

일본에서 전체로서의 조선인민에 대한 교육대책을 시행하기 시작한 것은 1940년대에 들어서였다. 물론 가장 큰 관심사는 징병이었고, 교육이라고는 해도 오늘날 생각하는 국민기초교육이 아니라 황민의식을 갖게 하고 일본어를 습득하게 하여 군사 및 노무동원을 실행에

---

11) 당시 일본 사업자들 사이에서는 토목사업 등 긴급한 시공을 필요로 하는 사업에 조선인 노동자를 투입하는 것은 적절하지 않다는 평판이 높았던 것 같다. 조선 노동자는 쉽게 일자리를 그만두거나 휴업률이 높다는 것이 그 이유였다. 사실 조선 농민에게 정시 출근과 정시 퇴근이라는 노동 방식은 완전히 새로운 제도였고, 그에 적응하는 데에 상당한 시일이 걸렸다. 1920년부터 1945년까지 평양 근처 승호리의 오노다시멘트의 경우, 주로 연고모집으로 조선 노동자를 모집했는데, 정시 출근 정시 퇴근에 적응하여 무단결근이 없어지기까지 약 7년 정도가 걸렸다.

옮기기 위한 것이었다.

총독부 제령 제33호 '조선청년특별연성령朝鮮靑年特別鍊成令(1942. 10. 1. 이하 연성령)'은 총독부 관보 호외를 통해 공포되었다. 특별연성의 목적은, 조선인 남자 청년에게 '심신단련 기타 훈련을 시행하여 장차 군무軍務에 복무할 경우에 필요한 자질의 연성을 목적으로 함과 아울러 근로에 적응하는 소질의 연성을 기하는' 것이었다(제1조). 무엇보다 1944년부터 시행되는 조선 청년의 징병에 대비한 심신훈련이 그 목적(『皇民日報』1942. 10. 2.)이었다. 그런데 1944년부터는 이 법령에 의해 여성에 대한 특별연성이 대규모로 시행되었고, 그것은 여자노무동원과도 관련되어 있었다. 여성의 경제활동 참가를 꺼리는 조선 풍토를 바꾸는 것도 특별연성의 중요한 과제로 설정되어 있었다. 당시 조선의 직업소개소 업무 중 여자노동에 관한 것은 거의가 식모 구직이나 알선이었고, 그것은 국민총동원에 반하는 현상으로 간주되었다.[12]

연성령의 대상은 조선에 거주하는 17~21세의 조선인 남자 중 국민학교 미취학자나 중도 퇴학자였다. 17~30세 중 지원자도 그 대상이었다(제2조). 연성기간은 1년을 원칙으로 하며 필요에 따라 6개월로 단축할 수 있었다(제5조).

연성은 청년특별연성소(이하 연성소)에서 행하는데(제6조), 도지사는 조선총독이 정한 바에 의해 연성 대상자를 선정하여 연성소에 입소시키고, 대상자 선정을 위해 본인에게 출두를 요구할 수 있었다(제7조).

---

12) 『매일신보』(1943. 8. 30.)에 의하면 1943년 9월부터 직업소개소의 식모 알선을 폐지했다. 경성직업소개소 소장은 직원들이 직업소개업무 중 가장 불유쾌한 것으로 여기는 것이 식모알선이었다고 말하기도 했다. 식모 없이 살 수 있음에도 불구하고 옛 풍습에 젖은 부유층이 자신의 집에 식모를 둔다고 생각했기 때문이다. 일본에서도 가정부(女中)를 집에 두는 것은 사치로 여겨졌고, 젊은 가정부는 여자정신대로 동원되었다.

연성소는 각 부·읍·면이 설립하는 부읍면립연성소(제9조)와 개인이나 사업체가 설립하는 사립연성소가 있는데, 그 설립에는 도지사 인가가 필요했다(제10조 및 제11조). 재정은 부·읍·면 부담으로 하며, 필요에 따라 국고보조금을 지급할 수 있었다(제12조 및 제13조). 연성 대상자로 선정된 자가 연성을 거부할 경우의 벌칙(구류 혹은 과료)이 있었다(제18조).

연성령 시행규칙을 총독부가 공표한 것은 1942년 10월 26일이었고(『皇民日報』 1942. 10. 27.) 연성령 시행시기는 11월 1일이었다. 그 내용에는 여자를 대상으로 한 연성이 포함되어 있다.[13] 다만 대상자는 농업종사자들이 많으므로 그 점을 고려하여 1년이라는 기간을 1인당 600시간으로 정하여 농번기를 피하고, 야간이나 아침 이른 시간 혹은 휴일에 교육을 받도록 했다(『매일신보』 1942. 10. 5.).

일본은 1941년 국민학교령에 의해 8년 의무교육제도(국민학교 초등과 6년, 고등과 2년)를 규정했지만 그 시행은 연기했다. 그러나 그 이전에도 아동연령 14세까지가 의무교육기간으로 설정되어 있었다. 현실적으로는, 특히 농촌지역에서는 6년간의 국민학교를 졸업한 후 바로 취업하는 아동이 적지 않았다. 그 경우 14세 정도에 달할 때까지 노동자로서의 소양을 교육시키는 청년학교를 제도화하여 청년학교를 공

---

13) 시행규칙 제1조는 연성의 목표인데, '후방에서도 공헌할 수 있는 신체와 마음을 닦게 하는 것'이었다. 청년연성소에서 행하는 연성 항목은 '훈육, 학과, 교련, 근로작업'의 4가지였고, 그것들을 가르치고 단련시키는 것이 연성소의 목표였다. 훈육이란 '황국신민으로서 갖추어야 할 소양을 갖추고 바른 행위를 하도록 하는 것'이었고, 학과란 '국어(일본어)를 익히게 하는 것과 신민으로서 당연히 알아야 할 기초지식들을 가르치는 것'이었다. '교련'은 군인이 되기 위해서 필요한 것을 습득시키는 것이었고, '근로작업'은 일하는 것이 얼마나 중요한가, 왜 일해야 하는가뿐만 아니라 일하는 것이 곧 나라를 위하는 것임을 인식시키는 것이었다. 이같은 내용은 신문 등을 통해 대중에게 선전되었다.

장 내에 설치했다.

그러나 조선에서는 애초에 국민학교 미취학자가 많았다. 남자의 경우 1930년대 중반 이후 취학률이 급속히 높아지고 있었지만, 1940년 기준으로 국민학교 취학률은 60퍼센트 정도였다. 거기에 중도 퇴학자가 많았다. 이러한 상황에서 군대와 산업현장에 조선남자를 동원하기 위해 시행한 것이, 일본의 청년학교와 조선의 청년훈련소를 본뜬 연성소鍊成所라는 이름의 교육시설이었다. 물론 군대에 조선인을 동원하는 것은, 일제의 입장에서 본다면 위험이 뒤따르는 것이었다. 일본어교육을 통한 의사소통도 중요한 문제였으나, 오히려 황민의식을 주입하는 것이 더욱 중요한 과제였을 것이다.

1944년부터 조선인 징병제가 실시되면서 여성을 대상으로 한 특별연성제도가 연성령에 근거하여 만들어져서 1944년 4월 1일부터 시행되었다. 조선여자청년연성소는 지역에서 공립으로 설치되기도 하고, 여자종업원을 일정규모 이상 고용한 공장 안에 사립으로 설치되기도 했다. 종업원 100명 이상의 공장에 설치된 사립여자청년연성소의 경우 그 목적은 다음과 같았다(『부산일보』1944. 3. 12.). "조선에서 징병제 실시를 목전에 두고, 결혼 전 조선여성의 심신단련과 황국여성의 자질을 향상하여 건민健民의 어머니를 양성하는 것이 시급하다. 이러한 상황을 고려해서 부府에서는 조선여자청년연성소 규정에 근거하여 국민학교 초년과를 수료하지 못한 반도여자청년을 위한 사립여자청년연성소를 종업원 100명 이상의 공장에 설치하게 했다."

총독부는 "여자청년특별연성은 무학 여자들을 구원하는 것"(『매일신보』1944. 3. 12.)이라고 선전했으나 여자연성소의 실체에 대해서는 잘 알려져 있지 않다. 혹은 연성령이 대대적으로 시행되지 못했을 가능성도 있다. 연성령 시행규칙은 당시 신문에 보도된 정보가 거의 대부분인데, 조선 내 노무동원에 어느 정도 실적이 있었는지는 알 수 없으나, 적어도 일본으로의 노무동원과는 거의 무관했다고 생각된다. 내가 확인한 범위에서 말하면, 조선여자정신대의 증언 중에 연성소가 등장하는 경우는 한 건이다. 미쓰비시명항에 동원된 박순덕(진상규명위)은 작은 식품회사에 근무할 때 연성소에 가라고 해서 가보았는데, 국민학교 1학년과 같은 기초교육이었다고 말한다.[14)

당시 신문기사를 보면, 연성소제도가 1944년 4월 1일부터 상당한 규모로 시행된 것은 사실이다. 16세 이상의 미혼여자가 그 대상이었다. 예를 들면 경기도 내에 250개소, 황해도에 211개소가 개설되었고, 함경북도의 경우 82개소가 개설되었다. 의주義州에만 10개의 여자특별연성소가 개소되었다(『매일신보』 1944. 2. 23./3. 21./4. 23.)고 한다. 이화전문학교나 숙명여자전문학교에서 특별한 연수를 받은 지도자들이 지방에 있는 여자특별연성소에 파견되어 지역여성을 대상으로 연성을 실시했다. 위의 두 전문학교에서 여성연성 지도자를 양성한다는 내용의 기사(『매일신문』 1944. 1. 12; 『경성일보』 1943. 12. 25)도 보인다. 또한 연성소 지도자들이 조선여자정신대가 동원된 일본 군수공장을 시찰했다는 기록도 있으므로 장차 연성소를 거친 여성의 노무동원도 계획하고 있었을 수 있다. 다만 여자연성소 설치 이후 그 실적에 관한 문서나 보도가 거의 없다.

---

14) 박순덕은 11세에 대전 부사동 보문산 밑 보문학원이라는 사립 학원에 입학했다고 하며, 그곳을 졸업한 후에 된장 등을 만드는 작은 식품회사(三邦社)에서 일했다고 말한다. 그녀가 말하는 보문학원은 국민학교라기보다는 2년제 간이학교일 가능성이 있는 것으로 보인다.

4. 노무동원의 전형적 방법들

집단모집

노무동원의 전형적 방법은 집단모집, 관 알선, 징용 세 가지였다. 이 방법들은 서로 중첩되기도 하면서 관의 개입이 강화되는 방향으로 점차 변경되었다. 집단모집이나 관 알선은 여자노동자에게도 적용된 방법이었고, 1944년 9월부터 시행된 징용은 남자만이 대상이었다. 주의할 점은 이 세 가지 방법이 단절적이거나 상호배타적인 것이 아니라는 것이다. "모집에서 관 알선, 관 알선에서 징용이라는 방법은 어느 하나가 다른 방법을 배제하는 것이 아니라 동시 병존하는 동원형태"(海野·小池, 1995)였다. 이 점은 노무동원을 이해하는 데 매우 중요하다. 관 알선 방식이 채택된 경우에도 집단모집이 있었고, 징용단계에서도 관 알선이 시행되는 등 각 방식이 중첩되어 있었다.

조선정신대를 받아들인 도쿄마사는 일찍부터 조선 여공을 자유모집했고, 적어도 1941년부터는 집단모집 방식으로 채용했다. 1943년부터는 여자정신대가 도쿄마사에도 동원되었기 때문에 그들은 기존의 조선 여공과 같은 공장에서 일한 셈이다. 총독부는 1944년 8월 정신대령이 발령되기 이전에 행해진 여자정신대는 모두 관 알선 방식에 의한 동원이었다고 공식 표명했다. 징용 문제는 여자정신대 논의와 직접적인 관련이 없지만, 노무동원의 방식 및 성격 변화를 이해하려면 징용에 관한 최소한의 이해가 필요하므로 그 범위 내에서 논의한다.

대체로 1940년경까지는 조선의 노무자원이 풍부했고 게다가 자연재해 등으로 인한 빈곤이 심각했기 때문에 일본 도항희망자가 많았다. 당시는 "노무자모집이라는 입간판 하나만 있어도 백수십 명 노무자는 금방 모집"(河村, 1941: 59)되는 상황이었다. 그러나 1942년부터는 일본행을 원하는 노무자원도 부족해지고 동원가능한 절대수도 모자라기 시작했다. 조선 북부의 탄광이나 공장으로 노무자를 동원하기 시작한 것도 한 원인이었다. 경찰력을 빌린 억압적 동원을 포함하여 무리한 방식으로 노무자를 확보하더라도 목표치에 크게 미달했다. 따라서 동원대상 연령도 점차 높아졌다. 노무동원 방법의 변화는 조선인 노동력의 고갈문제와 연계되어 있었다.

집단모집이란 '조선인 노동자 모집요강'에 근거하여 기업이 주체가 되어 허가된 지역에서 노동자를 모집하는 방식이다. 그 지역에서 모집된 노동자는 모두 집단으로 그 기업에 취업하게 되는 방식이었다. 이에 관해서는 총독부 경무국 보안과가 작성한 '조선인 노동자 내지內地 이주문제'(『高等外事月報』 제2호. 1939. 8.)에 그 내용이 구체적으로 기술되어 있다.

조선에서는 노무자원 중 문맹자가 많았기 때문에 노동자가 스스로의 힘으로 기업모집에 응하기가 어려웠다. 일본의 제1차 노무동원계획(1939. 7. 각의결정)에 의하면 109만 5000명의 노동수요, 동원할당인원 113만 9000명 중 조선인 동원은 8만 5000명(공식용어는 이입조선노동자移入朝鮮勞動者)으로 계획되어 있었다. 기업의 모집이지만 국가계획에 의한 동원이었기 때문에 모집이나 운송방법, 고용조건 등에는 엄격한 국가통제가 있었다. 처음에는 주로 석탄 광산, 토목부문에 동원되었으나 그 후 중화학공업에도 동원되었고 1942년부터는 철강업에도 동원되었다.

노무동원계획이 책정되자 탄광 등 기업은 대리인을 조선에 파견해서 1939년 10월 하순부터 노동자를 모집했다. 고용주는 다음과 같은 조건을 지켜야 한다고 규정되었다. 민족차별이 없도록 할 것, 복리시설을 갖출 것, 직영 합숙소에 거주시킬 것, 3개월간의 훈련기간을 설정할 것 등이었다. 그리고 생활에 필요한 돈 이외에는 집으로 송금하거나 혹은 저축시켜야 한다고 지도했다. 노동자의 부상이나 질병, 사망 시의 부조방법, 사망 혹은 질병 시 해당 노동자 부모 등이 일본(공장)을 오갈 때의 여비부담 방법에 관해서도 회사의 방침을 제출하라고 요구했다. 기업에 대한 규제항목은 15가지에 달했다('조선인 노동자 모집요강'의 제2, 申議). 모집인원수를 후생성에서 할당받은 후, 사업주는 조선경찰부의 모집허가를 받아 허가된 지역에서 노동자를 집단모집했다.

집단모집에서 주목할 만한 것은 두 가지다. 첫째, 이 요강이 1918년 총독부령으로 제정된 '노동자모집취체규칙'(1918. 1. 참고자료 1. 불법적 노동자 모집을 단속하는 취지의 규칙)과 그 맥을 같이하고 있다는 점이다. 이 취체규칙은 매우 중요한 문서인데, 악질 모집자를 단속하기 위한 것이었기 때문이다. 즉 모집자나 기업의 횡포로부터 조선인 노동자를 보호하기 위해 노동자를 모집하는 사업자 측에 상당한 수준의 규제를 가하는 것이었다.[15]

---

15) 1918년 내무성 경보국장警保局長이 각 경찰서장에게 보낸 문서(내무성秘제1528호)에도 악질 노무모집자에 의한 조선인의 피해가 언급되어 있다. 모집인이 조선 노동자를 일본으로 데려가서는 계약의무를 이행하지 않거나 허가받은 목적 이외의 사업에 종사시키는 등 위법행위가 많았고, 그 때문에 모집허가를 취소하고 사업자에게 노동자를 조선으로 송환하라고 명령하더라도 그 집행이 어렵다는 점이 지적되어 있다. 그리고 조선경찰이 일본에 있는 악질 모집자를 단속하기 어렵기 때문에 일본의 각 경찰서가 조선경찰에 밀접하게 협력하라는 지시도 있다(アジア歴史資料センター 『内務大臣決裁書類 · 大正 7年(下)』 レファレンスコード: A05032506600). 이 사료는 사업자 단속을 위한 법규가 만들어진 이후에도 악질 모집자가 끊이지 않았음을 보여준다.

둘째, 모집대상과 모집방법에 관련된 것인데, 대상자를 모집할 때 '경기·충남북·전남북·경남북 등 가뭄피해가 심한 지역의 이재민을 우선 모집할 것'으로 되어 있다는 점이다. 이것은, 조선인 노동자 모집요강에 '조선 측에만 해당하는 규정'으로서 명시된 규정이다. 총독부는 조선의 빈곤해소나 가뭄 혹은 홍수로 인한 심각한 기근 시에는 재해구제사업이라는 차원에서 조선 노동자의 일본 진출을 추진했던 것이다. 징용체제 이전까지는 노동자를 송출하는 노무동원 문제를 빈곤구제사업과 연계지어 진행시키는 것이 총독부의 일관된 입장이었다.

이 시기에도 여전히 집단모집을 통한 취업이 불가능한 사람들은, 거의 일상화되어 있던 밀항을 통해 일본 진출을 꾀했다. 한편 집단모집이라고는 해도 종래에 의존하던 연고모집도 병행했다. 연고모집자수는 할당된 노동자수에 산입되었다.

집단모집은 기업이 주체였지만, 노무자 모집과정에는 현지 경찰과 군청 혹은 읍면사무소 직원 등의 협력이 불가결했으며, 특히 누구보다 경찰의 영향력이 컸다고 한다. 면지역에서는 면장보다 순사 한 사람이 더 큰 영향력을 가진다는 증언이 여러 곳에서 발견된다. 그랬기 때문에 일본의 탄광 등 조선인노무자를 모집하려는 사업장에서 조선인과 의사소통에 문제가 없고 조선에서 경찰관 경력을 가진 사람을 노무과 직원으로 영입하는 경우가 있었음은 선행연구에서도 확인할 수 있다. 조선노무자를 동원한 가가와香川현 나오시마直島제련소 노무담당자의 기록을 보면, 집단모집이기는 하지만 현장에서는 경찰과 행정기관의 협력이 불가결했음을 알 수 있다.[16]

---

16) 이 제련소 노무담당직원의 기록을 요약하면 다음과 같다(山田·田中編著, 1996: 46-47). '1940년 3월 7일 부산에 도착. 3월 9일 부산에 있는 경남도청 사회과에서 모

집단모집에서 관 알선으로

원래 관 알선에 의한 취업은 1930년대 초에 이미 조선에서 행해졌음이 『국민징용의 해설国民徵用の解說』(1944)[17]에도 언급되어 있다. 총독부는 일본 도항을 목적으로 부산 등에 모여드는 남부지역 출신자에게 공업화가 점차 진행되던 조선 북부지역의 일자리를 적극적으로 소개했다. 목적은 물론 직업소개를 통한 빈곤해소에 있었지만, 일본정부의 조선인 일본 이주 억제정책에 어느 정도는 동조하지 않을 수 없었기 때문이기도 했다.

그런데 이 시기에도 직업소개에 악질업자가 개입하는 경우가 끊이지 않았고 그로 인하여 순박한 노동자들의 피해가 컸다. 이러한 사정 때문에, 총독부는 1934년부터 노동자를 받아들이는 사업자와 총독부 사이에 '최저임금 설정, 중간착취 배제, 질병이나 상해 시의 보장, 귀향 여비 지급 등을 골자로 하는 각서'를 교환함으로써 노동자의 모집, 선발, 운송 등을 부府와 각 시도가 협력해서 행했다(박광준, 2013). 1934년은 특히 경상남북도에서 홍수피해가 극심했으므로, 재해구제가 직업 알선의 기본적 동기였다. 그러나 1937년 중일전쟁이 발발하

집허가증을 받고 3월 11일 모집지역으로 지정된 의령군 군청소재지인 의령면에 도착. 14일 의령경찰서장과 함께 군청을 방문하여 모집지역으로 할당된 면과 전형방법 등의 연락을 받음. 저녁에는 경찰서장과 조선인 군수를 비롯하여 경찰관들, 관리 6명(2명 불참)을 초대하여 접대. 그 후 2차모집은 11월부터 12월까지 마찬가지로 의령군에서 모집.' 이 기록에는 노무동원이 경찰과 관리와의 밀접한 관계 속에서 이루어진다는 것, 그리고 그에 대한 접대나 선물 등이 관행으로 이루어지고 있었음을 보여준다. 이러한 사정은 일반주민에게도 어느 정도 알려져 있었을 것이며, 주민들은 자신들의 노무동원이 그러한 결탁하에서 이루어진다고 인식하고 있었을 것으로 생각된다.

17) 국민징용령이 발령된 1939년 9월 『국민징용령해설国民徵用令解說』(職業研究会 編, 114項)(일본 국립국회도서관에 디지털자료로 공개되어 있음. https://dl.ndl.go.jp/info:ndljp/pid/1462204)이 발간되었는데, 이 책자는 그것을 기본으로 하면서 조선의 상황을 참고하여 해설하고 있다.

자 남자노동자의 국외유출로 인하여 농촌 노동자의 임금이 상승했다. 그렇게 되자 농촌 노동자는 국외진출을 꺼리게 되었고, 노동자 동원에는 관의 개입이 강화된다.[18] 그러나 이 시기의 관 알선과, 1939년 이후 노무동원계획에 근거하여 1942년부터 시작된 관 알선은 그 성격이 완전히 다르다는 점에 주의해야 한다.

관 알선이란 각 지역에서 사업주 및 그 모집인이 노동자를 직접 모집하는 것을 금지하고, 총독부의 책임하에 노동자를 모집하여 조직화한 다음, 각 지역의 집결지에서 그 노동자들을 기업 측에 인계하는 방법이다. 관련 사료에 근거하여 관 알선이라는 일련의 노무자모집과정을 정리한 것이 다음이다.

①조선인 노무자를 고용하려는 사업주(기업)는 (일본)후생성에 필요 인원수를 신청하고 허가를 받는다. 허가받은 인원수의 조선인 노무자 알선 신청서를 총독부에 제출한다.

②사업주 혹은 사업주 측 직원을 노무보도원 신분으로 조선에 상주시켜 신청절차나 알선업무, 연락사무를 볼 수 있도록 한다.

③신청서가 접수되면 총독부는 신속히 그 내용을 심사한 후, 도별 알선 인원과 알선 기간을 할당하여 각 도에 통첩한다.

④각 도는 5일 이내에 도내 부군도府郡島별 인원수를 결정하여 해당 직업

---

18) 조선 내의 이동직업소개는 조선 남부지역의 궁민구제, 노동력의 수급조절, 자원의 개발촉진, 인구분포의 완화와 조절, 일본 도항자 억제 등 다방면에 걸친 정책효과를 가진 것이었다. 그러므로 총독부는 이를 지속적으로 추진하려고 했고, 그러기 위해서도 약자인 농민 출신 노동자를 보호할 필요가 있었다. 총독부와 사업자 간에 맺어진 각서는 노동자 보호가 일차 목적이었다. 즉 1930년대 초의 관 알선은 악질 사업자가 조선 노동자를 사기적 방법으로 동원하지 못하도록 하는 것이었다.

소개소 혹은 부군도에 통첩하고, 그 사항을 총독부와 사업주에게 보고(통지)한다.

⑤직업소개소 혹은 부군도는 5일 이내에 읍면별 인원수를 결정하고 읍면에 통첩한다.

⑥직업소개소 및 각 읍면은 항시 관내 노동사정을 살펴 공출 가능한 노동력의 완급을 고려하여 경찰관헌, 조선노무협회, 국민총력단체, 기타 관계기관과 밀접하게 연락하고 노무보도원과 협력하여 노무자를 선정한다.

⑦직업소개소 및 부군도읍면은 할당노무자 취합이 완료되면 도에 즉시 보고한다.

⑧도는 노무자 모집 내용과 인력 인계장소를 사업주에게 통지한다.

⑨사업주는 ④항 및 ⑧항의 통지를 받으면, 지정된 시기에 본인이나 대리인으로 하여금 도의 직업소개소 혹은 부군도에 출두하여 지휘를 받는다.

왜 집단모집 방식을 관 알선 방식으로 변경하지 않으면 안 되었는가?

이는 노무동원의 실태파악을 위한 핵심적 질문이다. 이에 대해서는 두 가지의 설명이 가능하다. 하나는 조선총독의 역할에 주목하는 설명이다. 그것은 소위 사회정책의 주관론적 접근subjectivist approach, 정책결정자의 정치철학이나 세계관 등에 주목하는 설명이다. 그러나 노무동원 방법의 변화를 이러한 관점에서 설명하는 선행연구는 매우 드문 것 같다. 노무동원에서 조선총독의 재량이 어느 정도였는지에 관해 나는 아직 확신할 수준에 있지 않다. 그러나 노무동원 문제를 다룰 때 조선총독이 누구였는가 하는 요인이 장차 고려되어야 할 것으로 생각된다.

예를 들어 일제하 『경성일보』의 사장을 역임하는 등 식민지 조선의 상황에 밝았던 가마다 사와이치로鎌田澤一郎(鎌田, 1950: 320-323)는 저서에서 역대 조선총독의 정책과 성과를 논하며, 식민지 조선에서 노무동원과 징병동원을 시작한 미나미 총독의 지배정책을 강권적 정책집행이라고 규정하고 그 정책은 실패로 끝났다고 비판했다. 반면, 1942년 5월에 총독으로 부임한 고이소 총독은 폭력적인 노무동원을 개선하기 위해 노력했다고 주장했다. 물론 조선총독은 어디까지나 일제 통치기구의 일부였으므로 그 설명에는 근본적 한계가 있다는 점을 염두에 두어야겠지만, 그에 대해서는 장차 탐구할 필요가 있겠다.[19]

식민통치에 있어서 총독이라는 변수는 결코 무시할 수 없다고 판단된다. 노무동원이 행해지던 시기 타이완과 조선의 실태가 서로 달랐던 것은 타이완 총독 중에 해군출신(해군은 육군에 비해 세계 경험이 많았다고 알려져 있다)이 많았다는 데서도 기인한다는 점은 적어도 부분적으로는 납득할 만하다고 생각한다. 또 1939년부터 1942년 초까지 조선에서 행해진 강압적인 노무동원, 지원병 제도, 창씨개명 등 무리한 내선일체정책은 미나미 총독이라는 요인과 결코 무관하지 않다고 생각된다.

다른 하나의 설명은 보다 합리적인 설명이다. 객관적인 자료를 통해, 노무동원 방법을 개선하지 않으면 안 되었던 상황을 제시하는 설

---

19) 가마다는 다음과 같이 기술했다. "고이소 총독은 미나미 총독 말기부터 노무동원이 강제적으로 행해졌음을 알고 이를 개선하는 데 성의를 보였다. 이미 노무동원된 규슈와 홋카이도, 기타 전국 각지의 탄광이나 공장에서 일하는 조선인의 실태를 파악하기 위해 조선인 민간인 거물을 기용, 노무사찰사勞務査察使를 편성하여 실태조사를 하게 하면서 현지의 처우개선이나 후생시설 개선을 도모했다. 노무동원자 가족에게도 연락을 취했고, 조선 민중에게도 그러한 잘못된 강제적 노무동원에 대해 사과(詫心)를 표명했다. 나아가 일본의 광산이나 공장 등에 조선인을 존중하도록 요청하기도 하는 등 성의를 다했다."

명 방식이다. 집단모집의 문제점은 1939년 이후 1940년 6월까지 일본으로 동원된 조선 노동자 약 16만 2000명 중 7만 7000명을 대상으로 한 조사결과(司法省刑事局, 1941)에 잘 나타나 있다. 이 조사결과는 조선에서 벌어진 폭력적 동원을 위시하여 다음과 같은 세 가지 문제점을 보여준다.

첫째, 모집단계에서 노동자들이 사업자 측으로부터 들었던 임금(등 노동조건)과 일본에 와서 받는 임금 사이에 격차가 있었다. 현지 임금은 훈련기간 중(약 3개월)에는 대개 일급日給(2엔 혹은 2엔 50전)으로 지급하고, 훈련을 마친 뒤에는 성과급 방식이었는데, 탄광부 일급은 3엔 정도였다. 각 직장마다 임금 차이는 있었지만, 같은 사업장 내에서 일본인과 조선인 노동자의 임금 차이는 없었다. 그러나 사업주 대리인은 조선에서 노동자를 모집할 때, 노동자를 확보하기 위하여 고임금(숙련공 최고임금)을 받는다고 설명하기 일쑤였다. 그 말을 듣고 일본에 간 조선 노동자는 실제로 받는 임금이 적었으므로 반발했고, 그로 인하여 노동쟁의가 발생했다.

둘째, 동원된 노동자의 이탈 문제였다. 일본생활에 어느 정도 익숙해지면서 친척이나 친지와 연락이 되면, 사업장을 이탈하여 실종상태가 되는 노동자가 많았다. 1940년 6월 말까지 한정시켜보더라도 6112명이 행방불명이었다. 그들은 다른 일자리로 이동한 것으로 추정되었다.

셋째, 다른 사람의 이름을 빌려 일본에서 위장취업한 이들이 많아, 1940년 3월까지 약 1년간 발각된 경우만 191명이었다. 정식으로 모집된 사람의 호적을 받아 그 사람 신분으로 들어가는 경우, 인솔 도중에 바꿔치기 하는 경우, 출발 항구에서 급하게 못 가게 된 사람의 호적을 받아서 가는 경우 등 여러 방법이 있었다. 신분위장은 임금송금 과정에서 발견되었다. 당시 임금은 최소한의 생활비만 지급하고 나머지는 조선으로 송금하거나 강제저축이 행해졌는데, 임금을 고향으로 송금할 때 위장노동자는 어쩔 수 없이 자수하게 된다는 것이다.[20] 조선에서 노동자를 인솔해올 때, 인솔을 담당하는 사람의 수가 적은 데다가 조선어를 모르는 경우가 많았기 때문에 인솔 도중에 노무자가 바뀐 사실을 발견해내기는 거의 불가능했다고 보고서는 지적한다. 위장취업자가 발견되면 조사 후 악질인 경우는 본국으로 송환했지만, 그렇지 않은 경우는 그대로 일하게 했다.

이러한 문제들 중 가장 심각한 것은 노동자 이탈문제였다. 그리고 그 원인의 하나가 사업주가 고용한 노동자 모집책들이 조선에서 폭력적 방법을 사용하는 것이었다. 따라서 집단모집에서 관 알선 방식으로 동원 방법을 바꾼 목적 중 하나는 '사업주의 폭력적 모집을 차단'하는 것이었다. 관 알선에서는 총독부 행정보조단체인 조선노무협회(1941년 6월에 설립)가 노무자 모집사무를 총괄했다. 조선노무협회의 본부는 총독부(회장은 정무총감)에 두었고, 13개 도청에 지부(지부장은 도지사)를 두었으며, 그 아래에 분회를 두었다. 이 분회는 직업소개소가 있는 지역에서는 직업소개소(분회장은 직업소개소장)에, 직업소개소가 없는 부군도府郡島에서는 부군도 청사 내(분회장은 부군도의 장)에

---

20) 한편 이 조사결과에 의하면, 조선 노동자가 취업하면서 같은 업종의 일본 노동자와 사업주의 불만을 야기하기도 했다. 사업장에서 일하는 조선 노동자는 순박하고 신체 건강하고 성실하게 일했으므로, 그것을 보고 일본인 노동자들도 스스로 각성하는 계기가 되었다는 긍정적 효과도 있었다. 하지만 다른 한편 일본인 노동자 사이에서는 자신들보다 조선 노동자가 우대받는다고 생각해 불만을 가지는 경우가 있었고, 사업주의 경우 일본 노동자와 같은 임금을 지불하면서도 도주자가 많이 발생하는 등 인적관리에 많은 노력이 든다는 데에 불만을 가지고 있었다고 한다.

두었다.

집단모집의 경우에도 경찰관헌이나 읍면 등 행정기구가 관여되어 있었지만, 주된 업무는 기업 측에서 조선에 둔 모집책에 의해 행해졌다. 모집책이 받는 수입은 모집된 노동자수에 따라 지급되었기 때문에 그들은 폭력적인 방법 등 온갖 수단으로 노동자를 모집했다. 모집된 노동자가 도주하는 사례는 일본 출발 전에도 그리고 일본 도착 후에도 끊이지 않았다. 게다가 일본에서는 노동조건이 약속과 다르다는 이유로 노동쟁의가 증가했다. 그래서 총독부는 '조선인내지이입 알선요강朝鮮人內地移入幹旋要綱'(1942년 2월 20일 시행)을 제정하여, 노동자 모집과 인솔을 기업에 맡기지 않고 직접 하게 된다. 그것이 관 알선 방식이다. 위의 알선요강에서 제정한 내용에는 조선에서 관 알선을 통해 일본으로 동원하는 노동자수는 매년도 노무동원 실시계획에 정해진 수를 넘지 못한다는 것, 그리고 원칙적으로 2년 노동 후 귀국하는 노동자로 인해 생기는 결원 보충은 할 수 있다는 것 등이 있다.

노무동원자가 확정되면 출발 전에 그들을 조직화했다. 편성은 소위 '대隊조직'으로 '조組 - 반班 - 대隊'로 이루어졌다. 5명 내지 10명을 1개조로, 2~4개조를 1개 반으로, 5개 반을 대로 편성하는 것이었다(알선요강 중 '대의 편성 및 지도隊ノ編成及指導'). 그리고 가급적 읍면 단위로 집단편성하고 대 이름에 읍면 이름을 붙였다. 그렇게 편성을 마친 후에 기업이나 사업주에게 노동자를 인계했다.

관 알선 방식으로 변경된 것은 동원 후에 발생하는 문제점들을 줄인다는 목적이 깔려 있었지만, 다른 한편 목표로 하는 동원수를 보다 철저하게 동원하기 위한 것이라는 측면도 있다. 〈표 3-4〉는 국민동원계획에 의해 할당된 동원수와 실제 동원수를 비교하여 그 달성률을 나타낸 것이다. 노무동원이 시행되기 시작한 1939년에서 1941년까지는 동원목표수에 크게 미치지 못하는 60퍼센트 대였는데,[21] 관 알선이 시행된 1942년에는 92퍼센트로 증가했고 1943년에는 102.7퍼센트로 초과 달성했다. 이렇게 본다면, 관 알선이라는 방식으로 동원 방법을 변경한 목적은 '동원을 보다 철저하게 시행하는 것'이었다고 해석할 수 있다. 물론 여기에는 폭력적 동원을 주도했던 미나미 총독의 퇴임과 고이소 총독 부임 후의 동원 방법 개선의 영향, 조선 노동자가 동원 이전에 노동조건 등을 납득하고 동의하는 비율이 증가한 것도 부분적으로 반영되어 있을 것이다.

표 3-4 징용 이전 조선인 노동자 이입자 상황

년	계획수(명)	실제 이입자(명)	달성률(%)
1939	85,000	53,120	62.5
1940	97,300	59,398	61.0
1941	100,000	67,098	67.1
1942	130,000	119,851	92.2
1943	125,000	128,354	102.7
1944	300,000	16,385(6월 말 기준)	

자료: 필자 작성. 朝鮮総督府「1944年 12月 第85回 帝国議会説明資料」(1944. 9: 96)에 근거, 달성률은 필자 추가.

강제동원으로서의 징용

징용을 포함한 노무동원의 실태를 전해주는 중요한 참고문헌은 위의

---

21) 이 수치는 자료에 따라 차이가 있는 것 같다. 예를 들어 사법성형사국司法省刑事局 (1941. 10.)은 1940년의 경우 6월 말까지 7만 7000명이 일본으로 집단이주했다고 보고하고 있지만, 총독부 자료는 표에서 보듯이 5만 9398명으로 되어 있다. 내무성 자료(「社会運動の状況」1940)에 의하면 1940년 조선인 노동자 도주(이탈) 건수는 1만 6268명(18.7퍼센트)이므로 그 수를 제하더라도 총독부가 제시한 수를 넘는다.

법령과 규칙들, 그리고 『국민징용의 해설』이라는 책자다. 60여 쪽 분량의 소책자인데, 그 제목대로 기본적으로는 징용 등 노무동원의 실체를 알려주는 중요한 문헌이다. 표지에 조선총독부 후생국 노무과 사무관 다하라 미노루田原實의 이름이 붙어 있는데, 국민징용령의 내용을 문답식으로 해설하고 있다.

징용은 완전히 강제적 방법의 노무동원이며, 지정된 사업장에서 일하도록 국가가 명령하는 것이다. 징용대상자가 징용명령을 거부하면 국민총동원법에 의해 처벌받게 되어 있었다. 또한 기업도 징용자를 마음대로 해고할 수 없게 된다. 징용령이 조선인 남자에게 적용되는 것은 1944년 8월 8일 고이소 내각이 조선인 징용을 결정하고 1944년 9월에 이를 시행했을 때부터다. 이듬해 3월에는 전쟁의 영향으로 조선 일본 간 연락선 운항이 어려워졌기 때문에, 조선에서 남자노동자 징용이 이루어진 것은 1944년 9월부터 1945년 3월까지 약 7개월이었다.[22]

징용 과정은 다음과 같았다(『国民徵用の解説』 1944: 26-27에 근거하여 요약).

①조선총독은 각 도지사에게 징용자 선발을 명령한다.

②징용명령을 받은 도지사는 징용대상자들에게 출두명령을 통지한다. 도지사의 출두명령을 이유 없이 거부하거나 출두하지 않으면 경찰범警察犯 처벌규칙에 의해 처벌할 수 있다.

---

22) 원래 징용령에 의하면 징용은 후생성 대신이 관장하였는데, 징용대상은 국민등록자였다. 일본의 최초 징용령 발동은 1939년 7월, 그 대상은 중국 육군건설작업 850명이었다고 하는데, 그 후 1940년 10월부터는 등록자 이외에도 징용이 가능해진다. 징용은 조선과 일본 상호 간에 이루어졌다. 당시 특수 기능이나 특정 학력을 지닌 일본인이 필요에 의해 징용되어 조선 내에서 일하기도 했다고 한다.

③도지사는 출두자에 대해 신체검사 등 심사과정을 거친 후, 적격자로 판정되면 징용령서를 교부한다.

④징용령서를 교부받은 자가 징용을 거부하면 국가총동원법의 벌칙이 적용된다.

⑤총독부는 징용자(응징사)들을 각 기업별로 편성하여 출국장인 부산항, 여수항, 원산항 등까지 인솔하여 거기에서 기업에 인계한다. 즉 노동자 모집에서 출국장까지의 인솔과정은 총독부가 관장한다.

징용에는 신규징용과 현원징용現員徵用이 있었다. 신규징용은 다른 산업노동자나 농촌노동자 등을 징용으로 동원하는 것이며, 현원징용이란 지정된 군수사업장에서 일하던 노동자를 응징사應懲士(징용에 응한 사람)라는 신분으로 바꾸는 것이다. 징용 이전에 집단모집이나 관 알선 방식으로 일본의 군수사업장에 동원되어 일하던 노동자는, 1944년 9월부터는 그 사업장에서 계속 같은 일을 하면서도 응징사라는 신분이 되었다.

응징사에 대해서는 일본 도착 후에도 현지 경찰이 깊이 관여하고 있었고 징용을 받아들이는 기업에 대한 규제도 엄격했다. 기본적으로 징용자를 노무자로 받아들이는 기업은, 사장도 현직에서 응징사가 되었고 모든 종업원이 징용자였다.[23]

조선인 응징사의 현지생활과 임금실태, 노동상황 등도 매월 1회 지

---

23) 소위 '사장징용'은 당시 일본에서도 큰 의제가 되었던 모양이다. 사장징용이란 1943년에 시행된 기업책임자 징용이다. 사장이 징용의 진두지휘를 하는 체제를 만든 것이다. 사장징용을 하는 대신 기업에 대해 국가관리는 하지 않는다, 사장징용은 상법상의 문제에는 관련지우지 않는다, 사장이 그 지위를 잃으면 징용을 해제한다는 것이 그 조건이었다고 한다(『厚生省二十年史』 161).

방장관(도지사에 해당)에게 보고하도록 했다. 노동자 명부도 당해지역 경찰서에 제출되었고, 조선 노동자를 해고하는 경우에는 관할 경찰 서장의 허가를 받아야 했다. 부상이나 질병, 사망에 대해서도 경찰에 보고할 의무가 있었다. 따라서 조선 노무동원자 중 만약 사망자가 발생하면 일본경찰이 조선경찰에 연락하여 유족에게 보고했다. 후술하듯이 이것은 여자정신대의 경우에도 기본적으로 마찬가지였다. 이처럼 노무동원에 경찰이 깊이 개입되어 있다는 것은, 노동자들을 통제하는 측면도 있었지만 기업을 통제하는 성격 역시 있었음을 부정할 수 없다.

징용체제가 되면, 비록 응징사의 임금은 종전대로 기업이 부담하지만, 산업재해나 상병傷病, 사망 등이 발생했을 경우에는 그에 대한 보상방법이 달라진다. 이 점은 매우 중요하다.

관 알선 단계까지는 산업재해로 인한 부상이나 사망에 대한 보상은 기업의 책임이었고, 기업은 필요한 노동자수를 신청할 때 그 보상방법에 관한 구체적인 계획을 제출해야만 했다. 그러나 징용 방식이 되면, 징용의 주체는 국가이기 때문에 산업재해 등에 대한 보상과 유가족 생계보호 등(원호사업이라고 칭함)을 국가 주체로 시행하지 않으면 안 되었다. 그 보상규정이 '징용자 원호규칙'이다. 그렇게 되면 국가재정부담이 늘어날 수밖에 없다. 일본인 징용이 시작된 후 5년간 조선인 징용을 시행하지 않았던 이유 중 하나가 이러한 재정부담 때문이라는 주장도 제기되는데, 그 주장의 배경에 바로 이러한 사정이 있다.

집단모집의 경우 대개 2년 계약이었으므로 형식적으로는 2년이 지나면 귀국할 수 있었다. 그러나 전황이 불리해지면서 노동자 부족이 더욱 심화된 데다가 2년의 기간 동안 노동자는 숙련공이 되었을 터였다. 따라서 기업은 2년 계약기간이 만료되었더라도 가능한 한 귀국시키려 하지 않고 현직에서 계속 일하도록 설득하고 강요했다. 물론 그 직접적 주체는 기업이었으나 어디까지나 일제의 방침하에서 이루어진 행위였다. 거기에 협화회도 가담했다.

사실 총독부는 『국민징용의 해설』에서 1941~42년에 2년 계약으로 일본 사업장에 취업했던 노동자들이, 징용이 시행되는 1944년 8월 시점에서도 귀국하지 못한 문제에 대해 언급하고 있다. 이에 대해 총독부는 노무자나 그 가족들에게 '당장 영구 귀국은 어렵다. 다만 일시 귀국을 허용하는 등의 조치를 취하겠다'고 설명했다. 일본에서는 2년 계약이 끝난 후 더이상 일본에 머물지 않고 귀국하려는 사람들도 있었는데, 귀국을 허용하지 않자 그 과정에서 상당한 쟁의가 발생했다. 1942년부터 일본에서 조선인 노동자 쟁의가 증가한 것에는 '귀국요구를 쟁점으로 삼는 새로운 형태의 쟁의'(遠藤, 1987: 12)가 더해졌기 때문이다.

조선정신대의 동원시기는 관 알선 단계와 징용 단계에 걸쳐 있었다. 조선정신대가 본격적으로 동원되는 1944년 4월 시점은 관 알선 단계였지만 이 시기에 보도원제도는 폐지되거나 제한된 상태였다고 생각된다. 총독부는 관 알선에서 보도원제도를 폐지한 것은 보도원이 문제를 일으키는 경우가 많았기 때문이라고 밝혔다. 즉 보도원제도의 폐지가 의미하는 바는 총독부의 유일 책임으로 정신대를 선발하고 출국장까지 총괄하는 시스템으로 바꾸었다는 뜻이다.[24] 후술하듯이 집결

---

24) 총독부는 징용자 출두명령 장소(구청, 군청 등)에서 기업 측에 징용자를 인계한 후에도 출국 시까지는 인솔책임을 지고 있었다. 다만 그 방법에서는 도시와 농촌에 따라 차이가 있었던 것 같다. 징용 과정에 관해서는 한 군수공장(サクション瓦斯機関制作所)의 조선징용자 동원 과정이 비교적 자세히 기록되어 있는데 다음과 같다

지에서 출국장까지 이동 도중 이탈에 대비해 엄중한 감시가 있었다고 말하는 조선정신대원의 증언이 다수 있다. 그러나 처벌이 전제된 정신대령 시행 이후에도 정신대의 이탈 그 자체는 법적 처벌대상이 아니었다. 본인과 보호자의 동의 후 정신대원이 동원을 거부하면 먼저 '취직명령'을 발동하게 되어 있었고, 그 취직명령에 불응했을 경우에 한하여 처벌할 수 있었기 때문이다. 이 점이, 이탈 그 자체가 처벌대상이 되는 징용과 다른 점이다. 제6장에서 검토하듯이 조선정신대의 경우, 일본에서 노동현장을 이탈한 사례가 있었지만 그에 대한 처벌은 사실상 불가능했다.

위와 같은 여러 노무동원 방법을 나타낸 것이 〈그림 3-2〉다. 한 가지 불분명한 것은 '보도원이 폐지된 관 알선' 부분인데, 관련 사료를 분석해보면 징용 시행 직전에 보도원제도는 폐지되었다고 생각된다. 하지만 징용 시행과 더불어 보도원제도가 폐지되었을 가능성도 전혀 배제할 수 없다. 이 점에 관해서는 관련 사료를 더욱 세심히 살펴야 할 것으로 보인다.

(古庄編著, 1993: 20~21). '①1944년 11월 18일 도쿄해군감독장으로부터 회사가 희망하는 노동자수를 제출하도록 연락받음, ②회사는 50명을 신청, ③감독장으로부터 노동자 수용시설 등 신청서류 검토 후 50명을 인가받음(12월 7일), ④회사는 1945년 1월 11일 조선총독부에 50명의 징용신청서 제출, ⑤2월 24일, 총독부는 징용신청 인가, 노무자 인원은 50명, 할당지역은 전남 진도군, 승선일 3월 14일, 승선항은 여수라고 회사에 통지, ⑥동시에 전남도지사는 징용대상자에게 징용령서를 통지하고 3월 13일 오전 9시 진도군청 출두를 명령, ⑦회사에서 파견된 3명의 지도원은 진도군청에서 징용자를 인계받아 14일 여수항에서 승선, 16일 일본 공장 도착.'

그림 3-2 조선 노무동원의 4가지 방법

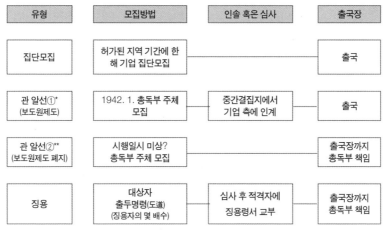

주: *관 알선은 1934년에 시작된 구빈 차원의 관 알선 직업소개를 말하는 것이 아니라 1939년 이후 총동원
체제하의 노무동원인 관 알선을 말함.
  **『국민징용의 해설』은 관 알선 방식 중 보도원제도에 문제가 많아 폐지했고, 보도원 없는 관 알선은 동
원 방법이 징용과 다르지 않다고 기술하고 있다. 그러나 보도원제도 폐지 시점에 관한 언급은 없다.
자료: 필자 작성.

5. 노무동원과 관련된 고질적 문제

노무동원과 폭력 문제

1939년 이후의 노무동원은 기업의 자유모집과 달랐다. 국가의 동원
계획에 근거하여 동원자수 목표치를 정해두고 행해진 동원이었기 때
문이다. 총독부는 할당된 목표치를 달성하기 위해 모든 행정력을 동
원했다. 총독부는 동원해야 할 인원수를 도별로 할당했고, 도는 다시
군-읍면 별로 할당했으므로, 노무동원에서는 읍면이 말단조직이었
다. 그런데 집단모집 방식에서도 사업체와 관권이 결탁하여 폭력을
동반한 반강제적 동원이 있었다. 그것은 고질적 문제였고 총독부는

이를 해결하는 데 힘쓰지 않을 수 없었다. 왜냐하면 이러한 반강제적 동원이 이후 일본으로 노무동원된 이들의 쟁의발생에 중요한 원인을 제공했기 때문이다. 계약서 등을 읽지 못하는 탄광부의 경우에는 더욱 그러했다.[25]

관 알선 방식은 사업체가 직접 노동자와 접촉하는 것을 차단했기 때문에 제도상으로는 모집인들의 횡포를 막을 수 있었다. 그러나 여전히 모집대리인의 개입이 있었고, 읍면 관리나 관련된 경찰 역시 폭력적 수단을 동원하기도 했다. 동원 거부자나 이탈자에 대한 통제와 폭력은 불법적 행위였지만, 현장에서는 실제로 발생하고 있었다. 동원을 거부하거나 인솔 도중 이탈한다고 해서 처벌할 수 있는 법적 근거가 없었지만, 물리적 강제력을 동원하여 노동자의 신체를 구속하는 경우가 있었던 것이다. 자연히 이탈자가 많을 수밖에 없었다. 따지고 보면, 이탈자가 많다는 사실 자체가 본인 의사에 반한 강제적 동원이 많았음을 뒷받침하는 증거에 다름 아니다.

재일한국청년회 조사보고서에서 자유기술내용을 보면, 탄광에 동원된 경우에는 대다수가 탄광을 이탈했고 한 곳에서 계속적으로 탄광일을 한 경우는 매우 드물었다. 1940년 탄광에 노무동원된 사람의 증언 중에는 60명이 3년 계약으로 후쿠오카의 탄광에 갔는데 자신이 이탈

---

25) 재일한국청년회의 조사보고서(在日本大韓民国青年会, 1988: 138-139)에 의하면, 징용(노무동원 전반을 의미하는 용어임)으로 일본에 간 사람 141명 중 노무계약서를 작성한 사람은 44명으로 31.2퍼센트에 불과했다. 게다가 계약서 작성자 중 일본에서의 노동조건이 계약서와 같았다는 응답은 22.7퍼센트였고, 나머지는 '계약 내용대로가 아니었다' 혹은 '계약은 완전히 무시되었다'였다. 계약서를 작성하지 않은 경우, 그 이유(응답자 21명)에 대해서는 많은 사람들이 '구두 계약이었다'고 응답했고, 계약서라는 존재를 몰랐다는 응답도 있었다. 노무동원의 강제성에 대해서는 '자발적 혹은 어느 쪽이냐 하면 자발적'이 39.7퍼센트, '강제적 혹은 어느 쪽이냐 하면 강제적'은 58.9퍼센트였다.

했을 시점에서 그 탄광에 남아 있던 사람은 10명 정도에 불과했다는 내용도 있다. 주목할 것은 탄광에서 일할 때, "경찰보다는 탄광 사람이 더 무서웠다, 탄광은 형무소와 마찬가지였다"는 증언이다(在日本大韓民国青年会, 1988: 144, 207). 탄광회사가 인부를 구금하고 폭력을 행사하는 불법적인 사례가 흔했음을 보여준다.

그러나 집단취업 단계에서도 노무동원과 관련된 폭력과 억압이 있었다. 이는 읍면 관리나 경찰이 주체인 경우도 있었지만, 사업주 측의 민간인에 의한 폭력 및 억압도 있었다. 폭력 주체가 사업주 측이라고 하더라도 읍면 관리나 경찰의 묵인하에서 이루어지는 경우가 있었기 때문에, 그 폭력은 공권력에 의한 폭력적 집행이라는 성격 역시 가지고 있었음을 부정할 수 없다. 특히 동원 당사자들은 그리 인식했을 것이라고 짐작된다.

이탈자는 인솔 과정에서도 발생했고 출국 직전에도 발생했다. 당시 일본 도항관련 규정을 보면, 기업은 미리 승선자 명부를 포함한 노동자의 인적사항을 승선지 경찰서(부산, 여수 등)에 제출하기로 되어 있었고, 그 기재사항에 변동이 생기면 경찰서에 관련 서류를 다시 작성하여 제출해야 했다. 따라서 기업의 입장에서 본다면 이탈자는 노동자 도항 전체에 영향을 미치는 중대한 문제였다.

이 문제를 살펴보기 전에 노무동원의 폭력성에 관해서 다음과 같은 두 가지의 극단적인 견해는 경계해야 함을 지적해두고 싶다. 그것은, 노무동원에서 폭력은 없었다는 주장과, 노무동원 전반이 폭력적으로 행해졌다고 하는 두 가지 견해다.

노무동원 현장에서는 동원자 본인의 의사에 반하는 형태로 신체적인 구속을 포함한 폭력이 행해지는 경우가 실제로 발생했다는 사실은 의심의 여지가 없다. 그 구속성 혹은 폭력성의 의미는 징용 이전인가 징용 후인가에 따라 달라진다는 점은 고려해야 하지만, 그에 대해서는 상당한 증언이 있다. 재일한국청년회의 조사보고서에서도 1930년대 후반에 도일한 사람 중 '강제적으로 도일했다'는 증언이 많다. 징용 단계 이전에 이미 회사가 관여한 폭력적 동원이나 본인 의사에 반하는 동원이 있었음을 시사하는 증언이다. 그러므로 모든 노무동원 과정이 평화적으로 진행되었다는 견해는 받아들일 수 없다.

하지만 그 점을 전제하더라도 징용동원 전반에 폭력적 동원이 일반적 현상이었다는 견해 또한 받아들이기 어렵다. 그 많은 남자노동자들을 폭력에만 의존해서 동원한다는 것은 생각하기 어렵기 때문이다. '왜 그렇게 많은 동원이 실행 가능했는가'라는 문제제기는 매우 중요하지만, 여기서는 논의할 여유가 없으므로 생략한다.

많은 선행연구들이 인용하는 가마다(鎌田, 1950: 320)의 증언은 동원 현장의 폭력적 행위를 보여준다. 가마다는 『경성일보』 사장을 역임했던 인물로, 그의 증언은 가해자 측 증언으로 볼 수 있는 만큼 신빙성이 높다.

가마다는 노무동원 방법에 대해서 다음과 같이 말한다. "가장 심한 경우가 노무징용(원문 용어임. 가마다는 1942년까지 미나미 총독하에서 행해지던 노무동원을 노무징용이라고 표현하고 있음)이다. 노무징용자수는 할당되어오는데, 본인이 동의하여 모집에 응하는 것만으로는 정원을 채울 수가 없었다. 그래서 군郡 혹은 면面 노무계가 한밤중이나 새벽에 민가를 덮치거나 논밭에서 일하는 사람을 트럭에 태워서 대를 편성해 홋카이도나 규슈 탄광에 보내는 등 난폭한 짓을 했다. 다만, 그 일은 총독이 그리 명령한 것이 아니라 상사의 눈치를 보는 조선 출신의 말단관리나 공리가 행한 일이었다."

이 증언에 대해서는 유의할 점이 있다. 우선 이것이 미나미 총독 시대의 노무동원에 관한 증언, 즉 1942년 5월 이전의 증언이라는 점이다. 다시 말하면 동원의 강제성이 전제된 징용 이전에 이미 폭력적 수단에 의존하는 노무동원이 있었다는 사실을 보여준다.

가마다 증언의 핵심 내용은 다음 두 가지다. 하나는 노무자를 동원하는 데 폭력이 수반되는 경우가 있었다는 사실이며, 다른 하나는 폭력적인 수단을 직접 행사한 자는 조선인 말단관리들이었다는 것이다. 하지만 말단행정에서 폭력이 행해진 것은 동원수가 미리 할당되었기 때문이므로, 그 폭력의 책임은 총독부에 있으며 말단관리에게 책임을 떠넘기는 것은 난센스다. 그 점은 물론 고려해야 한다. 그러나 조선인 말단관리의 폭력성은 다른 많은 증언들도 뒷받침한다. 해방 직후 조선인 관리·경찰이 민중에 의해 살해된 사례는 수백 건에 이르렀을 정도다. 그들에 대한 민중의 적개심이 극히 높았다는 사실은 경시할 수 없다.

원래 노무동원에서는 경찰관헌(경찰서나 주재소가 없는 지역에서는 헌병분대)이 깊이 관여되어 있었다. 모집된 인원은 해당 경찰서장에게 보내 경찰이 '사상견실, 신원확실, 신체강건' 등을 판단기준으로 삼아 일본 도항에 지장이 없다고 인정한 사람을 최종적으로 동원했다. 기타 많은 절차에서 경찰이 관여했다. 예를 들면, 모집자 신체검사는 공의公醫 혹은 사업자가 지정한 의사가 하도록 되어 있었는데, 신체검사장에도 경찰이 반드시 입회하도록 규정되어 있었다.

해방 직후 조선에서는 일제시기의 경찰관이나 총독부 관리, 학교장에 대한 공격과 폭행이 폭발적으로 일어났다. 해방 후 약 10일 동안 경찰관, 학교장, 면직원이나 그 가족에 대한 살해 건수는 일본인 6건, 조선인 21건이었다. 폭행이나 협박 사건 중 일본인 경찰관에 대한 사건이 66건이었지만, 조선인 경찰관에 대한 사건은 111건이나 되었다(森田·長田, 1980: 13-15). 1946년 미군정하에서 발생한 민중 데모에서 미군정에 대한 공격은 한 건도 보고되지 않았지만, 민중에게 살해된 조선인 경찰관은 200명 이상이었다(커밍스/김주환 역, 1986). 그만큼 조선인 관리나 경찰에 대한 민중의 적개심이 컸다.

총독부가 제국의회에 제출한 설명자료(朝鮮總督府 『第86回 帝国議会説明資料』1944. 12.: 16-17)를 살펴보면, 총독부 직원 중에서 일본인 남자직원이 대거 징병됨으로써 많은 조선인이 하급관리로 임용되었는데, 일본인과의 차별해소를 위해 노력하고 있음을 밝히면서도[26] 조선인 하급관리의 교양을 높이려면 직원연수 등이 시급히 요구된다고 기술하고 있다.

징용단계가 되면, 노무동원을 기피하는 것, 즉 이탈 자체가 법적인 처벌 대상이었다. 그럼에도 불구하고 이탈자가 적지 않았고, 그에 대해서는 법적 대응보다는 폭력적 대응이 선행했다. 출두자 중 신체검사 등을 거쳐 징용자로 결정되는 경우는 절반에도 미치지 못했기 때문에, 총독부는 징용자의 몇 배가 되는 사람들에게 출두명령을 내렸다. 징용 적격자로 판정받은 이들은 상대적으로 신체조건 등을 포함하여 질 높은 노동력이었다. 징용 부적격 판정을 받은 사람 중 어떻게 해서든 일

---

26) 이 자료에 의하면, 조선인 차별 해소를 위해 1944년부터 조선인 관리의 호봉승급을 인정했다고 하므로, 이 시기까지 조선인 직원은 일본인과 달리 호봉 승급이 없었다는 뜻이 된다. 학교 교원의 경우도 마찬가지였을지 모른다. 여자정신대 증언자 이케다 마사에池田正枝도 자신이 신임 교사로 취임했을 때, 이미 10년 이상 근무한 조선인 교사보다 월급이 더 많았다고 밝힌 적이 있다.

본에서 취업하고자 하는 사람들은 밀항을 선택했다. 노무동원이 시작되면서 밀항이 오히려 증가한 것은 이러한 배경 때문이다.

노동자 불법모집 단속 건수가 의미하는 것

노무동원이 행해지기 이전까지, 취업 브로커에 의한 조선 민중의 피해는 헤아릴 수 없을 정도였다. 일본 취업뿐만 아니라 조선 내 북부지역에 취업하는 데에도 브로커에 의한 폐해가 컸다. 거기에 여자들을 상대로 한 인신매매도 있었다. 원래 직업소개나 노무동원에 관이 개입하는 동기는 동원을 원활히 추진한다는 목적도 있었지만, 적어도 1939년 이전까지는 무지한 농민들이 취업사기 피해를 입지 않도록 한다는 것도 중요한 동기였다. 그만큼 취업에 관련된 사기와 폭력성은 고질적인 문제였는데, 이 점은 총독부령 제6호 노동자모집취체규칙의 내용과, 그 위반자 단속자료의 분석을 통해 살펴볼 수 있다. 이 규칙은 조선땅 밖의 사업장에서 일할 노동자를 조선 내에서 모집하는 경우, 그 업자를 규제하기 위한 것이었다.

모집자는 물론 모집지 경무부장의 허가를 받아야 했는데, 제출해야 하는 고용인 계약서에는 반드시 다음 13개 항목들을 명기할 것을 강제했다. '노무 종류, 고용기간, 임금과 지급방법, 저금방법, 노무 장려방법, 수용설비, 목욕료나 침구 등 일상생활에 필요한 비용의 부담방법, 산재발생 시의 임금지급방법, 작업 중 장애나 사망 시 부조금 혹은 조의금 등의 지급방법, 장애나 질병으로 인하여 부모 등이 왕래하는 경우 여비부담방법.'

이 규칙은 다음 3가지 금지항목을 규정했다. 즉 ①사실 은폐 혹은 과대선전, 허위 언동을 사용하여 모집하지 않을 것, ②14세 미만의 자를 모집하지 않을 것, ③부모나 그에 대신할 보호자가 없는 20세 미만의 자나, 남편의 승낙을 받지 않은 부녀를 모집하지 않을 것. 이상의 규칙위반에는 200엔 이하의 벌금 혹은 과료 처분을 받았다.

그런데 이 총독부령에 의한 위반자 적발 건수를 살펴보면 매우 주목할 만한 경향이 있다. 노무동원이 시작된 1939년에 법규 위반자가 두드러지게 많다는 점이다. 『조선총독부 통계연보』에 의하면 그 위반자는 1939년 7월 기준 591명(벌금 538명, 과료 53명)이었다. 매년 통계를 공표하지는 않으므로 비교하기 어려우나, 1936년에는 위반자가 없었으며 그 이전 통계로는 1925년 140건이 가장 많았다. 그다음은 1927년 99건, 이 총독부령이 처음 시행된 1918년에는 44명이었다.

1939년 가을부터 국민동원계획에 기초하여 시행되는 노무동원을 앞두고 불법적인 노동자 모집이 급증했다는 것은 무엇을 의미하는가? 모집인에 의한 농간과 폭력, 사기문제는 집단모집 방식에 의해 일소되었는가?

그 대답은 '아니다'이다. 왜냐하면 집단동원에서도 그리고 관 알선에서도 기업 측 모집인인 노무보도원이 제도화되어 있었고, 그들의 행태는 그 이전 모집인들과 크게 다르지 않았기 때문이다.

노무동원을 원활하게 추진하기 위해 제정된 '조선인 노동자 모집 및 도항취체 요강'(조선측요강. 1939. 8.)을 참고하면서 '조선인내지이입 알선요강'(1942. 2.)의 보도원 관련 규정을 보자(참고자료 2).

사업주는 조선에서 행해지는 관청의 노무자 송출 알선에 협력하기 위해 적당한 자를 선출해서 알선업무를 수행할 수 있도록 했는데, 알선신청자수 100명에 대해 2명, 100명 증가할 때마다 1명 추가 배치하도록 되어 있었다(규정 제4조 1항). 총독부는 관 알선을 통한 노무동원을 위해 경찰관헌과 노무보도원에게 많은 역할을 부여했다. 이렇게 정작 도지사가 노무보도원에게 노무자송출 업무를 위탁했지만, 그들은 결국 기업관계자였고 무리한 노동자 모집으로 상당한 문제를 일으켰다.『국민징용의 해설』에 의하면, 첫째, 보도원과 일선행정기관(읍면)의 관계에서 문제가 발생했고, 둘째는 보도원들이 악질적·폭력적인 방법으로 노동자들을 모집하기도 했다.

관 알선 방식 초기에는 노동자를 총독부 책임으로 선발하고 모집된 인원들을 조선 내의 집결지에서 기업 측의 노무보도원에게 인계했다. 알선요강에는 모집된 노동자들을 '출발지에서 기업에 인계한다'고 되어 있는데,『국민징용의 해설』문답에서는 '출발이란 승차지를 의미한다'고 명기하고 있다. 승차지란 곧 각 지역의 집결지를 말하는데 주로 군청 소재지였다. 즉 기업 측이 노무자를 직접 모집하는 폐해를 차단하고, 총독부가 노무자를 모집하여 조선 내 집결지에서 노무자들을 기업 측에 인계했던 것이다.

그런데 총독부가 밝히고 있듯이, 어느 시점에서 총독부는 노무보도원 제도를 폐지하고, 노동자 모집 이후 집결지에서 출국장까지의 인솔도 총독부가 관리했다. 노무자를 기업 측에 인계하는 장소는 출국장이었다.[27] 징용 역시 인솔과정은 마찬가지였다.

그렇다면 집단모집에서 관 알선 방식으로 개선하고, 관 알선 방식에

---

27) 총독부는 관 알선 단계에서 시행하던 노무보도원 제도를 폐지했다고 밝혔으나 폐지시기는 알 수 없다. 아마도 동원 방법을 징용으로 전환하기 직전이었던 것으로 보인다. 현재 남아 있는 노무보도원증 사진을 보면 그 발급일자가 1944년 6월 10일로 되어 있다(山田·田中編著, 1996: 47의 사진). 대도시에서 행해지는 많은 인원의 노무동원에 대해서는 출국항까지의 인솔 등에 총독부의 관여가 강했겠지만, 농촌지역에서 이루어지는 적은 수의 노무동원의 경우 보도원이나 기업관계자에게 출국항까지의 인솔을 맡기는 경우도 있었던 것으로 보인다.

서도 노무원제도를 폐지하는 등 제도 변경을 해야 했던 이유는 무엇이었는가?

집단모집-관 알선-징용이라는 순차적 변화는, 정해진 동원수를 채우기 위해 강제성이 점차로 강화되는 방향이었다. 확실한 방법으로 동원한다는 측면에서 물론 중요하다. 그러나 적어도 1940년경까지 조선 민중은 악덕 사업자나 악덕 브로커의 먹잇감이 될 위험이 컸기 때문에 조선 노동자가 피해를 당하지 않도록 기업을 규제하는 측면에서 관이 개입을 강화해갔다고 하는 사실 또한 간과해서는 안 된다. 폭력적 모집으로 인한 노동자 이탈이 빈발했고, 일본에서는 모집인의 농간 때문에 노동쟁의가 증가했으므로 이 문제 해결은 총독부의 긴급한 과제였다.

할당된 수를 채워야 하는 과업과, 가능한 한 노동조건을 정확하게 노무자에게 제시하고 본인의 동의를 충분히 얻은 후에 동원한다는 과업은, 서로 모순되는 것처럼 보이지만 사실은 서로 연결된 것이었다. 그러므로 총독부가 집단모집 방식에서 관 알선 방법으로 동원 방법을 바꾼 것에는 이 두 가지 동기가 서로 관련되기도 하고 서로 상반되기도 하면서 작용했다고 보아야 할 것이다.

제4장

여자정신대의
편성과 동원

조선여자의 노무동원은 남자와 마찬가지로 1939년부터다. 그러므로 1943년 자주적 여자정신대가 처음으로 일본에 도착했을 때에는 이미 집단모집이나 관 알선 방식을 통해 조선여자가 일본 산업현장에 투입되어 있었다. 여자정신대라는 이름으로 정부방침이 공표된 것은 1943년 9월 13일이었는데, 그때의 정신대란 자주적 정신대였다. 1943년 9월의 정부방침 이전인 그해 1월 20일에 남자노동자 취업제한이 시작되는데, 이것을 여자정신대 동원의 기점으로 볼 수 있다.

강제성이 어느 정도 전제된 여자정신대는 1944년 3월의 각의결정 때부터 시작되었다고 볼 수 있는데, 일본에서는 그 시점에 이미 20여만 명의 자주적 여자정신대가 동원된 상태였다. 각의결정은 강제성이 전제된 정신대령(1944. 8.)이 성립하기 전에 이루어졌지만, 이는 곧 정신대령이 입법화되는 것을 전제로 한 결정이었기 때문에 본격적인 여자정신대 동원은 이때부터 시행된 것이라 할 수 있다.

노무동원 연령을 14세에서 12세로 낮춘 것은 1944년 2월의 일인데, 그 직후부터 국민학교 졸업자(졸업 예정자) 혹은 재학생을 대상으로 하는 집단동원이 이루어졌다. 졸업생수는 한정되어 있기 때문에 1944년 집단동원은 그해 7월경에는 거의 마감되었다. 그다음의 집단동원은 새 졸업생이 나오는 1945년 이른 봄부터 재개되었다.

정신대는 학교와 지역이라는 두 가지 경로로 편성되었다. 정신대령은 학교장, 그리고 지방단체장에게 정신대 편성을 명령하게 되어 있었다. 그러므로 학교장과 교사는 정신대 동원에 중요한 역할을 했다.

지역조직을 통한 동원에는 주민조직과 경찰 등이 관여했다. 지역동원은 상대적으로 강압적이었고 빈곤가정 출신이 많았으며, 연령대가 높았다.

총독부는 기관지 등을 통해 여자정신대의 좋은 점만 선전했다. 정신대는 형식적으로는 '국가의 근로협력 요구를 받아들여 지원하는 형태'였으나 부모 동의가 필요했다. 그러나 부모는 거의 예외 없이 자녀의 정신대 지원에 반대했다. 대원들은 부모 몰래 도장을 훔쳐 학교에 제출하는 경우가 상당히 많았다.

조선정신대는 1945년 3월까지 동원되었는데, 1943년 이후 동원자수는 2000명 정도일 것으로 생각된다. 집단동원된 정신대는 최장 2년반 정도 일본에 체재했다. 정신대의 이동에는 교사나 행정직원 등 인솔자가 있었는데, 인솔교사는 인솔 후 몇 개월 공장에 머물면서 대원들의 보호자 역할을 했다.

해방 후에는 물론 귀국길이 혼란스러웠지만, 대부분 단체로 귀국했다. 귀국할 때에도 일본 공장 관계자나 인솔교사 등이 조선까지 인솔했다. 그러나 동원된 대원들 중에는 지진, 공습, 질병 등으로 사망한 이들도 있었다. 또한 공장을 이탈하여 바로 조선으로 돌아온 경우도 있었고, (군)위안부가 된 경우도 4명 있다.

1. 여자정신근로령의 성립

여자정신대의 제도화

일본에서 정신대는 1930년대 말부터 진행된 여자노무동원의 연장선상에 있었는데, 정신대령의 시행 방식에는 조선과 일본 사이에 차이가 있었다.

1938년 4월 국가총동원법이 공포되고 1939년 7월에는 노무동원 방침이 정해진다. 여자 무직자, 그해 3월 소학교(1941년 국민학교로 개칭) 졸업자, 일본으로 이주한 조선인 등을 노무동원한다는 방침이었다. 1939년 7월에는 국민징용령이 일본 내에서 시행되었다. 여자도 징용대상으로 해야 한다는 논의가 있었으나 여자는 징용대상에서 제외되었다. 그러나 여자징용을 시행하지 않은 것은 일본의 인구정책(출산장려정책)을 위한 조치이기도 했다.[1]

1941년 9월 '1941년도 노무동원계획'이 각의결정되어, 징병으로 빠져나가는 남자노동자의 대체인력으로서 미혼여자를 동원하는 조치가 강화된다. 이어 국민근로보국협력령(1941. 11. 22. 12월 1일 시행)이 시행되는데 이것은 여자정신대와 관련되어 있다.[2] 조선에서 결성된 보국대는 일본으로도 동원되었기 때문이다. 그와는 별도로 1939년 이후 기업의 집단모집을 통해 일본으로 간 여공이 있었으며, 그들은 조선정신대가 동원된 도쿄마사에도 취업해 있었다.

여자정신대 동원의 근거가 된 중요한 법령이나 규칙은 다음의 네 가지다.

---

1) 당시 일본의 인구정책에 관해서는 '인구정책확립요강人口政策確立要綱'(1941. 1. 22. 각의결정), 그리고 이어서 후생성 사회국이 작성한 '우량다자가정 표창에 관하여優良多子家庭の表彰について'를 참고할 것. 두 문서는 赤松良子編集/解説, 『日本婦人問題資料集成』第三巻 = 政治(ドメス出版, 1977)에 수록되어 있음.

2) 국민근로보국대에 이와 같은 연령규정이 있었지만, 여자는 '연령에 관계없이 지원하면 대원이 될 수 있다'는 점이 선전되었다(『매일신보』1943. 6. 4.). 지원자라는 형식을 취하게 되면 대상자의 법적 조건에서 자유로울 수 있다는 규정은, 여자정신대의 경우에도 중요한 의미를 가지는 것으로 보인다.

・1943. 1. 20. 여자노동자가 취업 가능한 직종에 남자 취업 제한 혹은
금지

・1943. 9. 13. '여자근로동원의 촉진에 관한 건'(차관회의)

・1944. 3. 18. '여자정신대제도 강화방책요강'(각의결정)

・1944. 8. 23. '여자정신근로령' 시행

국민의 자발적인 참여라는 성격에서 강제성을 수반한 노무동원으로 바뀌어간 계기 중 하나는, 1943년 1월 20일 '생산증강근로 긴급대책요강'에 근거하여 여자노동자가 수행할 수 있는 직종에 남자노동자의 취업을 제한 혹은 금지한 조치였다. 이 조치를 여자정신대의 시작으로 보는 것은 일본 후생성의 공식적 견해(『厚生省二十年史』)인 것으로 보인다. 이러한 흐름 속에서 1943년 9월 13일 차관회의에서 '여자근로동원의 촉진에 관한 건'을 결정했다. 그 내용은, 주로 14세 이상 미혼여성을 가칭 '정신근로대'라는 이름으로 자주적으로 결성할 것, 시정촌市町村이나 주민조직(町內會)을 통해 결성하고 항공기관련 공장, 정부작업청, 공무원징용이나 남자취업제한[3]에 의해 여자 충원이 필요한 곳에 그들을 우선 투입한다는 것이었다.

이 조치에 근거한 자발적 정신대도 상당수 결성되었다. 도쿄에서 정신대가 최초로 결성된 것은 1943년 10월 중순, 오사카 최초는 1943년

---

3) '남자취업제한 금지'는 당시 모자라던 남자 노동력 확보를 위해 '여자가 대신할 수 있는 업종에 남자가 취업하는 것을 금지'한 것이다. 그 직종에 결원이 생기거나 노동력이 필요한 경우, 여자정신대를 투입한다는 것이다. 일본 내에서는 주로 군작업청軍作業廳, 기업의 경우는 항공기산업과 기계산업이 그 직종이었다. 조선정신대가 동원된 후지코시나 미쓰비시명항은 항공기부품을 주로 생산하는 공장이었다. 그러나 조선총독부는 조선에서는 남자취업금지령을 시행하지 않는다고 발표했다(『매일신보』 1944. 8. 23.). 남자취업 금지직종을 지정하더라도 남자 대신 투입할 여자노동자가 극히 적었기 때문이다.

표 4-1 여자근로정신대 결성 및 출동 상황

구분	1944년 3월까지 결성수 누계	1944년 3월까지 출동수 누계
신졸업 정신대	121,563	106,275
구졸업 정신대	23,581	15,510
지구별 정신대	146,966	79,702
계	292,110	201,487

자료: 『女子挺身隊の結成·出動·受入狀況』(1944. 3.), 『日本婦人問題資料集成』第3卷 = 勞働, 1977: 487. 정신대를 가장 많이 받아들인 산업은 기계산업 47,636명, 항공기부품 46,237명, 군작업청 45,881명이었다(위와 같음, 표 2).

11월 30일이었다. 조선 국내에서는 1944년 3월 20일부터 2개월 예정으로 '평양여자근로정신대'가 무기증산을 위해 해군창에 동원된 것이 현재까지 확인된 최초의 국내 동원이다. 이와는 별도로 학생들 역시 학도대 등의 이름으로 동원되었다.

일본으로 장기간 동원되었던 경우는, 현재까지 1943년 2~5월 사이에 3건이 확인된다. 2건은 단체동원으로 후지코시에 동원된 50명, 도쿄마사에 동원된 35명이었다. 그들은 1944년 이후 동원된 공식적인 여자정신대가 일본에 도착한 후 거기에 편입된 것으로 보이지만, 출발 당시의 명칭이 여자정신대였는지 혹은 근로보국대였는지는 확실하지 않다. 이와는 달리 1943년에 동원된 세 번째의 사례(후술하는 김금진)는 분명히 여자정신대라는 이름으로 동원된 것이다.

〈표 4-1〉은 1944년 3월 기준 일본정신대 동원의 결성과 출동상황을 보여준다. 즉 총동원자 47만여 명 중 20만 명 이상이 이미 동원되어 있었다. 이때까지는 자주적으로 결성된 정신대였다. 1944년 3월 각의결정 이후에는 일단 정신대에 동의한 사람에 대해서는 강제성을 전제로 한 동원이 이루어졌으며, 이는 정신대령이 시행되는 8월까지 계

속된다.

정신대령의 성립과 제도 준비과정

1944년 3월 여자정신대는 큰 전환점을 맞는다. 1944년 3월 18일 각의결정된 '여자정신대제도 강화방책요강'(참고자료 3)으로 인해 정신대 동원의 강제성이 강화되었기 때문이다.[4] 이를 계기로 여자정신대는 자주적인 결성을 장려하던 차원에서 강제성이 전제된 노무동원의 성격을 띠게 된다. 이 각의결정은 입법과 거의 같은 효력을 가졌는데, 그 직전부터 이미 국회에서는 정신대령 입법준비를 하고 있었다. 그러므로 정신대령 입법준비와 정부방침 공표는 동시적으로 진행되었다고 할 수 있다.

각의결정 한 달 전 『부산일보』(1944. 2. 4.)는 '여자정신대 결코 징용이 아니다'라는 제목의 기사에서 다케이武井 후생성 차관이 2월 2일 중의원 전시戰時보험위원회의 질의에 대해 밝힌 답변 내용을 게재했다. 그 내용은 다음과 같다. "도조 히데키東条英機 수상이 밝힌 대로 여자는 징용하지 않고 정신대로 동원한다는 것이 정부방침이다. 여자정신대는 작년 9월 결정하여 10월에 각 지역 장관에게 통보했다. 이제 막 시작된 제도이므로 실제 운영에서는 불완전한 면이 있다. 어제 국회에서 여자정신대 법률제정을 추진 중이라고 밝힌 바 있다. 그것은 부모들이 안심하고 자식을 생산전戰에 참여시킬 수 있도록 보호·처우·노무관리를 철저하게 하기 위한 것이며, 결코 징용과 같은 성질의

---

4) 정신대령 직전인 3월 7일 각의 의결된 '결전 비상조치요강에 의한 학도동원실시요강'도 여자노무동원에 있어서 매우 중요한 방향전환이었다. 이것은 동원 학년 (연령)을 낮추고 단기적 동원에서 1년에 걸친 통년동원通年動員을 시행한다는 내용이었다.

4-1 칙령 제519호 '여자정신근로령'의 표지. 서명(공포)은 1944년 8월 22일, 시행은 8월 23일이었다. 제국의회의 협의를 거치지 않고 덴노의 명령으로 제정된 법령이 칙령이다.

것이 아니다."

각의결정에 이어 1944년 6월 6일 국가총동원심의회는 '여자정신대에 의한 노동협력에 관한 칙령안 요강'을 발표했고, 이어 8월 22일 '여자정신근로령'이 공포되었다(참고자료 4). 이 법이 시행(8월 23일)됨으로써 공식적으로 정신대원으로서 편성된 후에는 동원을 거부할 수 없게 되었다.

이상의 사정을 보면, 공식적인 정신대 동원은 정신대령 시행 몇 개월 전의 각의결정(1944. 3. 18.) 이후라고 할 수 있다. 총독부 정무총감도 정신대령 공포 이전인 1944년 6월 1일자 『매일신보』를 통해 정신대 동원에 대한 국민의 협력을 당부하는 담화를 발표했다. 정신대 동원을 위한 법을 먼저 만들고 제도를 시행하는 정상적인 절차가 아닌, 1944년 3월 정부방침에 근거하여 제도를 시행하면서 후속조치로서 법적 근거를 마련했다는 사실은 그만큼 노무동원이 시급한 문제였음을 말해준다.

그런데 여자정신대를 동원하기 위해서는 입법적 준비와는 별도로 기업차원의 준비도 필요했다. 기업에 남자노동자 대신 여자노동자를 고용하라고 명령하려면, 기업으로 하여금 여자노동자를 받아들일 준비를 갖추도록 할 필요가 있었다.

후생성은 1939년 10월 우선 여자노무자원의 예비등록제를 실시하고 중공업분야 여자채용 기준을 각 사업체에 제시했다. 다음 달에는 여자전용 화장실과 경의실更衣室, 기숙사 설치와 여자감독관 배치를 사업주에게 지시했다. 1940년 2월에는 12~30세의 남자와 12~20세의 여자를 대상으로 음식업 및 유흥업소 고용을 제한하는 청소년고용제한령을 제정했다(3월 1일 시행). 같은 해 3월에는 후생성 노무관리조정위원회가 여자노무자 보호지침을 제시했다.[5] 9월에는 20세 미만 여자 노동 미경험자가 취업할 경우, 그들의 초임 임금 수준에 관한 가이드라인을 결정했다. 그러한 준비를 거쳐서 노무긴급대책요강労務緊急対策要綱(1941. 8. 29.)이 각의결정되었다.

그 후 노동자 보호법인 공장법의 규제를 완화하는 '공장법 전시특례'(1943. 6. 15.)를 제정했고, 9월 23일 남자노동자 취업을 금지하는 17개 직종을 결정했다. 이어서 남자 대신 일하는 여자노동자의 노무지침을 각 사업체에 하달했다(11월 15일). 그리고 1944년 2월 국민직업능력신고령을 개정하여 국민등록자 연령 하한선을 14세에서 12세로 낮추었다(남자는 12~60세, 여자는 12~40세). 이 개정에 의해 비로소 조선과 타이완에서는 12세 이상 여자가 정신대로 동원될 수 있었고, 일본

---

5) 이들 네 개의 후생성 지침 및 법률은 순서대로 '노무동원계획실시에 따른 여자노무자의 취직에 관한 건労務動員計画実施に伴う女子労務者の就職に関する件'(1939. 10.), '여자노무자의 취직에 관한 건女子労務者の就職に関する件'(1939. 11.), '청소년고용제한령青少年雇用制限令'(1942. 2.), '여자노무자 보호에 관한 방책女子労務者保護に関する方策'(1942. 3.)이다.

에서도 13세 학도의 동원이 가능했으므로 이 조치는 실제적인 효력을 가지고 있었다. 혹은 이 조치는 조선과 타이완의 여자정신대나 소년공 동원을 염두에 둔 제도변경이었을 수도 있다.

조선정신대는 정신대령이 시행된 이전에도 그 이후에도 동원되었 는데, 아직 그 실상이 완전히 밝혀지지는 않았지만 조선 내 동원 역시 있었다. 1944년 이후 조선 내의 군수공장인 가네보 광주 공장 등에는 기존에 그곳에서 일하던 여공과는 별도로 노무동원이 이루어졌다. 일 본정신대 당사자 단체(少女の会, 2013: 294)의 정신대 동원 사례에 의하 면, 일본으로 동원된 조선정신대에 관한 사례는 실려 있지 않지만, 부 산공립고등여학교 3학년생들이 1945년 4월부터 8월까지 학교공장에 서 군수품 다듬기 작업에 동원되었으며, 원산부元山府 원산고등여학 교 2학년들은 1944년부터 1945년 8월까지 농작물 및 송진 채취에 동 원되었다. 조선과 타이완뿐만 아니라 일본 괴뢰국이던 만주국 여학생 들도(만주 대련大連 고등여학교, 만주 무순撫順 고등여학교) 병원 등에 동원 되었다.

2. 여자정신근로령의 내용

정신대령의 시행과 동원구조

정신대 동원 방법에 관련된 정신대령의 내용을 간략하게 정리하면 다 음과 같다.

①여자정신대가 행하는 정신노동은 근로협력이다(제2조).

②여자정신대원은 국민직업능력신고령에 의해 국민등록을 한 여성이다 (제3조).

③지방장관(도지사)은 지방공공단체장 혹은 학교장에게 대원선발을 명령한다(제6조).

④지방장관은 정신대 대상자로서 보고된 자들 중에서 대원을 결정하고, 대원에게 정신근로령서를 통지한다(제8조).

⑤영서를 통지받은 자는 정신근로를 해야 한다(제9조).

정신대령에 의하면 대상자는 국민등록에 신고한 자, 일본의 경우 14~40세(1944년 2월부터는 12~40세) 여성으로서 가정의 기축基軸이 아닌 자였다.[6] 병약자나 장애인도 대상자에서 제외되었다. 그런데 총독부가 인정했듯이, 조선의 정신대 대상자는 극히 일부였다. 일본에서는 은행이나 신문사에 종사하는 여자도 정신대에 동원되기도 했으나 조선에서는 경제활동에 참가하는 여성 자체가 극히 적었으며, 일본어를 할 수 있는 여성 역시 극히 드물었기 때문이다.

일본에서 '정신대령'의 관할 책임은 후생대신과 지방장관이었다. 정신대령은 조선(및 타이완)에서 시행되는 것을 상정한 칙령이다. 이 칙령에서 일본의 후생대신에 해당하는 것은 총독부이며, 지방장관에 해당하는 것은 도지사, 시·정·촌장에 해당하는 것은 부윤府尹(한성부의 경우는 구장區長) 혹은 읍·면장임을 명시하고 있다(동법 제21조). 그러므

---

6) 가정의 '기축인 자'에 대해 조선총독부는 다음과 같이 규정했다. 그 여자가 없이는 가정생활 유지가 어려워지는 자, 예를 들면 모친이 없거나 모친이 오랫동안 병석에 있는 가정에서 사실상 가정주부의 역할을 하는 자를 말한다. 반면, 결혼한 전업주부라도 시어머니가 살림을 맡아 해서 당사자가 없더라도 가정생활이 유지된다면 기축으로 인정할 수 없다고 되어 있다.

로 조선에서 정신대령은 도지사가 부윤 및 읍·면장, 그리고 학교장에게 대원 선발을 명령할 수 있게 한 법령이다. 정신대는 어디까지나 근로협력을 요구하는 것이었으므로, 적어도 형식적으로는 본인 및 보호자 동의를 필요로 했다.

정신대령에 의하면, 지방장관은 지역단체장이나 학교장이 선발한 사람들 중에서 대원을 결정하고 대원에게는 정신근로령서를 교부하게 되어 있었다. 남자 징용령서와 마찬가지로, 영서를 받은 이후에 정신대 동원을 거부할 경우에는 처벌대상이 되었다. 다만 동원거부가 곧바로 처벌대상이 되는 것이 아니라, 대원 편성자가 동원을 거부하면 먼저 취직명령을 발동하고, 그 취직명령에 따르지 않았을 경우, 비로소 국가총동원법에 의한 처벌이 있었다. 따라서 후술하지만 정신대원이 공장에서 이탈한 경우, 이탈 자체에 대한 법적 처벌은 불가능했다. 왜냐하면 이탈 후 붙잡혀와서 취직명령을 받더라도, 그때 노동을 거부하지 않고 일한다면 처벌할 수 없었기 때문이다. 그러나 실제 조선정신대가 이탈했다가 붙잡혀온 경우, 기숙사 관리인에게 매를 맞는 경우는 있었던 것 같다.[7] 그것은 사적인 폭력이라고 할 것이다.

다만, 조선에서 실제로 여자정신대에 편성된 자에게 정신근로령서가 발급되었다는 증거는 발견되지 않고 있다. 일본에서는 지역동원, 즉 부인회 단위 등의 동원이나 이미 취업하고 있는 회사원을 동원하는 경우에는 영서를 받았다는 증언이 있다. 하지만 학교(동창회 포함)

---

7) 조선정신대원 중에는 일본 공장에서 도망갔다 잡혀온 대원이 조선인 관리인으로부터 욕설을 들으면서 매를 맞았다는 목격담이 전한다. 조선 내 군수공장에 동원되었던 여공들이 공장의 말단관리자로부터 심각한 폭행을 당했다는 증언도 있다. 가네보 광주 공장에서는 여공이 이탈하다가 붙잡혀서 성폭행을 당해 자살한 경우를 포함하여 끔찍할 정도의 폭력을 당했다고 한다.

를 통한 동원의 경우에는 영서가 발급되지 않았을 가능성이 있는 것으로 보인다. 조선에서는 1944년 3월 각의결정된 요강에 근거하여 정신대를 동원했는데, 총독부는 이 시기의 동원 방법을 관 알선 방식이라고 설명했다. 기존의 동원 방식을 정신대령 시행 이후에도 변경하지 않고, 계약기간만 1년으로 변경했을 가능성이 큰 것 같다.

만약 일본에서도 학교동원의 경우 영서 발급이라는 과정을 거치지 않았다고 한다면, 영서 발급이 없었던 조선의 학교동원도 일본과 마찬가지인 셈이 된다. 제7장에서 검토하듯이, 영서 발급이 없었다는 이유로 조선에서 정신대령이 '발동되지 않았다'고 하는 주장은 받아들이기 어렵다. 총독부는 정신대 동원에는 최종적으로 국가총동원법에 의거한 처벌이라는 강제수단이 전제되어 있다는 사실을 신문 등을 통해서도 누차 밝히고 있었으므로 법적 강제성이 전제되어 있었다.

지역동원의 경우, "대전직업소개소로부터 징병영장과 유사한 서류가 와서 직업소개소에 갔고, 그곳에서 동원자로 결정되었다"는 증언이 있다. 박순덕(진상조사위)의 증언에 의하면, 정신대 희망자는 이 줄, 가지 않는 사람은 저 줄 식으로 분류한 후, 가지 않겠다는 사람은 개별 면담하여 "가지 않으려는 이유가 뭐냐"고 강압적으로 따지더라고 한다. 그러므로 그 서류라는 것은 정신근로령서가 아니라, 출두통지서 같은 것이었다고 생각된다. 왜냐하면 그것이 영서라면 개인의 의사를 물을 필요가 없기 때문이다.

정신대의 대상과 법적 지위

조선총독부는 늦어도 1943년에는 근로보국대나 단기적인 국내 정신대 등을 포함한 여자의 노무동원계획을 구체화하고 있었다고 판단된다.[8] 그중에서 장기적인 일본 동원을 구체화한 시점이 언제인지 특정하기는 어렵지만, 그 시점은 두 가지의 정부원칙 변화와 관련되어 있다고 생각된다.

첫째는 1944년 2월 국민등록제도가 개정되어 여자의 경우 12세 이상의 등록이 의무화된 일이다. 국민등록 연령을 12세로 낮춘 조치는 일본신문(예를 들면 『中日新聞』 1944. 2. 11.)에도 크게 다루어졌으나, 이 조치가 없었다면 12세 조선정신대의 동원이 없었을 것이므로 그것은 조선(그리고 타이완)의 노무동원을 위한 준비이기도 했다고 볼 수 있다.

노무동원된 일본인의 경우, 내가 확인한 여자 최연소연령은 13세, 즉 고등여학교 2학년생이다. 당시 나가사키순심長崎純心고등여학교 교사(江角ヤス, 1961)의 증언에 의하면, 1944년 2월부터 4학년생이 학도보국대로 미쓰비시조선소 부품공장에 동원되었는데, 1944년 8월에 학도근로령이 발령되면서 3학년 이상이 공장노동에 집단동원되었다. 그리고 1945년 3월 결전교육조치요강에 근거하여 그해 4월부터 국민학교를 제외한 모든 학교가 1년간 휴교하게 되면서 고등여학교 2학년 이상 전원이 공장으로 동원되었다. 고등여학교 2년생(13세)을 학도대로 동원하는 것은 다른 지역, 기후岐阜현의 경우(いのうえ, 「女子挺身隊の女性たち」4)에서도 보인다.

둘째, 앞에서 언급한 1944년 3월 정신대에 관한 각의결정이다. 조선에서 정신대 동원계획이 담긴 문서나 증언이 발견되고 있지 않지만, 1944년 3월 초, 즉 각의결정 이전에 정신대 모집 신문광고가 보이기

8) 『매일신보』(1943. 10. 15.) '경기도 여학교 출신자 동원을 강구 중'이라는 기사에 의하면, 1940~42년간 경기도 국민학교 등 졸업생 총수 43.6퍼센트에 해당하는 3252명이 가사종사자로 조사되었고, 1943년에는 37.1퍼센트에 해당하는 932명이 가사종사자로 판명되었는데 이들의 노무동원이 고려되고 있었다.

때문에 정신대 모집 준비는 그 이전부터 진행되었을 것으로 짐작된다. 실제로 그 이전, 늦어도 2월 2일에는 국회에서 정신대령 입법이 추진되고 있었음이 밝혀졌다.

정신대는 계획상 1년 혹은 2년이라는 장기간에 걸친 동원이었다. 그 기간 동안은 당해 기업의 종업원 신분으로서 사원수첩이 발급되었으며, 임금이 지급되고 후생연금제도에도 강제 가입되었다. 여자정신대가 후생연금보험료를 지불하고 있었다는 사실은 후지코시 소송과정에서 일본사회보험청이 확인한 사실이다. 후지코시 원고 중에서 사원수첩을 지금까지 보유하고 있는 사람(이종숙 등)도 있다.

정신대를 일본으로 동원하기 위해서는 먼저 동원자수와 근로할 공장 등이 정해져 있어야 한다. 1944년 이후 정신대 동원 과정은 다음과 같이 요약할 수 있겠다.

①기업은 희망 노동자수를 조선총독부에 신청한다(사전에 일본 내에서 노동자수를 청구하고 허가를 받아야 함).
②총독부는 신청서 검토 후 모집지역과 모집시기를 기업별로 할당한다. 조선총독부는 기업의 노동자 모집을 대체로 지역별로 할당했다.[9]
③개인이 기업을 선택하는 자유모집이 아니라, 학교단위나 지역단위로 모집된 사람들은 모두 지정된 기업에 집단적으로 동원되는 방식이었다.
④기업은 노동자 모집활동에 참가하지만, 정신대가 출국할 때까지 모든 과정을 총독부가 일원적으로 관장한다(개별기업은 공식적으로는 출국장인

---

9) 일본에서도 여자정신대나 근로보국대의 모집은 지역별로 할당하는 것이 관행이었다. 1000명 이상의 조선정신대가 동원된 후지코시의 경우, 이시카와石川, 후쿠이福井, 나가노長野, 미에三重, 시가滋賀, 교토京都, 아키타秋田, 야마가타山形 등 8개의 부현이 일본인 노동자 모집대상 지역이었다(『도야마현 경찰사(하)』, 1965: 226).

부산과 여수에서 대원들을 인계받는다).

　총독부는 기관지인『경성일보』,『매일신보』,『황민일보』를 통해, 그리고『부산일보』등 지방 신문들을 통해 정신대를 선전했다. 이 시기의 일본 정치체제는 흔히 익찬翼贊 체제라고 불린다. 대정大政 익찬회(대정은 천황정치, 익찬은 천자를 도운다는 뜻)가 그 주역이었다. 익찬에 저해되는 활동을 제지할 목적으로 1938년 내각에 정보국이 설립되는데, 정보국은 언론출판문화에 대한 통제, 대국민 선전활동 등 소위 사상통제와 언론통제를 위한 국가기관이었다. 정보국의 이러한 제재로 인해 3.1운동 후 창간된 민족신문인『조선일보』와『동아일보』는 여러 차례 정간停刊을 당하다가 1940년에 폐간되었다.

　정신대령에 의한 여자정신대는 자주적 여자정신대와는 다른 신분상의 차이가 있었다. 그것은 무엇보다 국가총동원법에 기초한 원호사업의 대상자가 된다는 점이었다. 정신대령이나 근로보국협력령 이전의 정신대나 보국대의 경우에도 임금은 당해 사업체의 부담이었다. 그점은 마찬가지였으나, 동원 중 질병이나 부상, 사망이 발생했을 경우에는 국가에 의한 보상(원호사업)의 대상이 되었다. 후술하듯이 일본은 1944년 3월 19일 근로동원방책요강을 결정하고, 그에 근거하여 5월 9일 '피징용자 등 근로원호강화요강'을 발표했는데, '피징용자 등'의 범위에 여자정신대를 포함시켰다. 이 조치에 의해 관 알선이나 집단모집을 통해 일본 군수공장으로 동원된 노동자도 원호사업의 대상자가 되었다. 그들은 1944년 8월 이후 현원징용에 의한 응징사가 되었기 때문이다. 원호사업에는 그 가족의 생계보호도 포함되어 있었다.

　1944년의 집단동원은 1944년 봄부터 초여름까지 집중되었다. 그해 국민학교 졸업생이 주된 대상이었기 때문이다. 그러므로 1944년 8월 정신대령 성립 이후, 집단적 정신대 동원은 다음 졸업자(졸업 예정자)가 배출되는 1945년 2~3월까지는 없었다. 그렇다면 1944년 8월 이전 동원자와 그 이후 동원자의 법적 지위에는 차이가 있었는가?

이에 대해서는 다소 불명확한 부분이 있지만, 두 집단 사이에 실제적인 신분상 차이는 없었던 것으로 보인다. 사실 정신대원이 국가원호사업의 대상자가 된 것은 정신대령 성립 이전인 1944년 5월의 일이었다. 계약기간을 보면 1944년 동원자는 2년 계약이었고, 신문광고에서도 계약기간이 2년이라고 명기되어 있었다. 그러나 정신대령 이후 총독부는 계약기간이 원칙적으로 1년이라고 했고, 정신대 신문광고에도 2년 계약이라는 문구가 없어졌다. 1945년 동원자 중에는 자신의 계약이 1년이었음을 분명히 밝히는 사람이 있다. 양자의 차이는 그 정도였던 것으로 보인다. 일본정신대의 경우, 산업현장에서 정신대령 이전의 자주적 정신대와 그 이후의 법적 정신대를 재편성하여 통일적인 지위로 만드는 과정이 있었던 것 같지만, 조선정신대의 경우는 그 과정이 명확하지 않다.

3. 총독부의 선전전략과 여자정신대의 유인

정신대 선전과 부모 반대

총독부는 여자정신대를 대대적으로 선전했지만 조선사회는 저항했다. 조선의 학부모 대다수가 반대했으며, 정신대가 처녀 송출이라고 여긴 부모들은 조혼시키거나 혹은 취업시키려 했다. 하지만 신문광고를 보고 정신대에 자원한 사람들도 적지 않았다.

『부산일보』(1944. 3. 19.)는 정신대가 각의결정된 다음날 '직장은 항공관계, 급료는 월급제'라는 내용의 정신대 모집기사를 크게 실었다. 료보寮母라고 불리는 기숙사 관리인 모집도 있었다.[10] 『매일신보』(1944. 5. 2.)에는 경성직업소개소 광고로서 필승정신必勝挺身, 보국報國을 자극하는 광고가 실렸다. 자격은 13세 이상 19세까지(만 12~18세를 의미하는 듯함), 국민학교 졸업 정도의 교육수준, 일본어를 이해하는 자였다.

다음은 1944년 6월 14일자 기사 내용이다. "모집인원은 국민학교 졸업자 17~20세 여자, 도야마현의 군수공장, 계약기간 2년, (후지코시 직원 기무라 씨에 의하면) 최초 6개월간은 조선정신대만 지역별로 기숙사에 수용, 다다미 20조 방(1조는 0.9미터×1.8미터)에 12명씩 수용, 식사는 배부르게 먹을 수 있음."

1945년 1월 25일자에는 '오라, 직장은 여성을 부른다'라는 큰 표제 아래 정신대 모집이라는 문구가 적혀 있다. 제출서류는 이력서와 근친자의 동의서, 2월 14일까지 경성부청 근로과에 제출할 것, 2월 15일 전형, 출발 예정은 2월 25일로 되어 있다. 그러나 계약기간에 관해서는 언급이 없다. 즉 1944년 광고에 있었던 계약기간 2년이라는 문구가 사라지고 없는 것이다. 인천부 근로동원과에서도 정신대를 모집하면서 희망자는 출신학교나 인천부 근로과에 문의하라고 광고한다. 그리고 3월 3일자 『매일신보』는 '여자정신대로 나오라'는 사설을 1면에 신고 있다.

---

10) 경성부에서 낸 신문광고(『매일신보』 1944. 6. 30.)의 경우, 료보는 고녀高女 졸업 이상의 학력을 가진 25세 이상 여자가 그 자격요건이었다.

4-2(상) 경성직업훈련소가 후지코시 정신대를 모집한다는 광고(『매일신보』 1944. 5. 2.). 자격은 15~19세(만 14~18세)의 국민학교 졸업 정도 학력자. 주목할 것은 '청년학교, 기능자양성소, 공업학교 등의 교육시설이 있다'는 부분이다. 일본 사정을 모른다면 이것을 일반적인 국민학교의 상급학교로 간주했을 수 있겠다.

4-3(중) 여자정신대 지원을 독려하는 대형 선전기사(『매일신보』 1944. 6. 14.). 기사 내용은 본문 참조.

4-4(하) 일본 잡지 『부인클럽婦人倶楽部』 1944년 4월호 광고(『부산일보』 1944. 3. 20.). 광고의 첫머리에 큰 글자로 '여자정신대를 받아들이는 직장의 지도자 좌담회' 내용이 실려 있음을 선전한다. 이 시점에서 이미 군수회사는 여자정신대를 집단으로 받아들일 준비를 진행하고 있었다고 보인다.

　　정신대 지원에는 보호자 동의가 필요했는데, 누구보다 부모 반대가 강했다. 대원 중에는 부모 도장을 훔쳤다고 말하는 증언이 다수 있지만, 회사 직원의 설명을 듣고 부모에게 알리지 않고 다음날 집합장소로 가서 바로 조선을 떠났다는 증언(후지코시 원고. 이종숙)도 있다. 심지어는 정신대로 일본에 도착한 후 집에 편지로 동원사실을 알렸다는 대원도 있다(미쓰비시 원고 이○○).

　　가족 내 정신대 찬반의견으로 집안싸움이 일어난 경우도 있었다. 양춘희(후지코시)의 경우, 홀어머니가 학교까지 찾아와서 정신대에 반대했다. 그러나 집안 생계를 책임지던 오빠는 '조건도 좋고 공부도 할 수 있다니 가도 좋다'는 입장이었다. 그 일로 어머니와 오빠가 다투었다고 한다. 그녀는 힘든 경제적 상황 때문에라도 정신대에 가려는 마음이 있었고 무엇보다 학교 졸업장을 준다는 것에 마음이 쏠렸다고 말한다.

학생이 부모를 설득시켜 지원한 사례도, 밥 굶기를 계속하여 부모 허락을 받아낸 경우(후지코시 원고 안○○)도 있는데, 부모 도장을 훔친 경우도 상당수 있었다.[11] 특히 미쓰비시 소송 원고 7명의 경우는 그중 5명이 부모 몰래 도장을 훔쳤다(미쓰비시 소송 1차 판결문에 의한 분석). 부모 도장을 훔치지 않은 나머지 두 명 중 한 명은 끈질기게 부모를 설득해서 갔고, 다른 한 명은 가족의 반대가 심했기 때문에 보호자 격인 오빠가 미쓰비시명항까지 대동했다. 그러므로 7명 모두 보호자가 강하게 반대했지만 결국은 반대를 뿌리치고 정신대로 나선 것이다.

칸푸재판 원고 양금덕은 헌병 두 명과 학교장이 교실에 와서 정신대를 권유했는데(돌아올 때 집 한 채 살 돈을 벌 수 있다면서 권유했다고 함), 교실에 있던 학생 전원이 손을 들었다고 한다. 부모 반대로 9명만 정신대로 가게 되었는데, 양금덕은 부모 도장을 훔쳤다고 한다(칸푸재판 판결문).

부모 반대가 심했던 큰 이유는, 어린 나이에 타국에 가는 것에 대한

---

11) 증언 중에는 '부모 도장을 훔쳐서 찍었다'는 경우도 있고 '부모 도장을 훔쳐 학교장에게 갖다주었다'는 증언도 있다. 전자의 경우라면 가칭 '정신대 지원신청서'와 같은 양식을 가지고 가서 거기에 도장을 찍었다는 뜻이 된다. 그러나 여러 정황을 본다면, 도장은 소녀들이 찍은 것이 아니라 학교장이 찍었던 것으로 보인다. 소녀들은 도장을 학교장에게 갖다준 것을 '훔쳐 찍었다'고 표현하는 것 같다.

불안 이외에도 이미 정신대 모집단계에서 그것은 처녀송출이요 위안부가 된다는 소문이 파다했기 때문이다. 이 소문은 위안부라는 존재가 당시 한반도에 상당한 수준으로 인지되고 있었다는 의미이기도 하므로 결코 가볍게 볼 일이 아니다.[12] 부모가 반대한 데에는 일본에 대한 저항이라는 의미도 강했다고 본다. 한편, 당시에는 이미 일본사회를 경험한 사람도 많았으므로 전쟁(공습) 피해나 지진으로 인한 피해 등을 우려하여 반대하는 보호자도 있었다.

정신대 동원 저항으로서의 조혼과 취업

일본에서 정신대가 논의될 때 동원대상자는 취업하지 않아도 생활할 수 있는 여유 있는 여성, 즉 미혼자와 미취업자였다. 하지만 아무래도 상류계층은 취업하기가 쉽고 '정신대 피하기(挺身隊のがれ)' 일환으로 취업해버리는 경우도 많았으므로 이들은 정신대 대상에서 벗어나 있었다. 근로보국대든 여자정신대든 부모의 반대 또한 심해서 상류계층의 자발적 동원은 어려웠다고 한다(堀サチ子, 1991). 이에 대해 1944년 1월에는 도조 수상이 근로를 피하려는 유한계급 여성들은 부도婦道를 부끄러워해야 한다고 발언하여 노무동원 피하기를 용인할 수 없음을 직접 밝히기도 했다. 여성을 징용 대상으로 삼는다면 이 문제는 자연히 해결된다는 의견이 있었으나 여자는 징용대상에서 제외되었고, 일

---

12) 이 소문은 식민지 저항이라는 관점 이외에도 다양한 요인들이 관련되어 있을 수 있다. 정신대는 최장 2년 반 정도의 동원이었으므로, 실제로 정신대로 가서 위안부가 된 사례가 있었기 때문에 그러한 여론이 형성되었다고는 보기 어렵다. 그러므로 '여자아이를 밖으로 내보내는 행위'를 사회가 어떻게 해석하고 있었는가를 살펴볼 필요가 있다. 혹은 위안부였던 이가 돌아와서 자신이 정신대로 모집되었다고 말함으로써 그러한 혼동이 심화되었을 수도 있다. 이 문제의 해명에는 당시 사회의 하부구조와 여성과 관련된 사회문화에 대한 탐구가 필요하다.

본에서 여자징용은 1944년이 되어서 극히 부분적으로 시행되었을 뿐이다.[13] 그 후 1945년 8월 정신대령을 시행하면서 상류계급의 정신대 피하기 현상을 일소할 수 있을 것이라고 기대되었다고 한다.

일본에서 정신대에 대한 기피는 정신대령이 시행된 이후에도 결코 약해지지 않았던 것 같다. 예를 들어 도쿄의 경우, 정신대령 이행 이후 만 14세부터 25세 미혼여성 전원을 동원한다는 목표를 세웠지만, 1944년 9월 소집장을 발송한 약 7만 명 대상자 중에서 정신대로 결성된 수는 약 5000명(7퍼센트), 선발장소에 나오지 않은 이들이 17퍼센트, 참가불능이라는 사람이 76퍼센트나 되었다. 결근율도 처음에는 90퍼센트 이상인 경우도 있었다고 하며 그 후 개선되었다고는 해도 공습이나 악천후에는 50퍼센트 이하로 떨어지기도 했다(小池, 1996: 124). 물론 멸사봉공 정신에 투철한 대원들도 있었지만 그만큼 여자의 노무동원에는 저항이 강했다는 것을 보여준다.

당시 일본에서 유한여성에 대한 비난이 매우 심했음은 신문을 통해서도 확인된다. 일본정신대 증언에 의하면 고등여학교 상급반이었을 때, 교사로부터 "진학하거나 혹은 탄탄한 기업에 취직하지 않으면 정신대로 동원될 수 있다"는 말을 들었다는 사례가 많다. 부유층 사이에서는 취업 증명서를 구하여 제출함으로써 정신대를 피하는 일도 있었던 모양이다. 그러한 세태를 비판하면서 여자의 노동보국을 선전하는 신문기사는 수없이 많다. 아예 '반성하라 유한여성'이라는 제목의 노

---

13) 국민징용령이 1940년 10월에 개정됨으로써 여자도 징용이 가능하게 되었지만 그 시행은 미루어졌다. 일본에서 여자의 일부 징용이 시작된 것은 1944년 11월('여자징용실시 및 여자정신대 출동기간 연장에 관한 건'. 후생차관 통첩)이다. 다만, 여자징용 대상은 '남자징용이 시행되는 공장사업장에 이전부터 근무하던 여자'에 한정되었다. 군수공장에서 일하던 여자노동자에 대한 징용, 즉 현원징용이었다. 여자에 대한 신규징용은 시행되지 않았다.

골적 비판기사도 등장한다. 당시 정신대 피하기는 '비국민非國民'(히코쿠민. 우리말 매국노의 뉘앙스를 가진 낱말)이라고 낙인찍히는 분위기였다고 한다. 각 지역의 부인회에서 '유한여성有閑婦人'의 명부를 작성했던 것은 이미 밝혀진 바다.

조선에서도 여자정신대 피하기 현상은 두드러졌다. 그것을 여자공출로 간주하는 사회 분위기였기 때문이다. 조혼과 취업이 그 수단이었다. 다음은 4월 22일자 『경성일보』 '조혼자早婚者로 범람하는 도시'라는 제목의 기사내용이다. "동대문서署 관내의 결혼상황을 보면, 1년 전인 1943년 결혼연령은 남자 22/23~25/26세, 여자는 19~21/22세였는데, 1944년 1월 이후는 남자는 18/19~22/23세, 여자는 17/18~20세로, 심한 경우는 15/16세도 있다. 이것은 정신대로 가지 않으려고 하는 현상이다"(中谷·河内, 1944: 31-32). 조혼은 단순히 여자정신대 피하기에 그치지 않고, 혹시 있을 수 있다고 생각한 여자징용에 대한 반응이기도 했다.

고이소 총독은 "최근 여자를 노무자로서 징용한다는 소문으로 인하여 결혼을 서두르는 현상이 있다고 들었는데, 여자 징용은 결코 없다. 총독인 내가 여기서 명확하게 단언한다"(『경성일보』 1944. 4. 17.)고 밝혔다. 이러한 현상은 뒤집어 생각하면 총독부가 조선인으로부터 신뢰받지 못하고 있었다는 증거이기도 하다.

취업하여 정신대를 피하려는 움직임도 있었다. 1944년 1월 28일 『매일신보』('여학생 취업 단연 많아졌다'는 기사)는 다음과 같이 보도했다. "여자중등학교 18개교 졸업자 2588명 중 취업희망자 1107명, 상급학교 진학자가 831명, 가정에 있는 자는 650명이다." 그 이전의 취업통계가 없으므로 비교가 불가능하지만, 이 취업자수는 갑자기 증가한 수치라는 뜻으로 기사화된 것으로 보인다.

정신대가 곧 위안부라는 소문에 대해서는 총독부 역시 인지하고 있었다. 총독부가 작성하여 일본 각의로 제출한 문건인 '관제개정 설명자료'(『朝鮮總督府帝国議会説明資料』第20号, 1990)는 "미혼여자 징용은 필시 그들 일부를 위안부로 만든다는 등 황당무계한 유언流言이나, 항간에 떠도는 악질적 유언 등이 섞여 있어서 노무동원은 앞으로 점점 더 곤란해질 것"이라고 예상했다. 조선에 나가 정신대를 모집하던 기업의 직원들도 그 점을 의식해서 '위안부가 아니라 예절을 가르치고 공부도 가르치니 안심하라'고 대원의 부모들을 안심시켰던 모양이다. 조선정신대를 인솔하기 위해 조선에 나갔던 미쓰비시명항 관계자가 그렇게 증언한다.

총독부의 선전전략: 출발 전과 출발 후

여자정신대는 일과성 사업이 아니라 지속적인 사업이었다. 1943년 이른 봄에 동원되었는데, 1944년에도 새 졸업생이 배출되는 3월부터였다. 당연히 그 이듬해의 동원도 염두에 두었다. 따라서 총독부는 정신대로 동원된 사람들이 일본 공장에서 잘 생활하고 있다고 적극적으로 홍보했다. 부모를 안심시키는 것이 계속적인 노무동원을 위해 필요했기 때문이다.

정무총감은 대원들의 안전을 보장하겠으니 부모들이나 당사자들은 안심하고 정신대에 지원하라고 독려하는 담화를 발표했다(『매일신보』 1944. 6. 13.). 총독부 기관지들은 정신대 지원자가 쇄도하고 있다고 선전했다. 1944년 7월 2일 출발한 경기도대의 경우, 경성에서는 6월 초부터 정신대 모집을 시작했는데, 6월 15일 기준 지원자가 70명이나 된다는 것(『매일신보』 1944. 6. 15.), 지원자가 많아 대상자 선발을 위한 전형을 실시한다는 선전기사를 게재했다. 경성부와 인천부의 노무과도 정신대 모집 선전광고를 냈다. 인천대의 경우 50명 모집에 128명이 지원하여 전형을 실시한다고 보도했다(『매일신보』 1944. 6. 24.).

신문기사나 광고는, 실제로 지원자수를 확보하기 위해서도 여자정신대 모집의 공신력을 얻기 위해서도 필요했을 것이다. 정신대원 중 신문광고를 보고 지원한 대원도 적지 않았지만, 학교동원과는 달리 지역동원 기록은 거의 남아 있지 않으므로 그 실체를 파악하기가 어렵다.

조선정신대 동원에는 인솔자가 있었고, 인솔자는 학교 교사, 총독부 혹은 각 지역관청 노무과 직원 등이었다. 학교장은 교사가 정신대 인솔자로 동행한다는 사실을 학생과 학부모에게 적극 선전했다. 실제로 학교장이 정신대를 대동하여 일본까지 간 경우도 있었다. 하지만 부모의 불신은 깊었다. 정신대로 가는 딸을 걱정한 부친이 여비를 마련해서는 일본까지 따라가 딸이 후지코시에 도착하는 것을 본 후 돌아간 경우(양춘희 증언)도 있었다.

한편 지역동원인 경우, 1945년 포항지역에서 후지코시로 동원된 나○○(후지코시 1차 판결문)은 면직원이 교사와 함께 후지코시까지 인솔했다고 말한다.

정신대가 일본으로 떠날 때는 장행회라는 환송식을 열었다. 줄지어서 신사神社나 신궁神宮을 참배하고 출발하는 모습을 총독부는 선전했다. 환송식에는 지사나 부윤, 군수 등 행정수장이 참석했다. 그만큼 중요한 일로 취급했다. 작은 도시나 시골에서는 신사에서 장행회를 열기도 했다. 후일 정신대원의 증언을 분석해보면, 자신들을 격려와 환송 속에서 조선을 떠나 일본으로 향한 사람들로 인식하고 그 점에 대해 다소 자책감을 보이는 경우가 있다. 학교로부터 전별금을 받기도 (이종숙) 했다.

1944년 7월 2일 출발한 경기도대의 경우, 출발일 행사 일정은 다음과 같았다. "오후 3시부터 경기도청(경기도청은 현재 역사박물관 자리인 조선왕조 의정부 자리임) 제1회의실에서 경기도지사 등이 참가한 가운데 장행회가 열렸다. 훈시 등에 이어 대원 대표(平田政子. 조선명 불명)의 선서, 기념품 증정, 〈황국신민서사〉 제창으로 장행회 행사를 마친다. 그 후 줄지어 조선신궁神宮(경성역에서 보면 맞은편 남산 기슭. 신도神道에서 신을 모시는 곳이 신사, 덴노나 황실 관련의 신사를 신궁이라고 함)을 참배하고 오후 8시 2분발 열차로 경성을 떠나 부산으로 향했다"(『경성일보』1944년 7월 3일자 기사 요약).

이 기사는 당시 경기도대로 동원되었던 대원(김희경. 진상규명위)의 증언과 일치한다. 그녀는 그날 조선신궁에서 서울역과 남대문 쪽을 내려다보니 정신대원으로 떠나는 딸자식에게 먹일 음식을 가져온 가족들로 도로가 온통 메워져 있었다고 말한다.

한편 여자정신대가 일본으로 출발한 후에도, 계속해서 정신대 동원을 원활히 추진하고자 총독부는 다음과 같은 두 가지 전략을 사용했다. 첫째, 정신대를 인솔하여 일본에 갔다가 돌아온 인솔자 혹은 현지 시찰을 다녀온 보호자 등이 참가하는 정신대 보고회를 개최하는 것, 둘째, 신문매체를 적극적으로 활용하여 정신대로 동원된 대원들의 편지를 공개하거나, 신문사 특파원 보고 등을 통해 정신대와 관련된 미담기사를 만들어 신문에 싣는 것이었다.

정신대의 일본행에는 신문기자들도 동행하여 정신대가 무사히 도착했다는 소식이나 근황을 직접 전하기도 했다.[14] 정신대 인솔자가 조선으로 돌아오면, 보고회나 좌담회를 조직하여 학부모나 지역사회를 안심시키고자 했다. 일본 공장에서 자신들이 일하는 모습을 조선에 있는 가족 등에게 보여주기 위해 활동사진을 찍더라는 증언(후지코시 원고 최희순)이 있으며, 실제로 일본 공장에서 일하던 중에 자기 어머니가 공장시찰단으로 왔다고 증언하는 대원도 있다(미쓰비시 1차 판결문). 학부모 대표가 일본에 가서 정신대 노동현장을 시찰했다는 신문기사도 있다.

그러나 지방의 작은 학교에서 정신대로 간 경우, 혹은 지역모집을 통해 정신대에 동원된 경우, 그 보호자들에게 개별적인 보고를 했는지, 했다면 어떤 방법이었는지는 불명확하다. 1944년 8월 초에는 후지코시에 정신대를 인솔했던 노다 경기도 노무과장이 돌아와서 보고회를 열었고, 8월 22일에는 여자정신근로대의 근황에 관한 좌담회가 개최되었다. 여기에는 후지코시의 고문顧問 두 사람과 학교관계자, 보호자 등 60명이 출석(『매일신문』 1944. 8. 23.)한 것으로 되어 있다.

총독부의 두 번째 전략의 사례를 살펴보면, 정신대 체험기나 미담기사가 『매일신보』에 자주 실렸음을 알 수 있다. 미담기사는 정신대령이 시행되던 1944년 8월 말을 전후한 시기에 특히 많았다.

일본에 간 정신대원들이 총독부 고관 등에게 보낸 편지가 기사화된

---

14) 예를 들어 『매일신보』(1944. 7. 8.)는 '경기여자정신대 목적지 안착, 입장식'이라는 기사를 게재했는데, 현지 보고형식으로 된 기사 내용은 다음과 같다. 즉 "지난 7월 2일 경성역을 출발한 경기여자정신대 ○○○명은 노다野田 경기도 노무과장의 인솔하에 한 명의 낙오도 없이 6일 새벽 도야마 ○○공장에 도착했다. 당일 11시에는 이미 거기서 일하던 일본인 선배 정신대의 환영 속에서 입장식을 마쳤다. 그리고 곧 기숙사(寮)에 가서 여장을 풀었다. 노다 과장은 이러한 상황을 곧바로 경기 도지사에게 전보로 보고했다."

경우도 여러 건 확인된다. 다만 그 편지들이 완전히 자발적으로 작성되었는지는 의문이 있다. 편지쓰기에 상당한 지도가 개입되었을 가능성이 다분히 있다. 다음은 편지의 일례다(『매일신보』 1944. 9. 30. '종로구장에게 보낸 편지 전문').

구장님 기체 안녕하십니까? 저희들은 모두 잘 있습니다. 한 달의 훈련도 마치고 지금은 공장에서 일하고 있습니다. 점점 일에 재미를 느끼고 있습니다. 공장에서나 기숙사에서는 일본 언니들이 친절하게 지도해줍니다. 반도여자정신대로서, 경기도대원으로서 저희들은 일할 수 있는 영광을 누리고 있고, 서로 손잡고 적을 부술 때까지는 결코 돌아가지 않겠습니다. 저희 집은 청운동인데 7월 2일 근무하던 화신和信을 사직하고 정신대에 지원했습니다. 하루하루 지날수록 더욱 재미를 느낍니다. 우리를 지도해주시는 분들도 친딸같이 친동생같이 대해주어서 얼마나 기쁜지 모르겠습니다. 아직 공원工員이 되지는 못했습니다만, 힘껏 노력하여 부모와 여러분들의 기대에 어긋나지 않도록 힘쓰겠습니다. 그것이 우리의 유일한 즐거움입니다.

이와 같은 편지 공개는 내가 확인한 범위 내에서 말하면, 해방을 불과 사흘 앞둔 1945년 8월 12일자 『매일신보』에 실린 것이 마지막이다. 일본 비행기공장에 동원된 광주 출신 정신대원 히로야마(廣山: 조선명 불명)가 광주 부윤 고마쓰小松에게 보냈다는 혈서 편지다.

한편 전쟁 말기로 가면서 일본에는 공습이 더욱 잦아졌으므로, 조선에 있는 정신대 가족을 안심시키기 위한 보도 활동도 했다. 예를 들어 총독부 시오타 광공국장은 『매일신보』(1945. 3. 20.)에 다음과 같은 담화를 발표했다. "최근 도쿄·오사카·나고야 등 중요도시에 적기의 공습으로 약간 피해가 있었던 것이 사실이다. 그러므로 그 지역에서 일하는 조선 근로자들의 가족이나 친척이 염려하는 것도 당연하다. 그러나 관계당국의 조사에 의하면 일반적 피해도 크지 않았고, 반도출신 근로자들은 무사히 생산증강에 힘쓰는 중이다. 당국에서는 방위보험과 의료부조원호 등에 만전을 기하고 있다."

실제로 도쿄마사에 동원되었던 오일순(진상규명위)이 해방 후 귀국했을 때, 그 부모들은 자신의 딸이 동원된 도쿄마사 공장이 폭격으로 불탔다는 사실을 신문 방송을 통해 이미 알고 있었다. 그랬기 때문에 딸이 무사히 돌아올 수 있을지 매우 걱정하고 있었다고 한다. 딸이 돌아오자 어머니는 맨발로 뛰어나왔다고 하며, 외할아버지가 엄청 우시더라고 기억한다. 당시 여자정신대에 관한 상황은 조선에도 어느 정도는 수시로 알려지고 있었다고 생각된다.

정신대 지원의 유인

정신대는 적어도 형식적으로는 본인의 지원 의지와 보호자의 동의가 필요했다. 그 지원 동기 중 소위 황민화 의식이라는 차원에 대해서는 뒤에서(제7장) 자세히 논의하기로 하고, 여기에서는 지원자들의 지원 동기만을 검토하기로 한다.

부모의 권유로 정신대에 지원했다는 사례도 아주 없지는 않다. 여순주(1994: 75)가 면담조사한 31명 중 '아버지의 권유'가 2건 있다. '공부도 시켜주고 구경도 한다고 하니 가라'고 한 경우가 1건, '언젠가는 끌려가니 먼저 가라'고 한 경우가 1건이다. 다만 이 경우의 권유란 자녀가 가기 싫어함에도 불구하고 권유했다는 의미인지, 아니면 자녀의 정신대 지원에 쉽게 동의하고 지지해주었다는 의미인지는 분명하지 않다.

어느 후지코시 원고(박○희)는 아버지 지인인 관리로부터 정신대에 관한 정보를 듣고 아버지가 나서서 정신대 지원을 권유한 예외적인 사례다. 또한 김희경(진상규명위)은 아버지가 경성부청 수도과에 근무하는 공무원이라서 솔선하여 정신대로 보내려 했다고 말한다.

부모 반대가 명확한 경우에도 부모 도장을 훔치거나 밥 굶기를 계속하여 동의를 받은 경우가 있다. 그들은 정신대에 수반되는 리스크는 전혀 생각하지 않았음에 틀림없다. 이 소녀들에게 정신대란 어떤 점에서 매력적이었을까?

그 매력이란 가정형편에 따라 다를 것이다. 지역동원인 경우는 임금 등 경제적 요인이 크게 작용했을 것이고, 학교동원의 경우는 진학 기회라는 것이 크게 작용했다. 전체적으로 볼 때, 아무래도 일하면서 공부할 기회가 있다는 것이 소녀들에게는 큰 유인이었던 것 같다. 실제로 정신대를 선전할 때, 상급학교 진학 가능성이 있다는 것, 밤에는 공부할 수 있다는 것, 혹은 정신대에 다녀오면 상급학교 편입이 가능하다는 말을 들었고 그것이 지원 동기였음을 밝히는 증언자가 많다. 대부분 '야간에 학교 보내준다, 진학기회가 있다'는 말을 들었다고 하는데, 구체적으로 졸업장을 준다고 약속했다는 증언도 있다. 미쓰비시 원고 김복례는 정신대에 가서 2년간 일하면 '4년제 고녀 졸업장'을 준다는 말을 들었다고 말한다. 후지코시 원고 이종숙은 여자정신대 모집요령에 '여학교 졸업장'을 받을 수 있다고 씌어 있었다고 말하는데, 이 같은 증언은 이것이 유일하다. 선전자료가 남아 있지 않으며 당시 조선인 교사의 증언도 없으므로 확인이 불가능하다. 다른 한편, 지역동원자의 경우는, 학교진학 등의 이야기는 들은 적이 없다고 명확히 증언하는 경우도 다수 있다.

조선에서 고녀에 진학할 수 없었던 이유는 주로 성적문제와 경제사정 때문이었다. 반에서 1, 2등 해야만 진학이 가능하다는 증언도, 반에서 10등 이내에 들어야 한다는 증언도 있다. 당시는 민족차별로 인해 조선인이 상급학교로 진학할 기회가 상대적으로 제한되어 있었다. 진학에 실패한 후 정신대에 지원한 경우도 있다. 정신대에 갔다가 돌아오면 상급학교에 편입 기회가 있다는 말에 혹했다는 이들도 여럿이다. 광주 수창국민학교 학생이었던 김미자(가명)는 "귀국하면 꼭 아사히고녀(旭高女. 현 전남여고)에 편입시켜준다는 감언이설에 속았다"고 진술했다(『전남일보』 1992. 1. 16.~1. 18.). 그러나 편입 기회는 없었으므로 그것은 거짓 선전이었다.[15] 그 말을 믿고 정신대에 참가했으나 여학교 졸업장을 받은 사람은 없었다.

지금까지 공개된 자료에 의하면, 도쿄마사의 정신대원 2명이 회사의 학비 지원으로 간호학교에 입학(6개월 속성과정)하여 간호사 자격을 딴 매우 예외적인 경우가 있을 뿐이다. 그중 적어도 한 사람은 산파 자격을 취득하는 데에도 회사의 학비 지원을 받았다(제5장).

조선정신대가 집단으로 동원된 3개 공장에는 청년학교가 부설되어 있었다. 당시 일본에서는 국민학교를 졸업하고 바로 취업한 노동자는 모두 공장 내 청년학교에 등록하여 교육을 받게 하고 있었다. 기업으로서는 적어도 조선정신대원들이 청년학교에서 공부를 배울 수 있다

---

15) 진학 가능성에 대해서는 완전히 없지는 않았다고 하더라도, 그 가능성이 극히 낮았다는 것은 출발 전에 당국자들이나 회사관계자들은 알거나 혹은 느끼고 있었다고 생각된다. 미쓰비시명항 대원들은 공장 안에 있는 청년학교에서 부정기적으로 공부했지만, 그것은 진학을 염두에 둔 것이 아니었다.

는 것을 신문광고에도 선전했다. 그것을 어린 학생들이 공부 기회 혹은 진학 기회라고 해석했을 가능성도 있다.

소녀들에게는 조선을 벗어나서 일본에 간다는 것에 대한 막연한 기대도 있었을 것이다. 거기에는 친구 관계도 작용하여 친구의 조언으로 정신대에 지원한 사례도 있다. 총독부에 정신대 모집을 신청한 기업 직원들은 조선에서 체재하면서 회사를 광고했다. 회사 팸플릿을 주며 권유하기도 하고, 학생들을 모이게 해 회사의 선전비디오를 보여주기도 했다. 여가시간에 꽃꽂이나 재봉틀 하는 모습, 수영장이나 영화관 등이 소개되었고, 여자노동자가 선반일을 하는 모습도 있었다고 한다. 도쿄마사의 경우는, 교장이 직접 사진을 가져와서 학생들에게 보여주었는데, 공장에서 후지산이 보인다는 것, 근처에 해수욕장 명승지가 있다는 것 등을 선전했다고 한다.

정신대로 일본에 간 경우라도, 그곳 생활이 싫으면 언제든 돌아올 수 있다면서 권유하기도 했다.[16] 혹은 담임에게서 앞으로 어차피 모두 가게 될 것이니 먼저 가는 것이 좋다는 독려를 받았다는 증언(후지코시 원고 P씨)도 있다. 도쿄마사에 동원된 부산 유락국민학교 출신 3명(소송 원고들)은 진학 기회가 있고 시설이 훌륭하며, 모두 순차적으로 가게 되므로 먼저 가는 것이 낫다는 교사의 권유를 받았다고 공통적으로 증언한다.

정신대로 가면 돈을 벌 수 있다는 것 역시 중요한 유인이었다. 상대

---

16) 원래 정신대령에는 정신대 해제解除, 즉 동원 중인 대원에게 사정이 생겼을 경우 본인의 출원으로 동원해제하는 규정이 있었다. 조선총독부는 그에 해당하는 사례를 다음과 같이 제시하고 있다(『매일신보』 1944. 8. 23.). 대원 당사자의 혼담이 진척되어 곧 결혼하여 가정의 기축이 되는 경우, 근로를 감당하지 못할 병에 걸린 자, 가정의 기축인 사람(언니)이 결혼하게 되어 대신 가정의 기축이 되어야 하는 경우 등이다.

적으로 빈곤가정 출신이 많았던 지역동원자의 경우에는 더더욱 그러하며, 어떻게 해서든 돈을 벌어야겠다는 생각으로 자진해서 지원했다는 증언도 다수 있다. 그들은 일하면서 배우고 거기에 임금도 받을 수 있으며, 임금 수준이 높다는 말을 들었다고 한다. 지역모집자 중에서는 소수지만, 정신대에 가면 큰돈을 벌 수 있다고 들었다는 사람이 있으며, 심지어는 집 한 채 살 돈을 번다고 들었다는 증언도 한 건 있다.

정신대 지원에는 현 상황을 탈출하고 싶다는 요인도 있었다. 가족 갈등이 있거나 계모 슬하 등의 환경이 어느 정도 작용했던 경우였다. 다 큰 여자애가 남자아이들과 어울려 다닌다고 오빠에게 뺨을 맞고 홧김에 정신대로 나섰다는 대원도 있다(진상규명위. 권석순). 지금도 그 오빠가 "내가 안 때렸으면 네가 일본 안 갔을 텐데"라는 말을 입에 올린다고 한다. 새엄마를 둔 대원의 경우, 새엄마는 자신이 일본으로 가는 것을 내심 좋아했을 것이라고 말하기도 한다.

매우 특별한 경우인데, 일본의 고된 현실을 경험한 후에도 계속 정신대로 남아 있으려고 했던 사례가 있다. 미쓰비시 원고 김혜옥은 1944년 나주 대정국민학교를 졸업하고 고녀 진학에 실패한 후 정신대로 미쓰비시명항에 갔다. 거기서는 예의작법은 가르쳐주었으나 학교에 다니는 일은 없었고 배도 고팠다고 한다. 그녀는 자신의 힘든 심경을 아버지에게 전하려고 손가락에 피를 내 '일본은 반드시 이긴다(日本は必ず勝つ)'는 혈서를 써보냈다. 놀란 아버지가 곧 일본으로 와서 같이 조선으로 돌아가자고 했으나 '일본에 남아 공부를 하고 싶다'는 생각에 아버지를 따라 귀국하지 않았다. 그 후 지진 발생으로 그 공장에서 사망자가 발생했고 김혜옥도 어깨를 다쳤다고 한다. 지진 소식을 들은 아버지가 다시 일본 공장으로 찾아왔지만, 이때에도 일본 학교에

가고 싶다는 생각에 조선으로 돌아오지 않았다(미쓰비시 소송 1심 판결문: 63-65).

원래 김혜옥의 아버지는 딸이 정신대로 가는 것에 반대했으나 딸의 고집을 꺾을 수 없었고 자신이 일본과 관계 있는 일을 하고 있었기에 할 수 없이 정신대를 승낙했다고 한다. 그녀가 일본학교에 가고 싶다는 의미가 무엇인지는 정확히 파악하기 어렵다. 어린 나이의 판단이기는 하다. 그러나 이러한 그녀의 행동과 선택을 어떻게 해석해야 할지 나 역시 당혹스럽다.

4. 1943년 자주적 여자정신대 동원

세 개의 사례

우선 1944년부터 본격적인 여자정신대 동원이 시행되기 이전인 1943년에 자주적 정신대가 제도화되었을 때, 혹은 자주적 정신대가 공식화하기 이전에 동원된 경우를 보자. 1943년에 동원된 증언은 현재 3건인데, 후지코시 원고 최복년, 도쿄마사 원고 배갑순, 그리고 김금진의 경우다. 최복년과 김금진은 학교를 통한 동원이었는데, 김금진은 실업학교 학생의 동원이었다는 점에서 특별하다. 한편 배갑순은 지역동원이었던 것으로 보이는데, 이 경우는 근로보국대로서 동원되었을 가능성도 있다고 생각된다.

최복년은 후지코시 소송 원고이므로 법정 진술서에 정신대 지원경위를 밝히고 있는데, 요약하면 다음과 같다(이하, 후지코시 소송 자료). "1943년 5월 영화榮華국민학교 6학년 때, 후지코시 사원 두 사람(그중

한 사람은 후일 후지코시에서 목격함)이 학교에 와서 후지코시에 온다면 돈도 벌고 졸업장도 주며, 중학교에도 보내준다는 말을 들었다.[17] 후지코시는 사람 모집이 되지 않아서 학교에 압력을 넣었던 것 같다. 집이 어려웠고 공부가 하고 싶었기 때문에 후지코시에 가려고 결심했다. 부모님은 반대했다. 영화국민학교에서는 8명이 가게 되었고 인천에서 합류하여 50명 정도가 부산으로 가서 연락선으로 일본에 도착했다. 거기서는 기차로 이동한 뒤 트럭을 타고 후지코시에 도착했는데, 그때가 1943년 6월이었다. 내가 가진 돈은 한 푼도 없었다. 옷이나 모자 등을 지급받았다. 정신대 지원에 물리적인 강제는 없었지만, 돈도 주지 않았고 공부도 시켜주지 않았으므로 사기나 마찬가지라고 생각한다."

1943년 정신대를 포함한 노무동원 최저연령은 만 14세였으므로 최복년은 비록 국민학교 6학년이었지만 14세를 넘기고 있었다. 만 12세가 동원되는 것은 1944년 2월 국민등록대상을 12세로 낮춘 이후부터였다.

배갑순은 1943년 2월경 16세 때 경상남도에서 35명의 여성을 동원해야 한다는 서류를 사무소에서 보여주면서 동원을 독려받았다. 2년 계약이었다고 한다. 진해에서 부산으로 가서 출국했는데, 시모노세키에서 1박한 후 기차로 누마즈沼津까지 갔다. 35명이 도쿄마사에 들어갔는데, 일하는 작업장은 각자 달랐다. 배갑순은 임금은 전혀 받지 못했고 강제저축 이야기도 듣지 못했으며, 잡비마저 고향에 편지로 연락하여 집에서 부쳐 보낸 돈을 받았다고 말한다.

---

17) 적지 않은 정신대원은 정신대에 가면 '졸업장을 준다'는 말을 들었다고 말한다. 정신대원들 중에는 '정신대로 가면 고등여학교의 졸업장을 준다'고 들었다는 대원도 있다. 졸업장을 준다는 말은, 국민학교 재학(고등과 포함) 중에 정신대로 가더라도 국민학교 졸업장은 준다는 의미였을 가능성도 있다.

세 번째 사례는 김금진의 경우다. 최복년과 배갑순은 단체동원이었지만, 김금진은 자신이 정신대로 가게 된 경위에 관해서는 구체적으로 증언한다. 그러나 그녀와 함께 동원된 집단의 인원수나 출발과정 등에 관해서는 언급이 없다. 김금진은 아마도 비슷한 경우의 사람들과 집단을 이루어 동원되었을 것이다.

김금진은 1943년 3월경 당시 경성가정여숙京城家庭女塾(현재 중앙여고) 2학년 때 정신대원 2명을 선발하지 않으면 학교가 폐쇄될 수 있다는 학교장의 말을 듣고 학교에서 유일하게 정신대에 지원하여 후지코시에 동원되었다. 당시 나이 18세였다. 경성가정여숙은 1940년 10월 황신덕(숙장), 박순천(부숙장) 등이 설립한 학교인데,[18] 1943년 3월에 제1회 졸업생(27명)을 배출했으므로 2~3년 수학과정의 학교였던 것으로 추정된다. 황신덕 전기에 의하면, 일제는 해방 직전 이 학교를 실업계로 재편하게 했고, 그에 따라 이 학교는 상업학교로 개편되어 중앙여자상과학교가 되었다. 이미 실업계였다면 실업계 학교로 재편할 필요가 없을 것이기 때문에, 경성가정여숙은 정식으로 공인된 실업학교가 아니었을지 모른다. 혹은 이 학교가 이화, 배화, 근화(덕성), 숙명 등의 여학교와 같이 고등여학교에 해당하는 학교였는지도 알 수 없다. 또한 이 학교 이외에 다른 고녀에서도 학교당 2명 정신대원 선발 명령이 있었는지도 확인하기 어렵다.

정신대 선발에 대한 원망: 김금진의 경우

김금진은 해방 후 귀국했다. 김금진은 『뉴스메이커』(1992. 6. 5. 창간호.

---

18) 『매일신보』는 1940년 10월 7일 오전 10시 경성가정여숙이 개교함을 전하면서, 조선의 현숙한 아내와 선량한 어머니 양성을 목표로 한 학교라고 소개했다.

경향신문사 발간. 표지에 '비화 추적 정신대 여고생 45년 만의 폭로', '故 박순천·황신덕 말 못할 사연'이라는 큰 제목을 싣고 있음)와의 대담에서 자신이 정신대에 지원하게 된 경위를 다음과 같이 밝혔다. 그 경위는 중앙여고 교사校史 등에도 간략히 언급되어 있다.[19]

총독부는 여학교에 각각 정신대원 2명을 선발하도록 명령했다. 정신대원을 선발하지 않으면 학교를 폐쇄하겠다는 협박을 받았다. 경성가정여숙 교장 황신덕은 전교생을 모은 자리에서 "ㄷ여고 ㅇ여고 등 다른 학교 학생들은 정신대에 지원하는데, 우리 학교에는 그러한 용기 있는 학생이 없어 학교가 폐교 위기에 처해 있다. 여러분들 중 한 명이라도 정신대에 지원하면 학교가 살 수 있다"고 말하며 정신대 지원을 호소했다. 부교장이었던 박순천도 같은 내용으로 호소했다. 하지만 지원자가 없었다. 그래서 김금진이 교장실로 가서 정신대를 지원했다. 내 한 몸 희생해서 학교를 구하자는 마음이었다.

김금진의 정신대 지원 사정에 대해서는 황신덕 전기에도 소개되어 있으나, 이 전기의 내용은 김금진의 진술과는 사뭇 다르다. 학교당국은 오히려 김금진의 정신대 지원을 만류했다고 기술되어 있기 때문이다. 중앙여고 동창회는 1971년 학교 설립자인 추계 황신덕의 전기

---

19) 이하의 내용은 『뉴스메이커』 창간호의 '故 박순천 · 황신덕 말 못할 사연'이라는 기사(67세의 김금진 할머니는 당시 ㅈ여고 2학년 때 자신을 정신대에 보냈다고 눈물을 흘리며 증언했다), 그리고 『우리 황신덕 선생』(이 책은 국립중앙도서관 데이터베이스에서 공개하고 있음. 지정도서관에서만 열람 가능)에 있는 내용을 요약한 것이다. 『중앙여고 25년사』에도 관련내용이 들어 있다고 하는데, 『뉴스메이커』 기사에 그 전문이 실려 있다. 김금진은 귀국 후 대학 한의학과를 졸업했고, 인터뷰 당시에는 한의원을 운영하고 있었다.

(『우리 황신덕 선생』, 총 677쪽)를 발간했는데, 거기에는 김금진이 정신대에 동원된 과정이 다음과 같이 기술되어 있다(중앙여자고등학교동창회, 1971: 167~171).

일제는 각 학교에서 2명씩 정신대를 선발하라는 명령을 내렸다. 황신덕 등은 학교가 폐쇄되더라도 한 사람도 일제의 제물로 보낼 수 없다고 결심했다. 직원회의에서 의논했으나 달리 방도가 없었기에, 학교 폐쇄를 각오하고 선발 거부 결정을 내렸다. 그때 김금진이 교장실로 찾아왔고, 김금진은 학교를 살리기 위해서 정신대에 지원하겠다고 말했다. 황신덕은, 학교 문을 닫더라도 그녀를 정신대원으로 보낼 수는 없다고 거절했으나 김금진의 생각을 꺾지 못했다. 사지死地에 가는 것과 다름없다고 말하며 다시 생각하기를 당부했지만 김금진은 끝내 자신의 뜻을 관철시켜 정신대로서 일본 군수공장으로 떠났다(원문에는 1945년 3월에 떠났다고 되어 있으나 김금진은 1943년의 일이라고 기술함. 이 책에는 그 밖에도 사실과 다른 기술이 있음).

이 전기는 전반적으로 황신덕을 찬양하는 내용이며, 정신대에 관한 사실과는 거리가 있는 내용이다. 여러 문헌들과 조회해볼 때, 김금진의 진술이 사실이라고 판단된다. 김금진은 학교에서 기념사진을 찍을 때 일장기가 그려진 머리띠를 매라는 말을 듣고, "내가 정신대로 가는 것은 학교를 위해서이지 일본을 위해서가 아니다"며 거부했다고 한다. 그러나 재차 요구를 받고 일장기 머리띠를 한 사진(『뉴스메이커』지에 실려 있음)이 남아 있다.

그런데 김금진은 해방 이후 귀국한 뒤에는 '자신이 정신대에 지원했다기보다는, 교장이 자신을 정신대에 보냈다'고 인식하고 있는 것으로 보인다. 그리고 학교나 황신덕 교장을 원망하는 감정을 내보이는데, 그것은 매우 이례적이다. 왜냐하면 정신대원 증언에서 정신대로 선발했다는 이유로 조선인 교육자를 원망하는 경우는 이것이 유일한 사례로 보이기 때문이다.

황신덕 등을 원망하는 구체적인 이유는 알 수 없지만, 무엇보다 여자정신대의 고생스러운 경험을 이유로 생각해볼 수 있다. 그녀는 후지코시에 있었던 2년 동안 한 번도 생리를 하지 못할 정도로 몸이 망가졌으며 귀국하자마자 1년 반이나 입원했다고 말한다. 거기에 정신대를 군위안부와 동일시하는 한국사회 분위기로 인해 그 원망이 가중되었을지 모르며 혹은 다른 이유가 있었는지도 알 수 없다. 내 주관적 판단일지 모르나, 어쩌면 귀국 후 그녀가 어느 교사로부터 직접 들었던 말이 그 계기일 수도 있겠다.

『뉴스메이커』 기사에 의하면 김금진이 귀국하자 정신대 지원 당시 국어 담당이었던 김일순(당시는 학교를 그만둔 후 『동아일보』 기자였다고 함)은 김금진에게 다음과 같이 말하며 눈물을 글썽였다고 한다. "황신덕과 박순천이 참 몹쓸 짓을 했다. 네가 정신대 간다고 해도 학교에서 못 가게 했어야 했는데. 괜한 아이 병신 만들고… 나라도 몰래 말해주어야 했는데 내 책임도 크다."

김금진은 이 말을 듣고 "여러모로 알아보았다"고 말한다. 그런데 김일순의 말을 어떻게 받아들였는지, 무엇을 알아보려 했다는 뜻인지 등은 구체적으로 알기 어렵다.

김금진은 그 일에 한이 맺혀서 박순천이 사망했을 때에는 같은 동네에 살았음에도 조문을 가지 않았다. 다만, 1970년에 황신덕이 병환이라는 소식을 듣고 찾아간 자리에서 "선생님 그때 저를 정신대로 보낸 것은 너무하셨어요"라고 마음을 알렸고, 황신덕으로부터는 "네 말이 맞다. 나도 그 일을 후회하고 있네"라는 사과의 말을 처음으로 들었다고 한다.[20]

자주적 정신대의 상징성

자주적 정신대가 제도화되던 1943년의 동원실태는 자세히 파악되지 않고 있다. 그러나 한정된 사료이기는 하지만 위의 세 사례를 통해 확인된 사실도 있으므로, 자주적 정신대가 조선여자정신대 동원에서 차지하는 의미와 총독부의 정책방향을 유추해볼 수 있다.

먼저 1943년 시점에서 노무동원의 최저연령은 만 14세였기 때문에, 정신대 대상이 되는 모집단 자체가 매우 한정되어 있었다. 국민학교를 정상으로 입학한 사람은 12세로 졸업하는데, 진학하는 경우는 고녀에 입학하거나 혹은 국민학교 고등과에 재학하면서 2년간 수학할 수 있었다. 국민학교 학생이나 졸업생을 대상으로 모집하려면, 최복년의 경

---

20) 이 기사 등 김금진의 정신대 지원문제에 관해서는, '정신대와 군위안부를 동일시' 한 왜곡된 해석들이 많고 『뉴스메이커』 역시 그러했을 가능성이 있다. 그것은 인터뷰 시기가 군위안부 문제에 대한 한국사회의 공분이 높았을 때였다는 사실과 무관하지 않아 보인다. "교장이 참 몹쓸 짓을 했다, 괜한 사람 병신 만들고"라는 김일순의 발언은 정신대를 군위안부와 동일시한 인식에서 나온 것으로 보인다. 이 기사는 모두冒頭에서 "여고생의 정신대 차출은 당시에도 드물어 박순천 · 황신덕의 친일행각의 깊이를 짐작케 하는 충격적인 새 사실이며, 이들이 자신의 제자를 정신대로 보냈다는 사실은 자못 충격적인 사실로 받아들여진다"고 쓰고 있다. 또한 "정신대로 끌려간 여성들 대부분은 비참하게 생을 마쳤거나 살아가고 있다"는 김금진의 말을 인용하고 있다. 현재 반민족행위자로 이름이 올려져 있는 황신덕에 대해서는 '제자를 정신대로 보낸 사람'이라는 것을 정형문구와 같이 사용하는 역사가들이 적지 않은데, 그들의 인식에는 '제자를 군위안부로 보낸 사람'이라는 오해가 자리잡고 있다고 생각된다. 다만 황신덕은 적어도 1940년대부터는 실제로 일제의 노무동원을 지원하는 반민족활동을 했다.

우처럼 늦은 나이에 국민학교에 입학하여 6학년 때 14세를 넘긴 소수 학생들이 대상이었다. 그러므로 최복년과 함께 후지코시로 간 정신대 원 50명이라는 숫자는 적극적으로 모집했기 때문에 가능한 수치였다 고 생각된다. 다만 이 시기의 동원에 대해서는 사료도 신문기사도 거의 보이지 않는다.

고녀 혹은 실업학교 재학생을 대상으로 한 모집은 한 학교에서 2명 정도를 목표로 했다고 추측된다. 실제로 그 수를 채웠는지 아닌지는 확인이 어렵지만 결과적으로 실업학교 재학생의 동원은 극히 적었다. 정신대 선발을 하지 못했다고 학교가 폐쇄된 사례는 없었다. 1992년 한국정부가 설치한 정신대실무대책반은 같은 해 2월부터 4개월간 피해자 신고를 받고 그 결과를 발표했는데, 거기에는 학력별 동원자수가 밝혀져 있다(『통일일보統一日報』 1992. 7. 4. 『통일일보』는 한국인이 일본에서 발행하는 일간지). 총신고 건수는 390건, 그중 위안부가 155건, 근로정신대는 245건이었는데, 근로정신대를 학력별로 보면 실업학교는 1명에 불과했다.

고등여학교에는 일본인이 다수를 차지하고 있었기 때문인지, 고등여학교 학생이 재학 중 동원된 사례는 현재까지 내가 확인한 범위에서는 없다. 황신덕은 전교생 앞에서 다른 여학교(실업학교)에는 지원자가 있다고 밝혔지만, 그 지원자란 결국은 모두 합쳐도 소수였다고 생각한다. 그러므로 총독부가 1943년의 자주적 정신대 선발을 학교에 지시하면서 학교 존폐를 입에 담을 정도로 강하게 압박했던 것은, 단순히 동원자수를 채운다는 의미 이상의 무엇이 있었기 때문이라고 보는 것이 합당하다.

나는 그 배경에는 총독부가 '상급학교 학생들의 정신대 지원'을 하나의 상징적인 행위로 위치 지으려는 의도가 있었다고 생각한다. 즉 이 동원은 상급학교 재학생이 정신대에 지원했다는 선전자료를 만드는 데에 초점을 둔 동원이었다고 생각할 수 있다는 것이다. 뒤집어서 생각해본다면, 그러한 상징적 선전자료 없이는 장차 정신대 동원이 불가능할 정도로 조선사회가 여자노무동원에 강하게 저항하고 있었음을 보여주는 것이라고 해석할 수 있겠다.

5. 정신대 편성경로: 학교와 지역

학교조직을 통한 동원

정신대 편성은 학교조직을 통한 동원과 지역조직을 통한 동원이 있었다. 이 두 가지 방법은 엄격히 구분할 수 있는 것은 아니지만, 대체로 동원 방법에 차이가 있었다. 일본 학교의 경우, 재학생은 학교가, 졸업생은 동창회가 중요한 역할을 했는데, 조선에서는 동창회 역할이 거의 보이지 않고 졸업자라도 학교를 통하는 경우가 대부분이었다. 또한 조선에서는 고등여학교 학생이나 그 졸업자에 대한 동원이 거의 없었다는 점도 일본과 다른 점이다. 조선에서는 국민학교 여학생 졸업자수 자체가 적었기 때문에 동창회가 조직되어 있지 않거나 혹은 동창회를 통한 연락이나 모집이 불가능했을 수 있다. 미쓰비시 소송 원고들의 증언에 의하면, 학교를 졸업한 뒤인데도 재학 때 담임이었던 교사의 부름을 받고 학교에 가서 정신대 동원을 권유받았다.

여순주(1994)가 면담한 37명의 경우, 정신대를 권유하거나 강제한 주체는 학교장 혹은 교사가 20명, 회사 직원과 헌병이 6명, 구장·반장·면서기가 8명, 신문광고가 1명, 친구가 2명으로 되어 있다. 여기서 학교장이나 교사에게서 권유받은 20명을 제외한 정신대원들은 소위 지역동원자에 가깝다. 국민학교의 경우는 초등과 6년 졸업생과 고등과 1·2년 재학생이 그 주된 대상이었다.

학교는 정신대 동원의 중요한 역할자였다. 당시 국민학교 교사였던 모치즈키(望月京子, 1994)는 졸업생 중 2명을 정신대로 모집하도록 몫을 할당받았다고 한다. 즉 학교를 통한 정신대 편성의 많은 부분은 국민학교를 갓 졸업했거나 졸업 예정인 자였지만, 이미 졸업한 사람 중에서도 정신대 지원자를 모집하도록 교사들을 동원하고 있었던 것이다. 혹은 교사가 지역민인 경우, 관계가 있는 청소년들을 정신대에 소개하는 경우도 있었다.

총독부는 정신대령에 근거하여 학교장에게 정신대를 편성하도록 명령하고 독려했다. 경성부는 제1차 경기도정신대 편성에 앞서 경성부윤 등이 참석한 회의에 학교 교장 200명을 모아서 정신대 모집을 독려했다(『매일신보』 1944. 6. 14.). 적지 않은 증언자들은 교장이 직접 학생을 상대로 설득과 압력을 가했다고 기억한다. 교장은 교사들을 강하게 독려했을 것이다. 교사들 역시 모집에 적극적일 수밖에 없었겠으나, 비록 학생들이 정신대에 지원하려 하더라도 부모 반대가 심해서 정신대 모집이 매우 어려웠다고 말한다.

당시 서울 방산芳山국민학교 교사 이케다 마사에池田正枝[21]에 의하

---

21) 이케다는 전라북도에서 태어나 1941년부터 교원이 된 일본인으로, 해방 후 일본으로 돌아가서는 자신이 6명의 학생을 여자정신대로 선발했다는 사실, 창씨개명에도 관여했다는 사실 등에 대해 반성하고 식민지정책에 대한 일본 반성을 촉구하는 활동을 한 인물이다. 후지코시 소송에서도 정신대 선발에 관해 증언했다. 그녀의 증언(「証言 : 朝鮮の国民学校教員として-植民地における教育の実態-」)은 『후지코시소송기록』 3집에 실려 있다.

면, 교실에서 여자정신대 제도를 소개하자 많은 아이들이 희망했는데, 부모 반대가 심해 방산국민학교 전체에서 5명만이 선발되었다. 그래서 그 아이들 학적부에는 '부모를 설득하여 이겨내고 정신대에 용감하게 참가했다'고 적어두었다고 한다.

'정신대에서 돌아온 후 여학교 편입 가능'이란 말에 정신대에 지원했다는 증언자도 있으므로, 학교 측에서는 그들이 귀국 후에 도움이 될 정보라고 여겨 학적부에 정신대 기록을 남겼으리라 생각된다. 국민학교 재학 중에 동원되면 졸업 예정자 혹은 중퇴와 같은 신분이 되므로 훗날 졸업장을 주기 위해서도 그러한 기록이 필요했을 것이다. 졸업 전에 동원된 경우, 부쳐온 졸업장을 일본 공장에서 받았다는 증언도 있고, 해방 후 돌아오니 졸업장을 주더라는 증언도 있다. 인천 송현국민학교 6학년 재학 중 동원된 박임순은 근로정신대를 2년 다녀오면 고등과 졸업장을 준다는 말을 들었다고 하는데, "졸업 전에 일본으로 갔는데, 돌아오니 졸업장을 주더라"고 말한다. 아마도 고등과 졸업장이 아니라 국민학교 졸업장이었다고 생각된다.

다만 국민학교 고등과 재학 중에 동원된 김희경(진상규명위)은 결국 고등과 졸업장은 못 받았다고 말한다. 또한 심연주(진상규명위)는 일본에 살다가 조선으로 귀국한 후 서울 장충국민학교 고등과 1학년에 편입하여 재학 중 여자정신대에 동원된 경우인데, 학교에 불이 나서 고등과 서류가 모두 타버렸다고 말한다. 아마 학적 서류가 불타버려서 졸업장을 받지 못했다는 의미인 것 같다.

사실 조선인 동원에 교사를 활용하는 것은 정신대 이전의 관행이었다. 모치즈키 교사의 증언에 의하면, 당시 학교가 조선 청년들의 교련을 담당했다고 하는데, 남자교사(일본인)가 징병되면 남아 있는 교사들이 그 일을 서로 나누어 담당했다. 그리고 방과 후에는 모든 교직원이 조선인 지원병을 모집하기 위해 깃발을 들고 마을 단위로 나가 청년들에게 지원병을 권유했다고 증언한다.

일본에서는 학교(동창회) 단위로 하나의 '대隊'(최소 50명 정도였던 것으로 보인다)를 편성하여 정신대를 조직하는 경우가 많았다. 그러나 조선에서는 그것이 불가능했다. 농촌지역은 더욱 그러하여 전라남도대의 경우는 광주, 나주, 순천, 여수, 목포 학생들을 합하여 150명으로 대를 만들었다(140명이라고 기억하는 대원도 있음. 박해옥).[22] 거기에는 정신대란 곧 처녀공출이라는 소문이 널리 퍼져 있었던 것 이외에도 여러 요인이 작용했다. 무엇보다 조선은 내지內地라고 불리던 일본에 비해 인구도 적고 더구나 취학자수가 상대적으로 적었으며 일본어 해독능력을 가진 여자가 드물었다. 게다가 나라를 위해 앞에 나선다는 황국신민사상이 국민학생들에게는 어느 정도 침투했을 가능성이 없지않지만, 부모들에게는 거의 침투되지 못했기 때문에 반대가 심했다.

정신대를 모집하는 회사는 학생뿐 아니라 필요한 경우 학부모에게도 설명회를 했던 것으로 보인다. 미쓰비시명항은 전라남도대의 인솔을 목적으로 청년학교 교련 담당 재향군인을 조선에 파견했는데, 조선에서는 여자아이를 데려가서 군위안부로 삼는 것이 아닌가 하는 부모들의 의구심이 실제로 있었다고 한다. 그래서 절대로 그런 일은 없다,

---

22) 미쓰비시로 동원되었던 전라남도대는 지진에 이은 공습으로 공장이 파괴된 후 도토쿠 공장에서 도야마에 있는 다이몬大門 공장으로 전속되었는데, 종전 후 미군 조사보고서에 의하면 1945년 8월 15일 기준 미쓰비시 다이몬 공장에는 135명의 조선정신대가 있었다. 동원된 후 6명이 지진으로 사망했기 때문에, 만약 그 밖의 사망자 혹은 탈출자가 없다면 141명이 동원된 셈이 된다. 그러나 질병으로 조기 귀국한 대원도 있었기 때문에 처음 동원자는 150명 정도가 될 것 같다. 140명으로 기억하는 사람은 귀국 시의 인원수를 말했을 가능성이 있다.

생활예절을 가르치고 공부도 시킨다면서 부모들을 안심시켰다고 한다(東南海地震·旧三菱名航道德工場犠牲者調査追悼実行委員会編·発行, 1988: 4-45. 이 문헌은 이하 調査追悼委라고 표기함).

정신대원들의 증언에 등장하는 교사는 거의 일본식 이름이다. 거의 모든 재판과정에서도 대원들은 교사 이름을 일본식 이름으로 기억하기 때문에 조선인인가 아닌가를 알기 어렵다. 일본인 교사에게 권유받았다고 말하는 경우가 보다 많지만, "학교 이름이 국민학교로 바뀌면서, 모든 선생님들이 일본인 선생님이 되었다"고 말하는 대원도 있는 등 실태를 알기 어렵다. 창씨개명(1940) 후 일본 이름의 교사를 일본인 교사로 단정했을 가능성도 있다. 당시 교사의 절반 이상은 조선인이었기 때문이다(〈표6-2〉참조). 실제로 정신대 인솔자인 조선인 교사를 일본인으로 알고 있던 대원들도 있었다. 혹은 여학생 고학년 반은 일본인 교사가 맡았을 수도 있겠다.

더구나 대원들의 이름 역시 창씨개명된 이름으로 기억하는 경우가 많으며, 일본 교사 증언자도 조선인 교사 이름을 일본 이름으로만 기억하는 경우가 대부분이다.

다만 조선인 교사의 권유였다고 명확히 증언하는 경우도 있다. 이미순(진상규명위)은 굳이 따진다면 지역동원에 속하는 경우이지만 국민학교 조선인 교사 노○철 선생님(담임은 아니었다고 함)이 지서에 추천하여 정신대로 갔다고 한다. 교장의 압력을 언급하는 대원은 더러 있지만, 조선인 교사든 일본인 교사든 정신대로 추천했다는 이유로 교사에게 나쁜 감정을 내색하는 대원은 거의 없다. 이미순도 "노 선생님이 살아 있으면 좋을 텐데"라고 말하는 걸 보면, 적어도 그 교사에 대한 원망은 없어 보인다.

지역조직을 통한 동원

정신대 동원의 또 하나의 축은 지역동원이었다. 무직자는 주민조직과 경찰이, 유직자는 직업소개소와 경찰이 관여했다. 참고로 조선에서 근무한 일본인 경찰은 대부분 한글을 알고 있었다. 일본인 경찰관에게는 조선어 정기시험이 있었고, 성적우수자에게는 1엔에서 20엔의 통역 수당, 혹은 5엔에서 50엔의 장려수당이 지급되는 등 인센티브를 제공했다. 그래서 일본인 경찰 80퍼센트 정도는 조선인과 대화가 가능했다(梶井, 1980).

지역을 통한 노무동원에서도 도시와 농촌의 동원 방법에는 차이가 있었다. 신문광고를 보고 정신대에 응한 경우는 지역동원에 속한다고 볼 수 있는데, 그들의 동기는 주로 경제적 이유였다고 추측된다. 후지코시 원고 박○숙(1925년생)은 신문광고를 보고 지원했는데, 그녀는 "기사를 보고 임금이 월 70엔이라는 것을 알았고, 조선의 직장보다 월등히 높은 임금 수준이었으므로 정신대에 지원했다"고 말한다. 다만 현재 확인 가능한 당시 신문기사에는 월 70엔 임금 언급은 보이지 않으므로 그녀가 보았다고 말하는 70엔 임금의 출처는 알 수 없다. 그녀는 불안하여 오빠를 통해 평소 교류가 있었던 학교 교사 에토라는 사람과 상의했더니, 일본 가는 것은 안심해도 좋다는 의견이었기에 정신대에 지원했다고 한다.

칸푸재판 원고 세 명의 동원 과정을 보면, 학교와 지역이라는 두 개 경로가 확실히 갈라져 있음을 알 수 있다. 두 명은 졸업 직후 담임의 권유로 동원되었는데, 다른 한 사람(유찬이. 후지코시)은 조선인 구장區長이 일본 회사 팸플릿을 가지고 집을 방문한 것이 동원의 계기였다. 유찬이는 미싱 등을 배울 수 있고 공부도 할 수 있으며 임금 수준도 높다는 권유에 마음이 쏠렸다고 말한다.

정신대령은 조선의 정신대 동원체계를 '총독부-도지사-부윤과 읍면장'으로 규정했다. 그러므로 정신대 동원에서는 학교장과 더불어 부윤 및 읍면장이 그 중요한 역할자였다. 창구는 지역 관청의 노무과, 직업소개소 그리고 읍면사무소와 경찰지서였다. 농촌지역에서는 학교동원과 지역동원이 결합된 경우도 있었다고 생각된다. 거기에 자치회, 부인회 등 주민조직이 관여했다.

지역모집자는 학교를 통해 조직된 정신대에 비해 상대적으로 빈곤층이었고 나이가 많았다. 국민학교 졸업자라는 지원 자격은 일본어 능력 때문에 정한 것으로 보이며 졸업자가 아니라도 일본어를 할 수 있는 사람은 정신대로 선발되었다. 유찬이는 당시 16세로 국민학교 3학년 중퇴였고, 아버지가 일찍 사망한 관계로 오빠의 잡화가게에서 일하고 있었는데(칸푸재판 판결문, 1998: 14-15), 아마 그 때문에 일본어를 할 수 있었던 것 같다.

각 행정부서장들은 최소한의 정신대 인원을 확보하기 위해서 정신대의 이점만을 과장하여 선전했을 가능성이 크다. 경찰의 개입이나 주민조직을 동원한 압력 행사도 있었다. 교회를 통해 비교적 가난한 아이를 정신대로 선발하기도 했다. 군청 직원한테 직접 정신대를 권유받고 지원한 경우도 있다.

지역동원의 모집과정은 학교동원에 비해 강압적이었다. 충남 청원군 북이국민학교를 졸업하고 1945년 후지코시에 동원되었던 권석순(진상규명위)의 사례를 보자.

그녀는 아버지와 함께 북이면 지서에 호출되었다. '이번에 당신 딸이 여자정신대로 가야겠다'는 말을 듣고 아버지는 안 된다고 반대했다. 그러자 지서 사람이 협박조의 태도를 보였기 때문에 권석순은 혹시 아버지가 봉변당할까 두려워 스스로 가겠다고 하면서 지장을 찍었다(권석순은 이미 이 단계에서 정신대에 가려고 결심하고 있었음). 그런데 지서에는 세 쌍의 부녀가 호출되어 있었는데, 다른 두 아버지는 끝까지 반대해서 북이면에서 그녀 혼자 동원되었다.

출발 때는 면에서 직원 두 사람이 자기를 데리러 왔는데 아버지가 다시 안 된다고 했지만, 그녀는 간다고 약속했으니 가겠다고 말했다. 부모님은 그 자리에서 주저앉았다고 한다. 권석순은 그대로 북이지서에 가서 접수하고 청주 소밀여관에서 하루 잔 후 세면도구와 일본양말을 지급받고 기차로 조치원을 경유하여 부산으로 갔다. 충청도 동원자 중에는 황간과 영동 출신이 많았다고 한다.

무직자뿐만 아니라 취업자로서 정신대에 동원된 경우도 있는데, 그 경우는 소규모 사업체의 노동자였다. 일본에서는 신문사 여기자 등도 정신대로 동원된 경우가 있었다. 그렇지만 조선에서는 주로 작은 공장의 여공이 동원 대상이었다. 일본정신대원 중에는 여자정신대 동원이 계획되고 있을 때, 담임선생님으로부터 진학하거나 혹은 '반듯한 직장'에 취직하거나 하지 않으면 여자정신대 대상이 된다는 말을 들었다는 증언이 다수 있다. 그랬기 때문에 일본정신대는 원래 유한계급을 상대로 했음에도 불구하고, 상류층은 진학 혹은 반듯한 직장 취직이 가능했으므로, 실제로는 비교적 낮은 계층의 사람들이 동원되는 사례가 많았던 것으로 생각된다.

강제동원피해진상규명위원회의 조사기록에는 취업자의 동원사례가 2건 있다. 박순덕은 작은 식품회사에서 일하다가 대전직업소개소의 호출을 받았다. 모인 사람들 중 지원하지 않겠다는 사람은 개별 면담을 했는데, "이번에 안 가면 다음에 또 소환이 있다. 가지 않으려는 이유가 뭐냐"고 탁자를 치며 다그치길래 무서워서 동의했다고 말한다. 그녀는 취업자였기 때문에 노동정보가 직업소개소에 알려져 있었던 것으로 보인다.

다른 하나는 광주 효동국민학교를 졸업하고 와카바야시 제사공장에서 일하던 이미순의 경우인데, 그녀는 지서로 호출되었다. 이미순은 "큰 방적회사 다녔더라면 여자정신대는 안 간다. 작은 회사 공장이니까 간 것이지"라고 말하는데, 매우 중요한 진술이다. 조선에서도 큰 방적회사는 그 자체가 군수공장과 같은 성격이었으므로 그 공원들은 동원대상이 아니었다.

행정기관은 당근과 채찍의 치졸한 유인책을 쓰기도 했다. 당시 빈곤가정은 제한적이나마 식량배급을 받았는데, 이미순(진상규명위)은 지서로부터 연락이 와서 가보니, "식구가 아홉이나 되고 집이 가난하니 어머니 고생을 덜 수 있도록 쌀 배급을 더 주겠다"고 말해서, 정신대가 무엇인지도 모른 채 가겠다고 대답했다. 반대로 빈곤하여 이미 식량배급을 받고 있었는데, 정신대에 가지 않으려면 배급통장을 내놓으라는 압력을 받았다는 사례(강영복. 진상규명위)도 있다.

농촌지역에서는 정신대로 나가면 남자형제의 징용을 면제해준다는 말을 들었다거나, 거꾸로 정신대로 가지 않으면 장남을 징병하겠다는 협박이 있어 정신대로 나섰다는 증언(도쿄마사 원고 조갑순)도 있다. 미쓰비시에 동원된 이상미(진상규명위)는 충남 유성국민학교를 졸업했는데 5월경 군청에서 사람이 나와서 '정신대에 안 가면 아버지를 보국대 보내겠다'고 위협했다고 말한다.

당시 일제가 여자노동자 조직화의 일환으로 추진했던 청년단이라는 조직이 지역동원에 활용되었다는 점도 주목할 일이다. 예를 들어 도쿄마사 소송 원고 우정순(1944년 당시 만 14세)은 진해에서 국민학교 졸업 후 청년단에 가입하여 방공훈련 등을 하다가 정신대로 동원되었다. 면사무소 직원과 도쿄마사 직원이 집을 방문하여 권유한 것이 계기였다. 우정순은 다음날 진해읍사무소에 집합하여 진해역에서 부산으로 기차를 타고 이동하여 경남도청(부산 소재)으로 갔다. 그곳에서는 도지사로부터 '부모형제들은 우리가 잘 보살필 것이니 안심하고 다녀오라'는 훈시를 듣고 부관釜關연락선에 올랐다고 증언한다.

같은 시기 동원되었던 오일순(진상규명위)은 진해읍사무소 옆 진일여관에서 하루 자고 아침에 단체로 부산으로 출발했다고 말한다. 모집된 대원들을 위한 여관 등을 지정해두었던 것으로 보인다. 여수에서는 쓰루아여관, 미도리여관에서 모여 출발했다는 증언이 있다.

이같은 증언을 보면 지역동원은 학교동원과는 여러 가지로 다름을 알 수 있다. 기업 직원이 면단위에까지 나가 있었고 지역 책임을 맡은 면조직이 회사 직원들의 협력을 받으며, 혹은 그들과 결탁하여 동원에 관여했던 것이다.

그런데 충청도대로서 후지코시에 동원되었던 권석순(진상규명위 구술)은 일본인 청주경찰서장의 딸이 정신대로 같이 갔고 거기서도 같이 일했다고 증언한다. 내가 본 유일하고도 특별한 일본인 동원 사례를 증언한 것인데, 자세히 검토할 필요가 있다. 권석순은 당시 청주에서 55명이 출발했고 돌아올 때 55명 모두 돌아왔다고 말하는데, 다른 한편 같이 갔던 일본인은 일본에 남았다고 말하는 등 증언내용에 다소 모순적인 면도 있다.

후지코시 원고 K씨(여수 출신)는 여수군청 직원(오야마라는 이름이라고 기억함)으로부터 연락이 와서 생계를 책임진 어머니와 함께 시청으로 갔는데, 거기서 정신대를 권유받았다고 한다. K씨는 자신과 비슷한 처지의 사람들이 그 자리에 다수 있었고, 일하면서 돈을 번다는 말을 듣고 무엇보다 가족 생계를 돕겠다는 생각에서 정신대에 지원했다고 말한다.

지역동원이라면 정신대 집결지(부 혹은 도)까지 대원들을 이동시킬 필요가 있다. 집결지는 주로 도청소재지였기 때문에, 대원들이 살고 있던 지역에서 집결지인 도청소재지까지는 개별적으로 혹은 소집단으로 이동해야 했다. 지방에서는 선발된 대원을 집결지까지 인솔하는 것이 지역 말단기관의 책임이었는데, 철도가 없는 지역에서는 관이 제공하는 트럭 등을 이용하여 집결장소까지 데리고 간 것 같다. 서울에서 동원된 대원은 스스로 전차를 타고 집결지인 광화문까지 갔다고 증언한다.

한편, 지금까지 확인된 자료에 의하면 1944년 단체동원은 7월이 마지막이었으나, 그 이후에도 지원자모집을 통해 정신대원이 개별적으로 모집되었다. 예를 들어 『매일신보』 1944년 9월 13일자 기사에 의하면, 단체동원이 아닌 자원모집의 형태로 9월 12일까지 '징용 및 정신대원으로서 46명의 지원자'가 있었다. 하지만 46명 중 정신대원이 몇 명인지는 밝히고 있지 않다. 이들을 위해서는 우선적으로 기업에 채용될 수 있도록 수속을 밟고 있다고 되어 있다.

여순주(1994: 70-72)는 『매일신보』 기사에 등장하는 여자정신대 동원 명부를 작성하여 실었는데, 그 수는 1944년 8월 이후 12월 말까지 모두 29명이다. 그 후 1945년 2월부터는 국민학교 졸업 예정자를 주축으로 하는 집단적 동원이 시작되기 때문에, 위의 29명은 수시동원의 성격이었다고 생각된다. 그들이 동원된 공장이 어디였는지는 알 수 없다.

직업소개소의 역할

정신대를 조직하는 과정과 수단은 일본과 조선에서 차이가 있었다. 일본에서 정신대 편성과 동원을 책임진 중앙기관은 후생성과 내무성이며, 대상자 선정과 동원 등 실무를 담당하는 조직은 직업소개소와 경찰이었다. 경찰은 각 경찰서에 생산증강동원본부를 설치하는 등 지방공공단체와 짝을 이루어 노무행정을 주도했다. 노무동원에 관한 정부 지침은 경찰에 바로 시달되었으며(齋藤, 1997), 경찰은 노무동원에 따르는 인력 통제와 단속을 담당했다. 조선의 경우에도, 경찰조직은 정신대 동원과 깊이 관련되어 있었지만, 전국적으로 조직화된 직업소개소 체제를 가지고 있지 못했던 것이 일본과 결정적인 차이였다. 조선총독부는 1943년부터 (자발적인) 정신대 조직을 위한 준비에 들어가서 1943년 12월에 노무과를 신설했다.

　1939년 1월 일본에서는 국민직업능력신고령이 시행되어, 전시에 필요한 직업능력 보유자는 모두 직업소개소에 노동관련 정보를 등록하게 했다. 등록대상은 그 후 확대되어 1940년부터는 '청년'국민등록(16세 이상 20세 미만 남자)이 시행되었고, 1941년 10월부터는 '청장년' 국민등록이 시행되어 등록대상자는 16세 이상 40세 미만 남자, 그리고 16세 이상 25세 미만 미혼여자로 확대된다(1941년 10월 기준 등록자 874만 명). 국민등록 대상자 연령은 계속 낮아져서, 여자는 1944년 2월 국민직업능력신고령 개정에 의해 12세 이상 40세 미만으로 확대되었다. 정신대령이 규정한 동원대상은 국민등록자였으므로 12세 이상이 정신대 동원의 대상이 된 것이다.

그러나 조선에서는 1940년 시점에서 공립직업소개소는 전국에 약 10개소가 있었을 뿐 전국적으로 조직화돼 있지 않았고 특수기술노무자를 제외하고는 등록정보가 없었다. 다만, 직업소개소가 설치되어 있던 도시의 경우에는 직업소개소에서 노무동원에 상당한 역할을 했던 것으로 보인다. 어쨌든 이러한 사정 때문에 정신대령이 시행된 후에도 조선에서는 정신대령이 정한 방법과 절차대로 정신대를 편성하기가 어려웠다.

일본 최초의 직업소개소는 1911년 도쿄에서 개소되었다. 구빈사업(당시 용어는 사회사업) 혹은 실업자 구제라는 측면에서 직업을 소개하는 조직이었다. 직업소개소의 보급은 제1차대전 직후 1919년 설립된 국제노동기구(ILO)의 활동과 깊이 관련되어 있다. ILO 1차총회에서 채택된 '실업에 관한 조약'(1919. 11. 28. 조약발효는 1921년)은 체결국에게 공적 직업소개소 설립과 영리목적 직업소개소의 폐지를 권고했다. 그리고 만약 해당국이 식민지나 보호령을 가지고 있다면 그 지역에도 같은 조치를 취할 것을 촉구했다. 일본은 이 조약을 1922년 비준했다. 1921년에 제정된 직업소개법은 이 조약 비준을 위한 조치였다. 조선에서도 1922년 경성직업소개소가 공립으로서는 처음으로 설립된다.

그 후 산업노동력의 공급을 조절할 필요가 생기자 일본 직업소개소는 전국적으로 조직화된다. 그리고 전시동원과 관련된 노무통제가 직업소개소의 업무가 되자 1938년 직업소개체제를 수정하여, 지방공공단체(시정촌) 설립의 직업소개소를 국영으로 전환하고, 직원을 증원하여 단순한 직업소개뿐만 아니라 노무관리 업무도 관장하게 했다. 1938년 일본 직업소개소는 384개소, 직원수는 3079명이었다(外村,

2012: 39). 그에 따라 명칭도 변경되어 1941년부터 국민직업지도소로 개칭된다. 그 후 총동원체제하에서 1944년 3월부터는 국민근로동원서署로 재편되어 전시 노무통제의 실무조직이 된다. 노무동원은 경찰과 더불어 전국적 조직을 갖춘 직업소개소가 주관하게 되었다.

한편 조선에서 직업소개소가 처음 설립된 것은 1913년(사립, 화광교단직업소개소)이었는데, 공립 직업소개소는 경성과 평양에 이어 1923년에는 일본행 연락선 창구인 부산에 설립되었다. 전술한 대로 1939년까지 일본 내무성의 기본 방침은 조선 노동자 일본 이주를 억제한다는 것이었고, 인천과 부산의 직업소개소는 일본으로 가려는 노동자에게 조선북부 공장지대 일자리를 소개하고 알선하는 것을 주된 업무로 삼고 있었다.[23] 거기에 경찰이 깊이 관련되어 있었다. 그것은 인구이동 특히 국외이동과 관련이 있었기 때문이다.

여자정신대의 국외이동에 대해서도 예외 없이 경찰이 깊이 관여하고 있었음을 보여주는 중요한 증언이 있다. 후지코시 대원 성영애(진상규명위. 상주군 상산국민학교)는 1945년 7월 중도 귀국했는데, 귀국해서 가장 먼저 한 일은 경찰서에 가서 귀국 신고를 하는 것이었다. 그다음으로 출신학교 대원들에게 일본 공장으로 운동화를 보내주었던 국민학교 교장에게 가서 감사인사를 했다고 증언한다.

참고로, 조선의 직업소개소는 일자리 찾기에 어느 정도 실적을 가지고 있었다(〈표 4-2〉). 조선에서 직업소개소를 통한 구직자수는 1930년

---

23) 다소 예외적인 경우일지 모르나 북부지역의 수산회사가 부산지역의 노동자를 대규모로 모집하는 경우도 있었다. 한 기사(『부산일보』1940. 4. 13.)에 의하면, 함경북도 어대진의 조선수산개발회사는 성어기에 인력이 모자라, 부산을 직접 방문했다고 한다. 부산직업소개소의 알선을 통해 500명의 인부를 모집하기 위해서였다. 노무자의 대량모집은 직업소개소를 경유하게 되어 있었으므로 부산직업소개소가 직업 알선을 행했다.

표 4-2 직업소개에 의한 취업률

	일반직업 소개				일고직업 소개			
	구인수	구직자수	취업자수	취업률(%)	구인수	구직자수	취업자수	취업률(%)
1927	8,225	15,356	5,449	35	6,080	8,012	4,362	54
1928	10,026	17,091	5,100	30	9,272	5,815	5,815	85
1929	11,329	20,973	6,330	30	13,768	13,180	13,180	88
1930	16,328	28,816	9,293	32	7,511	8,353	6,653	80
1931	18,140	36,002	11,353	32	49,553	53,901	49,376	92
1932	22,129	43,103	14,085	33	186,757	194,737	186,314	96
1933	27,339	46,037	16,938	37	325,447	328,478	324,166	99
1934	33,505	47,754	19,341	41	177,338	180,493	177,581	98
1935	30,364	41,833	18,797	45	22,096	23,040	21,689	94
1936	33,130	44,771	19,170	43	15,483	16,628	15,516	93
1937	40,397	54,430	24,984	46	21,433	22,142	20,660	93
1938	45,301	48,407	27,014	56	110,235	111,350	110,175	99

出所: 朝鮮總督府, 『朝鮮社会事業』 각년도.

2.8만여 명, 1935년에 4.1만여 명으로 증가했지만, 실제 취업률도 같은 연도에 32퍼센트에서 45퍼센트로 상승했다. 그러나 구인수가 구직자수보다 많았음에도 불구하고 실제의 취업률은 높지 않았다. 당시의 보고서는 그 배경에 육체노동을 꺼리는 조선의 문화적 요인이 있다고 분석했다(朝鮮總督府 『朝鮮社会事業』 각년도).

대도시의 직업소개소는 국민학교 졸업생 취업에도 상당한 역할을 했다.[24] 1943년도의 경우, 구인신청자 총수는 1500명이었으나 취업

---

24) 『부산일보』(1944. 1. 8.) 기사에 근거하여, 직업소개소가 3월에 졸업하는 국민학교 졸업 예정자의 취업을 촉진하는 활동내용을 정리하면 다음과 같다. '부산직업소개소는 부산에 있는 각 공장에 소년 직공 채용 신청서를 발송하여 각 공장에서 필요로 하는 직원수를 1월 15일까지 보고하게 한다. 그 신청서를 취합하여 각 국민

희망자는 500명에 불과했다고 하는데, 1944년도에는 취업을 독려하는 활동을 보다 적극적으로 행했다. 국민학교 남자 졸업자 중에서 취업희망자가 적었던 이유는 확실하지 않다.

1940년에 조선직업소개령이 시행되어 노무배치 업무를 직업소개소가 수행하게 되었지만, 이 시점에서 각 도에 하나 정도 부립府立으로 설립되어 있던 직업소개소 중 6개를 국립으로 전환했다(〈표 4-3〉). 하지만 직원수를 보면, 7명의 겸임자를 포함해도 75명에 불과했다(『朝鮮總督府調査月報』 1940. 2.). 국립직업소개소가 설치된 6개 도시에서는 직업소개소가 노무동원 업무를 수행했지만, 노무동원 전반을 직업소개소 조직을 통해 해나간다는 것은 현실적으로 불가능했다.

조선에서 각 도 도청소재지에 직업소개소가 설치되는 것은 1942년 1월 30일부터다. 이 시기에 충북 청주, 전북 전주, 황해도 해주, 강원도 춘천에 직업소개소가 설치되어 전국 13도 도청소재지에 모두 직업소개소가 설치되었다(『매일신보』 1942. 1. 18.).

이러한 사정에 더하여 정신대 동원에는 부윤이나 읍면장의 역할이 강조되었지만, 그 업무를 수행할 읍면직원들이 부족했다. 예를 들면, 응징사 등에게 가족수당을 지급하는 경우, 가족수당은 피부양자수에 따라 지급되는 제도였는데, 호적조사 등을 통해 피부양자수를 정확하게 파악하기에는 인력이 터무니없이 부족했다. 그래서 연령별로 피부양자수를 추정하여 지급했다고 한다.[25] 조선총독부는 징용령서

학교에 정보를 제공한다. 그리고 1월 22일 각 국민학교 담당교사 회의를 소집(1월 22일)하여 취업지도를 적극적으로 행한다.'

25) 총독부 설명자료(『매일신보』 1944. 8. 23.)에 의하면, 총독부는 일본으로 동원된 응징사나 관 알선에 의한 노무동원자에게 가족수당과 별거수당을 지급하기로 결정했다. 원래 기업이 지급하게 되어 있는 가족수당을 총독부에서 더욱 철저하게 지급한

표 4-3 조선의 직업소개소 현황(1940년)

직업소개소별	소재지	운영주체	직원수*	공·사립	설치 연도
경성부 직업소개소	서울(경성)	부府(후 국립)	17(1)	공립	1922. 8. 1.
화광교단 직업소개소	서울(경성)	화광교단	5(2)	사립	1921. 12. 1.
경성구호회 직업소개소	서울(경성)	경성구호회	4	사립	1913. 7. 7.
인천부 직업소개소	인천	부府	2	공립	1932. 1. 9.
군산부 직업소개소	군산	부府	3(1)	공립	1935. 8. 1.
목포부 직업소개소	목포	부府	2	공립	1936. 6. 1.
대구부 직업소개소	대구	부府(후 국립)	6(1)	공립	1928. 5. 1.
부산부 직업소개소	부산	부府(후 국립)	13	공립	1923. 8. 4.
평양부 직업소개소	평양	부府(후 국립)	9	공립	1922. 8. 4.
신의주부 직업소개소	신의주	부府(후 국립)	3(1)	공립	1928. 12. 1.
선천읍 직업소개소	선천	부府	(1)	공립	1929. 3. 20.
함흥부 직업소개소	함흥	부府(후 국립)	4	공립	1930. 10. 1.

* ( ) 안 숫자는 겸임
자료:『朝鮮總督府調査月報』1940년 2월호에 근거하여 작성.

가 여자에게 전달된 경우가 있고, 혹은 4세 아이에게 징용령서가 발급된 경우가 있는 등 행정착오가 발생했음을 인정하고(『국민징용의 해설』, 1944), 노무동원을 원활하게 하기 위해 읍면사무소 직원을 증원했지만, 합리적인 노무동원에 필요한 행정인력에는 미치지 못했던 것으로 보인다.

다는 것이었다. 가족수당은 피부양자수에 따라 가산하는 방식이었는데, 조선에서는 이를 정확히 파악할 수가 없었기 때문에 근로자 연령에 따라 피부양자수를 일률적으로 산정하여 지급했다. 즉 가족수당은 피부양자 1인당 5엔이었는데, 20세 이하는 피부양자 1인, 20~24세는 3인, 25~29세는 4인, 30세 이상은 5인으로 계산하여 지급하기로 했다는 것이다. 참고로 이 시기에 별거수당이 신설되었는데, 가족을 데려가지 않은 근로자가 그 대상이었으며 급여수준은 대체로 월 10엔 정도였다. 그중 3분의 2는 국고부담, 3분의 1은 사업자부담으로 되어 있었다.

6. 정신대 출귀국과 인솔자

출국과 인솔자

조선정신대가 일본회사에 도착하기까지 소요되는 경비는 원칙적으로 해당 기업에서 부담했다. 다만, 조선 내에서 정신대를 편성하여 동원하는 일은 전적으로 총독부가 책임졌다. 국내 집결지는 서울이나 사리원沙里院(황해도 소재), 광주, 군산 등 도청소재지나 주요도시였다. 일본으로 가는 배편이 주로 부산과 여수에 있었기 때문에 국내 출국장소는 주로 그 두 곳이었다. 대개 전라도대는 광주 등에서 집결, 여수로 가서 여관麗關연락선으로 출국했고, 서울 이북·서울·충청 등은 부산에서 부관연락선으로 출국했다. 출발에서 도착까지 대개 4~7일 정도의 여정이었다. 경성부, 개성부, 인천부, 경기도 중대 약 150명의 경우 1945년 2월 24일 출발하여 3월 2일 후지코시에 도착했으므로 7일 걸린 셈이다. 평양 등 중부지방의 대원들은 사리원에 집결하여 이동한 것으로 보인다. 당시 졸업식은 3월 말이었으므로, 1945년 초 동원된 대원들은 졸업 예정자들이었다.

이 시기는 일본 패전이 가까웠고 제공권을 빼앗겨 공습이 잦았다. 일본을 오가는 정기 연락선이 정상적으로 운행되지 못할 정도였다. 게다가 이미 1943년 10월 시모노세키에서 부산으로 향하던 관부연락선 곤론마루崑崙丸가 밤중에 미 잠수함 공격으로 격침되어 사망자와 행방불명자 600명 가까운 희생자가 발생하자, 그 후 일본 조선 간 연락선은 야간운항을 억제했고, 낮 운항에도 군함이나 비행기의 호위를 받았다. 일제는 이 사건을 대대적으로 보도하면서 군국주의의 선전물로 삼았다. 이 시기 일본행 연락선을 탔던 대원들의 진술에는 자신들이

4-5 부산- 시모노세키 관부연락선 배의 하나인 덴잔마루天山丸호(사진은 https://ja.wikipedia.org/
wiki/天山丸). 1942년 9월 27일 취항. 약 7900톤, 승객 정원 2000여 명. 부산에서 출국한 정신대원들
은 이 배를 이용했을 가능성이 크다. 1945년 7월 대피 중 피폭 후 침몰됨. 1943년 4월 취항한 관부연
락선 곤론마루崑崙丸는 운행 중 1943년 10월 잠수함 공격을 받고 격침, 많은 사상자가 발생했다.

4-6 여수- 시모노세키 여관연락선이 취
항함을 알리는 신문기사(『매일신보』 1930.
12. 26.).

4-7(좌), 4-8(우) 오사카항에 도착하는 조선인들 및 오사카항에서 조선으로 출국하는 조선인들(자
료: 朝鮮総督府 『朝鮮の人口現象』 1927). 부산과 여수에서 출발하는 연락선은 모두 시모노세키에 도착했
기 때문에, 이 사진은 제주- 오사카의 승객들로 생각된다. 제주- 오사카 직항이 개설된 것은 1923년
의 일이다.

탄 배 옆에서 군함이 같이 갔고 비행기가 떠다녔다는 내용이 있는데, 아마도 그러한 상황이었던 것 같다.

그나마 1945년 3월이 되면 미군의 공격 때문에 정상적인 연락선 운항이 불가능해졌다. 그러므로 1944년 7월경까지 거의 완료된 1944년 단체동원의 경우와, 1945년 이후의 동원은 도항 그 자체의 위험성에 큰 차이가 있었다. 조선인 징용도 1945년 3월까지만 시행되었다.

1945년 2월 군산에서 출발한 전라북도대의 경우는 여수가 아니라, 기차로 부산으로 가서 연락선을 탔다고 말한다(후지코시 소송 자료). 전라북도대는 오사다 교사가 인솔했고, 광주·여수·순천 등의 대원들은 오카岡富枝 교사가 인솔했다고 말하는데, 이들은 하나의 대를 이루어 출발한 것으로 보인다. 안전이나 배 사정 등으로 여수가 아닌 부산을 출발지로 삼은 것 같다.

1945년 동원된 충남대 권석순은 부산에서 7층 군함을 타고 갔는데, 승선 후 목에 구명대를 두르고 있으라는 지시를 받았다. 운항 중에는 배 갑판에 모이게 했는데, '만약 기뢰에 부딪치면 바다로 뛰어내려야 한다'고 지시받았다. 그리고 한참 후에 '안전이 확인되었으니 다시 선실로 내려가라'는 지시가 있었다고 한다. 다만, 이미 1944년에도 기뢰 공격으로 배가 격침될 위험은 다분히 있었던 것 같다. 칸푸재판 원고 우정순(도쿄마사)은 1944년 봄에 동원되었는데, 대원들이 연락선에 타자 먼저 구명동의救命胴衣 같은 옷을 입게 했는데, 한참 지난 후 정신대 옷으로 갈아입히더라고 말한다.

정신대에는 교사나 학무과 직원, 해당 지역 관청의 노무담당 직원이 인솔자로서 동행했다. 인천 송현국민학교의 경우, 교장도 동행했다(박임순. 진상규명위). 학교 교사와 관련 공무원들이 나름대로의 역할분담을 하고 있었는지도 모르겠다. 전라남도대의 경우 1차 정신대 150명은 손상옥(대부분 대원들은 창씨명 마쓰야마松山 선생으로 기억함)이 라는 한인 교사가 인솔자였다(충남대도 손상옥이 인솔함). 18세였던 손 상옥에 의하면, 당시 인솔자를 희망하는 일본인 교사도 다수 있었지 만, 교장이 자신을 인솔자로 지명했다. 그러나 정작 손상옥의 가족은 그녀의 일본행에 반대했다고 한다. 손상옥은 그 이전 국민학교 재학 중에 일본어를 잘해서 일본인 교장으로부터 칭찬받곤 했는데, 졸업할 때 그 교장의 추천으로 국민학교 교사가 되었다고 한다.

한편 인천에서 교사생활을 했던 모치즈키의 증언에 의하면, 후지코 시에 인솔 겸 사감으로서 조선인 교사 야마모토(일본명만을 기억함)가 지명되었다고 한다.

이러한 교사 인솔자들은 인솔 후 곧바로 돌아오는 것이 아니라 수개 월 동안 대원들과 같이 생활하면서 대원들을 돌보는 역할을 했다. 손 상옥은 5개월 계약을 맺고 미쓰비시명항에 300명의 대원을 인솔했다. 그녀는 일본에 갈 때 대원 명부를 가지고 갔었는데, 지금은 남아 있지 않다고 한다. 인솔할 때의 직책은 대장, 일본 공장에 머무를 때의 직책 은 감독이었다. 손상옥은 미쓰비시명항 정신대 관련 사진 속에 자주 등장한다. 그녀는 자신이 미쓰비시에 있을 동안에 조선의 소속 학교 교장이 공장까지 와서 대원들의 생활이나 처지가 어떠한지 보고 돌아 갔다고 말한다.

손상옥은 4개월 정도 머물다가 1944년 7월경 귀국했는데, 그때 몸 이 아픈 대원들 십수 명을 조선으로 같이 데리고 귀국했다. 어떤 병이 었는지에 관한 내용은 알 수 없는데, 아픈 아이들은 교장이 각 가정으 로 데려다주었다고 한다. 일본 공장에 있던 대원들 중 교사가 조선으로 돌아간다는 말에 동요하여 울음을 터뜨리는 이들도 있었다. 이동연은 손상옥 교사가 몇 개월 공장에서 머물다가 조선으로 돌아갔다는 것을 기억한다. 인솔자가 대원들을 일본 공장에 데려다주고 조선으로 돌아오면, 보고회를 열어 정신대원들이 일본 공장에 잘 도착했음을 알리기도 했다. 혹은 보호자나 회사간부가 참가한 좌담회를 열기도 하고 그에 관한 기사를 『매일신보』에 실었다. 손상옥 역시 돌아오자마자 목포·광주·나주에서 보고회를 열고, 부모들에게 사진 등을 보여주기도 했다고 한다.

1945년 2월 군산에서 동원된 이○순a(1932년생)는 오사다라는 이름의 담임교사 권유로 후지코시에 동원되었는데, 그 교사가 후지코시까지 인솔했고 해방 후 귀국 때까지 그곳 기숙사에서 같이 있었다고 한다(후지코시 1차 판결문).

후지코시의 인솔교사에 대해서는 조선인 교사가 인솔 겸 사감으로 후지코시에 갔다는 모치즈키 교사의 증언과 손상옥의 증언이 있다. 인솔교사를 파견하고 현지에 체재하게 한 것은 조선총독부나 학교의 재정지원에 의해서가 아니라 기업의 부담으로 이루어졌던 것 같다. 손상옥은 조선의 국민학교로 돌아왔을 때, 일본에 가 있었던 몇 개월간의 임금은 지불받지 못했다고 말하기 때문이다. 손상옥은 대원을 인솔하고 단기간 머무는 조건으로 미쓰비시 회사 측과 5개월 계약을 맺었다고 말한다.

전라남도대 2차(마지막) 정신대 100명은 일본인 교사 오카가 인솔하여 후지코시로 갔는데, 해방 전에 대원 전원을 인솔하여 조선으로 돌아왔다고 한다. 도야마에도 지진이 있었던 모양인데, 오카 교사는 조선에 돌아온 후 지진 났을 때 대원들을 자기 치마 밑에 숨겼다고 한다(손상옥의 증언). 전라남도대는 원래 2년간 계약이었으나 조선 사리원에 새 공장이 생기는 것을 계기로 거기에서 일할 대원들을 예정보다 일찍 귀국시켰는데, 오카 교사는 그때 그들을 인솔해온 것 같다.[26]

이금덕(진상규명위)은 영산포남국민학교 졸업 직전인 1945년 2월 25일 새벽 나주에서 집결하여 후지코시로 동원되었는데, 후지코시에 3월 1일 도착했음을 정확히 기억한다. 이금덕은 해방 후에 귀국했는데, 오카베라는 이름의 담임선생이 일본 갈 때도 같이 갔고, 돌아올 때에도 부산까지 같이 왔다고 말한다. 부산에는 영산포까지 인솔할 사람이 마중나와 있었다고 한다. 적어도 학교동원의 경우에는 인솔교사가 있었고 그들은 출국과 귀국 때 대원들과 행동을 함께했다.

일본 도착항은 시모노세키였다. 여수와 부산에서 연락선이 다녔던 도시다(관부關釜연락선 1905~45, 관려關麗연락선 1935~45). 1943년부터 부산-하카타(후쿠오카) 노선도 운항했지만 이 노선은 이용하지 않은 것 같다. 경기도대의 경우, 기차로 부산으로 이동 후 연락선에 승선했는데 하선지가 니가타였다는 증언도 있다(양춘희). 어뢰 공격이나 공습 위험을 피하기 위해 항로를 변경했을 가능성이 있지만, 하선지가 니가타였다는 증언은 이것이 유일하다.[27]

---

26) 오카 교사에 대해 후지코시 소송 2차 원고 한 사람은, "할당 노동량도 힘들고 쉬지 못하기도 해서 인솔교사인 오카 선생님에게 조선으로 데려다 달라고 울면서 사정한 적이 있었다"고 한다. 그때 오카 교사는 "마지막까지 너와 같이 있겠다"고 약속했는데, 선생님은 말도 없이 혼자 돌아가버리고 말았다면서 서운한 감정을 술회한다. 아마도 오카 교사가 중도 귀국하는 대원들을 인솔하여 조선으로 귀국했다는 사실을 모르고 있었던 것 같다.

27) 후지코시(도야마)로 가기 위해 부산에서 승선하여 니가타에서 하선했다는 증언이 확인된 경우는 한 명인데, 그녀는 그 목조선이 '러일전쟁 당시에는 군함이었다'는 소문이 있었다고 말한다. 하지만 해방 후 귀국한 후지코시 대원들 중 니가타에서 승선했는데 그 배가 목조선이었다는 것, 러일전쟁에 사용된 군함이었다고 말하는 이들도 있다. 그러므로 양춘희의 증언은 승선지를 말했을 가능성도 있는 것 같다.

한편, 1945년의 동원에는 공습 위험 등으로 변칙적인 배 운항이 있었을 가능성이 있다. 후지코시에서 반장(50명 정도를 통솔)이었던 박○숙(당시 19세)의 증언에는 특별한 내용이 있다. "3차 근로정신대를 마중하기 위해 하코다테函館에 간 적이 있다"는 증언이다(후지코시 1차 판결문). 하코다테는 홋카이도 남쪽 도시인데, 그 시기가 언제였는지 등 자세한 내용은 알 수 없다.

시모노세키에서 각 공장까지는 기차로 이동했다. 시모노세키항은 하선하면 바로 기차를 타게 되어 있는 철도연락항이다. 워낙 많은 사람이 내리고 타며, 마중나온 사람 역시 많았을 것이므로 매우 혼잡했다. 대원들은 배 안에서도 시모노세키항에서는 대를 이탈하지 않도록 단단히 주의를 받았다. 학교대원의 경우는 인솔교사가 대부분 대원을 식별했을 것이고, 대원들도 서로 얼굴을 알고 있었을 것이므로 대를 이탈할 가능성은 비교적 적었을 것이다. 그러나 농촌지역 학교나 지역 동원의 경우는 이탈의 위험이 보다 컸다고 생각된다. 제6장에서 자세히 검토하겠지만, 조선정신대원 중 한 명은 하선하자마자 대원들과 떨어졌을 가능성이 있다고 생각된다. 불행히도 위안부가 되었던 사례다. 당시 시모노세키에서는 조선인을 노리는 인신매매 범죄가 많이 발생했다.

지역동원자라고 할 수 있는 도쿄마사 대원 오일순(진상규명위)에 의하면 정신대라는 용어가 무엇인지도 잘 몰랐는데, 부관연락선을 타자 인솔자로부터 정신대라고 쓰인 완장을 반드시 차라고 지시받았다. 그녀는 완장이 뭔가 나쁜 표식이라고 생각되어 몇 사람과 함께 완장 착용을 거부했다. 그러자 인솔자가 시모노세키항은 출입구가 일곱 군데나 되기 때문에 (길을 잃지 않으려면) 반드시 완장을 차야 한다고 사정

조로 말하길래 지시에 따랐다고 한다. 그리고 시모노세키항에 내리니 '도쿄마사 정신대 환영'이라는 흰색 깃발이 있어서 그 깃발을 따라 이동해서 모였다. 모인 장소에는 간호사 두 사람이 의료상자를 들고 나와 있었는데, 도착한 대원 중 아픈 사람이 있는가 등을 먼저 체크했다. 그리고 항구에 붙어 있는 기차역에서 도시락을 하나씩 받고 도카이도 혼센(東海道本線. 도쿄-고베를 잇는 일본에서 가장 오래된 철도노선. 시모노세키에서 도쿄마사가 있는 시즈오카를 가려면 이 노선을 상당 구간 동안 이용해야 함) 특급을 타고 도쿄마사로 갔는데, 기차가 도착하니 다음날 오후 2시였다고 말한다. 매우 구체적인 증언이다.

시모노세키에서 나고야 근교의 미쓰비시명항과 시즈오카의 도쿄마사까지는 기차로 이동했다. 그러나 후지코시가 위치한 도야마까지 이동했다는 증언에는 적어도 두 가지 루트가 나온다. 첫째는 배에서 내려 시모노세키에서 기차로 도쿄를 거쳐 도야마까지 가는 루트, 두 번째는 기차로 오사카로 가서 거기서 기차를 갈아타고 도야마로 가는 경우다. 전시였으므로 공습도 있었을 테고, 도야마는 눈이 많은 곳이었기 때문에 때에 따라 이동경로가 일정하지 않았을 수도 있겠다.

귀국 과정

다음은 정신대의 귀국과정이다. 정신대는 해방 전에 400여 명이 귀국했고 나머지는 해방 후 귀국했다. 먼저 해방 이전의 귀국을 보자.

해방 이전 귀국은 예기치 못한 사유로 인한 것이었다. 우선 질병으로 인한 중도 귀국이 있었다. 미쓰비시명항에서 일하던 십수 명이 병에 걸려 1944년 7월경 교사 손상옥이 데리고 귀국했다. 질병의 내용이나 정확한 인원은 알 수 없다.

다음으로 조선 사리원에 새 공장이 만들어져 그곳으로 전속하기 위한 조기 귀국이다. 후지코시의 사서史書『후지코시 25년』에는 후지코시가 사리원에 공장을 세운 것은 군수성의 명령에 의한 것이었다고 나온다. 1945년 7월경 후지코시에서 약 420명이 집단적으로 귀국했는데, 귀국자들은 새 공장 근무를 기다리는 동안 해방을 맞았다. 원래 정신대령에 의하면, '정신근로 기간은 특별한 사정이 없는 한 약 1년으로 한다'(제4조)고 되어 있고, 그 기간을 초과할 경우 대원의 동의를 필요로 한다고 규정되어 있다. 그러나 정신대령 이전, 즉 1944년 8월 이전에 동원된 경우는 2년 계약이었고 신문광고와 증언 모두 그러하다.

후지코시에 처음 공식적 정신대가 도착한 것은 1944년 5월 9일이었으므로 처음 도착한 대원들이라도 후지코시 체재기간은 15개월 정도가 된다. 그러나 1944년 8월 정신대령이 시행되면서 총독부 스스로가 계약기간은 1년이라고 밝혔다. 실제로 1945년 정신대 선전광고에는 2년 계약이라는 문구가 사라지고 없다. 정신대령 시행 이전과 이후 광고내용이 달라진 것은 주목해야 할 사항이다. 1945년 동원되었던 권석순(진상규명위)은 자신의 계약기간이 1년이었다고 말한다.

후지코시 대원들이 중도 귀국할 때에는 일본 공장을 출발하여 조선 내 집결지에 도착하는 것까지 회사 직원들이 인솔했다. 후지코시 소송 원고 중 한 사람인 최복년은 이때 귀국했다. 조선인 노무동원자는 모든 기록을 경찰에 통보해야 했다. 이미 이 시기는 정신대원의 사망이나 상병은 국가보상(원호사업)의 대상이 되어 있었으며, 정신대원을 해고할 경우에도 관할 경찰서장의 허가를 받게 되어 있었기 때문에 일본 국내의 단체이동에서부터 경찰이 입회 혹은 관여하고 있었을 것이다.

1945년 7월 20일 니가타에서 배편으로 귀국했던 이들은, 귀국한다는 사실을 사전 예고 없이 들었다고 한다. 짐을 싸서 집합하라는 지시가 있었고, 대원들은 쌀 한 되와 통조림 두 개씩을 지급받고 바로 출발했다. 귀국 루트는 다음과 같았다. '도야마 공장에서 니가타-니가타항에서 승선-도중에 사도섬佐渡島 (공습을 피하기 위해) 1박-(조선) 청진항清津港 도착-어느 국민학교 집합-사리원 공회당公會堂 이동-사리원에서 일부 해산-경성부 경기도청-최종해산.'[28] 귀국할 때에는 후지코시 직원 5~6명이 대동했고, 인솔교사도 이때 같이 귀국한 것으로 보인다. 그 배에는 사리원 공장에서 사용할 기계도 실려 있었다.

사리원 혹은 경기도청에서 해산할 때, 회사는 대원들에게 급여나 여비를 지급하지 않았고, 대신 집까지 갈 수 있도록 '기차표대용'(흰 종이에 도장을 찍은 것)을 나누어주었다. 회사 측은 사리원 공장 근무에 관한 구체적인 연락이 있을 때까지 집에서 대기하라고 지시했는데, 귀가해서 연락을 기다리던 중 곧 해방을 맞았다. 후일 후지코시 소송 원고 한 사람은 "회사에서 연락할 때까지 집에서 대기하라고 했으므로 나는 지금까지도 후지코시 직원이다"고 주장한다.[29]

다음은 해방 이후의 귀국이다. 조선정신대와 함께 군수공장에 동원되어 있던 일본정신대 혹은 학도대는 종전과 동시에 곧 귀가했다고

---

28) 해산 장소는 사리원이었다는 증언도 있고 경기도청에서 해산했다는 증언도 있다. 최종 목적지, 즉 고향이 어디인가에 따라 해산 장소가 달랐을 가능성이 있겠다. 출발과 귀국 모두 사리원이 집결지였다는 증언도 있다.

29) 귀국 시에 간단한 소지품만을 휴대하고 개인 소유물은 따로 부친 것으로 보인다. 사회경험이 있었던 박○숙(당시 19세. 후지코시대원 반장)의 증언에 의하면, 개인 물품은 사리원으로 부쳤다고 한다(사리원 공장 주소로 부쳤다는 의미인 듯). 당연히 그 짐은 찾지 못했다. 개인 짐은 배로 부쳐준다고 들었다는 증언은 그 외에도 있다.

생각된다.[30] 어느 조선정신대원은 해방이 되자마자 공장에 사람이 보이지 않아 무서웠을 정도라고 말한다. 해방 후 귀국은, 일본도 한반도도 극도로 혼란한 시기였으므로 동원 때와는 다른 어려움이 있었을 것이다. 도야마 후지코시에 남아 있다가 해방을 맞은 대원들은 8월 이후 분산해서 귀국했는데, 전라북도대는 10월 16일에 현지를 출발하여 10월 24일 군산에 도착했다. 이들이 귀국하려고 규슈 하카타항에서 대기하던 모습은 당시 연합군(GHQ) 사진집에도 실려 있다. 후지코시 원고 S씨는 연합군 사진집에 자기 얼굴이 실려 있다고 증언한다.

미쓰비시명항에서 일하다가 도야마의 후쿠노福野 공장으로 전속된 충청도대는 해방 당일 공장을 출발하여 고베를 경유해 귀국했다. 미군의 조사보고서에 의하면 1945년 8월 미쓰비시 다이몬大門 공장에 135명, 후쿠노 공장에 137명의 조선정신대가 있었다. 그중 후쿠노 공장에 있던 대원들의 귀국은 당시 후쿠노 공장 노무담당자였던 이시이 石井德次郎의 다음과 같은 증언을 통해 알 수 있다(兵庫朝鮮関係研究会 編, 1990: 129-130). "8월 15일, 지금까지는 만나면 '안녕하세요'라고 정중하게 인사를 건네던 조선정신대원들이 모여서 조선말로 떠들고 있었다. 이대로는 안 되겠다, 빨리 귀국시켜야겠다고 생각하고 바로 귀국을 위한 열차 등을 수배했다. 바로 당일 후쿠노-다카오카高岡 노선과 호쿠리쿠혼센北陸本線을 이용하여 고베로 갔다. 대원들에게는 두

---

30) 군수공장에 동원되어 있던 일본인 정신대는 대부분 종전과 더불어 곧바로 귀가시켰다. 고치高知에서 히로시마 구레吳 해군창으로 동원되었던 두 사람의 정신대 증언에 의하면, 8월 15일 오후 3시경 저녁을 먹은 후 공장을 나서서 2~3일 걸려 귀가했다. 시코쿠 이마바리今治까지는 공장에서 사람이 인솔해주었지만 그 이후는 자력으로 기차를 이용해서 돌아왔다고 하는데, 귀가할 때까지의 2~3일 동안은 물만 마셨다고 한다(橋田, 2017; 三浦, 2005). 그러나 오키나와에서 일본 본토로 동원된 정신대원들은 곧 귀향하지도 못하고 숙소도 없었기 때문에 상당 기간 고통을 겪었다고 전해진다.

번 먹을 수 있는 주먹밥을 준비했다. 인솔 교사 3명에게 각각 100엔씩의 전별금을 건넸던 것은 기억하는데, 대원들에 대한 급여는 지불하지 않았다."

한편으로, 미쓰비시명항 다이몬 공장에 전속되었던 전라남도대는 1945년 10월에 귀국했다. 양금덕은 10월 도야마를 출발하여 시모노세키에서 부산, 부산에서 여수를 배로 이동하여, 여수에서 기차로 나주까지 돌아왔다고 증언한다. 나주역에 도착한 것이 10월 22일 오후 11시경이었다. 다이몬 공장에서 시모노세키까지는 회사 반장이 인솔해주었다(미쓰비시 소송 1차 판결문: 75). 해방 후 귀국할 때까지 약 2개월간은 계속 회사 기숙사에 머물렀고 기숙사에서 밥을 제공해주었다고 한다(양승자. 진상규명위).

전라도대의 부모들은, 미쓰비시에 동원되었던 충청도대가 귀국한 후에도 자녀들이 귀국하지 않자 부모 대표 같은 사람이 미쓰비시 다이몬 공장까지 찾아갔다고 한다. 즉 9월 20일경 어느 여수 출신 대원의 아버지가 딸의 안위가 걱정되어 일본 공장까지 찾아와서 무사함을 확인하고 돌아갔다고 한다(양금덕, 『백만 명의 신세타령』 증언).

도쿄마사 누마즈 공장에 동원된 정신대 246명은 1945년 9월 7일 니가타에서 승선하여 조선에 도착했다. 도쿄마사 대원들은 누마즈 공장이 파괴된 후 오야마小山에 체재하고 있었다. 이들의 귀국과정에 대해서는 오일순(진상조사위) 등의 비교적 자세한 증언이 있다. "10월 25일경 도쿄마사 공장의 인자한 관리인 2명이 찾아와서 다음과 같이 설명하고 인솔했다. 지금 귀국 배편을 수소문하는데 귀국하는 사람들이 너무 많아 대기하고 있다. 작은 배이기는 하지만 니가타에 귀국선을 준비했다. 곧 겨울이 오는데 옷도 부족하니 지금 가지 않으면 곧 닥

처올 추위에 견디기가 어렵다."

그들은 오야마역에서 기차로 도쿄로 가서 우에노에서 환승하여 저녁 5시경 니가타에 도착, 가건물 같은 곳에서 담요를 깔고 하룻밤 잤다. 대원들에게는 조선 주소와 보호자 이름을 쓰라고 하고 급여는 뒤에 부쳐주겠다고 했다고 한다. 니가타 항구에서는 일본인들이 만담漫談이나 시바이(芝居. 일본식 연극) 등으로 천막 앞에서 환송행사를 해주었다. 배가 두 척 있었는데, 징용 왔다가 귀국하는 사람들과 함께 타고 부산에 도착했다. 오후 2시경 출발했는데 다음날 오후 2시에 부산항에 도착했다. 부산 동래 집으로 돌아왔을 때 달력을 보니 10월 30일이었다고 한다. 이때 귀국한 대원은 256명이었고 배는 마미야마루間宮丸였다.[31]

도쿄마사 소송 증언자 세 명 중 두 명은 니가타로 가서 배로 귀국하였으나, 한 명은 조선인의 도움을 받아 하카타로 이동해서 귀국했다. 이 사람은 앞의 증언처럼, 해방이 되자 공장에 사람이 남아 있지 않아 무서운 나머지 탈출해서 귀국했다고 하는데, 구체적인 사정은 알 수 없다.

자세한 경위는 알 수 없지만 도쿄마사 공장에 남아 있던 대원들이 15명 있었던 모양이다. 그들은 회사의 인솔로 시모노세키항으로 가서 작은 배로 귀국했는데, 도착지는 울산이었다. 너무 작은 배라서 도중에 표류하기도 했으며 배에 물이 들어오면 물을 퍼내기도 했다고 한다. 해방이 되자 친척이 공장으로 찾아와서 대원을 데려가는 경우도 있었는데, 대원들 중에는 친구들과 함께 귀국하겠다는 마음에 자신을

---

31) 특고特高가 작성한 문서(「鮮人集団移住労務者送出ニ関スル件」)의 기록. 마미야마루는 원래 군대의 급양선이었다.

데리러온 친척의 제안을 거절했다고 말하는 이도 있다.

예외적인 경우이지만, 해방 이전에 도쿄마사의 박군자는 그곳에 있던 오래된 직원 2명과 함께 공장을 이탈하여 시모노세키까지 갔는데, 밀항 배에 두 사람만이 탈 수 있어 두 사람은 밀항하고 자신은 거기에 남아 있다가 해방을 맞았다. 그래서 시모노세키에서 다시 오야마의 공장으로 돌아왔다고 하는데, 공장에서는 반가워했다고 한다. 그 후 단체로 귀국했다.

귀국할 때에는 회사 직원들이 적어도 일본 항구(시모노세키나 하카타)까지는 인솔했다. 전주 출신 후지코시 2차 소송 원고(최희순)에 의하면, 해방이 되자 노동하지 않았고 오직 귀국만을 기다리고 있었는데, 전라도청 사람이 와서 자신들을 인솔하여 귀국했다고 한다. 이 증언자는 귀국 루트에 대한 진술은 없고 전주역에 마지막으로 도착했다고 말한다.

해방 후 귀국할 때, 일본인 선생이 조선에 있는 자기 가족에게 "아이들이 조선으로 돌아가게 되었는데, 귀국 여비를 지불할 수 없으므로 데리러 와주기를 바란다"는 편지를 써주었다고 하는 증언이 있다(후지코시 소송자료). 그래서 부모 대표가 여비를 가지고 와서 10월에 귀국했다고 한다. 해방 후 전라도청 사람이 데리러 왔다고 하는 증언은 어쩌면 이 경우에 대한 증언일 가능성이 있는 것 같다.

해방 후 정신대의 귀국을 알리는 신문기사도 있다. 『매일신보』는 1945년 10월 27일 기사에서 경기도 정신대 200명을 비롯하여 정신대가 모두 돌아왔다는 사실, 대원들이 피부병 등으로 건강하지 못하다는 사실, 그리고 보호자들이 그에 분개하여 항의 대회를 촉구하고 있다는 사실 등을 큰 기사로 전한다.

4-9 해방 후 두 달여 뒤 여자정신대가 모두 귀국했음을 알리는 신문기사(자료: 『매일신보』 1945. 10. 27.). 기사는 도야마에 노무동원되었던 경기도대 200명 등 정신대가 모두 돌아와서 다행이지만, 머리카락이 빠져 있는 등 건강 상태가 좋지 않아서 부모들이 분개하고 있다고 전한다.

한편 후지코시에는 징용노동자들이 동원되어 있었는데, 그 일원이었던 고덕환(후지코시 원고)의 증언을 통해 해방 후 귀국상황을 짐작해 볼 수 있다. 해방 후 징용노동자들이 귀국할 때에도 시모노세키에 도착할 때까지는 후지코시 직원이 인솔했다. 도중에 이탈자가 있었다고 하는 걸 보면, 회사 직원의 임무는 회사에서 출발한 대원들 모두를 정확하게 배에 실어 보내는 것이었다고 생각된다. 고덕환의 증언내용은 다음과 같다.

덴노의 항복방송을 들을 때는 공장 작업이 정지되었지만, 그 후에는 계속 일했다. 해방 후 정신대는 보이지 않았다. 도야마 시내는 한 달 이상 연기가 피어올랐다. 10월 하순 혹은 11월에 걷기도 하고 기차를 타기도 하면서(1차 소송 판결문에는 "기차를 타고 가다가 선로가 끊어진 곳에서는 걸어가는 방법으로 이동했다"고 되어 있음) 오사카를 경유하여 하카타로 갔다. 도중에 완전히 불탄 히로시마의 참상도 목격했다. 하카타에서는 하루 이

틀 기다렸다가 승선했다. 5000톤 정도의 목조선이었다. 부관연락선이 거꾸로 침몰되어 있는 것이 보였다. 거기까지 (일본인) 분대장이 따라왔는데, (조선인들의) 보복행위를 두려워하여 몸을 숨기고 있었다. 돌아올 때, 같은 배에 200~300명이 탔다. 우리들이 선발대이고, 뒤에 남은 사람도 있었고, 드물게 도망자도 있었다. 조선인 반장이 분대장에게 가서 임금지불에 관한 교섭을 했지만 성과가 없었다. 부산에 도착해서 삼팔선이 생겼다는 것을 알고 놀랐다.

제5장

여자정신대의 현지생활,
노동 및 임금

이 장은 정신대원들이 일본에서 어떻게 생활하고 어떻게 노동했는지에 관하여 주로 조선정신대를 가장 많이 받아들인 후지코시, 미쓰비시 명항, 도쿄마사를 중심으로 살펴본다.

이 장의 내용은 정신대원들의 증언내용을 관련 법령 등과 관련지어서 해석하고 설명한 것이다. 진상규명위 조사관 김미현은 그 자료집(2008)에서 "이분들의 구술을 열린 눈과 귀로 받아들이기를 바란다"고 적고 있다. 그 말대로 모든 가능성을 열어두고 조각조각의 미시적 자료들을 거시적 사료의 콘텍스트 속에 하나하나 조심스럽게 집어넣어 맞추어가는 것이, 제대로 된 모자이크 그림에 가능한 한 가까이 다가가는 방법이라고 믿는다. 정신대 증언의 객관성과 실감을 높이기 위해 같은 시기 같은 공장에서 일했던 일본정신대나 학도대의 증언도 참고한다.

만 12세 이상인 조선정신대의 노동은 여자이자 연소자의 노동이기도 했다. 사회정책사적으로 볼 때, 여자노동자와 연소노동자는 가장 이른 시기부터 국가의 보호대상이었다. 그들을 보호하기 위한 법이 공장법Factory Acts인데, 그 효시는 1802년의 영국 공장법이다. 일본 공장법은 1911년 입법되어 1916년부터 시행되었는데, 거기에는 노동최저연령, 여자취업이 금지된 직종 및 야간노동 금지 등의 조치가 규정되어 있었다. 그러나 일제는 전쟁이 확대되자 노무동원에 장애가 되는 공장법 규제를 완화했다. 정신대원들의 작업내용과 노동시간 등을 이해하기 위해서는 이러한 공장법의 전개과정을 이해하는 것이 필요하다. 정신대 노동도 공장법을 위시한 법령과 정부규칙에 근거하여 시행되었기 때문이다.

또한 여성노동자가 중공업분야에 진출하게 된 사회경제적 배경 역시 이해할 필요가 있다. 정신대원들이 주로 투입된 공장은 군수공장이었고 선반기계 작업이 많았다. 여자정신대 노동의 성격을 파악하기 위해서 여자노동자가 중공업산업에 종사하게 된 계기, 그리고 그 이전에 중공업이 급속히 확대되는 배경 등도 살펴본다.

그러한 바탕 위에서 조선정신대 증언을 소개하고, 나아가 일본정신대나 학도대의 증언 등을 종합하여 해석한 것이 이 장의 내용이다.

1. 여자정신대를 받아들인 기업들

조선정신대가 동원된 군수공장

일본인 여자정신대 동원자는 47만여 명에 달했다. 당시 일본 신문의 논조는 '유휴遊休 여성은 한 사람도 남김없이' 동원해야 한다는 것이었다고 한다. 그 수가 많았던 만큼 노동현장은 매우 다양했으며, '동양의 아우슈비츠'라고 불릴 정도로 위험한 작업장도 적지 않았다. 대체로 학교근로대가 있었던 곳보다는 여자정신대가 일했던 사업장이 열악한 노동환경인 경우가 많았다고 알려져 있다.[1] 조선총독은, 조선정

---

1) 기후岐阜현의 한 여자는 군수공장 사장의 집에서 숙식하는 가정부였는데, 여자정신대로 송환되어 그 군수공장에서 아침 7시 30분부터 오후 5시 30분까지 하루 종일 서서 수류탄을 만들었다고 한다(いのうえ, 「女子挺身隊の女性たち」 4). 또한 인간어뢰 부품을 생산하는 일에도 정신대가 동원되었다(이하 少女の会, 2013: 27-27). 나가사키에서는 공습을 피하기 위해 산에 터널을 만들어 그 안에 병기공장(三菱兵器住吉トンネル工場)을 만들었는데, 그곳에서 일했던 정신대원은 숙련공 한 사람과

신대가 동원된 사업장들은 일본의 군수공장 중에서도 가장 작업환경이 좋은 곳이라고 선전했다. 그러나 공장의 내부환경이 좋다고 해도 군수공장은 공습의 표적이었기 때문에 공습 위험에 노출된 곳이었다.

조선정신대가 동원된 대표적인 공장은 후지코시, 미쓰비시명항, 도쿄마사의 세 곳이다. 각각 1089명, 300명, 300명(추정)의 조선여자정신대가 동원되었다. 그 각각의 공장에는 많은 수의 일본여자정신대와 일본학도근로대도 동원되었으나 기숙사는 분리되어 있었고, 작업장에서도 대체로 격리되어 있었다. 또한 같은 회사에 동원된 조선정신대들도 출신지역에 따라 기숙사나 일하는 공장이 분리되어 있었기 때문에 출신지역을 달리하는 대원 간 교류는 한정적이었다. 공장의 입지에 따라, 예를 들어 나고야지역의 미쓰비시는 상대적으로 일본인과 마주치는 경향이 많았던 것으로 보인다.

후지코시는 1928년 설립된 기계공구회사였고, 전시에는 육군·해군의 군수공장 150개 중 하나였다. 여자정신대는 베어링, 드릴, 탄환 깎기, 페인트칠, 선반기계, 부품 검사 등에 종사했다. 후지코시 사서(『不二越二十五年』 1953)에 의하면 후지코시는 일본에서도 여자공원을 비교적 빨리 도입했는데, 중공업에 여자공원을 도입한 것은 당시 일본사회에서 놀랄 만한 일로 받아들여졌다고 한다. 1933년 여자공원은 30명이었으나 그 후 급격히 늘었다. 여공모집은 회사의 의뢰를 받은 모집인이 농촌지역을 돌며 모집했다고 한다. 그러한 연유로 후지코시는 기숙사를 일찍부터 정비했다. 여공수는 1942년에는 3869명(16퍼센트)에

짝이 되어 부품을 만들었다. 어느 날 심부름을 갔는데 공장 문이 열리면서 그 안에 어뢰가 있는 것을 보고 깜짝 놀랐다고 한다. 돌아와서 공원에게 물었더니 "보았다니 할 수 없다. 우리가 만드는 것은 어뢰부품이다. 입을 다물 것"을 주의받았다고 한다.

달했고, 1944년에는 1만 1259명(36퍼센트)으로 급증하는데, 1944년 수치에는 학도대나 정신대가 포함된 것으로 보인다.

도야마는 후지코시의 부속도시라는 말이 있을 정도로 이 지역에서 후지코시의 존재감은 컸고 지금도 그러하다. 당시 도야마현은 일본 제5위의 공업현으로 노동력 부족이 심각했다. 지방지 『북일본신문北日本新聞』(1941. 1. 12.; 1. 17.)[2]은 '노동자를 필요로 하는 기업은 그 수를 신청해야 한다'는 제목의 다음과 같은 기사를 싣고 있다. "1944년 5월 이후 후지코시는 조선에서 많은 노동자를 받아들였는데, 여전히 부족하기 때문에 12월에는 800명을 더 신청하고, 내년 3월까지 2800명을 보내주도록 신청하여 조선총독부 동의를 얻었다"(『北日本新聞』 1944. 11. 6. '도야마현 노무 부족, 반도에서 원군이 오다').

1945년 5월 기준 후지코시 종업원 상황은 〈표 5-1〉과 같다. 현원징용과 비징용 종업원이 1만 8290명, 노무동원이 9618명, 휴직 8345명(징병의 경우가 대부분으로 보인다) 등 계 3만 6000여 명의 대규모 회사였다. 원래 징용 노동자를 받아들이는 기업에서는 사장을 포함한 모든 사원이 응징사였다. 비징용 종업원이란 연령이나 기타 조건으로 인해 징용 대상자가 아니면서 회사에 계속 근무하는 사람이다. 조선 징용자도 419명 동원되어 있었다. 후지코시에는 일본인 학도대도 5133명 동원되어 있었으며, 일본인 정신대 1600명도 함께 동원되어 있었다. 조선정신대는 1089명이었다. 그중 420명은 1945년 7월 조선에 설립된 사리원 공장으로 전속되어 귀국했고, 나머지는 해방 후 귀국했다.

---

2) 이하 후지코시 소송에 관련된 『북일본신문』 기사는 '강제연행 및 강제노동 소송을 지원하는 호쿠리쿠(北陸, 도야마를 포함한 지역) 연락회'가 스크랩한 신문기사를 활용했다.

표 5-1 후시코시 종전 직전 종업원 현황

(1945년 5월 말 기준. 단위: 명)

	남자		여자		남녀 직원	남녀 공원	계
	직원	공원工員	직원	공원			
현원징용*	2,433	7,777	652	5,207	3,085	12,984	16,069
비非징용*	187	1,013	254	767	441	1,780	2,221
계	2,620	8,790	906	5,974	3,526	14,764	18,290
신규징용	108	일본 1,269 조선 419	-	-	108	1,688	1,796
학도동원	570	1,837	214	2,512	784	4,349	5,133
정신대	-	-	-	1,600	-	1,600	1,600
반도정신대	-	-	-	1,089	-	1,089	1,089
계	678	3,525	214	5,201	892	8,726	9,618
휴직	1,828	6,517	-	-	1,828	6,517	8,345
합계	5,126	18,832	1,120	11,175	6,246	30,007	36,253

자료: 『후지코시 강제동원 소송기록』 자료집 3: 180.

　　조선정신대 1089명 중에는 1943년 및 그 이전 동원자도 포함되어 있다. 후지코시는 1943년 9월 차관회의에서 여자근로동원의 촉진이 결의된 직후부터 여자정신대 모집을 개시했다고 한다(山田·田中編著, 1996: 132). 그러나 실제로는 그 이전에 동원된 경우도 있다는 것이 밝혀진 상태다. 최복년 등 인천대 50명은 이미 1943년 6월에 후지코시에 도착했다. 1943년 이전 동원자들은 자주적 정신대 혹은 보국대 등의 이름으로 동원되었다가 1944년에 공식적 정신대가 도착한 후에는 조선정신대에 편입된 것으로 추측된다. 다만 후지코시의 사서에는 1943년 동원에 대한 언급이 없다.

　　미쓰비시명항은 항공기생산회사였다. 미쓰비시 소속의 직공뿐만 아니라 일본 각지에서 징용과 정신대, 학도대 등이 동원되었고 조선과 타이완의 노무동원자도 많아서 그 수가 10만 명에 이르렀다. 그들은 나고야 근교나 도야마 등 많은 공장으로 분산되어 일했다. 1944년 6~7월에 전라남도대 150명과 충청남도대 150명이 각각 도토쿠道德 공장과 오에大江 공장에 동원되었다. 작업은 선반, 페인트칠 등이었다. 1944년 12월 7일 도난카이東南海 대지진이 발생하여 도토쿠 공장의 전남대원 6명이 사망(일본인 51명 사망, 그중 학도근로대 13명. 사망자는 더 있다는 논의 있음)했고 며칠 후에는 대규모 공습으로 충남대 대원 1명이 사망했다. 미쓰비시명항은 나고야지역의 공장노동자를 분산시키면서 도야마에 있는 다이몬 공장에 조선정신대 중 전남대를, 후쿠노 공장에 충남대를 전속시켰다. 그들은 거기에서 해방을 맞고 따로따로 8월 중순과 10월경 집단귀국했다.

도쿄마사(1917년 설립) 누마즈 공장의 경우는 좀 특별하다. 이 공장은 1944년 군수공장으로 지정되어 낙하산이나 대포위장망 등을 생산했는데, 원래 방적회사였기에 오래전부터 조선인 여공을 고용하고 있었기 때문이다. 도쿄마사의 연혁에 의하면 1944년 11월 기준 이 공장의 전체 노동자수는 3493명(그중 여자는 2930명)이었다.

도쿄마사에는 이미 1929년에 124명의 조선 여공이 일하고 있었다. 이들은 1926년 봄 3년 계약으로 입사했다.[3] 그 후에도 조선 여공 고용은 계속된 것으로 보이는데, 1941년 조선에서 노무동원이 시작되자

---

3) 1929년 2월 한밤중에 도쿄마사 기숙사에서 화재가 발생, 목조 기숙사가 전소하여 조선 여공들은 큰 어려움을 겪었다. 그러나 회사는 보상을 해주지 않았고 그로 인해 쟁의가 발생했다. 그 후 곧 세계공황으로 많은 해고노동자가 발생했으나 조선인 노동자는 대부분 계속 고용되어 있었던 것으로 보인다. 1930년 국세조사에 의하면 누마즈 공장이 위치한 촌(大岡村)에는 조선인으로 추정되는 남자 27명, 여자 123명의 외지인이 있었다. 계속 고용된 이유는 조선인의 저임금 때문이었다는 지적(小池, 1996: 120-121)이 있다.

5-1 서울 덕수국민학교에서 학교 관계자들과 부모 그리고 대원들이 일본 출발 전 찍은 기념사진. 본문에 소개된 김희경이 사진 속에 있다. 대원들은 일장기 머리띠를 두르고 있는데, 정형화되어 있었던 것으로 보인다. 경성가정여숙의 김금진도 이 모습으로 관계자들과 기념사진을 찍었다.

5-2(상), 5-3(중), 5-4(하) 미쓰비시명항 정신대의 사진들. 미쓰비시명항 정신대의 경우, 비교적 많은 사진이 남아 있다. 공장 내 기숙사에서 찍은 사진(5-2, 5-3), 그리고 아이치현 현청 방문 시의 기념사진(5-4). 입소식 사진도 남아 있으며, 휴일에 외출했을 때 나고야 동물원, 나고야성, 유명한 신사 등에서 기념사진을 찍고 여러 사람이 찍은 사진은 한 장씩 나누어주더라고 증언한다.

5-5 후지코시 단체사진. 후지코시 정신대는 미쓰비시명항에 비해 남아 있는 사진이 적다. 후지코시 소송과정에서 회사 측이 제공한 사진들이 있는데, 거기에는 한복을 입고 문화 교류하는 장면이나 꽃꽂이 장면 등이 있지만, 기숙사별 사진은 없는 것 같다.
(자료: 5-1~5-5. 일제강점기 강제동원 피해 자료집 『조각난 그날의 기억』, 2012).

집단모집을 통해서도 상당수의 조선 여공을 고용했다. 1939년부터 여자정신대 동원이 이루어진 1944년 이전까지 조선에서 동원된 도쿄마사 여공은 약 470명 정도로 추정된다(후생성 조사 명부에서 1944년 동원된 여자정신대 추정치를 뺀 수). 남아 있는 관련기록에 의하면 도쿄마사에서 가장 오랫동안 일한 사람은 김복만金福萬인데, 해방 전까지 7년간 일했다고 하므로 1938년부터 일한 셈이다.

그러므로 조선여자정신대가 도쿄마사에 동원되었을 때, 그들은 이미 집단모집 등으로 거기 와 있던 조선 여공들과 함께 일했다. 여자정신대원들은 그들을 언니 혹은 후루이(나이 많다는 뜻의 속칭)라고 불렀는데, (글을 모르는) 언니들로부터 편지를 대신 써달라는 부탁을 많이 받았다고 한다(진상규명위. 박군자).[4]

도쿄마사는 1945년 7월 공습으로 공장과 기숙사가 완전히 파괴되었다. 기숙사가 전소되어 대원들 소지품도 소실되었다. 여자정신대는 거기서 멀지 않은 곳에 위치한 후지방적 오야마 공장으로 전속되었고 거기에서 해방을 맞았다. 1946년 후생성 조사보고서에 의하면(小池, 1996) 이때 후지방적 오야마 공장이 도쿄마사에서 받아들인 노동자수는 334명이었다.

---

4) 진상규명위원회의 여자정신대 구술기록에는 도쿄마사에 동원된 4명의 구술자료가 실려 있는데, 그중 김남이는 동원 당시 여자정신대가 아니라 집단모집이었을 가능성이 있어 보인다.

2. 일본 중공업분야의 여성노동과 교학

일본 공장법의 시행과 완화

사상 최초의 공장법인 1802년 영국 공장법('도제의 건강과 도덕유지에 관한 법률')은 연소노동자와 여자노동자를 보호하기 위한 법이었다. 공장에 창문을 설치할 것, 최장 노동시간은 12시간을 상한으로 할 것, 밤 9시부터 아침 6시까지의 야간노동을 금지할 것 등을 규정한 법이다. 공장법은 사회개혁의 효시라고도 불리는데, 그것은 이 법이 국민노동력 보호라는 목적에서 이루어진 규제정책의 효시이기 때문이다. 공장법이 시행된 이후 노동조건에 관한 국가의 규제가 점차 체계화되고 규제의 영역도 보건의료나 주택 등에까지 확대되었다. 공장법이 곧 복지국가의 기반이 된 것이다.[5]

일본 공장법은 1911년 성립되어 1916년 시행되었다. 가장 일찍이 공장법의 대상이 되었던 노동자는 방적공업의 여공들이었다. 당시 여자근로자는 대부분 방적공장에서 일하는 여공들이었는데, 야간작업이 많았고 열악한 노동조건 속에서 일했다. 일본에서는 일찍부터 공장법 제정 움직임이 있었으나 방적자본의 저항이 컸기 때문에 입법이 늦어졌고 입법 후에도 수년간 시행이 연기되었다.

게다가 일본 공장법 규정들은 유예조치가 딸려 있었고 보호범위가 좁았다는 한계가 있다. 하지만 여성노동자 보호를 위한 최초의 법이라는 점에 그 의의가 있다. 영국 공장법이 1802년 이후 1833년법, 1847년법 등으로 발전하면서 10시간 노동이 관례화되는 의의를 가진

---

5) 영국 공장법의 성립과 내용에 관해서는 졸저(2002: 제8장)를 참고할 것.

것처럼, 일본 역시 1911년 법 이후에 여자노동자 보호입법은 강화되는 경향을 보였다.[6]

일본정부는 공장법이 성립하자 곧 개정작업을 진행하여 1923년 개정공장법이 시행된다. 그 개정은 노동자 보호를 강화하기 위한 것이었다. 공장법 적용범위를 이전의 15명 이상 사업장에서 10명 이상 사업장으로 확대했다. 그리고 부인노동의 보호를 위해 다음과 같이 규정되었다. '부인의 최장 노동시간은 11시간, 심야노동 금지시간은 밤 10시부터 오전 5시까지, 산전 4주간 산후 6주간(의사가 인정한 경우에는 산후 4주간)의 모성 휴가, 1일 2회 각 30분의 수유授乳시간 신설 등.' 참고로 1919년 ILO 총회는 모성보호를 위해 산전산후 각 6주간의 휴가, 수유시간 1일 2회 각 30분을 내용으로 하는 제3호 조약을 채택했다. 또한 여성의 심야노동 폐지를 규정한 제4호 조약도 채택했다.

1926년 6월 7일 공장법 시행규칙이 개정되어(내무성령 제13호),

---

6) 1911년 일본 공장법의 여자노동자 보호 규정 내용은 다음과 같다(이하, 『1911년 공장법』 원문; 桜井絹江, 1987: 40-41 등에 의함). 첫째, 취업연령제한 규정이다. 12세 이하의 여자취업이 금지되었다. 다만, 가벼운 업무는 조건부로 10세 이상의 여자취업을 허가할 수 있었다(제2조). 둘째, 노동시간 규제다. 1일 12시간 이상 노동이 금지되었다(제3조. 남자노동자는 15세 이하의 경우 12시간 이상 노동 금지). 다만 업무 종류에 따라 시행 후 15년을 한도로 2시간 이내에서 연장이 가능했다. 셋째, 심야노동 금지다. 오후 10시부터 오전 4시까지의 노동이 금지되었다(제4조). 다만 시행 후 15년간은 (1)일시적으로 작업을 필요로 하는 특수한 사유가 있는 업무에 종사시킬 경우, (2)야간작업을 필요로 하는 특수한 사유가 있는 작업에 종사시킬 경우, (3)주야연속작업을 필요로 하는 특수한 사유가 있는 업무에 직공을 2교대 이상으로 작업에 종사시킬 경우, 심야작업금지의 적용이 제외되었다(제6조). 넷째, 휴일 및 휴식 규정이다. 원칙적으로 매월 적어도 2회의 휴일을 둘 것, 1일 취업시간이 6시간 이상일 때에는 적어도 30분의 휴식시간, 10시간을 초과할 때에는 적어도 1시간의 휴식시간을 강제했다(제7조). 넷째, 작업종류의 제한이다. 운전 중인 기계나 동력전도장치 등 위험한 부분의 청소, 주유, 검사, 수선 등 기타 위험업무에 대한 취업이 금지되었다. 다섯째, 모성보호 규정이다. 산후 5주간을 경과하지 않은 자의 취업을 금지했다. 다만, 산후 3주간을 경과한 자에 대해서는 의사가 활동에 지장이 없다고 인정한 업무에 종사시킬 수는 있었다.

1927년 7월부터는 심야노동이 전면 금지되었다. 심야노동 금지 조항에 대해서는 방적산업자본의 강한 저항이 있었다. 그 이전에는 어류통조림이나 신문 인쇄업 등 공장법의 적용을 받지 않는 직종이 인정되었으나, 적용제외 규정이 폐지됨으로써 거의 모든 직종이 공장법 규제의 대상이 되었다.[7] 이와 병행해서 광업분야에서도 여성노동자 보호규정이 적용되었다. 1928년 광부노역부조규칙의 개정으로 여성의 갱내노동 금지가 실현되었다.

그런데 여성노동자 보호에 관한 정부의 태도 역시 정부부서에 따라 입장이 다르기도 했고 때로는 이해가 상충했다. 예를 들면, 노동자 보호를 주요 업무로 하는 내무성 사회국과 산업발전을 우선시하는 농상무성은 때때로 대립했다. 1920년대 말까지 점차적으로 강화되던 공장 내 여자노동자 보호정책은, 그러나 일본이 전시체제로 들어가면서 새로운 국면을 맞는다. 1937년 중일전쟁이 발발하자 노동행정은 노동자 보호가 아니라 국가의 노동력 동원을 최우선 과제로 해야 했기 때문이다(足立, 1969: 20-25). 1938년 1월 후생성이 창립된 것도 일차적으로는 노무동원이 목적이었다. 중일전쟁 후 급격히 늘어난 징병과 군수산업의 확장으로 인한 노동력 부족은 한동안은 주로 농촌여성 동원을 통해 메워졌지만 1940년에는 이미 여자노무자원은 바닥났다. 이 시기부터 식민지 여자노무동원 계획이 본격화된다.

---

7) 심야노동 금지가 시행되면서 노동자의 건강에는 좋은 영향이 나타난 것으로 조사되었다. 1929~30년 조사에 의하면 특히 여공의 이환율罹患率은 낮아졌다(堀川, 2006: 215). 어느 나라에서나 있을 수 있는 일이지만, 공장법 시행이 일부 노동자들에게 심각한 생활위협을 가져온 것도 사실이다. 방적공장은 심야업 폐지 대신 2교대제도(아침 5시부터 14시까지, 그리고 14시부터 23시까지)를 시행하면서 매우 강도 높은 노동을 요구했다. 그리고 공장법 이전에는 부인 중 일부는 공장에 아이를 데리고 와서 보육하면서 일하는 경우도 있었으나 그것이 불가능해졌다.

후생성은 국민보건과 사회사업 및 노동에 관한 사무를 관장했는데, 후생성 노무행정의 중점은 노무통제에 두어졌다. 즉 공장법을 엄격하게 시행하면 여성 노동력 동원이 어려워지기 때문에 후생성은 공장법 규제를 완화하려고 했다. 여성노동자 보호의 후퇴를 뜻하는 공장법 완화=공장법 전시 특례의 내용은 다음과 같다.

여자 갱내노동은 금지되어 있었으나, 1939년 8월 29일 '여자 갱내노동에 관한 광부노역부조 규칙 개정'으로 여자라도 25세 이상이라면 갱내노동이 허용되었다. 1943년 6월에 '공장취업시간 제한령 폐지의 건'을 제정하여 남자노동자의 취업시간 제한을 철폐했다. 그리고 후생대신이 지정하는 군수공장은 공장법의 여성노동자 보호 규정의 적용대상에서 제외시켜, 지정 군수공장에서는 여자라도 심야노동(교대제)을 허용했다. 그리고 군수공장의 여자노동자는 여자정신대로 채워졌다.

1944년에는 공장법 전시특례로서 노동시간 제한도 철폐되었다. 그렇게 해서 여자노동자의 노동시간은 심야를 포함하여 9시간에서 13시간 노동이 가능해졌다. 14세 이상 여자라면 모두 이 규정을 적용받았다. 군수공장에 동원된 여자근로자의 노동은 매우 가혹했다고 알려져 있다.[8]

공장법뿐만 아니라 노동법 역시 규제가 완화되었다. 1943년 6월 노

---

8) 사쿠라이(桜井, 1987:62-63)에 의하면, 전시 군수공장에서의 장시간 노동은 여성의 건강을 심각하게 위협했다. 어느 항공기 공장 여자정신대 여학생 중 생리에 변조가 일어난 경우가 80퍼센트, 생리가 중지된 경우가 25퍼센트였다. 전시 중 군수공장 취업 후에 출산경험을 가진 350명에 대한 조사에 의하면, 유산이나 조산 경험자가 107명(전체의 30.6퍼센트)에 달했다. 유산과 조산의 비율은 55.1퍼센트, 44.9퍼센트였다. 당시 일반여자의 유산·조산 평균은 약 10퍼센트였으므로 군수공장에서는 그 3배였던 셈이다.

동법 보호규정의 일부가 정지되었다. 그리고 행정지도 방침으로서 1943년 6월 1일 노동시간은 잔업시간을 포함하여 원칙적으로 12시간으로 결정되었다(足立, 1969: 27).

결론적으로 조선정신대는 야간노동과 하루 12시간까지 노동이 가능한 환경에서 일하도록 되어 있었다고 할 수 있겠다.

중공업분야의 여성진출과 여성(인구)정책

전쟁이 확대되면서 일본 중공업은 급격히 팽창했고, 산업구조는 섬유산업에서 중화학공업으로 이행했다. 그에 따라 중공업분야에도 여성노동자가 증가했다.

〈표 5-2〉는 만주사변, 중일전쟁, 태평양전쟁이 발발했을 당시 방적업과 중화학공업에 종사하는 여성노동자 비율을 보여준다. 1931년에는 여성노동자의 26퍼센트가 중화학공업에 종사했지만, 1941년에는 그 비율이 급격하게 높아져서 62퍼센트였다. 1941년 기준 중화학공업 여자노동자수는 남자노동자의 13퍼센트였다. 여공 연령은 20세 미만이 51퍼센트, 25세 미만이 73.4퍼센트로 대부분 미혼여성이었다. 당시 정부는 여자노동자 비율을 남자의 3분의 1까지 늘린다는 방침을 가지고 있었지만, 실현되지 못했다. 태평양전쟁이 발발했을 때 여자노

표 5-2 각 산업에 종사하는 여성노동자 비율

	1931년	1937년	1941년
방적업	54%	35%	23%
중화학공업	26%	46%	62%

자료: 足立, 1969: 30에 기초하여 작성.

무자 총수는 146만 명, 그 6개월 후인 1942년 6월에는 149만 명으로 3만 명이 늘었을 뿐(足立, 1969: 30-31)이기 때문이다.

중공업 여자노동자들은 대부분 자택에서 통근했다. 섬유산업 종사자의 경우, 60퍼센트 이상이 기숙사에 거주했던 것과는 대조적이다. 기계공업의 경우 기숙자 거주비율은 2퍼센트 이하였다. 그 이유는 기계산업 발달이 도시중심으로 이루어졌고, 기계공업 종사자들 대부분이 도시주민이었기 때문이다. 후지코시의 경우에도 일반 여자노동자들은 대부분 출퇴근했다. 그러나 일본정신대나 학도근로대는 주로 기숙사에 거주했다.

그런데 여자노동자의 중공업 투입, 혹은 여자노무동원에 대해서는 일본정부가 일관된 태도를 가진 것이 아니었다. 여자노동자에 대해 노동자 보호의 관점에 선 부서와 산업발전을 추구하는 부서의 입장은 때때로 대립적이었다고 앞에서도 언급했다. 또한 여성정책 자체의 정책기조도 일치하지 않았다. 당시 일본은 장기전에 대비한 인구정책으로서 다출산정책을 추진했다. 1941년 1월 각의결정된 '인구정책확립요강'은 중요한 문서인데, 거기에는 초혼자 결혼연령을 3년 앞당겨서 남자는 25.6세, 여자는 21.2세로 했다. 그리고 한 부부가 5.2명을 출산하게 하여 1960년까지 일본인구 1억 명을 달성한다는 것이었다. 같은 해 후생성에는 인구국이 설치되었다.

그러나 여성의 노무동원은 다출산정책과 서로 모순관계에 있었다. 일제는 여자의 고학력은 결혼연령을 높여서 인구증가를 억제하는 요인이라고 간주하여 인구대책의 관점에서 학교제도를 개혁하고 여자 취업 제한도 추진하려고 했다. 여자가 사무직원이나 직공 등 피용자로서 취업하는 경우가 많아진 것이 결혼연령이 늦어진 원인이라고 판단했기 때문이다. 그래서 20세 이상 여자의 취업을 가능한 한 억제한다는 것, 그리고 결혼을 가로막는 취업조건이나 고용조건은 가능한 한 개선한다는 방침을 가지고 있었다. 그러나 이러한 방침이 공식화된 시점은 이미 여자노무동원이 더욱 급박해지는 시점이기도 했기 때문에 그러한 방침을 제도화할 수 없었다.

징병으로 인한 노동자 부족이 심화되자 노무동원을 위해서 신설되었던 후생성은 여자노동자에 대한 노무동원과 노무통제를 강화했다. 당연히 그것은 다출산정책과는 모순관계에 있었다. 노무통제란 특정 산업에 남자고용을 금지하고 대신 여자를 투입하는 것이었기 때문이다. 청소년고용제한령(1940. 2.)은 중요산업의 노동력 확보를 위해 급하지 않은 산업에서 일반청소년 고용을 제한한 법이었다. 그 대상자는 남자는 12세 이상 30세 미만, 여자는 12세 이상 20세 미만이었다. 12~20세의 여자를 고용하려면 직업소개소장의 허가를 받아야 했으므로, 군수산업 등 중공업분야나 전시체제에 필요한 일자리 이외에 사적인 고용, 예를 들면 가정부 등의 고용은 불가능해졌다.

그러나 여자가 산업현장에 투입되면 그만큼 결혼연령이 높아지므로 이러한 정책은 여성의 다출산을 억제하는 요인으로 작용했다. 다만, 조선에서는 중공업이 거의 없었기 때문에 노무통제의 영향이 매우 한정적이었다. 남자 노동력 투입을 금지한 직종을 정한다고 하더라도 일본에서는 남자를 대체할 수 있는 여자노무자원이 있었지만, 조선은 사정이 달랐다. 조선에서는 여자가 집 밖에서 일하는 경우가 드물었기 때문이다.

1939년 10월 일본정부는 중공업분야에서 여자에게 적합한 작업 세 가지를 제시했다. 비교적 단순한 작업, 손끝을 주로 사용하는 작업, 반

숙련·비숙련 작업이 그것이다. 하지만 중공업분야에 투입된 여자노동자들 다수가 산업재해의 피해자가 되었다.

여자를 가정의 기축으로 삼고 출산을 늘린다는 목표와, 여자노무동원이라는 서로 모순된 두 개의 목표가 절충된 것이 '여자노동자에 대한 교학敎學' 이념이었다. 그것은, 여자노동자에게 황민의식과 그에 어울리는 교양을 요구한 것이다. 한마디로 '교양 있는 어머니의 다출산'이라는 목표였다. 하지만 그 목표는 여성들로 하여금 가정을 지키게 하는 것을 전제로 한 것이었으므로 현실적으로 실현될 수 없었다. 그만큼 노동력 부족이 심각했고 여자노무동원이 급박했기 때문이다.

근로와 교학의 양립이라는 정부의 새로운 목표는 정책적 딜레마 속에서 나온 고육책이었다. 그 내용은 '여자근로자에 대해 근로정신의 앙양, 기능 숙달을 위한 적절한 훈련지도, 그리고 1주에 2시간 이상 여자의 발전과 부덕婦德 함양에 필요한 교양을 교수'하는 것이었다. 교학은 결국 노동현장에서 여자들에게 국가에 헌신한다는 황민의식을 갖도록 하는 것이었다.

후술하듯이 조선정신대는 일과 후나 휴일 등에 다도나 꽃꽂이, 교양교육 등을 받았는데, 그러한 교육은 바로 위와 같은 정부방침에 의해 시행된 것이었다. 정부는 정신대를 받아들이는 회사(사업체)에 여자노동자의 결혼상담 등에 대한 대응도 해야 한다고 요구했다. 그만큼 여성을 가정의 중심인물로 두고자 하는 집착이 강했던 것이다.

3. 여자정신대의 문화충격과 일상

정신대의 현지생활에서 무엇보다 중요한 자료원은 정신대원의 증언인데, 그 증언은 여자정신대 노무관리에 관련된 중요한 법령이나 정부 문서에 비춰가면서 검토할 필요가 있다. 그에 관련된 기본 법령은 일본 공장법이지만, 다음과 같은 사료가 특히 중요하다.

첫째는 '정신대를 받아들이는 회사 측의 조치女子挺身隊 受入側措置要綱'(1944. 6. 21. 차관회의 결정. 이하 '회사측요강'으로 칭함)다. 이 요강은 정부가 여자정신대를 받아들이는 기업에 강제한 노무관리 지침인데, ①직장 태세, ②배치 및 조직, ③훈련 및 지도, ④종업 조건, ⑤생활 및 보건관리 등 5가지로 이루어져 있다.

둘째는 『여자근로관리의 요체女子勤労管理の要諦』(1944. 5.), 그리고 『여자근로관리의 실제女子勤労管理の実際』(1944. 10.)라는 2개의 책자다. 여자정신대의 노무관리에 관해 매우 자세하게 해설하고 있다.

문화충격

1944년의 공식적 정신대가 일본에 처음 도착한 것은 도쿄마사에 4월경 도착한 경상남도대 약 100명이다. 후지코시에는 같은 해 5월 9일 경상북도대 약 100명이 처음으로 도착했다. 이때 동원된 김천 출신 김명자(진상조사위)는 김천에서 25명이 모여 여관에서 하룻밤 자고 5월 5일 부산으로 출발했으며, 시모노세키에서 1박한 후 기차를 대절하여 도야마까지 갔는데 도착일자는 5월 9일이었다고 똑똑히 기억한다. 그리고 약 한 달 뒤 미쓰비시명항에 전라남도대가 도착했다.

여자정신대원들의 일본생활은 그들이 조선에서 생각했던 것과는 딴판이었다는 증언이 대부분이다. 경상북도대 대구 달성국민학교 졸업생(박소득)의 증언을 보자. "모교 설명회에서는 (오후) 5시까지 일하고 야간중학교에 다닐 수 있다는 말을 듣고 후지코시에 갔지만, 돈 한 푼 못 받고 집에서 보내준 돈도 모두 강제로 저축시켰으며 늘 배가 고팠다." 이것은 당시 정신대원들이 가졌던 꿈과 현실 사이의 괴리를 매우 함축적으로 보여준다. 앞의 이케다 교사는 해방 전 조선으로 중도 귀국한 대원들을 만났을 때, 정신대원으로서 일본생활이 어떠했는지 물었더니 "그곳 생활에 대해서는 아무 말도 하고 싶지 않습니다"라는 대답이 돌아왔다고 말한다. 생각하기조차 싫다는 감정이 전해지는 말이다.

전체적으로 볼 때, 정신대원들은 일본생활과 노동이 가혹했다고 말한다. 그 점은 쉽게 상상되며 또한 의심의 여지가 없다. 그러한 전제 아래 나는 이 문제를 생활조건이나 노동조건뿐만 아니라 '문화충격'이라는 관점에서도 살펴볼 필요가 있음을 강조해두고 싶다. 군대식 조직 및 일상생활, 조선과는 다른 노동관과 노동강도, 식생활 문화 등은 조선 소녀들에게 이異문화 충격이기도 했고, 그것이 일본생활을 한결 힘들게 했다는 것이다.

일본정신대원 및 학도근로대가 남긴 기록을 보면, 일본사회의 분위기는 1941년 태평양전쟁이 시작되면서 완전히 군대식으로 바뀌었다. '사치는 적이다'라는 슬로건 아래 여학생도 구두가 아닌 게타(나막신)를 신고 등하교하게 했으며, 스커트는 몸뻬로 바뀌었다. 학생들은 군마軍馬 사료용 풀베기나 징병 나간 가족 돌보기 등에 동원되었다. 졸업식장에서도 교가 대신 〈필승의 노래〉를 불렀다고 한다. 그러한 분위기를 미리 경험한 일본인조차도 막상 정신대나 학도근로대로 동원되었을 때 가장 먼저 받는 군사교육과 군대식 생활이 매우 힘들었다고 입을 모은다. 그러므로 조선정신대원들이 일본생활을 시작하면서 받았던 군사교육과 공습대피훈련 등은 큰 고통이었음에 틀림없다.

저녁시간 등에는 꽃꽂이나 일상예절(行儀)을 배우기도 했는데, 예절이라는 것 자체가 문화충격이었다. 일본에서는 꿇어앉는 것이 정좌正坐이며, 양반다리나 무릎을 세우고 앉는 것은 좋지 않은 행실로 취급된다. 예절교육 한답시고 벌 받을 때나 하는 꿇어앉기를 강요당했기 때문에 소녀들이 그것을 예절이라고 받아들이기 어려웠을 것이다. 된장국(미소시루)에 밥을 넣어 먹는다는 이유로 벌을 서기도 했다(후지코시 원고, 최희순). 일본에서는 밥그릇에 된장국을 부어 넣어 먹는 것은 문제되지 않으나, 조선문화처럼 국그릇에 밥을 말아먹는 것은 좋지 않은 행동으로 간주하기 때문이다. 조선문화에 대한 배려는 아예 기대할 수 없었으며, 대원들은 황민정신이 투철하지 못한 아이들, 일상예절을 모르는 아이들로 간주되기 일쑤였다.

대원들이 가장 고통스러웠다고 말하는 식사와 배고픔 문제의 주된 원인은 물론 식량지급이 열악했기 때문이지만, 문화충격의 관점에서도 살펴보는 것이 필요하다. 조선인의 전통적 식문화는 대식大食이었고 그것은 사회가치이기도 했다. 한말 외국인들의 조선기행기를 보면 큰 사발에 꽉 담은 밥을 먹는 조선인들의 엄청난 식사량에 대한 기록이 일관되게 나온다. 그들의 사진에 찍힌 밥이 담긴 그릇의 크기에도 놀라게 된다. 많은 외국인 관찰자들이 조선에서 식량이 모자라는 것은 일본인이나 중국인에 비해 조선인이 밥을 두세 배로 먹기 때문이라고 지적했다(해밀턴/이형석 역, 2010; 루돌프 차벨/이상희 역, 2009; 비숍/신복룡 역, 2000 등). 미쓰비시 원고 진○○의 증언처럼, 조선에서는 가난하기는 했지만 먹고 싶은 만큼 먹을 수 있었기 때문에, 일본의 빈약한 음식과 배고픔은 큰 고통이었다.

일상생활과 시설

대원들은 기본적으로 출신지역별로 군대식 조직으로 편성되었다. 방 단위로 분대를 조직하고, 3~5개의 분대(상한 50명 정도)를 소대로 편성하여 분대장과 소대장은 정신대원으로 임명했다. 원래 소대는 같은 학교 출신으로만 구성하는 것이 원칙이었던 것으로 보이는데, 조선의 경우 여러 학교의 지원자들을 모아서 소대를 만들었기 때문에 소대에는 같은 도내의 다른 지역대원이 포함되어 있었다. 그러나 분대, 즉 한방을 쓰는 소집단은 같은 지역 출신으로 구성했던 것으로 보인다. 대원 중에는 소대장을 기억하는 경우가 많았다. 미쓰비시 지진 희생자에 대해 이름을 기억하지 못해도 '나주출신 소대장(최정례)'이 사망했다고 말한 대원들은 다수 있었다.

중대장과 사감(寮長)은 남자였다. 중대는 2개 소대(100명 정도 상한)를 묶은 것으로 중대장은 일본인 남자였다. 사감이 통솔하는 인원은 100~150명 정도였던 것으로 보인다. 기숙사에는 사감 이외에 기숙사 규모에 따라 여러 명의 료보寮母가 있었다.

기숙사는 주로 2층 건물로 6명에서 12명 정도가 한방을 사용했다. 방 넓이는 최소한 한 사람당 다다미 1조(반 평) 이상이었다. 인솔교사 손상옥은 1인실이었다. 미쓰비시 사감 야마조에山添의 아들 야마조에 다쓰오山添達夫는 아버지와 함께 다다미 6장 넓이 방 두개를 합친 방을 사용했는데, 밤에는 조선정신대원들이 사감 방으로 와서 담소를 나누었다고 기억한다.

각 방은 다다미방이었고 겨울에는 고타쓰라고 불리는 난방기구가 있었다. 겨울에 방이 추웠다는 대원도 있고 고타쓰가 있어서 추운 줄 몰랐다고 말하는 대원도 있다. 미쓰비시와 도쿄마사가 입지한 나고야와 시즈오카 지역은 비교적 겨울이 따뜻한 편이지만, 후지코시가 위치한 도야마는 겨울이 춥고 눈이 많은 지역이다. 특히 1945년 초에는 폭설이 내렸다고 한다. 그러므로 후지코시 정신대가 추위를 더 느꼈을 수 있다. 혹은 출신지역이 남부지역인지 서울 등 추운 지역인지에 따라 대원이 느끼는 추위가 달랐을 수 있겠다. 기숙사는 공장까지 걸어서 10분 정도의 거리에 있었다.

각 기숙사에는 이름이 붙어 있어(예를 들면, 제4 료와료菱和寮, 제12 아이코쿠료愛国寮 등) 대원들 중에는 그 이름을 지금도 기억하는 이들이 많다. 편성도 군대식이었지만 기숙사에서 공장으로 갈 때나 돌아올 때에는 몸뻬와 작업모에 머리띠를 두르고 사감의 주의사항을 들은 다음 줄을 서서 군대식으로 이동했다. 이동 중에는 〈여자정신대의 노래〉나 군가 등을 불렀다. 공장에서 돌아올 경우도 마찬가지였다. 매일 〈황국신민서사〉를 암창했다.

정신대원에게는 1~6개월의 예비교육이 설정되어 있었는데, 그동안 군대식 생활습관이나 공습대피훈련을 받았다. 당시 군국주의적 문화가 일상생활까지 깊숙이 침투한 일본에 비해 조선정신대가 군대식 생활에 적응하는 일은 훨씬 어렵고 충격적이었을 것이다.

아침은 기숙사에서 먹고, 점심은 훈련기간에는 도시락을 가지고 가서 먹기도 하고 공장 안의 큰 식당에서 먹기도 했다. 노동 시작시간은 작업장에 따라 다른데, 7시 시작인 경우도 8시 시작인 경우도 있었던 것 같다. 그 30분 전에는 식사를 마치고 공장으로 이동해야 했으므로

5-6(상), 5-7(중), 5-8(하) 차례대로 후지코시 기숙사, 후지코시 병원, 식당 사진. 후지코시 시설은『후지코시 25년』(1953)이라는 책자에 실려 있다. 조선정신대가 동원되는 공장은 일본 내에서도 설비 등이 손꼽히는 곳이라고 조선총독도 공언했다.

후지코시 병원은 전후 도야마현 현립중앙병원이 되었다고 하므로 큰 규모였던 것 같다. 장티푸스를 앓았던 대원은 이곳에 입원했는데, 이 병원은 구급차도 가지고 있었던 것으로 보인다. 병원은 공장에서 걸어서 한 20분 정도의 위치였던 것 같다. 손가락이 절단되는 산업재해를 당한 대원 등이 그렇게 증언한다. 미쓰비시명항 역시 공장에 병원을 가지고 있었는데, 그 규모가 어느 정도였는지는 알 수 없으며, 도쿄마사에는 병원이 있었는지 알 수 없다. 미쓰비시명항 정신대 중 공장 병원이 아니라 나고야 육군병원에 입원했던 대원이 있으므로 공장 병원이 후지코시에 비해 적은 규모였을 수 있겠다.

5-9 후지코시는 일본에서도 가장 일찍부터 중공업에 여자노동자를 투입했다고 자사의 역사서에서 밝히고 있다. 사진은 후지코시에서 일하는 일본 여공의 모습.

적어도 그보다 한 시간 전에는 기상했을 것이다.

기숙사에는 매점이 있었는데, 비누나 수건 등 생필품을 팔았지만 음식류로는 가루커피나 가루주스만 팔았다고 한다. 배가 고파 가루커피라도 사먹었던 대원은, 그것을 먹었더니 입이 온통 까맣게 되었다고 기억한다.

기숙사 안에는 목욕탕이 있었는데, 목욕은 한 번도 한 적 없다는 증언도 있지만, 대부분 목욕탕을 이용했던 경험이 있다고 언급한다. 시간 날 때 자유롭게 이용, 공장에서 기숙사로 돌아오면 목욕시킴, 목욕은 이른 아침에 갔음, 매일 목욕했음 등 다양하다. 공장에 있는 큰 목욕탕에 가면 남자들은 대부분 장애인(상이용사를 말하는 듯함)들이라서 보통남자들은 모두 전장에 나갔음을 실감했다고 말하기도 한다.

우편 왕래와 면회

우체국은 공장 안에 있었다. 조선에서 부쳐온 소포를 찾거나 편지, 소포를 부칠 때에는 공장 안 우체국을 이용했다. 우푯값이나 소포값은 모두 개인부담이었다. 편지 보낼 때는 우편검열이 있어서 개봉하여 제출했기 때문에, '잘 있다'는 말만 했다는 경우가 적지 않다. 혹은 일본어로 좋은 내용을 쓰고 마지막에 한글로 '배가 고프다'고 썼다는 대원도 있다. 당시 조선인 징용자와 함께 일했던 일본인은 우편검열을 피해 공장 밖에서 편지를 부쳐달라는 조선인들의 부탁을 받고 밖에서 편지를 부쳐주기도 했다(調查追悼委, 1988)고 하는데, 정신대 증언 중에는 그러한 사례가 보이지 않는다.

편지를 받은 적도 쓴 적도 없다는 대원도 있다. 편지에 관한 증언은, 부모가 글을 쓸 수 있는가 아닌가에 따라서도 다를 것이다. 일본에서 기념품을 사서 조선에 소포로 보냈는데, 고향집 주소를 잘못 써서 되돌아왔다고 말하는 대원도 있는 것을 보면, 우편 왕래는 비교적 확실했던 것 같다.

1945년 4월 이후는 미군 공격으로 인해 조선과 일본 사이의 정기적인 연락선 운항이 불가능해졌기 때문에, 편지를 써도 조선으로 배달이 불가능했다고 말한다. 대원들은 미국이 현해탄에 기뢰를 깔아두어 배 운항을 할 수 없다는 설명을 들었다고 한다. 가족의 사망 등 급한 소식은 전보를 통해서 받았다.

면회는 허용되어 있었다. 면회 같은 것은 생각할 수 없었다고 말하는 대원들이 있지만, 여러 대원들이 면회를 체험했다. 가족이나 친지 중 일본 거주자가 있는 경우는 아무래도 면회가 잦았다. 일본에 거주하다가 국민학교 6학년 때 조선으로 귀국한 후 국민학교 고등과 1학년 때 후지코시에 동원된 심연주(진상규명위)는 일본에 있던 오빠가 자주 면회를 왔다고 한다. 조선에서 면회 간 경우도 있었다. 보호자 면회를 정신대원을 보호하기 위한 행위로 받아들이기도 했다. 미쓰비시 대원 양승자(목포 서부국민학교. 진상규명위) 등 수 명은 여수 대원의 아버지가 여러 차례 면회 왔었다고 기억하면서, 그렇게 보호해주었기 때문에 나쁜 길로 빠지지 않았다고 말한다. 한편, 미쓰비시명항 야마조에의 아들은 남자 기숙사에 있는 조선인 징용자가 가끔 면회를 왔다고 말한다(調査追悼委, 1988: 50). 면회 온 징용자가 원래부터 지인이었는지 혹은 후지코시에서 만난 사이인지는 알 수 없다.

조선의 학교장이나 교사가 찾아오는 경우도 있었다. 이종숙은, 조선(서울) 학교의 일본인 여교사가 일본으로 귀국해서 후지코시에 있는 자신을 찾아와 말하길, "도쿄에 가니 공습피해가 커서 어린아이들이 먹을 것을 찾아 헤매는데 불쌍해서 눈물이 났다"고 해서 자신도 울었다고 기억한다. 후지코시 대원 성영애(경상북도대. 상주 상산국교 졸)는 조선에서 오빠가 면회 왔는데, 면회 오는 편에 상산국교 교장선생님이 대원들에게 까만 운동화 한 켤레씩 선물로 보내주었다고 한다. 교사 손상옥도 자신이 재직했던 학교 교장이 일본 공장으로 찾아왔었다고 말한다.

여순주(1994: 85-88)의 면담조사에는 나이든 언니들은 조선인 노무자와 눈이 맞아 휴일에 외출하여 돌아오지 않는 등 도망가기도 했다는 증언이 있다. 나이든 언니들은 옆의 조선인 남자기숙사에 몰래 출입했는데, 한 사람은 임신하여 배가 불러오자 귀국했다고 한다. 또한 외출하여 며칠 돌아오지 않고 조선인 집을 다니며 몸을 팔고 며칠 만에 돌아온 경우도 있었다고 기술하고 있다.

친척이 면회 와서 대원을 데리고 도망했다는 소문도 있었다. 면회로 밖에 나가서 돌아오지 않은 사람이 있다는 것이다. 다만 내가 확인한 구술자료의 범위 내에서는 공장을 탈출한 대원들 중에 친척이 면회 와서 탈출한 경우는 보이지 않는다. 후지코시 이○순a는 어느 대원의 친척이 면회 왔다가 외출 허락을 해주지 않아 기숙사 내에서 감시받으며 면회했는데, 후일 그 친척은 이 대원을 공장에서 탈출시키려고 계획하여 면회했으나 감시가 심해서 탈출이 불가능했다는 말을 전해들었다고 한다(후지코시 1차 판결문).

면회할 때 대원을 데리고 외출하는 것은 경우에 따라 허락되지 않았던 것으로 보인다. 여동생을 면회 갔던 한 사람(미쓰비시 소송 원고)은 1944년 가을경 야마조에 사감에게 외출을 신청했으나 거절당하여 기숙사 2층에서 면회했다고 한다(미쓰비시 1차 판결문).

자매가 각기 다른 공장의 정신대로 동원된 조금 특별한 경우에는, 그 언니가 멀리 떨어진 공장에서 일하는 동생을 면회하러 간 사례도 있다. 언니 김성주(순천남국민학교. 미쓰비시 원고)는 1944년 봄에 동원되어 미쓰비시명항에서 일했는데, 동생 김정주는 "일본에 가면 언니를 만날 수 있다"는 담임교사의 말을 듣고 1945년 전라남도대 2차 정신대로 후지코시에 배속되었다. 이 자매가 서로 의지하는 정이 남달랐던 데에는 어머니가 계모인 것도 영향을 미친 듯하다. 언니는 동생이 후지코시에 왔음을 편지로 알았는데 동생은 배고픔을 호소했다. 미쓰비시명항에서는 식사가 그 정도는 아니었기 때문에, 언니는 동생을 미쓰비시로 데려올 수 없는지 상담했다고 한다. 물론 대답은 절대 불가였다. 그래서 동생 면회를 가고 싶다고 공장 사람에게 의논했더니 동생에게 주라며 주먹밥을 10개 싸주었다. 그 주먹밥과 함께 오렌지주스가루를 사서 후지코시로 가 동생을 면회했다. 동생은 풀을 뜯어먹고 설사한 적이 있다는 등 배고파 못살겠다고 언니에게 호소했고, 언니는 후지코시 관계자에게도 동생을 미쓰비시로 데려가면 안 되느냐고 통사정했다고 한다. 결국 눈물로 헤어지고 언니는 돌아왔다.

나고야에서 도야마까지는 중간에 산악지대를 거쳐야 하고 현재의 특급열차로도 4시간 이상이 걸리는 먼 길이다. 게다가 공장을 찾아가서 면회신청을 해야 하므로, 일본 경험이 없는 14세의 여자아이가 혼자서 면회 갔다고는 생각하기 어렵다. 김성주는 "누군가 데려갔고 데려왔기 때문에 갈 수 있었다"고만 기억할 뿐 누가 그곳까지 데려갔다가 왔는지는 기억하지 못한다. 미쓰비시명항 관계자가 동행했던 것으로 보인다. 한편, 동생 김정주(진상규명위)는 "일본 가면 언니도 만날수 있다고 들었으나 언니를 만나지 못했다"고 진술하고 있다. 언니 기억이 정확한 것으로 생각된다.

여가시간과 공부

휴일이나 자유시간을 어떻게 보냈는지에 관한 증언은 매우 편차가 심하다. 외출 같은 것은 상상도 못했다는 증언이 있기는 하지만 대부분은 외출 경험을 언급한다. 외출 경험은 대원의 경제적 상황이나 친구관계 등과 관련이 있으며, 공장이 위치한 지역사정도 반영되어 있는 것 같다.

휴일은 전혀 없었다는 증언도 있지만, 대체적으로 주 1회 혹은 최소한 2주 1회였다고 말한다. 노동은 주야간 교대도 있었는데, 주간노동의 경우 저녁식사 뒤가 자유시간이었다. 미쓰비시 원고 김복례가 말하는 자신의 하루일과(주간노동)는 다음과 같았다.

6시 기상.
6시 30분까지 아침식사. 그 후 기숙사에서 공장으로 이동.
오후 5시나 6시 기숙사로 돌아와 저녁식사. 목욕하고 방에 돌아와 휴식.
10시 취침.

기숙사에는 휴게공간이 있었다고 한다. 휴게공간에는 미싱이나 타자기 등이 놓여 있었는데, 희망자는 이용할 수 있었다. 처음에는 담당 선생이 있어 그들에게 기술을 가르쳐주었는데, 점차 선생들이 없어지면서 배우는 대원도 적어졌다. 그러나 타자기나 미싱은 그대로 있었기 때문에 스스로 연습하는 이도 있었다. 후지코시 원고 이종숙은 그때 배운 타이프기술로 귀국 후 우체국에서 일할 수 있었고, 대통령 관저에서 일하기도 했다고 말한다. 휴게실에 탁구장이 있어 탁구를 쳤다는 대원도 있다.

도쿄마사는 단체로 나가는 주말 외출이 허용되었는데, 적어도 3명 혹은 5명이 되어야 외출할 수 있었다고 한다. 그것은 다른 공장도 유사했던 것으로 보인다.

미쓰비시 대원들은 히가시야마東山 동물원에 여러 번 갔거나(각기 다른 계절의 단체사진이 남아 있음) 나고야성에도 갔다. 그곳에서 여러 사람이 모여 사진을 찍으면 한 장씩 나누어주었다고 한다(진상규명위. 이상미). 도토쿠 공장의 대원들은 걸어서 나고야성까지 갔다고 한다.[9] 전승 기원을 위해 아쓰타熱田 신궁에도 갔다. 또한 박순덕(진상규명위)은 고타니小谷 온천에 가서 목욕을 했다며 우윳빛 물색깔, 바위를 깎아 만든 구멍에서 온천물이 나왔다는 것 등을 구체적으로 말한다.[10]

후지코시의 경우, 토요일에 영화를 보았다거나 도야마 신항新港으로 소풍 갔던 것, 스모(일본씨름) 구경, 그리고 서커스 구경을 언급한다. 백화점에 구경갔다고 하는 증언도 다수인데 음식을 팔지 않았다고 입을 모은다. 서커스단에는 조선 소녀가 있었고 너무 인상적이어서 얼굴까지 기억했는데 해방 후 우연히 고향 진주에서 그 소녀를 만났다는 대원도 있다(진상규명위. 김희경). 알고 보니 같은 동네 사람이었다고 한다.

배가 고파서 음식을 구하기 위해 외출하기도 했다. 외출할 때에는

---

9) 지도로 확인해보면 도토쿠에서 나고야성까지는 8킬로미터 정도의 거리로 보이는데, 오늘날 기준으로 보면 걸어가기에는 좀 먼 길이다.

10) 이 대원은 다시 일본에 간다면, 고타니 온천과 히가시야마 동물원에 가보고 싶다고 말한다. 다만 내가 조사한 바로는 나고야 근처에 고타니 온천이라는 곳은 찾을 수 없었다. 어쩌면 미타니三谷 온천을 말한 것일 수 있겠다.

사전에 허락을 받고 외출증을 발급받아야 했는데, 정해진 시간을 어기면 사감 등에게 혼이 났다고 한다. 미쓰비시에서는 외출했다가 규칙시간보다 10분 늦게 돌아왔다는 이유로 맞은 적이 있고, '옷을 모두 벗으라'는 말까지 들었다는 증언도 있다(본인은 저항해서 옷을 벗지 않았다고 함).

공부 기회는 정신대를 지원한 큰 동기 중 하나였는데, 대원들이 상상했던 공부, 즉 진학을 위한 공부 기회는 없었다. 각 공장에서는 청년학교를 운영하고 있었는데, 대원들 증언에 등장하는 학교란 이 청년학교를 말한다. 1944년 시점에서 국민학교 졸업 후 중학교나 고녀에 진학하지 않고 취업한 노동자는 모두 사업장 내의 청년학교에서 교육받도록 하는 것이 일본정부의 방침이었다. 그러므로 청년학교 설립취지에서 본다면 조선정신대는 거의 대부분 청년학교 입학대상자가 되는 셈이다. 다만, 조선정신대는 정식 청년학교 등록자가 아니라 주 2회 정도 가서 교관들로부터 교양학습을 받은 것으로 보인다. 그것도 1944년 겨울이 되면 교육이 시행되지 않았던 것 같다.

당시 청년학교 일본인 교사가 조선정신대에 관해 남긴 증언은 적어도 2건 있다. 미쓰비시 청년학교는 여자부를 따로 두었다고 하는데, 그것은 1943년부터 여자공원들이 상당수 채용되었기 때문이다. 그 여공들이 청년학교에 등록된 학생들이었다. 청년학교 교사들은 조선정신대의 교육을 '교류'라고 표현한다. 정식교육이 아니었다는 의미로 받아들여진다.

공부 시간은 아예 없었다는 증언도 있고, 처음에는 주 2~3일 공부할 시간과 공부 가르쳐주는 선생이 있었으나 점차 선생도 공부할 시간도 없어졌다고 말하는 이도 있다. 가끔 도덕공부를 했는데, 일본 선생에게서 '어떤 천황이 어떤 일을 했고…' 등등 역사 이야기를 들었다는 대원도 있다. 어느 후지코시 대원은 밤에 칠판에 한자를 써가면서 가르쳐주는 선생이 있었고 꽃꽂이를 배우기도 했다고 말한다.

도쿄마사 대원(오일순)은, 공부는 했는데 조선과는 달리 일본 교과서에 한자가 너무 많고 어려워서 점차 학교에 가지 않는 대원들이 많아졌다고 말한다. 공부할 시간은 아예 없었다는 증언도 있지만, 공장의 청년학교에서 부정기적으로 공부를 했다는 증언은 모든 공장에서 확인된다. 미쓰비시 지진 때(1944. 12.) 상당수 대원들은 학교에 가 있었기 때문에 피해를 입지 않았다고 말한다. 하지만 '진학을 염두에 둔 공부'나 고등여학교 진학 기회가 없었음은 명백하다.[11]

그나마 있었던 공부 기회는 1944년 말이 되면 거의 불가능해졌다. 미쓰비시 청년학교 교사였던 이케다池田英箭는 1944년 말의 미쓰비시에서는 교육이란 생각하기조차 힘든 상황이었다고 말하며, 같은 청년학교 교사였던 가와이河合志ん는 1944년 말이 되면 잔업이 많아져서 교육이 불가능했다고 말한다(調査追悼委, 1988).

공부나 진학 기회와 관련해 매우 예외적인 사례가 있다. 도쿄마사에 동원된 박군자(진해 경화국민학교 졸업. 진상규명위)는 공장에서 통역일을 하다가 간호조수를 하게 되었는데, 150명 조선대원 중 2명에 선발되어 간호학교에 입학했다. 원래 간호학교는 3년제인데 6개월의 속성 과정을 마치고 검정고시로 간호사 자격을 땄다. 그 후 회사에서 학비

---

11) 조선정신대가 동원되기 이전에 이미 고용되어 있던 조선 여공에 대해서도 식자교육이 어느 정도 있었던 것으로 보인다. 중앙협화회 자료(『協和事業年鑑』)에 의하면 1942년 도쿄마사 공장에는 여공이 270명 있었고 그들에 대해서는 작업시간별로 3교대로 나누어 매일 2시간씩 국민학교 교과서를 사용하여 교육(일본어 교육으로 추정)을 했다(小池, 1996: 121).

를 내주어서 학교를 다니며 산파 자격도 땄다. 해방 후 귀국해서는 간호사 자격이 있었기 때문에 대학병원에서 일하면서 공무원의 3~4배 임금을 받을 수 있었다고 말한다.

한편 미쓰비시명항에 동원된 대원들 중에는 1주일에 한 번 영어를 배웠다고 증언하는 대원이 양승자 등 다수 있다. 이 시기 일본 중등학교에서는 미국과 영국이 적국이라는 이유로 영어수업이 없어지고, 외국어 과목은 독일어로 바뀐 상태였다. 일본인 학도근로대나 정신대의 수기 등에는 학교에서 영어수업이 없어진 것을 특별한 기억으로 남겨 놓은 경우가 많다. 일본인 동원자들 중에는 미국이 이기면 젊은 여자들을 모조리 데려간다는 이야기를 들어서 무서웠다는 것, 조선정신대의 경우도 해방 후 귀국을 기다리는 동안 미군이 일본에 들어오면 개미새끼 한 마리 남겨두지 않는다는 말을 들어 무서웠다고 말한다. 그러한 분위기였음에도 유독 미쓰비시명항에서 조선정신대에게 영어를 가르친 연유는 알 수 없다. 기계작업이나 부품 명을 읽을 수 있도록 최소한의 영어교육을 실시했는지도 모른다.

현지의 보호자들: 사감과 인솔교사

기숙사에는 사감과 료보寮母가 배치되어 있었는데, 사감은 아버지역, 료보는 어머니역과 유사했다. 실제로 미쓰비시 사감이었던 야마조에는 대원들에게 자신을 "오토상(아버지)이라고 부르라"고 말했다고 한다. 료보는 조선에서 모집하여 정신대원들과 같이 가는 경우가 있었던 것 같다. 정신대 모집광고에도 정신대와 별도로 료보를 모집했다. 료보의 자격은 고등여학교 졸업 정도라고 되어 있었다. 예를 들면, 1944년 6월에 편성된 경기도대(경성부)에는 와타나베(33세)라는 일본인이 료보로서 동행했다. 그녀는 경성의 고등여학교를 졸업하고 조선 사정에도 밝은 사람이었는데, "이 시국에 혼자 편안히 지낼 수 없다고 하여 료보에 자원한 갸륵한 부인"으로 신문에서 치켜세워졌다(『매일신보』1944. 6. 14.).[12] 대원들은 사감과 료보를 구분하지 않고 관리인이라고 호칭하는 경우가 많다.

일반적으로 대원들은 사감을 신뢰한 것으로 보인다. 다만 사감에 대한 감정도 공장에 따라 차이가 있다. 미쓰비시명항과 도쿄마사의 경우는 대원들이 입을 모아 관리인을 좋은 사람이라고 말하며, 많은 증언에서 관리인이 등장한다. 그러나 후지코시의 경우, 관리인에 대한 증언 자체가 매우 적고, 관리인이 자신들을 잘 돌봐주었다는 내용은 거의 없다. 대신 여자 관리인이 매우 엄격했고 대원들을 때리기도 했다는 증언이 있다.

미쓰비시명항의 야마조에에 대해서는 대부분 자신들을 진정으로 아껴준 사람이었다고 말한다. 미쓰비시 소송에서 원고의 법정진술에도 야마조에는 '좋은 사람'이라고 진술되어 있다. "조선정신대에게 그런 어려운 일을 시키면 안 된다"고 하면서 늘 자신들을 지켜주었다고 한다. 야마조에는 조선에서 생활한 경험이 있었고 한글도 읽을 수 있었던 것 같다. 당시 조선정신대원 중에는 국민학교에서 한글사용 금지를 강요당하여 한글 읽기쓰기를 못하는 대원들이 있었다. 진상규명

---

12) '회사측요강'의 '생활 및 보건관리'에 의하면, 통근이 어려운 대원은 여자전용 기숙사에 수용하여 가정적인 관리를 행할 것, 독서실이나 위안시설 등 여자에게 필요한 제반시설을 만들어 수양에 이바지하게 할 것, 료보寮母인 여자 지도자로 하여금 용모지도 및 생활지도를 하게 할 것, 이렇게 규정되어 있다. 그리고 사감이나 료보는 대강 2개월에 한 번 이상 대원의 건강상태와 근로성적 등을 가정에 통신 연락하도록 되어 있다. 회사 측도 파견단체(학교)나 보호자 간담회 등을 통해 대원 보호에 관하여 가정과 연락을 밀접하게 해야 한다고 되어 있다.

위의 구술에도 집에서 한글편지가 오면 야마조에 사감에게 가지고 가서 읽어달라고 부탁했다는 증언이 있다(박순덕, 진상규명위). 어떤 대원은 그의 옆을 지나가면서 "이 촌놈아" 하고 말하면, "그게 무슨 뜻이야?(난토이우노?)"라고 계속 물었다는 일화를 소개하기도 한다. 비속어까지는 이해 못하는 수준이었던 것 같다. 식기 세척용 물로 아픈 친구 머리를 감겨주었다는 이유로 야마조에 사감에게 맞은 적이 있다는 증언도 있고, 배고플 때 볶음밥을 만들어주더라는 증언도 있다.

미쓰비시 나고야 공장이 파괴된 후 도야마로 전속되었을 때 거기에는 상이군인(팔 장애) 사감이 있었는데, 그에 대해서는 무섭고 강압적이었다는 증언도 있고, 아버지 같은 사람이었다는 증언도 있다. 고된 노동과 배고픔에 지친 대원들이 단체로 항의행동을 한 적이 있는 모양인데, 그 주모자가 누구인지를 이 사감이 알아내려고 일부 대원들을 다그친 것 같다.

도쿄마사의 사감은 스기야마杉山라는 사람이었는데, 대원들 증언 중에는 인자한 아저씨로 다수 등장한다. 도쿄마사 대원들은 공습으로 공장이 파괴된 후 후지방적 오야마 공장으로 전속되어 해방을 맞았는데, 10월 어느 날 스기야마가 찾아와서 대원들을 인솔하여 귀국했다. 스기야마와 함께 회사 직원 한 사람이 인솔해 부산항에 도착한 것이 10월 말이었다. 작은 배였고 풍랑이 워낙 심해서 배 안이 온통 뒤죽박죽되어 옷차림이 엉망이었으며, 신발도 짐도 잃어버려 다수가 맨발이었다고 한다. 부산항에서 귀국 동포를 안내하던 청년단 사람들이 배에서 내린 정신대원들의 형편없는 몰골을 보고 흥분하여 인솔자인 스기야마 등을 폭행하려 했을 때, 정신대원들은 사감이 인간 차별 안 하고 우리에게 참말로 잘해주었기 때문에 절대 그러면 안 된다고 청년들에

게 매달려서 말렸다고 증언한다(진상규명위. 강영복).[13]

『매일신보』(1944년 3월 15~17일)에는 도쿄마사 정신대 방문기가 실려 있는데, 그에 의하면 사감은 부산출신의 마쓰야마松山(조선인으로 추정됨)였다. 18세에 일본에 와서 후쿠야마의 방적공장에서 일하다가 1927년에 누마즈로 온 사람이었다. 사감도 정신대 동원 규모에 따라 여럿인 경우도 있을 수 있겠는데, 대원들 증언 중에 이 사감에 관한 증언은 보이지 않는다.

대신 50대 조선인 여자 관리인이 증언에 자주 등장한다.[14] 대원들 중에는 잦은 공습경보에 익숙해져서 공습경보가 발령해도 대피하지 않으려는 경우가 있었던 모양이다. 그 여자 관리인은 확성기로 "이년들아, 이번 공습은 반드시 이곳으로 오니 피하지 않으면 다 죽는다"고 고함치면서 대피시켰다고 한다(오일순. 진상규명위). 여순주(1994)가 면담한 대원 중에는 이 여자 관리인이 무서웠다는 것, 도망했다가 잡혀 온 대원을 때리면서 "이년들, 말 안 들으면 씹 파는 데로 보낸다"고 위협했다고 말하는 이가 있다.

한편 사감이 감시를 엄격히 했다는 증언도 많으며, 사감 잘못 만난 경우에는 고생했다고 말하는 대원이 있는 것으로 보아 개별 경험에 따라 사감에 대해 느끼는 감정은 같지 않다. 이는 지극히 자연스러운

---

13) 부산항에 마중나와 있던 강영복의 형부가 진주 출신 대원 80명에게 국밥을 사먹이고 신발을 사서 신긴 다음 부산부청으로 모두 가서 항의했다. 그리고 진주에 도착해서는 진주부청으로 몰려가 사무실 집기를 부수는 등 크게 항의했다고 한다. 진주부청 사람들은, "모두 조선 아이들인데 고생하는 줄 알았으면 일본으로 보냈을 리 있겠느냐"며 달래더라고 하며, 후일 밥을 사먹이고 신발을 사 신긴 형부에게 감사장 같은 것을 주었다고 한다.

14) 도쿄마사 대원들 다수는 기숙사 사감 혹은 관리인이 조선인 50대 여자였다고 말하고 있는데, 도쿄마사 회사관계 서류에는 기숙사 관리인은 조선인 부부로 되어 있다. 이 여자의 남편도 관리인이었던 것 같다.

일이다.

그러나 후지코시에 있었던 대원들의 증언 중에는 관리인에 대한 구체적 언급이 거의 없고, 외출하는 것을 엄하게 감시하는 사람 정도로만 등장할 뿐이다. 내가 확인한 구체적인 언급은 후지코시 원고 이종숙의 진술서에서다. 그에 의하면 사감은 여자 선생 3명이었는데, 그중 30대였던 이케모리라는 사람은 무서웠고 대원들을 때리기도 했다고 말한다. 20대 하야시라는 이름의 관리인도 있었다고 한다.

후지코시 대원들 중에 인솔교사를 언급하는 경우 역시 드물다. 반면, 당시 후지코시에 와 있던 일본인 학도근로대의 체험기에 조선정신대를 인솔했던 조선인 남자교사에 대한 언급이 있다. 도야마고등여학교 재학 중 학도근로대로 후지코시에 동원되었던 다마키(玉貴磨智子. 『후지코시에 동원된 학도근로대 체험기』)는 당시 조선정신대가 후지코시에 와 있었음을 기억하는데, 조선정신대 인솔교사는 조선인 남자였고 아주 친절한 사람이라서 동경의 대상이었다고 말한다. 그녀는 그 교사가 "조선 눈(雪)과 도야마 눈은 다르다. 조선 눈은 부드럽고 가볍다"고 했던 말을 기억한다.[15]

조선에서 정신대원을 인솔한 교사는 공장에서 한동안 머물면서 보호자 역할을 수행했다. 도쿄마사의 경우, 긴조라는 일본인 여교사(대원 중에는 이 교사를 여자통솔선생님이라고 부르는 경우가 있음)는 밤에 공습으로 기숙사가 불탔을 때, 기숙사 방방을 돌며 빨리 일어나라고 대원들을 소리쳐 깨워서 대피시켰다. 그 교사는 공장이 불타서 오야마에

---

15) 도야마 등 호쿠리쿠北陸 지방의 눈은 습기가 많고 매우 무겁다. 겨울에 눈이 많은 탓인지, 이 지역에서는 눈의 성질에 관한 화제가 많은 것 같다. 나 역시 십수 년 전 처음 이 지역에 갔을 때, 그곳 일본인으로부터 한국에도 눈이 오는지, 한국은 어떤 성질의 눈인지 질문을 받은 적이 있다.

있는 후지방적으로 전속되었을 때에도 계속 대원들과 함께 이동하여 보호자 역할을 했으며 귀국할 때에도 조선까지 인솔해주었다(김덕전. 진상규명위).

미쓰비시명항 인솔자 손상옥도 한동안 공장에 머물다가 돌아갔다고 기억하는 대원이 있으며, 손상옥도 자신이 조선으로 돌아간다는 말을 듣고 동요하며 울먹이는 대원들이 있었다고 말한다.

동원 당시의 인솔교사가 대원들이 귀국할 때에도 인솔자로서 조선까지 데려다준 것은, 원래 그렇게 계획된 것이었는지, 아니면 연락선 운항이 불가하여 일본에 인솔한 몇 달 후 조선으로 돌아갈 수 없어서 계속 머물고 있었는지는 알 수 없다. 중도 귀국한 손상옥의 경우를 고려해보면 후자일 가능성도 부정할 수 없다.

4. 배고픔의 고통

일본의 식량사정

이 시기 일본의 식량사정은 최악이었다. 식량사정이 극도로 나빠진 것은, 구조적인 식량 부족 이외에 농촌노동자의 징병 및 노무동원으로 농촌 일손 부족이 심화되었고 그로 인해 농업생산량이 감소했기 때문이다. 국가는 농민에게 식량증산을 요구했지만 농업생산은 노인이나 부녀자의 노동에만 의지하는 상황이었으므로 무리였다. 열악한 영양 섭취에 노동강화를 추진하자 산업현장에서는 재해나 질병이 증가했다. 임금통제로 인해 생활수준도 낮아졌다. 공장노동자의 실질임금 지수를 보면, 1934~36년 임금을 100으로 했을 때, 1940년은 41.2에 불과했다(吉田, 1994: 157-158). 사회정책역사 분야에서는 이를 기아(飢餓)임금이라고 일컫는다.

배급제로 인한 식량통제로 일반가정에도 죽지 않을 만큼의 식량만 배급되는 시대였다. 도야마현의 경우, 1941년 1월 성인 배급량은 하루 2.8홉이었다가 점점 줄어들면서 대용식(쌀 이외의 곡물)을 배급하였는데, 1945년 7월에는 2.1홉(300그램)이 되었다.[16] 『도야마현 경찰사』에 의하면 영양부족으로 말미암아 거리에는 얼굴색이 나쁘고 머리가 역삼각형인 아이들이 눈에 많이 띄었다.

같은 시기 같은 공장에서 일했던 일본정신대 등의 문집에도 열악한 식사 관련 기록이 매우 많다. 그들이 남긴 식생활 기록문집에는 '내 청춘에 구이(食い) 없다(わが青春に '食い'はない)'라는 제목의 글이 있다. 관용구처럼 흔히 사용되는 '내 청춘에 후회는 없다'에서 '후회'를 뜻하는 '구이(悔い)'와 같은 발음인 '구이(食い)'를 사용했다. 이처럼 '내 청춘에 먹은 것이 없다'는 표현은 식량 부족으로 인해 고통스러웠던 청춘시절을 빗댄 것이다.

일본 대원들은 정신대 혹은 학도대로 동원되기 전인 학교생활에서부터 이미 식량 부족을 체험하고 있었다. 일본 배급제는 1940년부터 시작되어 1943년에는 거의 모든 물품이 배급제가 되었다. 당시 신문에는 토끼 기르기 캠페인이 있었는데, 그 털은 군인에게 보내고 고기는 식용으로 쓰자는 취지였다. 또한 개와 고양이를 공출하기도 했다.

식량배급제가 시행되면서 경찰은 농가의 생산물 공출을 강하게 요구했고, 생산자에게 직접 가서 식료를 사는 행위는 식량관리법(1942.

---

16) 배급량은 지역에 따라 차이가 있었던 것 같다. 나가사키의 배급량은 2.3홉이었다 (純心女学院編, 1961).

2.)에 의한 암시장거래자로 강력히 단속되었다. 농작물을 훔치는 행위도 강하게 처벌했다. 도야마현에서는 1945년 6월, 단속 15일 만에 30건을 검거했는데, 감자 약 770그램(1엔 50전 상당)을 훔친 70세 노인이 기소되어 징역 1년 판결을 받았다(『도야마현 경찰사(하)』: 211). 정말 지독한 사회였다고밖에 달리 표현하기가 어렵다.

일본정신대원 혹은 학도대원이 기록한 배고픔에 대한 기록들을 요약하면 다음과 같다(이하 少女の会, 2013: 58-80).[17]

야채도 배급제였다. 배급이 워낙 적은 양이라 아사와 병사가 속출했다. 1942년 2월부터는 학교 밭에서 학생들이 키운 야채로 된장국을 만들어 먹었다. 몸이 약한 아이들에게는 번데기 가루를 된장국에 넣어주었는데, 결핵을 앓던 소녀는 몸을 생각하여 참고 먹었다. 학교 운동장과 테니스 코트는 고구마밭으로 만들었고 학교에 텃밭을 가꾸어 파와 당근 등을 심었다. 비타민B 결핍으로 복도에서 다리를 끌면서 힘겹게 걷는 아이들이 증가했다.

도쿄 병기창에 동원된 대원들은 당근잎, 무청, 콩이 든 밥을 제공받았는데, 배고픔과 영양결핍으로 건강이 나빠져서 노동할 수 없는 대원들이 증가했다. 가끔 돌고래 껍질인지 고기인지가 들어 있는 음식도 나왔는데, 냄새 때문에 먹지 못했다. 등이 아픈 증상, 영양불량에 의한 각기脚氣 증상은 과반수가 겪었다. 일한 뒤의 점심은 접시에 놓인 콩껍질 밥(밥알이 보이지 않는)과 소금에 절인 무 조각 두 개가 전부였다. 임금을 받아 돈

---

17) 少女の会(2013:58-80)에 실린 여러 사람들의 경험과 기록, 앙케트조사 결과 등의 내용을 필자가 선택적으로 추린 내용임.

을 가지고 있어도 식량을 살 곳이 어디에도 없었다.

일본인 정신대였던 여동생이 종전 후 귀가했을 당시 모습을 그 오빠가 기록한 자료가 있다. "9월이 되어서 여동생은 입던 옷 그대로 돌아왔는데, 완전히 말라 있어서 유령이 아닐까 하고 생각될 정도였다. 걷기도 힘든 상태였는데, 여동생은 최근 3개월 동안 먹은 것이라고는 무채 썬 것과 작은 생선 분말밖에 없었고 식사다운 식사는 전혀 못 먹었다고 말했다. 그 후 몸이 조금씩 회복되었는데, 어느 날 감기에 걸린 후 사망했다. 병명은 심장발작이었는데, 전시에 비행기공장에서 겪은 과로와 영양실조가 그 원인이라는 말을 들었다"(いのうえ, 「女子挺身隊の女性たち」 7).

부실한 식사와 배고픔

인솔교사 손상옥은 식사에 대하여, 밥은 흰 쌀밥이었지만 양이 매우 적었다고 말한다. 당시 정신대원들이 식사하는 사진을 보면, 기숙사 사감도 같이 앉아서 먹었다. 하지만 거의 대부분의 대원들은 쌀밥은 거의 먹어본 적이 없다고 말하며, 단 한 번 먹어보았는데 '긴샤리(흰쌀밥)'라고 부르던 그 밥맛을 아직 잊지 못한다고 말하는 이도 있다. 손상옥이 귀국한 이후 전쟁 말기가 되면 식료사정이 계속 나빠졌기 때문에 식생활도 더욱 궁핍해졌을 것이다. 실제로 1945년부터 식사가 더욱 형편없어졌다고 말하는 대원이 있다. 식사량이 적었기 때문이기도 했겠으나, 밥을 입에 넣고 적어도 30번을 씹고 삼키라는 지도를 받았다(진상규명위 김희경)는 증언도 있다.

무엇보다도 대원들이 고통으로 여겼던 것은 배고픔이었다. 기대와 현실의 엄청난 격차가 눈앞에서, 그것도 하루에 세 번씩 벌어진 것이다. 1939년 후지코시 직원의 하루 식비는 여자 20전, 남자 27전이었는데, 1944년에 여자 30전(아침 8전, 점심 12전, 저녁 10전)으로 인상되었다(『후지코시 25년』). 어떤 대원은 식비가 32전(아침 10전)이었다고 말하지만, 대부분은 하루 30전이었다고 기억한다. 어쨌든 적은 음식량을 고통으로 여기는 정신대원들이 많았다. 일본에서 배를 곯을 줄은 생각지도 못했던 것 같으므로 더더욱 그랬을 것이다.

그러나 배고픈 것은 문제될 정도가 아니었다는 증언 또한 결코 적지 않다. 그중에는 "삼시 세끼 주는데 왜 배가 고파?"라고 배고픔을 명확히 부정하는 대원도 상당수 있는 것이 사실이다. 후지코시 동원자 이금덕은 진상규명위 구술과정에서, 조사관으로부터 '우렁이나 콩 등을 먹은 적이 있는가'(많은 대원들이 배고파서 논우렁이 등을 잡아먹었다고 증언하고 있음)라는 질문을 받았던 모양인데 "우렁이나 콩 같은 것은 몰라. 배는 고파본 적 없다. 삼시 세끼를 주니까"라고 대답한다. 또한 임인숙(2003: 46)이 면담조사한 10명 중 4명이 배고픔은 문제되지 않았다고 말한다.

상대적으로 부유했던 학교동원에 비해 지역동원자는 식사에 대한 불만을 덜 가졌을 수도 있겠다. 기업에 따른 차이였을 가능성도 있을 수 있다. 그도 그럴 것이 배고픔의 고통은 후지코시 대원들이 더 호소하는 경향이 있기 때문이다. 식사는 지역풍토나 기업풍토가 반영되었는지 알 수 없다. 점심은 도시락이었다는 증언이 많다. 좀더 양이 많은 도시락(좀더 무거운 도시락)을 차지하려고 오전 작업시간 마치면 식당으로 막 뛰어갔다고 말하는 대원도 있다.

미쓰비시 원고 김복례는 식사에 대해 다음과 같이 말한다. "아침과 저녁은 기숙사에서, 점심은 공장에서 먹었다. 그때만큼 밥맛이 좋은 적은 없었다. 성장기였기 때문에 늘 밥이 모자라서 조금만 더 먹고 싶다고 생각했다. 간식은 없었고 음식을 파는 곳도 없었다."

이 증언은 배고픔의 고통을 호소하는 것과는 거리가 있다. 그럼에도 불구하고 내가 배고픔 문제를 별도의 항목을 만들어 논의하는 까닭은, 그것이 일부 대원들의 경우, 공장생활에 대한 불만, 그리고 외부인(일본인 및 조선인)과의 접촉과 그로 인한 인간차별 경험, 나아가 공장으로부터 이탈이라는 문제와 직결되어 있다고 생각하기 때문이다.

식사량이 적은 문제가 워낙 심각했던 탓인지, 음식이 식성에 맞지 않았다는 증언은 매우 적다. 식사에는 조선 음식에 대한 고려가 있었던 것으로 보인다. 미쓰비시 청년학교 교사 이케다는 자신이 여자였기 때문에 주로 조선정신대원과의 교류를 담당했는데, 식사는 조선의 식습관을 고려해서 김치 같은 것을 제공했다고 말한다. 또다른 청년학교 교사는 기숙사에 가서 같이 밥을 먹는 경우도 있었는데, 자신은 매운 음식을 잘 먹지 못하지만 참고 먹었다고 말한다(調査追悼委, 1988: 44-47). 당시 조선 노동자를 고용하는 기업의 노무관리 지침서를 보면, 조선인의 식사문제에는 특히 유념해야 한다는 항목이 들어 있다.

일본인 정신대야 정신대 동원 전에 식량 부족을 체험하고 있었고 상대적으로 소식小食문화였으며 전쟁국가가 직면한 엄중한 현실을 어느 정도 받아들이고 있었다. 그러나 조선정신대에게 배고픔은 충격적인 경험이었다. 다음은 배고픔이 큰 고통이었다고 말하는 조선정신대원들의 증언을 정리한 것이다.

항상 배가 고팠다. 식사는 약간의 밥과 된장국에 단무지 한두 조각, 아니면 작은 주먹밥(솔방울만 한 것 두 개) 혹은 삼각빵이었다. 너무 배가 고파서 가지고 있던 옷을 콩이나 밥으로 바꾸어 먹었다. 콩은 기숙사 화로에 볶아 먹었다. 일본인 노동자에게 빨래비누를 주고 대신 음식을 받아 배를 채우기도 했다. 본가에 부탁해서 고구마나 미숫가루를 부쳐 받아 그것으로 배를 보충했다. 인솔교사도 집에서 음식을 부쳐 받았다. 공장 밖 감나무에서 떨어진 감을 주워먹기도 했다. 주변의 미나리를 캐먹거나, 밭에서 감자나 오이를 따먹거나 했다.[18] 외출 시에 덜 익은 매실을 많이 따먹어 배탈이 나기도 했다. 면회 오면서 가져온 김치를 모두 나누어 먹기도 했다.

음식량이 적은 것이 가장 큰 문제였기 때문인지, 음식이 식성에 맞지 않았다는 증언은 매우 적다. 다만 음식이 싱거워서 밖에서 소금을 구해오기도 했다는 증언이 있다.

대원들 중 다수가 본가에서 부쳐준 고구마 등을 받았다고 말한다. 조선에서도 음식이 귀했지만 배고픈 딸을 위해 기꺼이 식료를 구해 부쳐주었다는 증언도 있지만, 집이 가난해서 혹은 집에서 걱정할까봐 집에 음식을 부탁하지 않았다고 말하는 대원도 있다. 음식을 부쳐달라고 부모에게 연락했던 것을 자신의 철없는 행동이었다고 후회하며, 자신의 어머니가 빨리 돌아가신 것도 자기 때문이었다는 회한의 감정을 품고 있는 대원도 있다. 집에서 부친 음식을 받으면 대원들끼리 약간씩 나누어 먹는데, 그 이유는 모두가 집에서 음식을 보내왔기 때문이

---

18) 대원들 외출이 금지되어 있었다는 증언이 있는데, 그중에는 공장 주변의 주민들이 대원들에 의한 농작물 피해를 공장 측에 호소하여 그 결과 외출금지를 당하게 되었다는 경위를 말하는 대원이 있다.

라고 말하기도 한다. 노동시간에 아프다고 말하고 기숙사에 남아서 다른 이가 아껴둔 음식을 훔쳐먹는 경우도 있었던 것 같다. 음식뿐만 아니라 버선이나 저고리 등 옷가지를 부쳐 받았다는 사람도 있다(이동연 증언). 우편검열이 있었지만 음식 등을 부탁하는 편지, 그리고 소포 등은 양쪽에 원활하게 전달되었던 것으로 보인다.

소포로 온 음식이 없어지는 경우도 있었다. 한 대원은 공장 안 우체국에 소포를 찾으러 가니, 내용물인 음식이 모두 없어지고 껍데기만 남아 있었다. 소포 내용물 쓰는 난에 '미숫가루 등 음식'이라고 쓰여 있었는데, 짐꾼들이 꺼내 먹었기 때문이라고 말한다. 어떤 대원은 집에서 소포 보낼 때는 내용물을 화장품이라고 쓰도록 부탁했고, 그렇게 해서 소포를 온전히 받을 수 있었다.

조선정신대원이 되기 전에 배고팠던 경험을 말하는 경우는 거의 보이지 않는다. 학교동원의 경우는 비교적 유복한 가정 출신이었기 때문일 것이다. 지역동원의 경우 빈곤가정 출신도 있었지만, '집이 가난했다'는 증언은 있어도 굶주림의 증언은 없다. 조선에서도 배급제가 실시되었다고는 하지만 일본만큼 철저하지는 않았을 것이다. 무엇보다 배급제를 철저하게 시행하기 위해서는 막대한 행정력이 갖추어져야 했고 일본처럼 주민들 간 감시체제가 전제되어야 했기 때문이다.

일본은 1940년 이후 쌀, 보리, 성냥, 야채, 어패류, 작업복 등 14품목에 대한 배급제를 시행했는데, 배급이 철저하게 시행될 수 있었던 것은 바로 도나리구미隣組라고 불리는 주민조직이 그물망처럼 짜여 있었기 때문이다. 이 조직은 공습대피훈련 등과 더불어 주민 상호 간 사상통제와 감시역할을 수행했다.

배고픔과 외부인 접촉

대원들이 공장 외부인과 접촉했던 것은 대부분 배고픔을 못 이기고 음식을 구하기 위해서였다. 이 점은 매우 주시해야 할 부분이다. 또한 공장에 있던 일본인들로부터 멸시받은 경험들도 이 문제와 깊이 관련된다. 식당 등에서 남기거나 버린 음식을 뒤지다가 발각되고, 바닥에 떨어진 음식 또는 과일 껍데기 등을 주워먹거나 하는 일은, 조선인에 비해 일본인들이 극도로 혐오하는 행위였다. 그런 일이 발각되면 조센 진이라고 멸시받았다는 증언이 여러 건 있다. '오죽 배가 고팠으면' 하고 이해하는 일본인도 있었지만, 대부분의 일본인은 '아무리 배가 고파도 그렇지'라는 반응이었다.

도쿄마사에서는 공습으로 공장 건물이 불탄 후 음식창고에 가본 이도 있었다. 그곳에 흰쌀이 남아 있어서 입에 한 줌 집어넣었더니 기름 냄새 때문에 도저히 먹을 수 없었다고 말한다. 공습대피로 야산이나 들에 나가 있을 때에는 그 지역의 부인회 조직에서 주먹밥을 날라주어 최소한의 굶주림은 넘겼다.

공장 주변 일본인들과의 접촉도 배고픔 문제와 관련된다. 근처에서 미나리를 캐와서 먹었다는 증언은 아주 많다. 나이든 언니들이 미나리에 고춧가루 등을 넣어 병에 담아서 물김치를 해먹는 것을 보았다거나 혹은 그냥 미나리를 날것으로 먹었다고 한다. 미나리 때문에 탈(장티푸스)이 났고 그 때문에 한 대원이 죽었다고 말하는 대원이 다수 있다.

도야마에 있는 후지코시나 미쓰비시 공장 주변에 밭이 많았던 모양인데, 주민의 밭에서 작물을 훔쳐먹는 일도 잦았다. 무, 오이, 가지 등을 캐먹다가 주인에게 들키면 도망쳤다. 지역주민들이 자신들의 농사

피해를 공장 사람에게 알려서 그것이 계기가 되어 정신대원들의 외출이 금지되었다고 말하는 대원도 있다. 공장에서 신용을 얻었던 한 대원(박임순. 진상규명위)은 평소에 코가 좋지 않아서 병원 간다고 하면 공장에서 쉽게 허락해주었는데, 이때의 외출은 치료보다는 병원 오가면서 밭에서 감자나 무를 캐먹기 위해서였다고 말한다.

강영복(진상규명위)은 다음과 같은 경험을 말한다. "공장(후지코시)에서 몰래 세 명이 나가서 수박을 따먹었는데 소변이 엄청 나왔다. 다시 따려고 하니 밭주인이 나타나서 '한토진 데이신타이 도로보!(반도인 정신대 도둑놈) 거기 서라!' 소리치면서 따라왔다. 두 명은 도망갔는데 나는 돌아서서 '배가 너무 고파서 따먹었다'고 말했다. 그랬더니 그 사람은 그런 줄은 몰랐다면서 돌아가서 먹으라고 수박 한 덩이를 더 따서 주었다."[19]

그런데, 농작물을 훔쳐먹는 행위에 대해서는 정신대 내부에서도 잘못을 지적하는 목소리가 있었다. 일본인들은 훔치는 행위(도로보)를 큰 일로 취급하는데, 남의 농사지은 것을 함부로 훔쳐서 되겠느냐는 의견이었다. 밭 작물 훔치기는 일부 대원들만 했다고 말하기도 한다(진상규명위. 김희경. 이미순). 사실 일본은 식량배급제가 철저히 시행되고 있었으므로 그런 행위는 대원들이 생각하는 것보다 큰 문제였다.

이봉심은, 일본인은 절대로 떨어진 감을 주워먹지 않는다고 말한다. 일본인은 벌레 먹어 떨어진 것을 주워먹는 행위에 대해 조선 소녀들

---

19) 어린 소녀가 이국땅에 와서 배가 고파 수박을 따먹었다고 사정하니 농부는 기가 막혔을 것이다. 그러나 이런 선량한 사람만 있었던 것은 아니다. 감나무를 봐두었다가 떨어진 감을 주워먹었다는 증언도 다수 있는데, 떨어진 감을 주워먹으러 조선정신대가 오는 것을 극도로 싫어하는 사람들이 있었고, 주민이 돌을 던지더라는 증언자도 있다.

로서는 생각하기 힘들 정도의 거부감을 가지고 있었다. 그것 또한 문화 차이일 수 있다. 민가에 가서 밥을 좀 달라고 하면 일본인은 절대로 주지 않았다고 말하는 대원이 있는 것으로 보아, 밥을 구걸한 적도 있는 것 같다. 이금덕(진상규명위)은 다음과 같이 말한다. "공장에서 상한 음식은 주지 않았다. 식당에서는 음식 검사도 했다. 쉰밥을 먹으려고 하면 일본인이 빼앗아 쓰레기통에 버렸다."

배고픔으로 인한 절망은 그 무엇보다도 클 수 있다. 외부 조선인들과의 접촉은 이 배고픔 문제와 깊이 관련되며, 또한 배고픔은 정신대 이탈의 중요한 계기가 되기도 했다. 재일 조선인과의 접촉은 후지코시의 경우 두드러지게 많았다. 도야마에는 조선인이 많이 살고 있었기 때문이다. 후지코시에는 징용 조선인(평안도 출신)이 많았는데, 드물게 교류하는 기회가 있었고 정신대원들이 그들 앞에서 노래를 불러주기도 했던 모양이다. 징용자들은 박수를 쳐주기도 했지만 "저런 어린아이들을 이런 곳까지 데려오다니, 에이 나쁜 놈들" 하면서 분개하는 분위기였다고 한다.

공장 근처에 조선인들이 많이 살았다는 사실은, 여자정신대 입장에서 본다면 의지처라는 의미도 있었겠으나 동시에 일탈의 위험이기도 했다. 남자노동자가 모이는 곳이었으므로 위안부도 상당 규모로 존재했기 때문이다. 후술하듯이 정신대원 중에서 공장을 이탈한 후 조선인 거주지역에서 일시적으로 위안부일을 하다가 공장으로 다시 돌아온 경우도 있고, 이탈하여 함비飯場(노동자를 위한 간이 음식·숙박시설)에서 일하다가 붙잡혀 돌아온 경우도 있다. 징용노동자들이 공장 안팎에 많았으므로 그들을 상대로 한 함바는 공장을 이탈한 대원들에게 잠시 머물기에는 좋은 곳이었다고 생각된다. 재일한국청년회 조사보고서에 의하면, 탄광에서 일하다가 이탈한 대부분의 사람들은 함바에서 몸을 숨기거나 일한 경험이 있다.

그 경위가 분명치는 않지만, 조선정신대원이 군인을 상대로 한 위안부가 된 사례도 4건 확인되어 있다(제6장).

배고픈 대원들은 가지고 있던 옷가지를 음식으로 바꾸어 먹기도 했는데, 조선인과의 접촉은 대원들이 밖으로 나가서 하기도 했고 기숙사 담을 사이에 두고 음식과 옷가지를 맞바꾸는 방식의 거래도 있었다. 기숙사에는 저녁 8시 지나서 인원점검(점호)이 있었는데, 점호는 번호로 확인했던 모양으로 외출자가 있는 경우 다른 사람이 대신 대답하기도 했다. 옷가지 하나를 주면 밥은 딱 한 덩이만 주었다고 하면서, 같은 조선사람이지만 조선사람만큼 지독한 사람은 없다고 말하기도 한다. 스웨터가 11벌 있었는데, 그런 방법으로 모조리 식량과 바꾸어 먹었다는 대원도 있다.

논고동(우렁이)이 아주 많아서 그것을 많이 잡아먹었다고 말하는 증언이 다수 있다. 논고동을 잡아와 기숙사에서 삶아먹는 경우도 있었지만, 근처 조선인에게 삶아달라고 부탁하는 경우도 있었다. 그 경우, 조선인이 밤에 담을 사이에 두고 삶은 논고동을 건네주었다고 한다. 혹은 논고동을 잡아먹으려고 탱자나무(탱자나무 가시로 논고동을 파먹음)가 어디에 있는지 잘 봐두었다고 말하기도 한다.

일본인 접촉과 민족차별 경험

정신대원들은 자신들이 소속된 작업반이나 기숙사 혹은 기숙사 방의 대원들과 주로 교류했으며, 그 외에 다른 지역 대원들 혹은 미리 와 있거나 뒤에 도착한 대원들과 교류할 기회는 거의 없었다. 공장 입장에서 봐도, 조선정신대원들이 자주 모이는 것은 불만 표출의 계기가 될 수 있었으므로 경계했을 수 있다. 정신대 내부에서도 출신지역끼리 집단 다툼이 일어나는 경우도 있었던 것 같다.

일본인 정신대나 학도대와도 거의 교류 없이 지냈다. 도쿄마사의 경우는 기숙사 2층 건물 5동 중 2개가 조선정신대 기숙사였다고 한다. 도쿄마사에는 당시 전체 직원이 3500명 정도였다. 도쿄마사의 10배 정도의 인원이 일했던 후지코시의 경우는 사진으로 볼 때 기숙사 건물이 굉장히 크고, 공장은 물론 일본정신대 기숙사와도 상당히 떨어져 있었던 것으로 보인다. 미쓰비시 대원의 경우 민족차별을 받았다는 증언이 상대적으로 많은데, 그것은 일본인들과의 접촉이 상대적으로 많았기 때문일 수 있겠다.

공장에서 일할 때 일본인과 한 조가 되어 일하는 경우도 있었다. 일본인 짝은 나이든 남자인 경우도 있었고, 일본정신대 혹은 일본학도대인 경우도 있었다. 후지코시 소송 원고(최복년)는 일본인 중년남자와 한 조가 되어 일했다고 한다. 하지만 일본인과 짝을 이루어 일하는 경우는 드물었으며, 특별한 보호가 필요한 경우에만 짝으로 일하게 했을 가능성도 있다. 도쿄마사의 경우, 공장에 남자노동자는 거의 없고 기계가 고장나면 어디에선가 남자가 와서 고쳐주었다고 한다.

이미순(진상규명위. 1945년 전남대 2차)은, 어느 날 정신이 들어보니 자신이 병원에 누워 있었는데, 정신을 잃는 바람에 입원시켰다는 말을 들었다. 퇴원하자 일본인을 한 사람 붙여주어서 두 명이 한 조로 일하게 되었다고 한다. 같이 일했던 일본인 언니는 여자고등학교를 다니던 사람(학도대)이었는데, 정말 좋은 사람으로 점심때는 우메보시(매실절임) 주먹밥을 갖다줘서 다른 대원들의 부러움을 받았다고 말한다. 귀국할 때에도 그 사람이 헝겊으로 만든 배낭을 갖다주었다고 하며, 그녀는 그 언니가 그렇게 부러울 수가 없었다고 회상한다.[20]

미쓰비시명항 사감의 아들로서 아버지와 함께 조선정신대 기숙사에 있었던 야마조에 다쓰오는 당시 공장에서 '조선'이라는 용어 사용이 금지되어 있었다고 증언한다. 그러나 미쓰비시 대원들 중에는 조센진 혹은 한토진(반도인)이라는 차별용어를 듣고 멸시받았다는 이들이 여럿 있다. 예를 들면, 미쓰비시 원고 김혜옥은 작업 중 잠시 한눈을 팔거나 화장실 갔다가 조금만 늦어도 큰소리로 꾸지람을 들었고 감독은 '조선인이기 때문에 그렇다'고 차별발언을 했다고 말한다(미쓰비시 소송 1차 판결문). 또한 이 대원은 다이몬 공장으로 전속된 뒤에도, 사감이 매우 차별적이었고 폭력을 휘두르는 일이 자주 있었다고 말한다. 다이몬 공장에는 야마구치 사범학교 학생들도 와 있었는데, 그들에게는 모기향을 배급해주었음에도 조선정신대에게는 배급해주지 않았고, 모기향을 사러 밖에 나갔다가 감독에게 들켜서 얻어맞았다고 말한다.[21]

대원들이 느끼는 차별감정은 작업이나 기숙사에서 일본정신대나 노동자들과 접촉하는 정도에 따라 달랐을 수 있다. 그러나 후지코시의 경우, 조선정신대원 중에서도 민족차별을 받았다는 증언은 거의 없

---

20) 당시 학도대 동원자는 도야마 근처 출신이 많았고 그들은 주말에는 귀가하는 경우가 많았던 것 같다. 그들이 집에서 돌아올 때 정신대원들에게 집에서 가져온 음식을 나누어주는 경우가 있었던 모양이다. 부러웠다는 것은, 정기적으로 자기 집에 귀가할 수 있어서 부러웠다는 의미인지, 아니면 다른 의미였는지는 구술내용만으로는 단정하기 어렵다.

21) 사감이 직접 차별적인 폭언을 하거나 폭력을 자주 행사했다는 것, 공장감독으로부터 폭언과 폭력을 직접 당했다는 김혜옥의 진술은 다른 미쓰비시 대원의 증언에서는 보이지 않는 매우 특이한 사례. 사감에게 얻어맞았다는 증언은 후지코시의 경우에도 한 건 있다.

다. 어느 후지코시 대원은 차별에 관한 진상규명위 조사관 질문에 대해 "자기 할 일 자기가 하는데 무슨 차별이 있어? 차별 같은 건 모르지"(주금용)라고 말한다. 내가 확인한 유일한 경우는 칸푸재판 원고(박소득)의 경우인데, 그녀는 "식당에서 보면, 일본 여학생 도시락 그릇에는 8부쯤 밥이 담겨 있었는데, 우리 대원들 그릇에는 절반 정도밖에 담겨 있지 않았다"('칸푸재판' 판결문)고 한 진술이다.

도쿄마사의 경우는 공장일이 거의 다른 이와 관련 없이 독립된 일이었으며, 자기 일은 자기가 하기 때문에 차별 같은 것은 몰랐다고 말한다(김덕전. 진상규명위).

재일한국인 조사(在日本大韓民国青年会, 1988: 47-48) 1106명의 응답자 가운데 '일본 생활 중 차별 체험 있다'가 63.3퍼센트, '차별 체험 없다'가 32.6퍼센트였다. 경제활동 참가가 비교적 덜했던 여성의 경우, '차별 체험 없다'가 42.4퍼센트였던 반면, 남자 중 '차별 체험 없다'고 응답한 사람은 27퍼센트로 여자보다 낮았다.

일본인 또래집단의 눈에 비친 조선정신대

조선정신대가 동원된 공장에서 일했던 일본정신대나 근로학도대가 남긴 기록에는 조선정신대에 관한 참고할 만한 내용이 있다. 민족차별은 지역에 따라 차이가 있었을 수 있다. 예를 들어 도쿄마사에 동원되었던 일본인 학도대의 기록에는, 조선정신대원에게 가까이 가지 말라는 지시를 받아서 접촉할 기회가 거의 없었는데, 같이 있던 일본인들 중에는 조센진이라는 차별 용어나 차별적 태도를 보이는 사람들이 있었다는 기록이 있다.

당시 조선정신대가 동원되었던 공장에 정신대나 학도대로 동원되어 있었던 일본인들의 눈에 조선정신대는 어떻게 비춰졌을까? 그들이 남긴 기록을 통해 살펴보자.

우선, 후지코시의 경우다. 후지코시에 동원된 일본인 근로정신대 기록집에 13인의 체험기[22]가 있는데, 그 내용에 단편적으로 조선정신대가 언급되어 있다. "특별히 관심을 기울이지 않았다, 사감이 저쪽으로는 가면 안 된다고 주의를 주었는데 아마 그곳이 조선정신대 기숙사였는지 모르겠다, 줄지어 출근하는 모습을 보았는데 같이 일한 적은 없다" 등이다.

특징적인 것은, 조선정신대에 대해 민족차별적 태도를 보이는 사람들이 주위에 있었다고 말하는 사람이 거의 없고, 또한 조선정신대가 아주 어렸다는 기술도 없다는 점이다. 오히려, 언뜻 보았지만 조선정신대는 모두 예쁘고 잘사는 집 아이같이 보였다는 언급이 있다.

다른 한편, 아주 외롭고 힘들어 보였다는 다음과 같은 기록이 있다 (塚原かず子. 도야마시립고등여학교 3년. 학도대). "소재과素材課에 조선 소녀들이 와서, 우리들이 일을 가르쳐주었다. 조선 아이를 화장실에서 만난 적이 있다. 정신대원인데 큰 소리로 울고 있어 밖에서도 들렸다. 뭐라고 말하는지 말을 알아들을 수 없었지만, 가족들과 떨어져서 외롭겠지 하고 가엾다고 느꼈다."

후지코시 대원 중에 학예제 같은 행사를 했고 그때 한복을 입었다고 말하는 대원이 있다. 후지코시 소송 중 회사 측에서 제공한 사진에도 한복 입은 대원들 모습이 나와 있다. 학예행사는 일본인들도 참가했는

---

22) 이 체험록은 정식으로 출간된 것이 아니라, 후지코시 소송을 지원하는 호쿠리쿠 연락회北陸連絡会가 도야마 지역에 동원되었던 일본 학도대나 정신대원의 문집 중에서 조선정신대 언급이 있는 것을 가려 뽑아 간이로 편집한 것이다. 내가 도야마 현지조사를 할 때 동연락회 사무국장으로부터 직접 입수한 자료다.

데 당시 후지코시에 학도근로대로 동원되었던 다카시마高島三千代(만 15세. 도야마현립고등여학교 3학년 재학)는 『학도동원체험기』에서 조선 정신대와 관련해 다음과 같이 기록했다. "유명가수 노래지도나 학교 대항 탁구대회, 장기자랑 등이 있었는데, 가장 감동했던 것은 한국인 들(원저자의 용어임)과의 교류회였다. 우리들은 늘 입는 옷 그대로의 작업복 차림이었는데, 그들은 모두 멋진 민족의상을 입고 묵묵히 들어왔다. 그 전쟁통에 훌륭하게도 민족의 자부심으로서 정장(원저자 용어)을 가지고 왔다는 것에는 머리가 숙여졌다."

미쓰비시 정신대에 대한 기록으로는, 도토쿠 공장에서 일했던 무라마쓰村松壽人의 다음과 같은 증언이 있다(「とどけハルモニの声」, 2004. 3. 名古屋三菱朝鮮女子勤労挺身隊訴訟を支える会).

미쓰비시 도토쿠 공장에서 양성공으로 일했다. 실습교육을 마치고 1944년 8월 미쓰비시에 배속되었을 때 나는 14세였다. 내 여동생과 같은 나이의 작은 아이들이 도토쿠 공원 근처에 있던 기숙사에서 히노마루 (일장기) 머리띠와 몸뻬 모습으로 대열을 지어 〈여자정신대의 노래〉, 〈애국행진곡〉 등을 부르며 매일 1킬로미터 정도의 길을 왕복하면서 일하고 있었기 때문에 크게 놀랐다. 직장 선배는 '저 아이들은 조선에서 강제로 데려왔다. 국민학교 6학년 졸업자도 많다'고 했다. 일본에서는 저 나이 라면 소개疏開 대상인데, 이런 위험한 곳에 데려와서 힘든 일을 시키다니 가혹한 일이라고 생각했다. 막 자라나는 나이에 음식량이 적었으니 배고 픔은 고통이었을 것이다. 동료들 중에는 '저 아이들은 식당에서 밥 남은 게 없나 뒤지기도 한다. 조선인은 더럽다'라고 말하는 사람도 있었다. 지진으로 같이 일했던 이종숙이 사망했을 때, 그녀를 언니처럼 따르던 어린 소녀들이 큰 소리로 울던 모습이 기억난다. 위험한 공장에 데려와 침략전쟁 수행을 감행했던 국가와 미쓰비시에게 책임이 있다. 이런 비극이 되풀이되지 않도록 정확히 매듭짓는 것이 필요하다.

다음은 도쿄마사에 동원되었던 일본인 학도대 등의 증언이다(이하 '人権平和·浜松' http://www.pacohama.sakura.ne.jp/ 자료).

일본 동원학도는 정방精紡, 조선인은 조방粗紡에 배속되어 있었다. 정방은 마의 원목을 잘게 부수는 힘든 노동이었다. 지도교관은 조선인에게는 가까이 가지 말라고 했다. 세탁장도 학도근로대는 볕이 잘 드는 곳이었지만, 조선인 세탁장은 어두운 구석이었다. 조선반도에서 온 사람들을 멸시하는 사람도 있었다(鈴木孝子).

소학교 고등과 2학년 마치고 1944년 동급생 3명과 정신대에 들어갔다. 기숙사에서는 매일 외로웠다. 조선인들과는 떨어져 있었다. 식사는 조와 콩, 고구마가루로 형편없었다. 근무는 오전 5시부터 오후 2시, 오후 2시부터 9시까지의 2교대였고, 급여는 18엔이었다. 남자 감독자가 막대기를 들고 돌아다녀서 무서웠다. 조선인이 막대기로 얻어맞는 것을 담 밖에서 본 적이 있다. 조선인 직장을 훔쳐보는 것은 금지되어 있었다(杉山敏子).

누마즈여자상업학교 재학 중 학도동원되었다. 일은 기직機織작업으로 종일 서서 일했다. 조선인은 기직작업에는 거의 없었고, 그들은 큰 가마솥에서 마사원료를 찌는 정련작업을 했다. 그들은 항상 어두운 분위기였다

(斎藤初音).

누마즈여자상업학교 재학 중 학도동원되어 약 10개월 동안 일했다. 아침 8시부터 오후 3시까지 내 일은 마지막 다듬기였다. 식사는 조와 콩 등이었고 웃음소리란 들리지 않는 어두운 분위기였다. 조선인 소녀들도 일했는데, 조선인은 정련과 조방 일이었다. 정련은 가장 힘든 노동이었다. 조선인들은 외로운 분위기였다. 어머니에게 듣기를, 그들은 납치와 유사한 방법으로 데려오거나 돈에 팔려온 경우도 있었다. 조센진이라는 차별적인 말이 주변에서 나오기도 했다(鈴木静子).[23]

당시 미쓰비시명항 공장 내에서 설사 차별용어 사용이나 차별을 금지한 규칙이 실재했다고 하더라도, 그것이 곧 조선문화를 존중한다는 의미와는 거리가 멀다. 일제는 민족차별이나 인권 억압의 경향이 현저했다. 노무동원 과정에서 본인의 의사에 반한 폭력적 동원이 이루어진 경우가 적지 않았던 것도 그 배경에 민족차별이 있었음은 부정할 수 없는 사실이다. 그것은 일본에 자원 취업, 집단모집, 징용 등으로 동원된 조선인 탄광노동자들 사이에 노동쟁의가 급증하고 도망(무단이탈)[24]이 증가한 중요한 배경이었다. 급기야 그것은 "조선인 노동자가 일본제국주의를 내부에서부터 붕괴시킬 가능성을 걱정하게 하는 사태"(遠藤, 1987: 15)로까지 발전했다. 왜냐하면 임금이나 노동조건뿐만

---

23) 이 일본인 학도대가 말하는 조선인은 여자정신대가 아니라 거기에서 일하던 조선 여공이었다고 생각된다.

24) 조선인 강제동원 연구자 박경식(朴慶植, 1992)은 도망은 중요한 저항수단이었다고 말하는데, 당시 상황에 관한 자료를 검토해보면 그것은 부정할 수 없는 사실이다.

아니라 민족차별과 그로 인한 관리인의 폭언 폭행을 계기로 쟁의가 발생하는 사례가 많아지면서, 노동쟁의가 민족운동·독립운동적 성격을 가지게 되었기 때문이다.

5. 노동과 작업환경

노동내용과 노동강도

우선 조선정신대에 관한 회사의 공식 기술을 보자. 후지코시는 1953년 『후지코시 25년』을 발간했는데, 거기에 전시 '반도정신대'(원문 용어)라는 작은 항목의 기술이 있다. 어디까지나 회사 입장의 기술인데, 그 전문은 다음과 같다.

> 반도정신대의 관리에는 여러 가지로 고심했다. 입사入社 직후에 3명의 도망자가 있었으나 이윽고 익숙해졌다. 여자정신대원은 우수한 인재가 발탁되어왔기 때문이기도 하지만, 작업능력은 내지인에 비해 조금도 뒤떨어지지 않았다. 6개월을 필요로 하는 밀링작업의 숙련을 단 3개월 만에 수료하는 대원도 많았다. 요寮 생활도 순조로워 어느 요장寮長이 입원치료 중이었을 때에는 교대시간을 이용해 서로 바꾸어가며 간호해주어 요장 가족의 손을 빌리는 일도 없었다. 그 요장이 퇴원하여 요에 복귀했을 때 "지금까지 많이 돌보아주셨다. 이제는 우리들이 잘해나갈 테니 집에서 휴양하시라"며 눈물로 탄원할 정도로 친했다. 종전 후에 귀환할 때에는 진심으로 헤어짐을 애석해하면서 아무런 문제 발생도 없이 원만히 귀환했다.

대원들은 우선 기초훈련부터 받았다. 훈련기간은 1개월이었다는 증언이 많고, 2개월이었다는 증언도 있으며, 기초교육에 대한 언급이 없는 경우도 있다. 일상생활에 관한 교육, 회사 사가社歌를 배우는 것으로 시작하여 공습대피훈련 그리고 공장작업 훈련 등이었다. '회사측 요강'('훈련 및 지도' 항목)에 의하면, 예비훈련기간(2주 이상)을 설정하여 훈련행사 예정표에 근거해 우선 생활지도를 하고, 다음으로 초기작업훈련, 현장에서의 기계조작, 기타 작업훈련을 시행하도록 순차적인 예비훈련을 실시할 것으로 되어 있다. 다만 기초훈련기간은 작업장에 따라 달랐고, 또한 대원에 따라 다양했던 것 같다.

대원에게는 사원수첩이 발급되었는데, 동원 즉시 발급했는지, 기초교육이 끝난 후 발급했는지는 확실하지 않다. 후지코시 소송과정에서 밝혀진 것이지만 후생연금 가입일자는 동원 후 3개월 지난 시점인 경우가 있다.

1944년 7월 경기도대는 1944년 10월부터 후생연금을 납부했다. 예비훈련기간 중에는 정식사원으로 취급되지 않았을 수 있겠다. 하지만 1944년 7월 6일 후지코시에 도착한 경기도대의 경우, 회사로부터 사원수첩을 받았고, 거기에는 '1944년(쇼와 19년) 7월 6일 입사'라고 적혀 있었음을 분명히 기억하는 대원이 있다(이종숙). 사원이 된 시기와 후생연금을 납부한 시기에는 약간의 간극이 있는데, 그 이유는 알 수 없다. 다만 1945년 동원자는 동원 당월부터 후생연금을 납부했다. 대원들은 병원을 이용할 때뿐만 아니라 노동시간에도 늘 사원수첩을 휴대하도록 지시받았다.

후지코시와 미쓰비시는 기계공업이었기 때문에 작업내용에 공통점이 많았다. 그러나 도쿄마사는 방적공업이었으므로 노동환경이나 작

5-10 후지코시에 동원되었던 어느 정신대원의 사원수첩. 얼굴 사진이 붙어 있고, 소속은 '정신대'로 표기되어 있으며, 성명과 입사 일자가 적혀 있다. 이 대원은 '1945년 3월 1일 입사'라는 도장이 찍혀 있다(자료: 일제강점기 강제동원 피해 자료집『조각난 그날의 기억』, 2012).

업내용이 달랐고 기초훈련기간도 짧았던 것으로 보인다.

조선정신대는 최저연령이 12세였지만 14세 이상도 적지 않았고 또 체격도 다양했으므로 각 사업장은 나이나 체격 등을 고려하여 작업내용과 부서를 정했던 것 같다. 기계작업 중에서도 선반작업은 비교적 힘이 드는 작업이었으므로 '나이든 언니'가 담당했다고 말한다. 후지코시에 동원된 일본인 정신대나 학도대의 경우에도, 키가 작아 나무상자를 받아 그 위에 서서 작업했다는 증언이 많은데 마찬가지의 증언이 조선정신대에도 있다.

기계부문의 작업 내용은 선반작업, 베어링, 밀링, 탄환 깎기 등이었다. 같은 공장에서도 동원시기에 따라 작업내용이 달랐다. 후지코시의 경우, 경기도대(1944년 7월 6일경 도착)는 너트 볼트 만드는 작업을 했는데, 그 후에 들어온 경상도대는 기름투성이 작업인 베어링이었다고 말한다(이종숙 등).

방적노동에서는 기초훈련기간도 짧았던 것 같다. 작업에는 크게 정련精練과 정방精紡이 있었는데, 정련이 보다 힘든 작업이었다고 한다. 조선정신대 중에는 힘든 노동인 정련은 조선정신대가 했다는 증언이 있는 반면, 일본정신대 기록에는 반대로 정련은 일본인이 하고 조선정신대는 정방작업을 했다는 증언이 있다. 작업배치에는 다양한 요인들이 고려되었을 것이다. 또한 기계공장에 비해 방적공장은 야간작업이 상대적으로 많았다.

당시뿐만 아니라 오늘날 관점에서 보아도 한일 간의 문화 차이 중 가장 두드러지는 것 중 하나가 노동관이다. 일본의 높은 노동강도는, 규칙적 노동에 비교적 덜 익숙한 조선 소녀들에게는 충격적일 정도로 높았을 것이라고 판단된다. 조선인 노동자에 대해 당시 일본사업장 관계자들이 가지고 있던 일반적 관념은 '게으른 자'라는 것이었는데, 그것은 물론 민족적 편견이다. 다만, 그것은 일본의 이상스러울 만큼 강한 노동윤리관의 반영이기도 했다. 일본은 에도시대에 일어난 근면혁명의 영향으로 인해 죽기 살기로 일하지 않으면 살아남기 힘든 사회가 만들어졌고, 그 문화는 메이지유신 이후의 근대국가에 그대로 계승되었다.

정신대원들은 계속 서서 하는 작업이 많았으나 휴식하기가 어려웠고, 아파서 쉬고 싶다고 하면 꾀병 부리지 말라고 폭언이 돌아오기도 했다. 당시 사감이던 야마조에의 아들은 다음과 같이 말한다(調查追悼 종, 1988: 50). "여자아이가 '오늘은 배가 아프니 쉬게 해주십시오'라고 하니, '바카야로(바보자식)! 제멋대로 꾀병을 부리려고!'라는 폭언이 나왔다. 군국주의 시대였으니 그럴 수도 있겠으나, 겨우 12~16세의 아이들이다. 나와 같은 연배다. 그렇게 심한 말까지 할 필요가 있나 싶어서 마음이 아팠다. 계단 밑에 앉아서 울고 있던 그 울음소리는 44년이 지난 지금도 잊히지 않는다. 부디 용서를 바란다."

하루하루 자신의 노동량(흔히 노르마라고 불림)이 정해져 있었다는 것은 후지코시 대원의 일관된 증언이다(후지코시 2차 원고 4명 전원). 비교적 숙달된 대원은 작업속도가 늦은 대원을 돕기도 했다. '회사측요강'

에도 임금은 기본급을 정하고 그 위에 실적에 따른 수당이 지급되는 체제로 되어 있었다.

작업 중에는 헌병 같은 감독자가 있었는데 매우 무서웠다는 증언이 조선정신대와 일본정신대에 공통적으로 보인다. 그런데 조선정신대 중에는 좀 색다른 다음과 같은 증언도 있다. "공장 내에서는 헌병이 감시하면서 다녔는데, 일본인들은 쉬다가도 헌병이 오면 다시 일했으나, 우리는 일하다가도 헌병이 오면 매달려서 이야기해달라고 조르기도 했다. (어리기 때문에) 우리를 잘 봐주었다"(진상규명위, 박순덕).

조선정신대는 노동 그 자체에 대해서는 대체로 잘 견뎌낸 것으로 보인다. 도쿄마사의 김덕전은 노동을 포함한 현지생활에 대해 다음과 같이 말한다. "어떤 싫은 말도 들은 적이 없다. 공장 사람들이 이지메(증언자 용어)도 안 하고, 우리들은 자기 앞가림 다하고 공장에 가서 정해진 곳에서 자기일 하고 돌아와서 잠자는 그런 생활이다. 일시키니 일하고 돌아와 밥 먹고 하는 다람쥐 쳇바퀴 도는 듯한 생활이었다."

선전의 일환이겠으나 회사가 대원들의 노동에 만족하고 있다는 일본 신문기사도 더러 보인다. 대원들의 증언 중 노동이 힘들었다는 말은 몸이 아팠을 경우에 특히 그러했다. 후지코시 보고서에도 대원들의 노동수준이 높다고 되어 있다.

한 가지 특기할 것은, 후지코시는 일정 규모의 기술공 양성이라는 목표를 가지고 있었던 것으로 보인다는 점이다. 후지코시 대원은 사리원 공장 준공에 맞추어 1945년 7월 420명이 중도 귀국했는데, 그 대원들 중에는 스스로를 '조선에 돌아가 여공에게 기술을 가르치는 기술공, 선생'이라고 인식하고 자부심을 가지고 있었다는 증언이 다수 있다(성영애 등). 또한 후지코시 원고 중 한 사람은 사리원으로 출발하기 전에 회사로부터 "귀국해서 후배들을 지도하세요"라는 말을 들었다고 한다. 사원수첩에도 기능 수준이 표시되어 있다. 후지코시는 정신대원 중 숙련공을 사리원 공장의 기술교육담당으로 양성하려 했던 것으로 보인다.

노동시간

노동시간에 대해서는 공장법 규정과 더불어 '회사측요강'을 검토하는 것이 필요하다. 회사측요강에는 정신대 혹은 여자학도대와 사업장에서 일하는 일반 여종업원 사이에 균형을 잃지 않도록 노동시간이나 급여를 책정해야 한다는 원칙이 있었다. 우선 그 규정 중 '취업시간, 휴게 및 휴일' 부분에는 다음 다섯 가지가 규정되어 있다.

①1일 취업시간은 일반 여자종업원과 동등하게 10시간 이내를 원칙으로 하고, 새벽근무나 잔업을 명할 때에도 12시간을 넘지 않을 것.

②임시적 필요나 교대제 근무 실시로 인해 심야근로를 시킬 경우에는, 출퇴근 관리와 작업 관리 그리고 보건에 만전을 기할 것.

③근로생활에 익숙해지기 이전까지는 새벽작업과 잔업, 심야노동을 시키지 말 것.

④휴게, 휴가, 휴일은 일반 여자종업원과 동일하게 하는 것을 조건으로 할 것. 단 작업과 근로생활에 익숙해질 때까지는 주 1일은 쉬게 할 것.

⑤보건, 연령, 작업의 성질, 가정사정, 교통상황 등을 고려해 취업시간, 시작시간과 마치는 시간, 그리고 휴일 등에 관해 특별한 배려를 할 것. 아울러 건강관리를 위해 가급적 산부인과 의사를 촉탁해서 보건지도 등을 하고, 생활상담이나 결혼상담 등도 할 것.

원래 야간노동의 원조는 방적공장이었기 때문에 정신대 중에서도 도쿄마사의 경우에 심야노동의 증언이 많다. 그곳은 작업 3교대였는데, 가장 이른 반은 '오전 4시 반부터 12~1시'였다고 한다(김덕전). 이것은 일본학도대의 증언과 거의 일치한다. 심야노동의 경우, 새벽 3시경에 일이 끝나도 다음 작업반을 위한 청소 등을 마치면 4시경이 되고 곧 새벽반이 들어오기 때문에, 하루 3교대라도 11시간 정도 일한다고 보면 된다(진상규명위. 오일순)고 말한다.[25]

후지코시의 노동시간은 10시간, 경우에 따라 2시간 연장하기도 했다. 노동은 1주일 단위로 주야 2교대가 보통이었다. 밤에 일할 때에는 밤 12시에 밥을 먹었다. 충남대 권석순은, 15세(만 14세인 듯) 아래는 주간만 하고 그 나이 이상은 야간노동도 했다고 말한다. 후지코시 원고 장○○은 14세까지는 10시간 노동을 하고 15세 이상은 12시간 노동했다고 말한다. 작업 배치에는 연령이 고려되었던 것으로 생각된다.

그러나 종전이 가까워지면서 야간노동은 거의 없어졌다고 하는데, 야간공습을 피하기 위해서였던 것 같다. 작업현장에서는 조선정신대만 따로 일했다는 증언이 있지만, 일본여자들과 같이 일했다는 증언, 그리고 일본남자와 한 조가 되어 일했다는 증언이 있으므로 다양했던 것 같다. 후지코시 일본학도대 증언에도 부서에 따라 조선정신대와 일본인이 한 조가 되어 일하는 부서가 있었다는 내용이 있다.

미쓰비시명항의 경우, 1944년 12월의 지진과 뒤이은 공습 피해 후

---

25) 도쿄마사 관계자의 증언에 의하면 당시에는 2교대제를 운영했다. 노동시간은 오전 5시부터 14시까지, 그리고 14시부터 23시까지였다고 한다(小池, 1996: 118). 도쿄마사 원고 정○○은 당시 2교대노동을 했다고 하면서 노동시간은 오전 7시부터 14시, 14시부터 21시 혹은 22시였다고 말한다. 점심 휴식은 30분이었다. 일하는 곳이나 작업종류에 따라 노동시간에는 차이가 있었을 수 있다.

1945년 초 도야마의 다이몬 공장으로 전속된 대원은 공장에 원자재가 부족하여 할 일이 적어서 교대로 쉬었다고 말한다(김복례). 그런 사정을 보고 일본은 전쟁에서 질 것 같다고 예감했다는 대원도 있다. 전쟁 말기로 가면서 오히려 잔업이 많아진 공장도, 반대로 일거리가 적어진 경우도 있었던 것 같다.

한편, 야간은 물론 근로시간 중에도 공습대피가 잦았다는 것은 모든 작업장에서 공통적이었다. 미쓰비시에서는 공습으로 천안에서 온 대원 한 사람이 사망했다는 증언이 다수 있다. 공습으로 인한 부상자도 있고, 대피 중에 넘어져서 부상한 경우도 있다. 전쟁 말기에는 공습 때문에 근로가 거의 불가능할 정도였다고 말한다. 후지코시는 대규모 공습에도 공장 건물에는 피해가 없었지만, 미쓰비시와 도쿄마사는 공장이 거의 파괴되었다.

당시 일본 분위기는 게으름을 피우거나 결근한다는 것은 생각하기조차 어려웠다고 한다. 어느 일본인 대원의 다음 기록에는 그러한 사회 분위기가 잘 나타나 있다(少女の会, 2013: 82-83). "아침에 집을 나설 때, 엄마는 나를 한참 쳐다본다. 공장일도 위험할 뿐더러 통근 도중에 혹은 공장에서 공습을 만나는 일이 자주 있었기 때문에, 아침에 얼굴 보는 것이 이생에서 마지막이 될 수도 있는 그런 하루하루였다. 나 역시 공장에서 일하는 동안에 공습으로 우리집도 가족도 잃어버릴지 모른다고 생각했다. 당시에는 공장노동이 무엇보다도 중요한 일이었다. 설날(1월 1일)도 미련 없이 공장으로 나섰다. 3월 10일, 전날 밤 큰 공습이 있었지만 결근자는 없었다. 내 친구의 아버지는 의사인데, 중환자 치료를 위해 병원에서 일하다가 공습으로 사망했다. 전날 아버지가 사망했는데도 그 친구는 다음날 공장에 출근하여 일하고 있었다."

산업재해

당시 중공업분야에서 일하던 여자노동자에게는 산업재해가 빈발했다. 경공업의 산업재해와는 달리 재해는 중대한 피해로 이어졌다. 도쿄마사의 경우, 일본 노동자 한 사람이 재해로 사망했다는 증언이 다수 있으나 조선정신대의 재해 증언은 보이지 않는다. 하지만 후지코시와 미쓰비시에서는 재해가 있었다. 같이 일하던 일본인 정신대원 2명과 일본인 노동자 1명의 산업재해를 직접 목격했다는 증언도 있다.

후지코시는 공장부지 내에 큰 병원을 가지고 있었다. 후지코시 소송 원고인 최복년은 선반작업 중 손가락이 끼어 크게 다쳐서 한 조로 일하던 중년남자가 20분 정도 자신을 업고 병원으로 데려갔다고 한다. 그 후 오른손 식지 두 번째 관절 위를 절단했다. 치료 및 회복기간 중에는 노동하지 않았으나 기숙사에서 쉬면 점심도 먹을 수 없었으므로 공장에 나가 있었다고 한다. 또다른 후지코시 원고 P씨의 경우는 작업 중 금속편에 손가락을 찔려 고름이 생겨서 2차례 수술을 받았다고 하며, 당시에 불면증을 앓았기 때문에 자신을 포함한 3명의 대원이 (기숙사가 아니라) 위생실에서 잠을 잤다고 한다. 그녀는 귀국 후에도 계속 불면증을 앓았다. 정영자(진상규명위)는 후지코시에서 일하다가 쇳덩이에 다리를 다쳐서, 일본인 선생(다케하라)이 자신을 병원에 석 달 동안 업고 다녔다고 한다.

그 밖에도 작업 중 다치는 경우는 많았을 것이다. 후지코시 원고 전○○은 작업 중 손가락을 베여 병원에서 세 바늘 봉합했다고 말한다.

산업재해는 대원들도 기억했다. 손가락 하나가 잘린 사람이 있었다는 증언(최복년의 경우를 지칭하는 것으로 보임)도 있다. 충청도대원 중 손가락 네 개가 절단된 사람이 있더라는 증언은 다수 있지만, 그 대원이 누구인지는 알 수 없다. 조선의 신문에 산업재해 기사가 나는 것은 정신대를 선전하기 위해서 필요한 경우에 한했다. 예를 들어 경북대 오쿠라大倉 양이 "오른손을 부상당하여 의사는 10일간의 휴양을 명령하였으나, 전시노동의 중대성을 인식하고 '왼손으로라도 일하겠다'고 하여 하루도 쉬지 않고 일했다"(『매일신보』 1944. 11. 25.)는 선전이다. 이 대원은 상장과 상금(50엔), 부상(작업복 한 벌)을 받았다고 한다.

미쓰비시에 동원된 박진희(진상규명위)는 공습 때 손에 파편을 맞아 붕대를 감고 다녔는데, 그 후 손을 쥘 수 없어 10년간 손을 쓰지 못하는 등 장애가 남았다. 1944년 여수에서 동원된 이봉심의 구술은 진상규명위 자료에 수록되어 있다.[26] 작업 중 자신이 스위치를 잘못 넣는 바람에 손가락 하나가 잘렸다. 같이 일하던 일본인 아저씨가 급히 스위치를 끄고 병원으로 데려가서 잘린 손가락을 다시 붙였다고 한다. 하지만 큰 상처자국이 남았다. 이봉심은 그 일본인 아저씨 집이 부자여서 자기를 집에 데리고 가 쌀밥을 해주었다고 말한다.

경기도대로서 후지코시에 동원된 대원 중에는 장티푸스로 사망한 경우가 1명 있는 것 같다. 또한 장티푸스에 걸렸던 대원도 다수 있었던 것으로 보인다. 경기도대가 귀국한 1945년 10월의 『매일신보』 기사에도 대원들 중 머리가 빠진 소녀들이 있어서 보호자들이 분개했다고 전한다. 후지코시 원고 S씨는 역병(장티푸스)으로 1개월 정도 입원했는데, 고열이 지속되고 머리카락이 모두 빠졌다고 말한다.

---

26) 이봉심은 미쓰비시에 동원되었다고 말하고 있지만, 구술을 정리한 진상규명위 조사 담당자는 "이봉심이 실제로 후지코시에 동원되었던 사실을 잘못 기억하여 미쓰비시에 동원되었다고 말하는 것 같다"고 쓰고 있다. 그러나 내가 보기에는, 그녀가 도야마를 언급하는 것은 도토쿠 공장 공습 후에 도야마로 전속된 후 도야마 다이몬 공장의 경험을 말하는 것으로 보인다. 이봉심은 본인 구술대로 미쓰비시 동원자인 것 같다.

아파도 쉴 수 없었다는 증언이 있는 반면, 생각보다 긴 휴양이 필요하다는 의사의 진단을 받고 병원에서 오랫동안 쉰 경우도 있다. 축농증 수술을 받고 2주간 입원한 후지코시 대원도 있다(박양덕). 미쓰비시에 동원된 양승자(진상규명위)는 페인트독으로 인해 눈을 수술하고 장기간 입원했는데, 병원 내에서 예쁜 한복을 입고 있었기 때문에 간호사들이나 환자들 사이에서 인기인이었으며, 절대 무시받지 않았다고 말한다. 그래서 정말 퇴원하기 싫었다고 회상한다. 그런데 양승자가 입원한 곳은 나고야육군병원이었다. 공장 내 병원에서 대처하기 힘든 질병은 군병원 등 대형병원에서 치료를 받게 했던 것 같다.

좀 엉뚱하게 병원신세를 진 경우도 있다. 강영복(진상규명위)은 공장 급식이 워낙 적어서 '이러다가 굶어 죽겠다, 데모라도 하자'는 마음에 5명이 오랫동안 이불 속에 겹쳐 누워 있었다. 그랬더니 온몸에 열이 나서 체온이 40도가 되었다. 병원에서 구급차가 와서 모두 실려갔다. 아이들을 본 의사는 "이렇게 열이 나는데 왜 이제야 데려왔느냐, 조선인들에게 안 좋은 일이 생기면 일본인 얼굴이 뭐이 되느냐"고 말하며 손으로 바닥을 내려치면서 선생들을 나무라더라고 한다. 곧바로 사흘 입원했는데, 병원 밥이 공장 밥보다 좋아서 퇴원하지 말자고 서로 말을 맞추고 계속 몸이 아픈 척했다. 하지만 열을 재더니 퇴원하라고 해서 할 수 없이 퇴원했다고 한다.[27]

친구가 입원하면 대원들이 병원을 다니면서 돌봐주기도 했던 모양이다. 이금덕(진상규명위)은 친구가 장티푸스에 걸려 입원했을 때, 친

---

27) 이들이 입원해 있는 동안은 같은 정신대원들이 그들 대신 일을 했던 것 같다. 퇴원하여 돌아오니 친구들이 "너희들은 호강했지만 우리는 대신 일하느라 힘들었다"고 불평하더라고 말한다.

구를 간호해주면서 월급 탄 돈으로 약을 사주거나 수프를 만들어주곤 했다. 귀국 후에 그 친구 어머니가 딸을 돌봐줘서 고맙다고 하면서 사례를 하려 했는데 받지 않았다고 말한다. 수프의 식재료를 어떻게 구했는지는 알 수 없다.

6. 임금문제에 관해

임금과 강제저축

'회사측요강'의 여자정신대 임금원칙(급여 및 부조규정)은 다음 네 가지였다.

①대원 급여와 그 산정 방식은 일반 여자공원과 차별하지 않도록 할 것.

②일반 노동자보다 취업시간을 단축할 경우, 그 단축비율에 근거하여 기본급을 삭감할 것. 단, 교대제 근무에 의해서 취업시간이 단축된 경우에는 앞의 기본급을 그대로 지급해야 하며, 교대근무수당 등을 고려함으로써 교대제근무로 인해 급여가 낮아지지 않도록 유의할 것. 특히 심야근무하는 경우에는, 상당한 정도로 급여가 증액되도록 교대제 근무수당을 증액할 것.

③공장급식, 가㎜급식, 식량물자 특별배급, 작업모, 작업복 등을 지급 혹은 대여할 경우, 일반 공원과 동일하게 취급할 것.

④원격지 대원이 입소·퇴소할 때에는 그에 소요되는 실비를 지급하고, 부모 사망 혹은 위독 시에 대원이 귀성할 때에는 왕복여비를 지급하고, 대원의 사망 혹은 위독 시에 가족이 출두할 때에는 왕복여비 및 필요한

표 5-3 후지코시 신입 여자공원 일급(1939년 사원모집안내)

연령별(만)				현립·시립 고녀 졸업	실과實科 고녀 졸업
14세	15세	16세	17세		
60전	66전	68전	72전	80전	75전

1944년 미숙련공 신입 여자공원의 일급은 14세 71전이었음.
자료: 『不二越二十五年』: 323에 기초하여 필자 작성.

체재비를 지급할 것.[28]

후지코시 1차 소송에서 당시 후지코시 사원의 평균임금이 월 99엔임이 밝혀졌다. 물론 숙련도나 연령 등을 고려해볼 때, 정신대 급료는 평균임금과는 큰 차이가 있었을 것이다. 정신대의 임금은 신입사원의 임금 수준을 참고할 필요가 있다. 1939년 후지코시 신입사원모집용으로 작성된 안내자료가 남아 있는데, 거기에 제시된 여자공원 임금 수준은 다음 〈표 5-3〉과 같다. 14세는 기본급 일당 60전이다. 이 금액에 다음과 같은 세 가지 수당이 추가로 지급되었다. ①초임수당(미숙련공은 3개월간, 숙련공은 6개월간) 여자 20세 미만 10전, ②자격수당(6개월 후 자격에 따라 월 3엔에서 20엔까지), ③전시戰時수당, 일급액의

---

28) 이 지침 중 특히 4번째 규정은 잘 지켜지지 않았던 것 같다. 대원 중 부모가 사망했다는 연락이 왔는데, 당사자를 개별적으로 불러 "먼저 도시락을 먹게 한 후 사망 사실을 알리더라"고 증언했다(후지코시 1차 원고, 안○○). 회사 측이 당사자를 데리고 조선까지 왕복하게 한다는 것은 사실상 불가능한 일이어서 아예 고려하지 않았을 것 같다. 집에서 동생이 사망했다는 연락이 왔는데, 집에 가고 싶다고 하자 "곧 귀국하게 되니 조금만 더 있으라"고 했다는 증언도 있다(미쓰비시 1차 판결문: 90). 편지 검열 증언이 다수 있는데, 검열은 회사 측뿐만 아니라 경찰이나 특고가 했을 수 있다. 경찰사史에 정신대나 징용관련 통계가 들어 있는 것도 경찰이 노무동원에 크게 관여했기 때문이다. 일본정신대도 검열 때문에 집에 도착한 편지가 까맣게 칠해진 부분이 많아 읽을 수가 없을 정도였다는 증언이 있다.

표 5-4 학도근로 기본보상 산정기준

성별	학교별	1인당 월액
남자	대학	70엔
	전문학교, 고등학교, 고등사범학교, 청년사범학교, 대학예과, 사범학교(본과)	60엔
	중등교제 3학년 이상 혹은 그에 준하는 것, 사범학교(예과豫科)	50엔
여자	전문학교, 사범학교(본과), 청년사범학교	50엔
	사범학교(예과), 중등학교 혹은 그에 준하는 것	40엔

비고 ①월 도중에 출근, 퇴근, 결근에 대해서는 1일당 임금으로 계산할 것(한 달 30일로 계산).
　　②받아들이는 측이 숙사나 식사를 제공하는 경우, 일반 종업원과 같이 징수하는 금액 상당을 공제하고 산정할 것.
* 사망 조의금은 업무 이외 사망 300엔, 업무상 사망 500엔으로 규정되어 있었음.
자료: 「工場事業場等学徒勤労動員受入側措置要綱に関する件」(動総11号, 1944. 5. 3.) 別表 2.

10퍼센트.

　〈표 5-4〉는 정신대와 유사한 유형의 노무동원이었던 학도근로대의 기본보상 산정기준이다. 정신대와 학도대의 임금은 보상금으로 불렸다. 남녀 간 임금격차가 큰데(당시 남녀 차별임금은 일본의 관행이었음), 여자 중등학교의 경우 보상금이 40엔이었다. 임금 40엔이 적힌 임금기록봉투가 남아 있다. 일본정신대의 평균임금은 약 40엔이었다고 알려져 있다. 이들은 조선정신대 최저연령에 비해 적어도 두 살 많았지만, 같은 연령이라면 비슷한 수준이었을지 모른다. 각 회사가 작성한 공탁금 내역을 보면 적립된 금액이 연령에 따라 상당한 격차가 있음을 알 수 있다.

　자신의 임금이 월 30엔이었다고 확실히 기억하는 조선 대원이 있으므로 임금은 월 30엔 정도였을 가능성이 크다. 물론 나이에 따라, 기술수준이나 야간작업 유무에 따라 차이가 있고, 처음부터 사감 등의 신분으로 동원된 사람은 이와는 다른 임금체계였을 것이다.

　학도대 임금과 관련해서는 나가사키조선소에 동원되어 원폭으로

사망했던 여자대원들의 임금이 밝혀져 있다. 당시 교사에 의하면 사망에 관련된 중요한 증거로 1945년 7/8월 '공장보국대 보상계산부'라는 미쓰비시조선소의 급여명세부가 남아 있었다. 고녀 전공과생(5학년)은 월 60엔, 4학년생과 3학년생 40엔, 2학년생이 28엔이었다(糸永ヨシ, 1961).[29] 당시 일반적인 임금 수준은 지역에 따른 차이가 있었으나 (法政大学大原社会問題研究所編, 1964: 제2장 임금구조) 규슈지역은 도쿄지역 임금 수준과 비슷했다.

조선정신대원 중 임금도 잡비도 받지 못했다고 말하는 사례가 있다. 후지코시 소송 원고 최복년은 법정진술에서 그렇게 주장했다. 그러나 원래 그 소송이 미불임금 청구소송이므로, 최복년의 주장은 임금 그 자체가 없었다는 의미와는 다르다.

조선정신대 임금은 월 30엔 정도로 추정된다. 급여는 야간작업 정도, 기술 수준, 연령 등에 따라 약간의 차이가 있었다. 미쓰비시 소송 원고 김복례는 급료에 대해 다음과 같이 구체적으로 증언한다. "급료는 연령에 따라 달랐는데 내 경우는 30엔이었다. 돈을 받아도 물건 살 곳이 없었으므로 저금해서 고향으로 보냈다. 3분의 2를 보내고 나머지는 치약 등을 샀다. 붉은 칠기상자를 사려고 했는데, 짐이 많아지면 안 된다고 해서 작은 것으로 산 기억이 있다." 같은 공장 이상미는, 잡비로는 양말 같은 것을 사고, 아프면 약 사먹는 정도였다고 말한다.

회사에서는 임금 중 잡비 명목으로 일부만 지불하고 나머지는 강제 저축시켜 적립했는데 그 돈은 해방 후 대원들이 인출하지 못했다. 후

---

29) 고녀 2학년생, 즉 13세 임금이 정부의 학도대 임금기준(30엔)보다 낮은 28엔이었던 이유는 알 수 없다. 다만 13세 학생이 학도대로서 공장(미쓰비시조선소)에 배치된 것은 7월 25일이었다고 하므로, 이 금액은 견습자 월급이었을 가능성이 있다.

지코시 원고 이종숙은, 1945년 7월 17일 사리원 공장으로 전속되어 귀국했을 때 후지코시로부터 자신 명의의 저금통장을 받았는데 거기에는 '87엔 76전'이 저금되어 있었다. 그 돈은 1944년 7월 이후 노동에 대한 보상이었는데 인출하지 못했다. 그리고 후지코시에 남아 있다가 해방 후 귀국한 전라북도 대원(최효순. 미쓰비시명항)의 증언에 의하면, 귀국할 때 그동안 8개월분의 임금으로서 170엔이 적혀 있었다고 한다. 전자는 월 평균 8엔 정도인 반면, 후자는 20엔 남짓이므로 그 편차가 큰데 그 이유는 알 수 없다. 상식적으로 생각하면, 이종숙의 경우 공제금이 많았거나 송금이 있었거나 하는 이유일 수 있다.

임금의 상당부분을 저축하게 한 강제저축은 어떤 제도였는가?

15년전쟁 기간 동안 일본의 총정부세출은 2358억 엔, 그 기간 중 공채와 차입금 규모는 1727억 엔이었고 조세수입은 약 571억 엔에 불과했다. 즉 전시세출의 73.2퍼센트가 공채와 차입금에 의존했다. 이것은 미국이나 영국, 독일 등 전쟁 당사국의 공채와 차입금이 50퍼센트 대였던 것에 비하면 매우 높은 비율이었다(関野, 2019: 70-71). 그런데 국채를 발행하기 위해서는 국민저축이 필요했다. 왜냐하면 국채 구입자금을 확보할 필요가 있었기 때문이다. 게다가 일본은 전시 생산력 증강을 위해 기업설비 투자를 필요로 했다. 그 자금 확보를 위해서도 국민저축이 필요했다. 또한 인플레 방지를 위해서도 국민소득 중 가능한 한 많은 몫을 저축으로 묶어둘 필요가 있었다.

강제저축을 위해 정부는 각 단체별·지역별로 저축조합을 만들도록 장려했다. 특히 종업원 20인 이상을 고용하는 사업체와 공장, 학교를 포함한 관공서는 반드시 저축조합을 설치하도록 강제했다. 1941년 3월 기준으로 전국에 53.1만 개 저축조합에 3631만 명의 조합원, 20억

엔의 저축금이 있었다(関野, 2019: 80). 당시 일본은행의 조사에 의하면 평균적인 소득수준인 월 100~140엔 소득가구의 저축은 월 55엔 정도였고, 그중 강제저축 부분은 약 24엔 정도였다. 조선정신대가 동원된 각 기업의 강제저축률이 어느 정도였는지는 알 수 없다.

임금은 어떻게 처리되었나?

임금에 관한 증언은 매우 중요한 대목이며, 최근까지 있어온 정신대 소송의 본질과도 관련되어 있다. 당시 공식용어는 보상금報償金이었으나 여기에서는 임금이라고 표기한다. 임금에 관한 대원들의 증언을 다시 정리해보면 다음과 같다.

- 임금은 한 푼도 받지 못했다
- 임금봉투 받은 것은 기억하는데, 소액이었다(간단한 물건을 살 정도).
- 임금은 받았지만(사원수첩에 임금 기록) 강제저축되어 돌아올 때 받지 못했다.
- 임금은 직접 받지 못했으나 집에서 부쳐온 편지에 돈을 받았다는 내용이 있었다.
- 임금이 30엔이었는데 일부만 받고 나머지는 집으로 송금했다.

증언은 다양하지만, 임금문제는 개별적인 경험과 달리 일률적인 규정이 적용되는 것이므로 임금을 전혀 받지 못한 경우는 없다고 보아야 할 것이다. 임금은 아마도 30엔 정도 수준이었는데, 그 일부는 필요 잡비로 지급하고 나머지는 강제저축했고, 경우에 따라서 집으로 송금한 경우도 있었던 것으로 추측된다. 임금 중에서 후생연금과 의료보험, 퇴직 적립금 등이 공제되었다. 공장 매점에서 구입한 생활용품 등도 현금거래가 아니라 구입한 비용을 장부에 적어두었다가 임금에서 공제하는 방식이었다. 또한 편지 연락에 필요한 우표나 잉크 등의 구입도 뒤에 월급에서 공제했다고 말하는 대원이 있다.

그러나 그렇게 적립된 임금은 결국 인출하지 못했다. 종전 직후에는 연합군사령부가 군수공장을 접수한 상태였으므로 회사 재량으로 돈을 지출할 수 없었다. 그러나 그 후 각 회사의 적립금은 후생성의 지시에 따라 법률회사에 공탁하여 조선에 송금하도록 했다는 것이 기업 측의 주장이다.[30] 후지코시 일본소송에서 후지코시 측은, 종전 후 각 대원들에게 지급해야 할 돈(대원들에게 통지한 예금금액)을 도야마 사법사무소에 공탁하여 대원들에게 지급하게 하는 수속을 밟았다고 주장했다. 그러나 종전 후의 혼란, 전신 및 우편 불통으로 사법사무소가 수취인에게 임금을 전달할 수 없었을 뿐이므로, 기업이 급여를 지급하지 않은 것은 아니라는 주장이다.

후지코시는 1948년 공탁금 대상자 명부인 '공탁금환부還付 청구자 명부'를 작성했는데, 그중 1944년 7월 경기도대로 후지코시에 동원되어 1945년 7월 사리원 공장으로 전속된 이○실의 공탁금 내역은 다음과 같다(후지코시 1차 판결문).

도야마 사법사무국 공탁일시 1947년 8월 30일

퇴직위로금 부족액   2엔 84전

─────

30) 확실히 후생성은 각 기업에 미불임금을 공탁하여 지불하도록 지시했으나, 조선인 노무동원자를 받아들인 모든 기업이 그 지시에 따랐던 것은 아니다. 후생성의 공탁지시를 거부한 기업들이 200개 이상이었다고 한다.

국민저축	46엔 41전
예금	283엔 28전
합계	332엔 53전

(후생연금보험 피보험자 기간 1944. 10. 1.~1945. 8. 31.)[31]

그러나 공탁금에 관해서는 해명되지 않은 중요한 점이 있다. 그것은 후지코시 노무동원자의 일부 사람들에게만 공탁금이 설정되어 있다는 점이다. 후지코시의 공탁금보고서(「朝鮮人労務者等の未払金に関する件」)에 의하면, 후지코시의 피공탁자수는 485명, 공탁금액은 9만 321엔이었다. 1인 평균 186.2엔이다. 해방 직전 후지코시에는 여자정신대 1089명 이외에 남자보국대 535명이 있었다. 이 숫자와 피공탁자수 사이에는 큰 차이가 있다. 즉 피공탁자수는 이 동원자의 3분의 1 정도에 불과한 것이다. 그 경위는 알 수 없다. 앞으로 밝혀야 할 연구과제다.

한편, 실제로 조선으로 귀국한 후 돈을 송금했으니 찾아가라는 엽서가 집에 도착했다는 대원도 있다. 그녀는 살아 돌아온 것만으로 만족했으므로 돈 찾을 기분이 아니었다고 말한다. 이러한 증언이 있으므로

---

31) 대원에 따라 공탁금 금액에는 상당한 차이가 있다. 후지코시 원고 중 공탁금이 가장 적은 장○○의 경우, 국민저축이 52엔 45전, 예금이 77엔 51전으로 합계 132엔 80전이다. 다만 '퇴직위로금 부족액'이라는 항목은 모든 사람에게 동일하게 지급되어 있다. 퇴직위로금 일부는 지급되었지만 그 부족액(2.84엔)을 지급한다는 뜻으로 보이는데 자세한 사정은 알 수 없다. 대원들이 귀국할 때 임시적으로 지급했던 돈이 있었던 것으로 보이는데, 그것을 후일 퇴직위로금으로 처리하고 그 부족분을 공탁한 것이었는지 모른다. 한편 대원에 따라 퇴직적립금, 후생연금이라는 항목으로 부가로 지급되는 경우가 있는데, 그 내역도 알 수 없다. 후생연금 가입기간은, 1944년 이전 동원자는 동원 후 수개월 뒤인 경우가 있었으나, 1945년 동원자는 후지코시 도착 그달부터 시작되었다.

후지코시로부터 공탁을 의뢰받은 도야마 사법사무소는 주소가 확인 되는 대원들에게는 임금지급을 통지했을 수 있다. 그러나 해방 후 사 법사무소에서 임금을 송금했다는 연락을 받았다는 증언, 즉 연락 자체 를 언급한 증언은 거의 없는 실정이다.

이 소송에 대한 일본 법원의 판단은, 여자정신대의 임금은 청구하면 지급될 수 있도록 적립되어 있었는데, 1965년 한일청구권협정으로 개 인의 청구권은 소실되었다는 것이다.

해방되어 귀국할 당시, 대원들에게 강제저축된 임금 혹은 저금 등을 지급하지 않았던 것은 틀림없다. 도쿄마사 누마즈 공장의 경우, 정신 대원들이 귀국할 때 회사는 한 사람당 10엔을 주면서 나머지 임금과 저축 등은 뒤에 정산할 것이라고 말했다. 도쿄마사 재판 원고 두 사람 의 증언인데, 그중 우정순은 조선으로 돌아오는 배 안에서 스기야마杉 山라는 사람으로부터 10엔을 받았고 나머지는 조선 주소로 보내주겠 다고 했던 말을 확실히 기억한다(도쿄마사 소송 진술서 및 판결문). 아마 조선에 도착해서 집까지 갈 수 있도록 최소한의 여비명목으로 10엔을 지불했던 것으로 보인다.[32]

후지코시의 경우에도 귀국할 때 약간의 돈을 받았다는 증언이 있다 (강영숙. 진상규명위). 그 금액은 확실하지 않지만 92전이었던 것으로 기억한다. 사람에 따라 그 금액이 달랐고, 자신은 좀 많이 받은 편이라 좋았다고 말한다.[33]

---

32) 도쿄마사 원고 배갑순(도쿄마사재판 판결문)은 귀국할 때 승차 및 승선을 무료로 할 수 있는 귀국증명서를 받았다고 증언한다. 그런데 이 귀국증명서는 일본에서 받은 것이라기보다는 부산항 등 조선에 도착한 후 조선당국이 귀국자가 무사히 귀가할 수 있도록 발행하여 지급한 것일 가능성이 있어 보인다.

33) 강영숙은 귀국할 때 시모노세키에 가니 과일이 엄청 많아서 조선에서는 귀했던

한편 강제저축된 금액이 어느 정도 규모였는지에 관해서는 참고할 만한 노동성의 사료[34]가 있는데, 도쿄마사의 경우, 저금 107건에 약 4만 5000엔이 보관되어 있었다. 그동안의 이자가 포함되기는 했으나 평균 1인당 400엔이 넘는 금액이다. 그것이 여자정신대만의 저금인지, 그 이전에 와 있었던 여자노동자가 포함된 것인지 등은 현재 확인하기 어렵다. 하지만 별도 적립된 퇴직금(공탁되어 있었음)을 포함하여 저금 등은 모두 개인별 구좌에 적립되어 언제든지 청구가 있으면 곧 지출할 수 있는 상태라고 기록되어 있다.

임금에서 공제되는 항목

'회사측요강'에는 정신대와 일반 노동자를 임금차별해서는 안 된다고 규정되어 있었다. 하지만 그 규정이 조선정신대에게 어느 정도 철저하게 적용되었는지는 알 수 없다. 여자정신대는 직원으로서 사원수첩이 발급되었으며 급여에서는 세금과 후생연금 등 사회보험료 등이 공제되었다. 매점 이용분도 급여에서 공제되었다. 임금 중에서 그것들을 제외하고, 일부만을 잡비로 지급했고 나머지는 강제저축하게 했다. 후생연금에 가입되어 있었다는 것은 여자정신대 재판과정에서 일본사회보험청이 공인했다. 하지만 조선정신대는 후생연금을 수급할 수는 없었다.

노무동원된 일본인 정신대원 기록(少女の会, 2013)에 의하면, 임금은

밀감 한 박스를 구입해 배에 탔다고 말한다. 92전으로 밀감 한 박스를 살 수 있었는지 의문이 들고, 회사에서 받은 돈에 10엔짜리든가 지폐가 몇 장 있었다고 말하고 있으므로 돈의 단위를 잘못 기억하고 있을 가능성이 있다.

34) 「帰国朝鮮人労務者に対する未払賃金債務等に関する調査統計」, 1953, 『経済協力 韓国 105 労働省調査 朝鮮人に対する賃金未払債務調』所収.

학교를 통해 지급되기도 했던 것 같다. 임금 중 매년 40엔을 공장에 지불했는데, 그 절반 정도가 기숙사비였다고 한다. 대원들에게는 매월 10엔의 잡비가 지급되었고, 나머지 임금은 대원이 소속된 학교가 맡아서 관리했는데, 그중에서 경비(월사금[월 단위로 지불하는 학비] 등. 아마 재학 중의 노무동원자였던 것으로 보임)를 제하고 남은 금액이 83엔(11월부터 6월 20일까지)이었는데, 그 돈은 담당 교사가 집으로 배달해주었다고 한다.

전후 일본의 정신대원들은 후생연금 대상자로 후생연금을 수급했다. 사회정책사 연구에서는 상식화되어 있는 사실이지만, 일본이 1940년부터 민간기업 남자노동자를 대상으로 1944년 연금보험을 후생연금으로 개칭하여 여자노동자나 남자 사무직까지 대상자를 확대했던 것은 전비戰費 조달이 그 목적이었다. 후생연금은 적립 방식이었기 때문에 연금수급자가 발생하는 20년 후까지는 적립금을 활용할 수 있었기 때문이다.

의료비를 부담한 경우, 산업재해인 경우와 질병인 경우는 본인부담 비율 등이 다를 수 있다. 대원 중에는 눈수술로 돈을 모두 써버려 받은 임금이 거의 남지 않았다고 증언하는 경우가 있다. 산업재해로 인한 치료는 회사부담이 컸을 것이고, 일반 질병 치료비는 본인부담이 상대적으로 컸을 것이다.

일본인 대원의 경우, 임금 중 잡비로 월 10엔을 지급했던 것 같다.[35]

---

35) 일본 대원들은 잡비를 첫 월급으로 인식하는 경향이 있었던 모양이다. 정신대원 기록집에는 다음과 같은 술회가 실려 있다. "11월 28일 각 방마다 선생님으로부터 건네받은 첫 급료, 10엔 지폐 한 장을 자꾸만 쳐다보았다. 누구 할 것 없이 첫 월급이니 집으로 보내기로 하여, 나도 모두를 흉내내어 집으로 보냈다. 그러자 집에서는 도리어 15엔을 보내왔다. 그러나 뭔가를 사려 해도 물건이 없었다. 나는 가끔 눈여겨보았던 수예점에서 단추를 사고, 가마쿠라에 놀러갔을 때 브로치를 샀

하지만 조선정신대원 중에는 잡비를 받았다는 증언이 많지만, 전혀 받지 않았다는 증언도 있다. 30엔 임금 중 3분의 1은 자신이 쓰고 3분의 2는 송금했다는 증언도 있고, 조선에 있는 본가에서 돈을 받았다는 연락이 왔다고 말하는 대원도 있는데, 그것이 특별한 포상금이었는지 통상적 임금이었는지는 알 수 없다.

증언 중에는 회사에서 받은 돈으로 물건을 샀다는 사례도 가끔 보이는데, 그 돈은 잡비였을 것으로 생각된다. 하지만 돈이 없어 잡비까지도 조선에서 부쳐 받았다는 증언도 있다. 대원들이 이용하는 매점은 공장 내에 있긴 해도 주로 생필품만 팔았는데, 쉽게 드나드는 것은 아니었는지 예를 들면 '딱 두 번 가보았다'는 식으로 기억하는 대원들이 있다. 김명자(후지코시. 진상규명위)의 다음 증언은, 자신이 물건을 사서 집으로 소포를 보냈다는 특별한 경우의 하나인데, 돈과 관련된 대원들의 생활을 이해하는 데 참고가 된다. "매점에서는 물건을 사고 이름만 적어두었다. 나중에 임금에서 공제한다고 했다. 빈대약을 사서 집에 보냈더니 부모님으로부터 그 약이 좋으니 살 수 있다면 좀더 사서 보내주면 좋겠다는 편지가 왔다. 그래서 사서 보내드렸더니 좋아하셨다."

기본물품들은 배급되었다. 대원 중에는 외출하여 백화점 같은 곳에 가더라도 옷이나 양말 등은 공장에서 주기 때문에 살 필요가 없었다고 말한다. 회사에서 준다고 해서 반드시 무료지급은 아닐 수 있다. 일본 대원들의 증언 중에는 비누 등은 기본 양을 배급해주는데, 그 배급품의 질이 좋았다는 말도 있다. 그래서 그 배급 비누를 자기 집에 갖다

다. 지금도 그때 샀던 단추와 브로치를 가지고 있다"(少女の会, 2013: 96).

표 5-5 K씨 일기에 있는 현금기록부*

품목	금액	품목	금액	품목	금액
게키신 사탕	11전	세안크림	1엔 55전	난구南宮신사 그림엽서	3엔 50전
〃	2전	머리핀	20전	고무	1엔 50전
배급 빵값	15전	우푯값	2엔	단추	25전
〃	28전	소포값	1엔	신발끈	60전
칫솔	30전	봉투	10전	책값*	5전
치약	20전	전화료	60전	신문값*	18전
가루비누	65전	난구南宮신사 부적	30전	소녀회(少女の会)	12전

* 주: K씨가 여자정신대인지 여자학도대인지는 불명. 책값과 신문값은 방에서 공동구입 공동부담. 1944년 어느 기록에는 기숙사에 목욕탕이 없어 밖의 목욕탕을 이용했는데 목욕값이 5전이었다고 함.
자료: 戰時下勤労動員少女の会, 2013: 95에 근거하여 필자 재구성.

주고 자신은 매점에서 비누를 사서 썼는데, 매점에서 파는 비누는 질이 아주 나빴다고 말한다.

〈표 5-5〉는 노무동원된 한 일본인 여학생이 자신의 일기에 기록했던 당시 현금출납부를 간략하게 표로 만든 것이다. 여기에 기록된 금액은 모두 개인부담이다. 구입물품의 종류와 그 비용을 통해 노무동원자의 생활을 엿볼 수 있으며, 당시 일본의 물가수준도 가늠해볼 수 있다. 사탕이나 빵값, 생활용품값, 전화나 우편요금, 방 단위로 공동 구매하는 신문 및 책값 등이 세세히 기록되어 있다.

식비와 기숙사비는 적어도 본인 부담이 있었던 것 같다. 일본정신대로 해군창에 동원되었던 사람은 식사비는 아침 10전, 점심과 저녁은 15전씩 식권을 사서 매일 아침 제출하도록 되어 있었다고 말한다(三浦, 2005: 140). 전후 보상과정을 보면, 해군창에 동원된 일본정신대는 군속신분이었던 것 같다. 미쓰비시명항의 경우, 정기적으로 공장 내

표 5-6 조선 내 민족별·성별 공립국민학교 교원 봉급 및 그 추이

		1933	1934	1935	1936	1937	1938	1939	1940
일본인	남	119	112	109	105	102	99	94	97
	여	80	81	79	79	79	81	73	64
조선인	남	54	55	55	55	55	58	58	58
	여	58	48	48	48	47	47	48	46

자료: 『朝鮮年鑑』 1943년도(京城日報社): 525-526에서 재구성.

청년학교에서 학습을 했던 것으로 보이지만 정식 학생이 아니라 교류 차원의 교육이 이루어진 것으로 보이므로 수업료 징수는 없었다고 생각된다.[36]

참고로 일본의 1943년 주요 품목별 물가수준은 다음과 같았다(『昭和世相史』). 백미 2등품 2킬로그램 3엔 36전, 돼지고기 1등 375그램 1엔, 우유 180cc 12전, 간장 1되 61전, 된장 상 1킬로그램 29전, 마른 김 중 1첩 38전, 맥주 90전(배급), 담배 15전(1월) 33전(12월), 목욕비 8전, 이발료 80전, 역에서 파는 차 8전, 전차 버스운임 10전. 1944년 순사巡査(순경) 초임 45엔.

급여 규정을 보면 주야간 임금이 다르기 때문에 같은 날 대원이 된 경우라도 급여에 차이가 있을 수 있었고 기술자격 유무에 따라 수당이 차등 지급되었다. 참고로 당시 임금 수준의 한 잣대로서, 조선에 있

---

36) 참고로 후지코시에서 조선정신대와 같은 시기인 1944년 8월부터 학도동원자로서 일했던 어느 일본인 여학생의 보상금지급 명세('학도근로보상금 수지명세서')가 발견되었다(『北日本新聞』 1992. 9. 27.). 그녀는 고등여학교(당시 국민학교 졸업 후 진학하는 학교로 주로 4년제. 3년 혹은 5년인 경우도 있었음) 3학년 때 동원되었는데, '보상금' 명목으로 매월 40엔, 거기에 잔업수당과 기타 수입도 기재되어 있고, 공제금으로서 수업료 5엔, 보국단團비 40전, 보국대隊비 80전 등을 뺀 저금 액수가 기록되어 있다. 이 사람도 돈을 인출하지는 못했다고 기억한다(신문기사 스크랩은 金·飛田編, 1993: 213).

던 교원 급여수준 추이를 나타낸 것이 다음 〈표 5-6〉이다. 1940년 공립국민학교 조선인 여교사 평균월급이 월 46엔이었다(일본인 여교사는 64엔).

계약갱신 문제

계약기간 갱신문제도 일부 대원에게 한정된 문제이기는 하지만 살펴볼 필요가 있다. 정신대령이 시행되기 이전 1944년 8월까지 동원된 조선정신대의 계약기간은 2년이었다. 그러므로 1944년 봄에 동원된 정신대원들은 그 계약기한 전에 해방을 맞이했기 때문에 계약기간은 문제되지 않는다. 또한 정신대령 이후의 동원자는 계약기간이 1년이었으나 그 기한 이전에 해방되었다.

　문제는 자발적 정신대가 시행된 1943년 혹은 그 이전에 동원된 경우다. 조선여자가 1943년에 일본 기업으로 동원되었을 때에는 다음 세 가지를 생각할 수 있다. 즉 기업의 집단모집, 근로보국대라는 이름의 동원, 그리고 정신대라는 이름이 붙은 동원이 그것이다. 각각의 경우가 있었는지, 아니면 그중 한 가지 방법의 동원이었는지는 분명치 않다. 앞서 지적했듯이 일본 후생성의 견해는 여자정신대의 시작을 1943년 1월 20일 남자노동자 취업금지 조치로 간주하는 것으로 보인다. 일본에서도 이 조치 이후 여자정신대가 동원된 사례가 있다. 1943년 5월 조선에서도 정신대라는 이름으로 동원된 경우가 있음은 김금진의 사례가 증명한다.

　어쨌든 1943년 봄에 동원된 사람의 계약기간은 2년 후인 1945년 봄에 끝나게 된다. 최복년은 1945년 7월 귀국했으므로, 2년 계약기간이 끝난 1945년 3월경 이후 몇 개월 더 동원되어 있었다. 김금진은 해방 후 귀국했고, 배갑순도 해방 후 귀국했으므로 그들 역시 2년 계약 후에 계속 동원되어 있었던 셈이다. 남자노무자의 경우, 계약기간이 만료되었을 때 계약갱신을 강요한 사례들이 적지 않게 알려져 있다. 정신대의 계약갱신 문제를 일본정부와 각 공장이 어떻게 대처했는지 살펴보자.

도쿄마사가 입지했던 시즈오카현의 상황은 그 지역의 신문기사를 통해서 살펴볼 수 있다. 1945년 2월 26일자 '정신대 근로기간을 1년에서 2년으로 갱신'이라는 기사의 내용은 다음과 같다(이하 いのうえ, 「女子挺身隊の女性たち」2). "여자정신대령에 근거하여 현재 출동 중인 여자정신대에 관한 중앙의 지시가 있었으므로 앞으로 다음과 같이 조치하게 되었다. 즉 총동원법에 근거한 정신대제도가 시행되기 전에, 지도장려에 의해 결성된 정신대에 대해서도 대원 중에서 대장을 임명하여 여자정신대령에 기초한 여자정신대에 걸맞은 직무에 종사하게 함으로써 그 이전의 정신대와 엄격하게 구분해야 한다."

즉 자발적으로 결성되어 동원된 정신대는 계약기간이 끝나면 총동원법에 근거한 여자정신대 조직으로 바꾸어야 한다는 것이다. 나아가 지도장려에 의해 출동된 여자정신대의 경우, 계약기간이 만료되더라도 계약기간을 갱신하여 계속 동원할 필요가 있는데, 그때는 대원들에게 출동기간의 갱신이 절대로 필요하다는 사실을 충분히 그리고 철저하게 주지시켜 자발적으로 계속 출동에 응하도록 지도해야 한다는 방침이 제시되고 있다. 계약기간이 만료되었다고 해서 정신대를 귀가시킬 수는 없지만, 계약을 연장할 경우에는 어디까지나 본인 의사로 계약갱신이 이루어질 수 있도록 철저하게 지도하라는 내용이다.

조선정신대는 이와 같은 조치와 어떤 관계가 있는가? 1944년과

1945년에 동원된 조선정신대는 이 조치와 무관하지만, 1943년 봄에 동원된 대원들, 즉 최복년 등 후지코시 동원자, 조갑순 등 도쿄마사 동원자, 김금진 등은 1945년 봄에 계약기간이 만료되었다. 그러므로 1945년 봄에는 정신대 계약갱신이 이루어졌을 것으로 생각된다. 다만 구체적으로 어떤 방법으로 계약갱신이 이루어졌는지는 알 수 없다.

참고로 재학 중인 학생이 그 대상이었던 일본인 학도근로대는 학년에 따라 3월에 학교를 졸업하는 경우가 있었다. 그런데 학교 졸업 후 진학하지 않는 여자의 경우에는 여자정신대로서 계속 군수공장에서 일하도록 했다(いのうえ, 「女子挺身隊の女性たち」 5).

조선 내 군수공장 동원의 경우

조선정신대원들이 만약 일본으로 동원되지 않았더라면 조선에서 편안한 생활을 했으리라고 말할 수 있는 근거는 없다. 당시 조선의 학교에서도 단기적인 노무동원이 거의 일상적이었다. 게다가 비교적 장기적인 노무동원도 행해지고 있었다. 일본에 비해 군수공장이 적었기 때문에 조선 내 여자노무동원의 규모가 크지 않았겠지만, 그 실태는 아직 정확히 밝혀지지 않았다. 여기에서는 여자정신대 증언기록 중에서 가네보 광주 공장에 노무동원되었던 이재윤(伊藤, 1992에 수록)의 증언에 의거하여 그 내용을 소개한다. 이재윤은 언니 대신 정신대로 갔다가 어리다는 이유로 하루 만에 다시 조선으로 송환된 사람인데, 조선으로 귀국하자마자 가네보로 동원되었다.

먼저 노무동원의 경위다. 이재윤(1932년생)은 전남 담양군 대치大治 국민학교 4학년까지 다녔다. 학교 운동장을 군용 비행기장으로 만든다고 해서 학교는 폐쇄되었고 이재윤은 집안일을 도우며 지냈다. 이재윤의 언니가 정신대로 가게 되어 있었는데, 언니가 숨는 바람에 대신 가게 되었다고 한다. 그러나 나이가 어리다는 이유로 일본 도착 하루 만에 조선으로 송환되었다. 인솔자는 그녀를 담양의 면사무소로 데려다주었는데, 면사무소 사람이 가네보로 전화했고 가네보의 징용 담당자[37])가 면사무소로 와서 자신을 바로 공장 기숙사로 데려갔다. 집에 들르지도 못했다. 가네보 입사 일시는 1945년 3월 26일이었다. 입사할 때 서류에 서명했으나 임금 등 이야기는 없었다고 한다.

이 공장은 당시 5500명의 공원이 있었고 그중 여공이 3500명이었다. 일본인은 100명 정도였다. 공장장, 주임, 차장, 부장, 과장, 조장, 반장으로 관리체계가 되어 있었고, 과장까지는 일본인, 조장과 반장은 조선인이었다.

기숙사는 9개 동이 있었는데, 기숙사 한 동에는 16개 방이 있었고, 방 하나에 12명 정도가 들어갔다. 방의 크기는 가로 세로 4~4.5미터 정도였다. 공장 담장 높이가 약 5미터나 되고 철조망이 설치되어 있어서 도망은 불가능했다. 자유로운 외출은 안 되었고 구내 운동장 산책 정도가 허용되었다. 공장 안에 매점이 있었고 병원도 있었다. 식사는 두부 비지와 쌀로 만든 형편없는 밥이었다. 아침식사 전에는 〈황국신민서사〉를 복창했다.

공장 내 노동은 1주일 단위로 주야 교대노동이었고, 기계는 고장나지 않는 한 24시간 멈추지 않았다. 낮시간 노동은 새벽 6시부터 저녁 6시까지 12시간이었다. 기계에 팔이 끼어 팔을 절단한 사람도 있었다.

---

37) 이재윤은 징용담당이라고 표현하지만 여자 징용은 없었다. 국민징용령을 비롯하여 여자정신대령, 국민근로협력령 등 5개의 칙령은 1945년 3월 6일 '국민근로동원령'으로 통합되는데, 이재윤은 이 법령에 의한 '국민근로동원'이었을 것이다.

작업 중 실이 끊어지거나 하면 크게 질책받고 자주 얻어맞았다. 자기 이름도 쓸 수 없는 여공이 많았으므로 일을 잘못해서 얻어맞는 경우가 잦았다. 반장과 조장은 코피가 날 정도로 때렸다. 그들 뒤에 지도담당 일본인 여자가 있었다.

임금은 받았지만 현금이 아니라 공장이나 공장 근처에서만 사용할 수 있는 플라스틱돈(빨강·노랑·파랑 3가지 색깔)이었다. 돈에 10전 20전 등으로 씌어 있었다. 이것저것 공제되고 손에 들어오는 것은 15전 정도였다. 그것으로 비누나 치약 등을 샀고 저금은 할 수 없었다. 급여에서 기숙사비도 공제되고 생명보험료(본인의 용어임)도 공제되었다.

공장에서 도망하는 경우가 있었는데, 경비원에게 붙잡혀서 성폭행을 당한 사람이 있었다. 폭행한 사람은 소노다園田라는 사람인데 조선 시골의 파출소에서 경찰로 일하던 사람이었다. 폭행당한 여자는 임신했고 기숙사에서 정방기 벨트에 목을 매고 자살했다. 도망가다 붙잡혔던 한 여자는 완전 알몸으로 방방을 돌며 잘못했다고 외치게 하는 것을 직접 보았다고 한다.

이재윤은 해방 다음날에야 해방된 줄 알았다고 한다. 짐을 들고 나가는 사람도 있었고 출입도 자유로이 하게 되었다. 이 공장은 해방 후 두 개 회사로 분리되어 조업을 계속했다. 그중 하나가 닛신日淸방적인데, 이재윤은 1987년 정년 때까지 거기서 일했다.

이상이 이재윤의 증언을 부문별로 재구성한 것이다. 임금 특히 임금 수준에 관해서는 구체적인 진술이 없는데, 임금의 일부만을 잡비로 지불하고 나머지는 강제저축시켰던 것으로 생각된다. 임금 수준은 조선정신대가 일본에서 수급한 30엔에는 크게 미달했을 가능성이 크다. 제3장에서 조선 여공의 임금을 소개했는데, 노무동원 이전에 가네보는 광주 공장이든 영등포 공장이든 하루 25~40전 정도였다. 그 임금 수준이 노무동원 이후에 크게 개선되었다고는 생각하기 어렵다. 이재윤은 손에 들어오는 돈이 15전 정도였다고 하므로 한 달 일해서 4엔 50전을 손에 쥔 셈이다.

사실 일본에서 노무동원자의 임금가이드 라인을 정했던 것에는 임금을 억제하는 의미가 있었다. 그랬기 때문에 노동자를 징용할 때, 그 이전 직장에서 받았던 임금보다 징용임금이 낮은 경우 그 차액을 보전하는 제도가 있었다. 그 경우 임금 상한선은 월 150엔이었다. 하지만 조선에서는 14세 30엔이라는 일본의 임금가이드 라인이 적용되지 않았을 가능성이 크다. 조선의 실제 임금 수준보다 훨씬 높은 수준이었기 때문이다. 조선 내 군수공장들은 이 가이드라인을 어떻게 받아들이고 있었는지, 어떻게 대처했는지를 포함해서 조선 내 노무동원 시의 임금체제는 앞으로 밝혀야 할 연구과제다.

제6장

그리고 돌아오지 못한 대원들

조선정신대 동원은 여자 국민학교 졸업자(졸업 예정자)를 대상으로 동원자수를 어느 정도 정해두고 모집한 것이다. 그러므로 일정수의 정신대는 동원이 정해져 있었다고 보는 것이 옳다. 하지만 '최종적으로 누가 선발되었는가'라는 문제를 사회계층이라는 요인으로 설명하기는 어렵다. 즉 누군가는 가야 하는 상황에서 '지원자가 없었기 때문에 상대적으로 가난하고 힘없는 가정의 아이가 동원되었다'는 설명은 설득력이 약하다는 뜻이다.

당시 조선에서 여자의 국졸 학력은 중간계층이거나 혹은 적어도 극빈층은 아니라는 의미나 다름없었다. 학교조직을 통한 동원에 비해 지역동원의 경우는 상대적으로 빈곤층이기는 했으나, 여자 취학률이 낮았던 가장 큰 이유가 학비부담에 있었기 때문에 극빈층은 국민학교 취학 자체가 원천적으로 어려웠다. 정신대 신문광고 등을 보고 지원한 사람도 적지 않은데, 그들의 지원 동기가 경제적 이유였다는 것에는 의심의 여지가 없다.

1945년까지 후지코시, 미쓰비시명항, 도쿄마사의 세 개 회사에 동원된 조선정신대는 약 1700명으로 추정된다. 1944년 이후에 동원된 사람들이 대부분이었으나 1100명 가까이 동원된 후지코시, 그리고 도쿄마사에는 공식적인 정신대가 동원되는 1944년 이전에 동원된 사람들이 포함되어 있다.

정신대원들 중에는 현지에서 사망한 경우도, 공장에서 이탈한 경우도 있었다. 확인된 사망자는 지진 사망자 6명, 공습 사망자 2명, 원인

불명 사망자(신문보도)가 1명, 장티푸스 사망자 1명이다. 산업재해자도 수 명 발생했다. 한편, 공장을 이탈한 사람은 내가 확인한 경우만도 약 20명이다. 그중 후지코시가 14명이다. 도쿄마사의 이탈자는 정신대원이 2명 확인되며, 정신대원인지 이전부터 고용되어 있던 여공인지 분명하지 않은 이탈자가 2명 더 있다. 미쓰비시의 경우는 최종 이탈자는 없고 이탈했다가 돌아온 경우가 있다는 청년학교 교사의 증언이 있을 뿐이다.

이탈자들 중에는 위안부가 된 사람이 4명 있고, 그중 한 사람은 군위안부였던 것으로 판단되는데, 그들 모두는 후지코시 동원자였다. 그밖의 이탈자 중에는 곧장 밀항을 통해 조선으로 귀국한 경우도 있는데, 이탈자 중 귀국하지 못한 사람이 있는지는 알 수 없다.

한편, 나가사키에 위치한 미쓰비시조선소에서 평양출신 정신대 200명이 일하고 있었고 그들은 원폭으로 전원 사망했다는 증언이 한 건 있다. 또한 중도 귀국하던 대원이 탄 배가 침몰해 사망했다는 증언도 있다.

1. 정신대와 사회계층

인구통계와 여자 생존율

한때 여자정신대 20만 명설이 있었다. 그 경우 정신대란 이 글에서 사용하는 여자정신대의 의미가 아니라 군위안부를 뜻하는 말이다. 군위안부의 경우라고 하더라도 이 수치는 믿기 어려울 정도로 과장되어 있다. 당시의 여자노무자원과 그 규모를 파악하기 위해서는 무엇보다 여자 인구수에 관한 기본적인 인구통계자료를 검토하는 것이 중요하다.

〈표 6-1〉은 식민지 조선에서 실시된 인구조사에 근거하여 1920년에서 1930년까지 10년간 매년 출생한 여자 인구수, 그리고 각각 그 10~20년 후(1940년) 및 14~24년 후(1944년) 생존율과 연령별 여자 인구수를 보여준다.

예를 들어 1930년 출생한 조선인 여아는 36만여 명이었는데, 이들이 10세가 되는 1940년에는 생존자가 29만여 명으로 줄었고(생존율 80.7퍼센트), 다시 그 4년 후에는 26.4만 명으로 줄었다(생존율 73.3퍼센트). 전반적으로 사망률이 높았던 시기였고, 자연재해가 겹치면 유아 사망률은 급등했다. 출생한 해에 따라 생존율에 상당한 굴곡이 있기는 하지만, 이 기초통계를 본다면 수십만 명이라는 숫자는 도대체 가능한 이야기가 아니다. 1937년에 조선의 여공 총수가 3만 4000명이었다.

일본군위안부 문제를 연구한 이마다 마사토今田真人(今田, 2018)는 이렇게 주장한 바 있다. "1944년 14~24세 여자 인구수는 1940년 14~24세 인구수보다 합계 21만 3366명이 줄었는데, 줄어든 인구수 중 많은 수가 군위안부가 되었을 가능성이 있다." 결론부터 말하면 그것은 당시의 높은 사망률에 대한 이해를 결여한 무리한 추정이다.

여자 인구수의 변화, 그리고 여자 사망률을 추정하기 위해서는 출생 시기별로 출생자수를 확인하고 그 규모가 시간이 지남에 따라 얼마나 줄어드는지를 분석해보아야 한다. 그렇게 해야만 전반적인 사망률 추이를 확인할 수 있기 때문이다. 〈표 6-1〉은 『조선총독부 통계연보』(인구조사)에 기초하여 출생 시 인구수(*)와 그 10년 후의 생존율을 나타내기 위해서 작성한 것이다. 여자 인구수 뒤 괄호 안의 수치(***)는

표 6-1 노무동원 대상 여성의 연도별 출생수와 그 추이

여아 출생자수*		1940년 기준 연령별 여자수**		1944년 기준 연령별 여자수**	
연도	출생자수(100)***	나이	여자수	나이	여자수
1930	360,331(100)	10세	290,667(80.7)	14세	264,088(73.3)
1929	338,092(100)	11세	269,295(79.7)	15세	253,567(75.0)
1928	332,945(100)	12세	272,443(81.8)	16세	245,925(73.9)
1927	321,224(100)	13세	260,458(81.1)	17세	241,986(75.3)
1926	310,074(100)	14세	230,084(74.2)	18세	226,964(73.2)
1925	335,658(100)	15세	241,367(71.9)	19세	207,212(61.7)
1924	317,350(100)	16세	225,687(71.1)	20세	203,971(64.3)
1923	339,497(100)	17세	215,318****(63.4)	21세	216,593(63.8)
1922	276,525(100)	18세	223,096(80.7)	22세	200,903(72.7)
1921	234,624(100)	19세	215,945(92.0)	23세	184,465(78.6)
1920	217,435(100)	20세	188,732(86.8)	24세	174,052(80.0)

자료: (*) 연도별 여아 출생자수는 『朝鮮總督府統計年報』 各年度에서 작성. 1940년과 1944년의 연령별 여자 인구(**)는 今田(2018: 109 表7). 원자료는 『朝鮮国勢調査報告』(1940年, 1944年). (***) 괄호 안의 생존율 수치는 필자가 작성. (****) 1923년생 17세 통계(215,318명)는 245,318명의 오식일 가능성이 있지 않나 생각된다. 그 4년 후보다 인구가 오히려 적기 때문이다. 245,318명의 오식이라면 생존율은 72.25퍼센트가 된다.

1920년에서 1930년까지 연도별로 여자 출생 시 인구를 100으로 보았을 때, 1940년(10~20년 후)과 1944년(14~24년 후)의 생존율 수치를 내가 계산하여 넣은 것이다.

1925년에 출생한 조선인 여자는 33만 5658명이다. 그들 중 15세까지 생존한 사람은 24만여 명으로 15년간 생존율 71.9퍼센트였다. 19세까지의 생존율은 다시 크게 낮아져서 20.7만 명이므로 생존율은 61.7퍼센트에 불과했다. 1925년에는 자연재해로 인한 기근이 발생했으므로 생존율이 특히 낮았다. 그 5년 전 1920년생 여자는 21.7만여 명 출생했는데, 20세까지의 생존율은 86.8퍼센트였다. 1920~21년 출

생 여자의 1944년 생존율도 약 80퍼센트인데, 이 수치는 그 이후 출생자들보다 매우 높은 수치다. 즉 1920년 출생 여자의 24년간 생존율이 1930년 출생자의 14년간 생존율보다 높은 것이다. 통계에서도 나타나듯이 1923~25년에는 심각한 기근이 있었으므로 이 시기 출생자의 생존율이 두드러지게 낮았다. 또한 전반적으로 성인이 된 이후의 여자 사망률도 매우 높다는 사실을 확인할 수 있다. 이러한 통계는 일제시대를 통해 민중의 전반적인 삶의 질이 높아지지 않았음을 보여주는 지표이기도 하다.

사실 여자 사망률을 정확하게 조사하기 위해서는 남녀 생존율 비교 분석과 더불어 1920~44년의 전염병이나 자연재해의 발생 등을 면밀히 검토할 필요가 있다. 왜냐하면 조선에서 아동 사망률은 자연재해 등에 크게 영향받았기 때문이다. 1925년과 1926년에는 전염병 사망자가 대량으로 발생했으며, 1923~25년은 심각한 기근이 있었고 특히 1925년에는 대홍수 피해가 막심했다. 그리고 1934년을 전후한 시기도 마찬가지였다. 그것이 사망률에 바로 반영됨은 이 통계표에서도 확인할 수 있다.

여자의 국민학교 취학률

조선정신대에는 국민학교 졸업자나 졸업 예정자가 많았으나 5학년 혹은 4학년 재학생도 있었다. 당시는 취학연령을 지나서 국민학교에 입학하는 경우가 흔했으므로 학년뿐만 아니라 나이를 고려할 필요가 있다. 일본 공장법에는 12세 이하 아동취업이 금지되어 있었다. 여자 정신대 대상을 국민학교 졸업자로 정한 것은 주로 일본어 능력 때문이었다. 따라서 국민학교 중퇴자나 간이학교(2년) 졸업자라도 일본어

능력을 어느 정도 갖춘 자라면 그 대상이 되었다.

학교동원의 경우 학적부에 정신대 동원 사실과 동원한 회사 이름이 대부분 기록되었다. 귀국사실을 학적부에 기재한 경우는 드물다고 하는데, 졸업자들은 기록할 이유가 없었을 것이고, 만약 5·6학년 재학 중에 동원되었다면 정신대 동원으로 휴학 혹은 중퇴자로 취급될 가능성이 있었기 때문에 그들이 돌아왔을 경우를 생각하여 귀국기록을 남겼을 것이다. 실제로 1945년 초 졸업을 앞두고 후지코시로 동원되었던 임○○(1932년생, 충주 교현국민학교)은 후지코시에 도착한 후 거기에서 국민학교 졸업장을 받았다고 증언한다(후지코시 1차 판결문). 아마 졸업장을 우편으로 후지코시에 보낸 것으로 보인다. 한편 재학 중에 정신대로 갔다가 귀국한 다음 국민학교 졸업장을 받았다고 말하는 대원도 있다.

당시 국민학교 졸업생이라는 사회적 지위는 어떤 것이었을까? 1940년대 『조선연감朝鮮年鑑』(1942~44)의 '교육통계'에 기초하여 당시의 국민학교 교육사정을 살펴보자.

1942년 5월 기준 조선의 취학률은 55퍼센트였다. 남녀별 취학률은 정확히 밝혀져 있지 않지만, 1942년 여학생수는 남학생수의 43퍼센트에 불과했다. 이 점을 고려하면 여자 취학률은 30퍼센트 정도라고 추정할 수 있겠다. 참고로 1946년(의무교육 실시가 예정된 해) 조선의 여자 취학률 목표치는 50퍼센트로 설정되어 있었다.

먼저 교육통계를 참고해서 당시 여자정신대 모집단의 규모를 추정해보자. 〈표 6-2〉는 공립국민학교 학생수 추이다. 공립국민학교는 제1부와 제2부로 나누어져 있었는데, 일본인은 제1부에 조선인은 주로 제2부에 소속되었다. 이 표는 공립국민학교 제2부 재학생의 추이다.

표 6-2 공립국민학교(제2부) 학생수 및 직원수의 추이

	학생수*		직원수			
			조선인		일본인	
	남	여	남	여	남	여
1929	377,549	73,383	5,629	582	2,025	343
1930	390,454	68,388	5,775	600	2,164	320
1931	395,739	82,099	5,906	646	2,291	311
1932	402,789	88,993	6,044	671	2,381	308
1933	437,746	99,620	6,115	770	2,545	311
1934	493,449	116,155	6,006	891	2,825	331
1935	549,913	137,164	6,307	993	3,129	360
1936	605,492	161,738	6,348	1,053	3,591	391
1937	667,410	191,531	6,762	1,269	4,034	460
1938	767,528	234,779	7,271	1,349	5,203	542
1939	874,534	285,190	7,467	1,521	6,430	741
1940	980,162	343,620	7,387	2,015	7,395	1,025
1942**	1,178,523	505,371				

* 학생수에는 소수의 일본인이 포함되어 있음. 1941년 5월 기준 공립국민학교 일본인수는 제1부 93,419명, 제2부 905명, 합계 94,324명임. 공립국민학교 제1부 조선인 학생수는 5,285명. 관립(국립) 국민학교에는 일본인 633명, 조선인 4,640명. 사립학교(학력 인정) 학생은 일본인 20명, 조선인 63,528명임.
** 1942년은 조선인 학생수. 여기에 제1부 조선 학생수 남자 4,239명, 여자 1,417명(1942년)을 더하면 공립국민학교 조선인 총학생수는 1,689,550명이 됨(『朝鮮年鑑』 1944年度: 439-440에 근거 계산).
자료: 『朝鮮年鑑』 1943年度 『교육통계』(518-526)에 근거하여 작성. 단 1942년 통계는 『朝鮮年鑑』 1944年度.

여학생수의 경우, 1940년 34만 3620명(일본인 약 400명 포함)이다. 공립국민학교 전체 여학생수는 1942년 약 50만 명으로 추정된다. 여학생수는 인구증가와 취학률 증가를 반영하여 1938년 23만여 명, 1940년 34만여 명으로 급증하는 중이었다. 다만 입학자 증가는 주로 저학년 학생수에 반영될 뿐 고학년 학생수에 바로 반영되지 않는다. 1942년 6학년생은 1936년에 입학한 자인데, 1936년 당시 국민학교

(보통학교) 전체 여학생수는 16만 명 정도였다. 한 학년 평균은 2.7만 명 정도이지만, 고학년으로 갈수록 학생수가 적었을 것이다. 중퇴자도 많았지만, 당시에는 입학생이 해마다 급격히 불어나고 있었기 때문이다.

『조선연감』 그리고 『조선총독부 통계연보』 통계에는 졸업자수가 민족별·성별로 구분되어 있지 않은 경우가 있으므로 그 수와 추이를 정확하게 파악하기가 어렵다. 1942년 국민학교 제2부 여학생 졸업자수는 4만 7780명이었다(국민학교 제2부 일본 학생 포함. 『朝鮮総督部統計年報』1942年度). 1940년 3만 1486명, 1941년 3만 8481명이었으므로 졸업자수는 급격히 늘어나는 추세였다. 이러한 자료를 바탕으로 1943년 3월 졸업자부터 1945년 3월 졸업자(졸업 예정자 포함)까지 3년간 조선인 여자 국민학교 졸업생수를 추정하면, 그 수는 20만 명을 넘지는 않을 것으로 생각된다. 이 인구집단 중 '미혼자로서 비진학자, 비취업자 혹은 영세한 사업장 근로자'가 정신대의 잠정대상자였다.

이렇게 보면 여자정신대 모집단은 사회계층으로 본다면 적어도 '중하 계층 이상' 자녀일 가능성이 크다. 한국민으로부터 사랑받는 박완서의 자전소설 『그 많던 싱아는 누가 다 먹었을까?』를 보면, 1938년경으로 추정되는 시기, 개성에 인접한 농촌마을에서 4년제 보통학교를 나왔다고 하면 배운 축에 들며, 6년제 국민학교를 나온 이는 동네에서 한 명밖에 없었다. 여자의 교육기회라면 더더욱 그랬을 것이다. 1942년에 여자 취학률이 30퍼센트 정도라고 한다면, 딸을 국민학교에 보낼 수 있는 가정이 곧 정신대 사회계층이다.

다만 국민학교를 졸업하고 고등여학교에 진학하지 못한 경우, 그 이유가 경제 사정인 경우가 적지 않았다. 그러므로 고녀 진학자는 상류계층 자녀였을 가능성이 크다. 그리고 고녀 학생은 여자정신대 동원 사례가 보이지 않으므로 그 점에 관한 한 사회계층의 관점이 필요할 수 있겠다.

어느 대원(양춘희)은 "서울에서 정신대로 간 여자아이는 모두 인텔리"라고 말한다. 그녀는 귀국 후 후지코시에서 알게 된 정신대원을 우연히 만난 적이 있는데, 그 사람은 대학을 졸업했더라고 한다. 정신대 증언내용을 보더라도, 정신대에 절대적 빈곤층이 포함되는 경우는 한정되었다. 예를 들어 여순주(1994)가 조사한 31명의 대원 조사에서, 당시 생활정도가 '중류 내지 중상류'(아버지 직업은 어장, 철공장, 방앗간, 금융조합, 은행원 등)라고 응답한 사람이 16명, '중하류'(아버지 직업은 농사, 공장노동자 등)라고 응답한 사람이 15명이었다. 조선에서는 비교적 유복한 계층 자녀였던 것이다. 이러한 가정환경이 일본에서의 열악한 식사에 대한 반발을 더 크게 했을 수 있다. 가정형편이 어려웠던 것이 정신대 지원의 동기였던 어느 대원(이종숙)은 부잣집 아이들은 일본에 온 것을 후회했다고 말한다.

하지만 빈곤층 자녀 또한 포함되어 있었다. 도시지역과 농촌지역 사이에 차이가 있었고, 최소한의 정신대원을 확보하기 어려웠던 농촌지역은, 우선 학교조직보다는 읍면장이나 경찰조직의 영향력이 상대적으로 크게 작용했다. 낮은 사회계층일수록 그들의 압력을 쉽게 받았을 것이다. 가족을 노무동원 혹은 병력동원하겠다는 등 압력을 가하면서 반강제적으로 정신대를 선발한 경우가 있었음은 전술한 대로다. 지역 유지는 경제적으로 어려운 가정의 자녀를 추천하기도 했다. 신문광고를 보고 정신대에 지원한 경우는 비교적 높은 연령이었고 또한 경제적으로 어려운 경우가 많았다. 대원의 증언에도 집이 가난하여 어떻게 해서든 돈을 벌어야겠다는 생각에서 주저없이 지원했다고 분명히 말하는 대원도 다수 있다.

교회가 동원단위가 되는 경우도 있었는데, 그 경우도 하층민 자녀가 그 대상이었다. 예를 들면 동대문 감리교회는 2명의 가난한 농민자녀를 선발했다.[1] 그러나 가난하다는 것은 상대적으로 그러하다는 의미이며, 국민학교 졸업이라는 사실 자체가 대체로 극빈계층이 아니라는 뜻이기도 하므로, 학교를 통한 정신대 동원을 사회계층의 관점에서 분석하는 것의 의의는 크지 않다고 생각된다.

조선정신대 기숙사에는 자식을 가진 여자도 있었다는 증언이 있다. 사실 정신대는 미혼여성이 원칙이었지만, 일본에서는 기혼자도 자원하여 정신대원이 된 경우가 있었다.[2] 기혼자라고 하더라도 조선의 경우는, 일본어 능력이 있어야 한다는 것, 그렇기 때문에 최소한의 학력수준이 전제되어 있었다. 일본은 의무교육을 시행하고 있었고 1915년에 취학률이 90퍼센트를 넘어섰기 때문에 모두가 기초교육을 받았다고 할 수 있고 무엇보다 언어소통에 문제가 있을 리 없었다. 그러나 조선의 기초교육은 그 의미가 일본과 크게 달랐다.

1992년 6월 25일까지 한국정부에 신고한 근로정신대 피해자 245명 중 국민학교 출신자가 244명, 실업학교의 경우는 1명에 불과했다. 전

---

1) 『한국일보』(1992. 1. 16.)는 이 기사를 실으면서 당시 주일학교 교사였던 조애실(독립유공자)이 1943년 7월 당시 17세였던 김정자, 홍길자라는 두 제자를 정신대로 보낸 사연을 소개하면서 '죽으러 가는 줄도 모르고' 교회계단 앞에서 기념사진까지 찍었다며 분노하고 있음을 소개했다.

2) 당시 일본에서도 근로보국대나 여자정신대 모집은 정부 의도대로 진행되지 않았다. 가장 큰 이유는 부모들의 반대 때문이었다. 정신대는 미혼여성을 원칙으로 했지만 기혼여성도 자원하면 대원이 될 수 있었다고 하므로, 일정비율 기혼자가 있었을 것으로 추정된다(堀サチ子, 1991; 堀川祐里, 2018). 일본보다 정신대 모집이 더 어려운 조선에서도 마찬가지였을 것이다.

문학교로는 이화전문이나 숙명전문이 있었으나 전문학교 학생들은 주로 조선여자청년연성소의 지도자로서 동원되었던 것으로 보인다. 또한 조선에서 취학하고 있던 일본인 학생에 대한 정신대 동원은 확인되지 않았다. 다만 충남대원 중에는 일본인인 청주경찰서장의 딸이 정신대로 같이 갔다고 하는 증언이 있는데, 유일한 증언이며 확인이 필요한 증언이라고 생각된다.

2. 귀국 못한 대원들

정신대원 사망자

억울하고 안타깝게도, 동원된 대원들 중 살아 돌아오지 못한 경우도 있었다. 노무동원자가 동원된 군수공장은 공습 위험에 노출된 지역에 위치해 있었고, 실제로 잦은 공습으로 인해 사상자가 발생했다.

우선 1944년 12월 미쓰비시명항 오에 공장에 동원된 대원 1명이 나고야지역의 공습으로 사망했다. 대규모 지진 발생으로 6명의 여자정신대원이 사망한 당일 저녁의 공습이었다. 오에 공장의 전체 사망자가 395명이었고 그중 1명이 조선정신대였다. 12세의 소년공 등 타이완 동원자들의 희생도 있었다. 그리고 조선정신대원 중 적어도 1명은 공습 중 파편을 맞아 손에 장애가 남았다. 도쿄마사도 공습으로 공장이 파괴되고 기숙사가 불타는 피해가 있었으나 조선정신대 사망자는 발생하지 않았다.

도야마에도 공습이 있었고 후지코시 대원 1명이 사망했다. 1945년 8월 1일의 대공습은 도야마시가 거의 불바다가 되는 큰 피해를 입었는데, 후지코시 공장만은 파괴되지 않았다고 한다. 그러나 대피과정에서 나주 출신 대원 한 명이 사망했다(후지코시 소송 자료). 도야마에 있던 조선인 중에도 상당수의 사망자가 발생했다고 한다. 그 후에도 공습이 계속되어 공장 밖으로 대피하는 일이 일상사였던 것 같다. 어떤 대원은 너무 멀리 대피하여 곧바로 공장으로 돌아오지 못하고, 밥을 얻어먹으면서 공장으로 돌아오니 해방이 되었더라고 말한다.

일본정신대의 경우, 전시에 동원된 47만 명 중 공습에 의한 사망, 영양실조와 결핵으로 종전 후 사망한 사람은 10퍼센트를 넘는다고 일컬어진다(いのうえ,「女子挺身隊の女性たち」19). 즉 최소한 5만 명의 일본 여자가 정신대에 동원되었기 때문에 목숨을 잃었다는 것이다. 또한 앞서 언급한 타이완 소년공처럼, 타이완에서 동원된 소년공 8419명 중 64명이 사망했다(朝鮮人強制連行真相調査団編, 1997: 40).

지진에 의한 희생자도 있었다. 미쓰비시명항 도토쿠 공장에서 일하던 전라남도대 6명(14~16세)이 1944년 12월 7일 도난카이 지진으로 사망했다. 전기가 끊어져 구조작업이 어려웠다. 박양덕은 희생자 김순례가 구조되었을 때 아직 살아 있었다고 하며, 물을 마시고 싶다고 말해 물을 떠주었더니, 물을 마시고 30분 정도 후에 사망했다고 말한다. 공장에서 일하던 일본학도대 13명을 포함하여 일본인 51명이 동시에 사망했다.[3] 사망자는 의무과에서 확인했다고 기록되어 있다. 의무과는 공장의 병원 안에 있었던 것 같다. 현재 남아 있는 당시의 사망진단

---

3) 이 희생자 유족이 미쓰비시명항을 상대로 1999년 사죄와 보상을 요구하는 소송을 제기했다. 소송결과와 그 과정을 담은 일본어 저작(山川修平『人間の砦: 元朝鮮女子勤労挺身隊·ある遺族との交流』三一書房, 2008)이 있으며, 한국어 번역본도 있다. M8.0의 이 지진으로 인한 총사망자는 1223명이었다. 한 일본인 사망자의 동생은 "형님은 조선여자정신대 지도관이었다. 대원들을 피신시키느라 자신이 미처 대피하지 못해 사망했다고 들었다"고 증언한다(調査追悼委, 1988).

서를 보면, 사망시간은 1944년 12월 7일 오후 1시 40분, 사망장소는 미쓰비시명항 병원으로 되어 있다.

압사자가 많았기 때문에 시신을 수습하여 입관하는 일이 매우 힘들었다고 한다. 입관 후에는 청년학교 앞에 안치해두었기 때문에 많은 대원들이 그 모습을 기억한다. 장례는 나고야 시내에 있는 사찰(東本願寺 名古屋別院. 東別院)에서 치렀다. 당시 미쓰비시 직원으로 일하다가 사망자의 관을 날랐던 사람(鈴木正人. 調査追悼委, 1988)은 다음과 같이 말한다. "두 사람 한 조씩 몇 팀을 만들어서 희생자 관을 사찰로 실어 날랐다. 두 사람이 관을 맞잡고 나르는데 너무나 가벼운 관이 있어서 어찌된 영문인지 의무과 사람에게 물었더니, 도장塗裝공장의 조선정신대원이라고 대답했다. 도장공장이라면 누구라도(어린 사람이라도) 일할 수 있는 곳이니 그러려니 생각했다. 공장에서 사찰까지는 3륜차로 실어 날랐는데, 관을 위아래로 포개어 싣는 것은 금기였으므로, 우리 조는 한 번에 다섯 개씩 옆으로 실어서 두 차례 왕복하여 모두 10개의 관을 날랐다."

당시를 목격한 미쓰비시 대원 이동연에 의하면, 지진 당시 자신은 교대로 학교(청년학교는 도토쿠 공장과 제법 떨어져 있었다고 함)의 1층에서 공부하고 있었는데, 지진으로 건물이 크게 흔들렸고 운동장을 내다보니 땅이 갈라져 있었다. 하지만 학교에서 공부하던 사람들 중에 사망자는 없었다. 충청남도대가 배속된 오에 공장에는 정신대 희생자가 없었을 뿐만 아니라 공장 전체에서 사망자는 1명뿐이었다. 오에 공장은 건물이 튼튼했던 것이다. 그러므로 전라남도대가 동원되었던 도토

쿠 공장의 희생자는 공장구조 결함으로 인한 희생자였다.[4]

미쓰비시는 12월 30일 도토쿠 공장과 오에 공장 희생자의 합동위령제를 지냈다.[5]

『매일신보』(1944. 12. 24.)는 이 지진 사망자와 관련해 '두 처녀의 순국을 총후銃後(전쟁 일선에서 떨어진 후방이라는 뜻) 전장에 살려라'라는 3단 선전기사를 실었다. 사망자 사진(김순례)도 실렸다. '싸우는 여자 정신대의 귀감'이라는 제목의 기사에 의하면, 김순례는 광주 북정국민학교 출신이고 전라남도대 최초의 여자정신대로 1944년 6월 12일에 출발했는데, 미쓰비시 비행기공장에서 일하다가 지난 12월 7일 '뜻하지 않은 사고'로 작업장에서 순직했다. 신문은 지진으로 인한 사망이라고는 밝히지 않고 있다. 사고 경위를 사실 보도하기보다는, 그들의 희생을 시국선전에 이용하는 기사다. 기사는 순국하는 순간까지도 그녀가 선반에서 떠나지 않았다는 식으로 상찬한다.

또다른 희생자 이정숙은 광주 호남국민학교 출신으로, 그녀는 귀하게 자랐지만 부모 만류도 뿌리치고, 남자로 태어나지 못해 총을 들고

---

4) 이 공장은 원래 방적공장을 개조한 것으로, 이토(伊藤編, 1992: 11)에 의하면 비행기를 조립하기 위해 지주기둥을 없앴기 때문에, 지진에 지붕이 내려앉아 피해가 컸다. 역시 공장구조에 문제가 있었던 것 같다.

5) 1980년대에 일본 시민단체에서 조선정신대 희생자 6명을 포함한 57명의 희생자 기념비를 세우는 과정에서 조선정신대원들의 창씨명이 아니라 본명으로 새기려고 한국의 본적지 관청에 조회하는 등 노력을 했다. 하지만 그중 1명(吳原愛子)의 본명은 밝히지 못해 일본명으로 새겨졌다고 한다. 吳原愛子의 본명을 조사하려고 이 단체가 도쿄의 한국대사관에 전화로 문의했던 모양인데, "1944년 1945년의 일은 대사관에서 조사할 수 없다"는 대답을 들었다고 한다(調査追悼委). 그런데 吳原愛子의 성은 오吳였다. 미쓰비시 원고 박양덕은 목포 출신의 오 양이 사망했고, 사망소식을 듣고 그녀의 아버지가 미쓰비시 공장으로 왔다고 증언했다. 미쓰비시 소송 1차 판결문(2005)에는 그 이후의 과정이 나와 있다. 즉 소송 원고인 양금덕과 김혜옥이 吳原愛子의 신원을 조사한 결과, 목포 산정국민학교 학적부에서 그녀의 이름을 찾아 조선명도 밝혀냈고, 전남 무안군(신안군) 압해면에 있는 유족도 찾아냈다.

나가 싸우지 못하지만 대신 비행기를 만들겠다고 지원했음을 선전했다. 그리고 이들은 순직하는 순간까지도 비행기 증산에 좀더 활동하지 못함을 부끄러워하며 선반을 떠나지 않았다고 쓰고 있다. 지진 사망자 6명 중 왜 이 2명만의 희생을 기사화했는지는 알 수 없다.

이 지진으로 인해 일본 전체에서 수많은 학도대와 정신대를 포함해 1223명이 사망했음에도 불구하고, 일본 내에서도 이 대규모 피해에 대한 신문보도는 미미했다고 한다. 그날은 개전開戰기념일(12월 8일. 1941년 일본이 미국과 영국에 선전포고한 날)이었기 때문에, 대부분의 신문은 개전기념일 관련 기사로 채워졌다고 한다(調査追悼委, 1988).

당시의 사망자에 대한 관행적 대처 방식을 참고해본다면, 회사는 일본의 관할 경찰서에 사망자 발생과 그 상세정보를 신고하고, 일본 경찰서는 조선 경찰서에 연락하여 대원의 사망사실을 지역 행정부서나 유족에게 알렸을 것이다.

유골은 미쓰비시명항 관계자들이 조선으로 가지고 가서 유가족에게 인계했다. 미쓰비시 청년학교 교사였던 이케다(調査追悼委, 1988)의 증언에 의하면, 희생자 유골은 미쓰비시 노무과 직원과 청년학교 교관이 유족에게 전했는데, 부모들로부터는 큰 비난을 받았고 험악한 분위기였다고 한다. 또한 희생자 최정례의 어머니는 딸의 유골을 받고 실신했다고 하며, 미혼으로 죽은 딸을 생각하며 늘 일본을 원망했다고 한다. 부모들의 그 원통한 심정은 공감하고도 남을 만하다.

그러나 당국은 희생자가 발생했다는 사실을 가능한 한 알려지지 않도록 한 것 같다. 손상옥 교사도 자신이 인솔했던 전라남도대 6명이 지진으로 사망했다는 사실을 해방 후에야 알았다고 말한다.

미쓰비시 원고 김복례(지진 사망자 김순례의 친구. 후일 김순례의 오빠와 결혼)에 의하면, 김순례가 (지진으로) 사망했다는 통지를 광주시청으로부터 받고, 그녀의 오빠(미쓰비시 소송 원고)가 나고야 공장으로 찾아갔다. 그러나 그때는 장례와 화장이 끝나고 유골이 이미 조선으로 가고 난 후였으므로 그는 여동생이 죽은 현장만 본 후 미쓰비시 기숙사에서 2박 머물렀다가 조선으로 귀국했다(미쓰비시 1차 판결문).[6]

정신대 사망자는 순직이라고 하여 지역장으로 치러지기도 했다. 1945년 2월 경기도대로 동원되었다가 사망한 대원(仙石公子. 조선명 불명. 후지코시)의 경우, 조선에서 그 장례식이 정장町葬으로 치러졌다(『매일신보』1945.6.7.). 사망경위에 대한 기술은 없다.

1944년 7월에 출발한 경기도대 김희경(진상규명위)은 후지코시로 간 250명 중 1명이 죽고 249명이 돌아왔음을 기억한다. 이 경기도대는 1945년 7월 사리원으로 전속되어 귀국했다. 사망자는 21세로 대원 중 가장 나이가 많았는데, 미나리를 먹고 죽었다고 한다. 미나리를 먹고(혹은 거머리를 같이 먹고) 사망자가 발생했다는 증언은 다수 있다. 이 대원의 장례도 사찰에서 치러졌음을 기억하는 대원이 있다.

사망자로 추정되는 사례

한편, 동원시기는 분명하지 않으나 평안북도에서 미쓰비시 나가사키 조선소에 집단으로 동원된 정신대원이 있었다는 증언이 있다. 나가사키는 1945년 8월 9일 원자폭탄이 투하되어 7만 명 이상이 희생된 지역이다. 1935년 도일하여 나가사키조선소에서 조장으로 근무했던 사람(증언 시에 재일 한국인이었음)의 증언에 의하면, 평양에서 조선소에

---

6) 그러나 당시 같이 일했던 박양덕은 그녀의 아버지가 딸의 유골을 가지고 돌아왔다고 증언한다.

와 있던 정신대 200명은 전원 사망했다고 말한다. 그 증언은 매우 짧은데, 증언 전문을 그대로 옮기면 다음과 같다(在日本大韓民国青年会, 1988. 용어는 원문을 한글로 직역한 것임).[7]

> 14세부터 18세까지는 고생했다. 18, 9세가 되자 여유가 생겼다. 하숙비를 내고 나도 돈이 남아서 유복하게 살았다. 일 때문에 전국을 돌아다녔지만 제대로 된 여관에서 숙박하며 일했다. 규슈의 고쿠라小倉에 한국인을 상대로 일본인이 경영하는 유흥장 등도 있었다.
> 나가사키 가와나미川並조선소에서 조장 일을 했다. 포로가 800명. 포로 20명 정도를 맡았을 때, 백인 포로에게 배고픔을 견디라고 고구마 등을 주었더니 일본인 노무담당자들이 반발했다.
> 여자정신대 200명, 한국의 평양(현 북한)에서 와 있었다. 여자들이 힘들어 죽고 싶다는 말들을 했다. 그 후 여자아이들은 폭탄으로 전원 사망. 흰색 한국 옷을 입고 걸어가면 일본인들이 먹 등으로 옷을 더럽혔다.

나가사키 원폭 뒤에는 곧바로 해방이 되고 혼란기가 이어졌는데, 그 실상이 평양에는 어떻게 전해졌는지 등은 미상이다. 나가사키에는 조선소나 병기창에 황해도 출신의 노무자들이 많이 일하고 있었고, 조선 여학생 300여 명이 한순간에 폭사했다는 10여 명의 동포 증언자도 있으므로(『朝鮮新報』 1965. 8. 19. 高崎, 1999: 52-53) 사실일 가능성이 높다. 그런데 평양정신대에 대해서는 『매일신보』 등에서는 관련 기사를 찾을 수 없다. 당시 평안도의 지역 신문이나 지역의 기록 등을 추적하여

---

7) 여러 선행연구들(高崎, 1999; 樋口, 1990; いのうえ, 1998)도 이 증언을 인용하여 나가사키조선소의 조선정신대 원폭 사망을 전하고 있다.

조사해야 할 필요가 있다.

미쓰비시 나가사키조선소에는 당시 나가사키순심고등여학교 학생들이 학도대로서 동원되어 있었는데 원폭으로 집단희생된 자가 213명이었다. 생존 학생수보다 많은 희생자였다(少女の会編, 2013: 393). 나가사키순심고녀의 동원자와 당시 학교 교사들은 1961년 미쓰비시조선소 동원체험담을 문집(『純女学徒隊殉難の記録』 1961)으로 출간했다. 미쓰비시조선소에서는 생존자도 상당수 있었기 때문이다.

나는 혹시 그 문집 속에 조선정신대에 관한 언급이 있는지 확인하려고 문집을 면밀히 검토했으나 그에 관한 언급은 일체 찾을 수 없었다. 예를 들어 후지코시나 도쿄마사, 미쓰비시명항에 동원되었던 일본인 학도대 혹은 정신대의 문집에 조선정신대에 관한 언급이 간간이 발견되는 것과는 대조적이다. 나가사키의 참상은 워낙 큰 것이어서 구술내용이 원폭관련 내용으로 대부분 채워졌기 때문인 것 같다. 이에 대해서는 계속 사료를 찾는 노력이 필요하다.

순심고녀 학도대의 사망자를 확인하는 작업에는 큰 어려움이 있었다고 한다. 희생자도 많았지만, 동원 기록도 공장과 함께 없어져버렸기 때문이다. 미쓰비시조선소는 나가사키의 여러 곳에 공장이 있었으며, 예를 들면 28공장에 동원되었던 사람들은 무사했으나 25공장(오하시 공장)에 동원된 사람들은 거의 집단으로 희생되었다고 한다. 순심고녀의 경우, 사망자 명부 만들기에 관여했던 교사(糸永ヨシ, 1961)는 미쓰비시조선소에 있었던 모든 증명서류가 없어져버렸기 때문에 동원자와 사망자, 그리고 부상자 등을 확인하는 일이 정말 힘들었다고 말한다. 그나마 중요한 증거가 된 것은 '7/8월 공장보국대 보상계산부'라고 하는 미쓰비시의 급여명세부였다. 당시 급여는 학교를 통해 학생의 집으로 지급되었기 때문에 급여기록이 학교에 남아 있었다. 또한 밝혀진 바로는, 미쓰비시 병기제작소로 동원되었던 나가사키현립 고녀 학생들도 집단으로 희생(少女の会, 2013: 392-393)되었다.

한편 인천의 일본인 교사였던 모치즈키(望月京子, 1994)는 배가 격침돼 희생된 여학생에 대해 간략한 글을 남겼다. 인솔자로 후지코시에 갔었던 자신의 조선인 동료교사가 배에서 발진티푸스에 걸려 돌아왔는데, 그다음 편으로 돌아오려던 여학생이 현해탄에서 배가 격침돼 돌아오지 못했다는 것이다. 이 교사는 그 여학생의 아버지가 교장을 붙잡고 소리내어 울던 모습을 잊을 수 없다고 말한다. 이 증언은 정신대 선행연구들(예를 들면 高崎, 1999: 54)에서 소개하고 있는데, 원문을 찾아 검토해보았지만 증언 자체가 너무 간략해서 선박 격침에 관련된 경위를 파악하기가 어렵다. 배의 격침으로 정신대가 사망했다는 증언은 이 교사의 증언이 유일하며 그 증언을 뒷받침할 만한 신문기사는 보이지 않는다.

이 증언은 집단희생이 아니라, 질병에 걸려 도중에 귀국하던 여학생 한 명이 희생되었음을 전하는 것으로 생각된다. 내가 조선-일본 연락선의 침몰 혹은 격침 기록을 검토해본 결과, 정신대원이 집단으로 승선했을 가능성이 조금이라도 있을 수 있는 배의 침몰(격침) 기록은 찾기 어려웠다.[8]

---

8) 전쟁 중 침몰한 일본 선박 7000여 척의 침몰지점과 상황에 관한 정보를 공개하고 있는 자료관(戰没した船と海員の資料館. http://www.jsu.or.jp/siryo/map/)의 데이터베이스에 의하면, 인천대가 중도 귀국한 1945년 7월에 한반도 근처에서 침몰 혹은 공습피해를 받은 선박으로는 제18 오노마루小野丸가 유일하다. 이 배는 특설特設운반선으로 1945년 7월 29일 부산 북쪽 30해리 부근에서 미군기의 공격을 받았다. 선체가 기울어진 사진이 남아 있으나 배 전체가 침몰되지는 않았는데, 사상자가 발생했는지는 밝혀져 있지 않다. 이 배 이외에 그즈음에 현해탄이나 한반도 근처에서 침몰한 배는 보이지 않는다. 전쟁기간 중에 배를 탔다가 전몰한 조선인

조선정신대원들 중 부산항에서 출발한 경우는 아마도 1942년부터 운항한 덴잔마루天山丸를 이용했을 것으로 생각된다. 또다른 부관연락선 곤론마루崑崙丸는 1943년 10월 4일 시모노세키에서 부산으로 향하던 중 새벽 2시경 어뢰공격으로 침몰했다. 승객과 승무원 655명 중 구조된 자는 72명에 불과했다(『매일신보』 1953. 10. 8.). 이 사고는 여자정신대 수송과는 무관하다. 다른 배 덴잔마루는 1945년 3월 이후 운항을 정지하고 피항해 있다가 1945년 7월 현해탄 중간에 있는 오키제도隱岐諸島로 피난장소를 바꾸던 중 미군의 로켓탄을 맞고 자력운항이 불가능해졌고 며칠 후 침몰했다. 다만 그 배는 운항 상태가 아니었기 때문에 그 배에 정신대원이 승선해 있었을 리는 없다.

어쩌면 모치즈키 교사의 증언은 현해탄을 통해서는(부산-시모노세키 항로) 귀국할 수 없게 되었다는 전언을 소개한 내용일 수 있다. 혹은 조선 국내에서 인천까지 배로 이동하던 도중 그 배가 침몰했다고 한다면, 신문보도가 없을 수도 있겠다. 사망자의 부친이 교장을 붙잡고 울던 모습을 구체적으로 증언하고 있으므로, 사망자가 발생했음이 틀림없다고 생각된다. 모든 가능성을 열어두고 사료를 수집하고 분석해가는 것이 필요하다.

모치즈키 교사의 증언은 1945년 7월 후지코시에서 조기 귀국한 인천대원과 관련된 증언으로 보이는데, 실제로 조기 귀국한 대원들 중에 인천대가 포함되어 있었다. 인천대는 무사히 귀국했고, 대원들 중에 배의 격침을 언급하는 경우는 없다. 그들은 현해탄을 통해서 귀국한 것이 아니라 니가타항에서 출발하여 조선의 청진항으로 들어와 사

수는 모두 2614명인데, 그 내역은 아직 완전히 밝혀져 있지 않은 것 같다.

리원에서 1차 해산하고, 최종적으로는 경기도청에서 해산했다.

3. 사망자 및 산재 등에 대한 보상

해방 전의 원호사업

국가총동원법에 의해 국민을 징병이나 징용 등으로 동원하려면, 그로 인해 발생하는 가족 생계에 대한 보장을 약속할 필요가 있다. '가족 등 뒷일은 걱정 말고 나가 싸우라'는 논리인데, 여기서 '가족 등 뒷일'은 소위 총후銃後사업이라고 불린다. 후방에 남겨진 사람들에 대한 보호 사업인 것이다. 총후사업에는 징용 당사자의 상병傷病, 산업재해나 사망 등에 대한 보상, 그 가족에 대한 지원이 포함되는데 이는 흔히 원호 사업으로 불린다. 그러므로 징용은 원호사업을 위한 막대한 국가재정을 필요로 했다. 조선인 징용을 늦춘 이유가 징용에 따른 재정부담 때문이었다는 주장이 제기되는 것도 이러한 사정 때문이다.

그렇다면 여자정신대 동원에 관련된 총후사업은 어떤 것이 있었는가? 이 문제는 당시 상황을 직접 보는 것도 중요하지만, 전후 일본에서 여자정신대의 사망이나 장애에 대한 보상이 어떻게 이루어졌는가를 먼저 살펴본 후, 시대를 거슬러 올라가서 추적하는 방법이 유효할 수 있다.

1952년 4월 30일 일본은 '전상병자 전몰자 유족 등 원호법戰傷病者 戰沒者遺族等援護法'을 제정했다. 일본의 점령군 통치가 1952년 4월 28일 종료되었으므로 그 이틀 후에 성립한 것이다. 거꾸로 말하면, 점령군사령부(GHQ)는 전쟁희생자 중 민간인을 제외하고 군인 등만을 선별적으로 보상하는 제도의 시행을 허용하지 않았기 때문에, 일본은 이 법을 입법하기 위해 점령군 통치가 끝날 때까지 기다린 셈이다. 점령군에 의해 억눌려 있던 군국주의 논리를 그대로 다시 부활시킨 법이었다.

이 법은 '군인, 군속, 준군속을 대상자로 하여 공무상의 상병 및 사망'에 대한 국가보상을 목적으로 한 것이었다. 장애를 입은 경우는 장애연금, 사망자에 대해서는 그 유족에게 유족연금 혹은 유족급여금 및 조의금을 지급하여 원호하는 것이 그 내용이었다. 이 법이 규정한 군속의 범위에는, 군부가 고용한 사람 이외에 선박회사 선원이나 철도회사 직원도 포함되었다. 전쟁물자 운송 중 선원의 피해가 많았기 때문이다.

여기서 여자정신대와 관련하여 중요한 것은 '준군속'이라는 규정이다. 준군속에는 국가총동원법 동원자들, 즉 징용자, 학도대 그리고 여자정신대가 포함되었다. 그러므로 정신대원도 공무 중 사망하거나 산업재해 혹은 상병으로 인해 장애를 입은 경우에 국가가 보상하는 제도가 1952년에 만들어졌던 것이다. 그런데 이 법은 갑자기 만들어졌다기보다는 전시 중에 시행된 '피징용자 원호규정'에 그 뿌리를 둔 것이었다.

일제는 1944년 결전비상조치요강에 근거하여 3월 19일 근로동원방책요강을 결정했는데, 이 요강에 근거하여 '피징용자 등 근로원호강화요강'을 발표했다. 국민근로동원의 강화에 따른 징용자에 대한 원호사업 강화, 근로보국대와 여자정신대에 대한 원호를 실시하는 것이 그 취지였다. 징용자에 대해서는, 징용가족 상담위원을 위촉하여 가정방문이나 이동상담을 행하는 것, 조세와 보험료·자녀 수업료에 대한 특별지원이 있었다. 징용자의 업무상 사망 또는 상병의 경우, 사망조의금 혹은 상병위문금 지급, 상병자에 대해서는 직업 알선과 그 자녀에 대한 교육지원이 규정되었다.

근로원호강화요강에 제시된 여자정신대와 근로보국대에 관련된 내용은 다음의 두 가지였다. 첫째, 대원의 업무상 사망 또는 상병에 대해서는 사망조의금이나 상병위로금을 지급하며, 그에 관련된 장례 등을 지원하는 것. 둘째, 업무상 상병에 대해서는 피징용자의 경우에 준하여 직업보도나 요양보호 등 원호배상, 간호용구 지급, 그 자녀에 대한 교육원호를 시행하는 것이었다. 여자정신대 등에 대해서는 '행정관청의 강력한 지도 조장에 의해 출근한 자로서, 사실상 여자정신대 등과 동일한 취급을 하는 것이 적당하다고 인정되는 자 역시 그 대상으로 한다'고 규정하여 그 범위를 보다 확대 적용했다.

『매일신보』는 여자정신대 동원이 막 시작되었던 1944년 5월 11일자에서 '피징용자에 대한 원호사업을 여자정신대 등에도 적용'이라는 제목의 4단기사를 실었다. 그런데 조선정신대 중에는 동원 중 사망자도 있고 장애를 입은 사람도 있다. 정신대로 인한 상병으로 후유장애를 가졌던 사람의 실제수는 지금 밝혀져 있는 사람들보다는 많을 것으로 추측된다. 그들은 규정상으로는 당시 원호사업의 대상자였다. 일본이 1952년에 만든 원호법은 이 원호사업을 확충한 것이었다.

일본 패전 이전에 정신대나 학도대 동원 중 사망자가 발생한 경우, 위의 규정에 근거하여 사망조의금 등이 실제로 처리되었는지는 알 수 없다. 참고로 학도근로대의 경우, 업무상 사망에 대한 사망조의금은 500엔으로 정해져 있었다. 그 돈은 공적 일시금이었고 기업은 독자적인 위로금을 지불하기도 했다. 유족에 대한 보상은 전후에 이루어졌다. 미쓰비시명항에서 지진으로 사망한 대원들의 유골이 조선 가족에게 인계된 것은 확인되는데, 일제와 미쓰비시에서 그에 관련된 원호사업의 처리를 어떻게 했는지는 알 수 없다. 물론 원호사업이 시행되었다고 하더라도 그것이 유족에게 위안이 될 리는 없을 테지만 말이다. 또한 만약 정신대 희생자가 원호사업의 대상자가 되었더라도, 그들은 가정의 주 부양자가 아니었으므로 그 가족에 대한 원호사업은 없었을 것이다.

한국정부의 보상

한국정부는 지금까지 두 차례에 걸쳐 일제시기 노무동원자 중 사망자(행방불명자 포함)나 후유장애자, 그리고 예금 등 미수금에 대한 보상금 혹은 위로금을 지급했다. 두 차례의 보상 과정과 내용, 여자정신대와의 관련성을 살펴보자.

1965년에 한국은 일본과 한일청구권협정을 체결함에 따라 한국 측 청구권 금액 무상자금 3억 달러(10년 분할)를 수령했다. 한국정부는 1966년 2월 19일 '청구권자금의 운용 및 관리에 관한 법률'(법률 제1741호. 1966. 2. 19. 시행)을 제정하여 보상금 지급의 법적 근거를 마련했다. 이 법의 목적은 청구권협정에 의해 지불되는 자금을 '국민경제의 자주적이고 균형 있는 발전에 기여하도록 하기 위한 것'(동법 제1조)이었다. 경제발전에 우선적으로 자금을 활용하고, 일부 자금을 민간인에게 보상한다는 방침이었다. 민간인의 대일청구권에 관해서는 '대한민국 국민이 가지고 있는 1945년 8월 15일 이전까지의 일본국에 대한 민간청구권은 이 법이 정하는 청구권 자금 중에서 보상해야 한다'(제5조)고 규정했다. 대한민국 국민 중 '1947년 8월 15일부터

1965년 6월 22일까지 일본국에 거주한 일이 있는 자'[9]는 신고대상 범위에서 제외(제2조)되었다. 그리고 '청구권 자금을 정치자금으로 사용한 자는 무기 혹은 5년 이상의 징역에 처한다'(제25조)는 엄격한 벌칙도 규정되었다.

이 법에 기초하여, 정부는 1971년 1월 19일 '대일민간청구권 신고에 관한 법률'(1971. 3. 21. 시행)을 제정하여 대일민간청구권에 관한 정확한 증거와 자료수집을 행했고, 이어서 1974년 12월 21일 '대일민간청구권 보상에 관한 법률'(1974. 12. 21. 시행)을 제정하여 민간청구권 보상을 시행했다.

보상에는 인적 보상과 재산 보상이 있었다. 인적 보상은 '일본국에 의하여 군인, 군속 또는 노무자로 소집 또는 징용되어 1945년 8월 15일 이전에 사망한 자'(신고에 관한 법 제2조 9항)였다. 동원 중 장애를 입은 사람은 보상 대상에서 제외되었다. 재산 보상은 일본 금융기관 등에 예입된 예금(일본군표는 제외)과 우편예금 및 우편연금 등이었다.

청구권 보상금은 강제동원 사망자의 경우, 1인당 30만 원이었고 대상자수는 8552명이었다. 예금 등의 청구권 보상금은 일본국 통화 1엔에 대하여 대한민국 통화 30원으로 정해졌는데, 신고자는 7만여 명이었다. 여자정신대의 경우, 동원 중 사망자 9명은 이 법의 보상범위에 포함될 수 있었다고 판단되지만, 당시 여자정신대의 실체가 잘 알려져 있지 않았기 때문에 여자정신대원은 보상신청을 하지 않았을(못했을) 것이라고 생각된다.

다음으로 임금 일부가 입금된 통장을 보관하고 있었던 정신대원

---

9) 2010년에 성립한 소위 '강제동원조사법'에는 '1947년 8월 15일부터 1965년 6월 22일까지 계속하여 일본에 거주한 사람'으로 규정되었다.

역시 청구권을 행사할 수 있었다. 예를 들어 후지코시 소송 원고 이종숙은 87엔의 예입금 통장을 가지고 있었다. 보상법은 '일본국 통화 100엔 미만의 청구권은 일본국 통화 100엔을 신고한 것으로 한다'(제4조)고 되어 있었으므로, 만약 그녀가 청구권을 행사했다면 100엔의 30배, 즉 3000원의 보상금을 청구할 수 있었던 셈이 된다. 그러나 여자정신대원 중 이때 청구권을 행사한 사람은 없었던 것으로 생각된다. 청구권 소멸시효(동법 제10조)는 청구권 보상이 개시된 날부터 2년이 경과될 때까지였다.

두 번째의 정부차원의 보상은 2004년 3월 5일 '일제강점하 강제동원피해진상규명 등에 관한 특별법'(2004.9.6. 시행)이 제정되고 강제동원 진상조사가 이루어지면서 시작되었다. 2007년 12월 10일에는 '태평양전쟁 전후 국외강제동원 희생자 등 지원에 관한 법률'(2008.6.8. 시행)이 제정되었는데, 이 두 법이 통합되어 2010년 3월 22일 '대일항쟁기 강제동원 피해조사 및 국외강제동원 희생자 등 지원에 관한 특별법'(약칭 강제동원조사법)이 제정되었다. 이 법은 몇 차례의 개정을 거쳐 시행되었다. 이 법의 목적은 강제동원 피해의 진상을 규명하여 진실을 밝히는 것, 태평양전쟁 전후 국외강제동원 희생자와 유족에게 인도적 차원의 위로금 지원 등, 두 가지였다(동법 제1조).

그러므로 두 번째의 보상은 인도적 차원의 위로금이었다. 강제동원 피해란 '만주사변 이후 태평양전쟁에 이르는 시기에 일제에 의해 강제동원되어 군인, 군무원, 노무자, 위안부 등의 생활을 강요당한 자가 입은 생명, 신체, 재산 등의 피해'(제2조)가 그 범위였다.

이 법의 피해자규정은 민간청구권 보상법과는 몇 가지 점에서 그 성격을 달리했는데, 다음과 같이 요약할 수 있겠다. 첫째, 국외강제동원 희생자의 범위에 사망자 및 행방불명자 이외에 '부상 등으로 장애를 입은 사람'이 위로금 지급 범위에 포함되었다. 둘째, '국외강제동원 생환자'를 위로금 범위에 포함시킨 것이었다. 셋째, '미수금 피해자'를 설정하여 위로금의 대상으로 삼았다는 점이다. 여기서 미수금이란 '강제동원 후 노무제공 등의 대가로 일본국이나 일본 기업 등으로부터 지급받을 수 있었던 급료, 수당, 조위금 또는 부조료 등'을 말하며 그것을 지급받지 못한 경우 한국정부 위로금의 지급대상이 되었다는 뜻이다. 마지막으로, 위안부(군위안부를 뜻함)를 위로금 지급 대상자에 포함시켰다.

위로금 수준을 살펴보면, 희생자에 대해서는 1명당 2000만 원이 지급되었다. 다만 1974년법에 근거하여 민간청구권 보상(30만 원)을 이미 지급받은 경우, 2000만 원의 위로금에서 1명당 234만 원을 공제(동법 제4조)하고 나머지를 지급했다. 강제동원 중 부상으로 인해 장애를 입은 경우는 1명당 2000만 원의 범위 내에서 장애 정도를 고려하여 위로금이 지급되었다. 미수금에 대해서는 당시 일본국 통화 1엔에 대해 2000원으로 환산(동법 제5조)하여 지급했다. 만약 위의 이종숙이 위로금을 청구했다면 미수금 위로금은 20만 원이 된다.

두 번째의 보상에서는 정부예산 7700여억 원이라는 막대한 금액이 지출되었다. 그 지출 내용에 대해서는 아직 분명하지 않은 부분이 있는 것 같다. 정부는 가능한 한 그 자세한 내역을 정부백서 발행 등을 통해 정확하게 공개해야 할 것으로 생각된다.[10]

---

10) 강제동원조사법에 의해 국무총리 산하에 '대일항쟁기 강제동원 피해조사 및 국외강제동원 희생자 등 지원위원회'가 2004년 설치되었고 이듬해부터 진상조사가 시작되었다. 그 후 위로금 지급 역시 이 위원회의 주요 업무가 된 것으로 보이는데, 위원회 활동은 2015년 12월 31일에 마감되었으므로 그 활동기간이 약 11년에

여자정신대는 보상금보다는 위로금 지급과 깊이 관련되어 있다고 볼 수 있다. 부상으로 인한 장애나 후유 장애가 위로금 지급의 대상이 되었기 때문이다. 또한 미수금에 대한 위로금 또한 공식적으로 인정되었기 때문이다. 그러나 여자정신대원들이 정부의 위로금을 신청했다는 증언은 아직 한 건도 확인하지 못했으므로 위로금 신청을 하지 않았을 가능성이 크다. 여자정신대가 잘 알려져 있지 않았기 때문일 수도 있고, 여자의 경우, 위안부라는 명시된 범주 때문에 위안부로 오해받을 가능성이 있었으므로 신청을 꺼렸을 것이다.

전후 보상과 국적 문제

일본정신대가 전후에 받은 공적 보상에는 위의 1952년 원호법에 의한 보상 이외에도 후생연금 수급이 있었다. 후생연금을 받을 수 있었다는 것은, 일본정신대원들에게는 큰 위안이 되었다. 후생연금 가입자는 장애를 입은 경우 상병급여를 받게 되지만, 상해를 입지 않더라도 60세가 되면 후생연금을 받게 되기 때문이다. 일본대원들은 그러한 사실을 서로 알리면서 후생연금을 신청했다고 말한다.

정신대 동원 중에 공습으로 사망한 사람도 연금대상자가 되었다. 예를 들어, 공습으로 2500명의 사망자가 발생한 도요카와豊川 해군공창에서 사망한 어느 정신대원은 군속 신분의 전사戰死로 취급되었는데,

---

이른다. 이 법의 우선적 목적의 하나가 강제동원 피해의 진실을 밝히는 것이었는데, 목적 달성이 이루어진 것 같지는 않다. 이 특별법에 의한 위로금 지급 실태는 본 연구 범위를 넘어선 것이라 본격적인 자료 수집에는 손대지도 않은 상태이지만, 특별법 예산지출 내역이나 위원회 활동에 관한 정보자료가 쉽게 찾아지지 않아서 매우 의아하게 생각하고 있다. 막대한 예산이 투입되었고, 또 진실 규명이 최우선 목표였던 만큼 이 특별법 사업에 관한 상세한 정보공개가 시급하다고 생각한다.

유족들이 유족연금과 조의금을 신청하여 1965년에 연금 등을 수급했다고 한다(いのうえ,「女子挺身隊の女性たち」8).

원폭으로 집단희생된 나가사키순심고녀 희생자의 경우, 사망자가 확인된 후 1945년 11월 20일 미쓰비시조선소로부터 죽은 교직원과 학생들에게 조의금을 지급하겠다는 연락이 왔다고 한다. 이는 사망자 명부 만들기에 관여했던 교사(糸永ヨシ, 1961)의 증언으로 확인된다. 업무 중 사망자에게는 4097엔, 업무 외 사망자는 2460엔의 조의금이 우편으로 발송되거나 혹은 직접 지급되었다. 이것은 어디까지나 기업 차원의 조의금이었다. 그 후 국가에 의한 여러 가지 수당 등의 지급이 있었다고 한다. 그러나 국가에서 보상한 내용에 관한 구체적인 기술은 남기지 않았다.

원호사업은 조선정신대에도 적용되는 것이고, 해방 이전에는 적어도 형식적으로는 그러했다. 후생연금 수급 문제는 종전 후의 일이지만, 조선정신대는 후생연금에 강제 가입되어 있었으므로, 만약 정신대 동원 중에 사망했거나 상병으로 인한 장애가 발생한 경우에는 후생연금의 장애연금 수급자격이 있었다. 후생연금은 주로 퇴직 후의 소득보장이 그 목적이지만, 연금가입 기간 중 사망 혹은 장애가 발생하면 유족이나 본인의 소득보장급여를 제공하는 제도이기 때문이다. 하지만 1952년 시점에서 조선인은 일본에 거주하고 있더라도 이미 일본 국적이 아니었다.

1910년 일본 국적이 된 조선인이 일본 국적을 상실한 것은 1945년이 아니라, 연합군사령부(GHQ)의 통치가 끝나고 일본이 국권을 회복한 1952년의 일이었다. 당시 조선은 얄타회담에 의해 연합국에 점령되어 독립되었고, 이어 남한과 북한으로 분단되었다. 그리고 미일평화

조약(샌프란시스코 강화조약)이 1952년 4월 28일 발효됨으로써 일본 내에 거주하던 조선인도 일본 국적을 상실했다. 당시 재일 조선인에게 일본 국적으로 남을 것인지 아닌지의 선택권은 주어지지 않았다.

일본은 1952년 점령군체제에서 해방되자 이듬해 1953년 전시에 희생된 군인에 대한 보상을 위해 군인은급恩給을 부활시켰다. 그러나 조선인에 대해서는 일본 국적이 아니라는 이유로 옛 일본 군인·군속이었던 조선인까지 은급대상에서 제외시켰다. 전후의 책임 문제와 관련지어 볼 때, 일본이 가장 비난받아 마땅한 일이 바로 이러한 행위이며, 실제로 지금까지 가장 비난받아온 대표적인 일 중 하나다. 당시 일본에 거주하던 조선인들을 본국으로 송환하기 위한 송환교섭은 있었으나 송환이 어려웠기 때문에, 그들에게는 '협정영주허가자'(1945년 9월 2일[포츠담선언] 이전부터 일본 거주. 전후 밀항자 포함)라는 신분으로 일본 체류 자격을 인정했을 뿐이다. 야비한 처사이며, 지금도 일본 지식인들 중 이 처사를 전후 일본이 행한 가장 부끄러운 짓이었다고 지적하는 이들이 적지 않다.

조선인 군인·군속 중에는 전범재판에 회부된 사람이 많았고 사형된 이도 있었다. 또한 장기수들은 이미 일본 국적을 상실했음에도 불구하고 해방 이전 일본군인이었다는 이유로 계속 일본감옥에서 형기를 살았다. 나는 침략 책임과 전후 책임은 서로 연결되어 있는 것이 사실이지만, 따로따로 분리해서 생각할 수 있는 문제라고 본다. 침략 책임과는 별도로 전후 책임 처리에서도 일본은 엄하게 추궁받아 마땅한 행태를 보였던 것이다. 이 문제에 대한 납득할 만한 사죄와 조치가 없다면, 일본인은 일본인이라는 프라이드를 가지고 살아가기 어려울 것이며, 그 대가는 후세대인들이 두고두고 받게 될 것이라고 나는 생각한다.

　더구나 은급법은 당초에는 전범을 보상 대상에서 제외시켰으나 후일 전범까지 은급대상에 포함시켰다. 당시 후생성에는 군인출신 관료들이 많았는데 그들이 움직인 결과라고 알려져 있다. 은급 수준도 계급이나 직위에 따라 엄청난 차이가 있었다. 예를 들면, 대장은 20만 7480엔, 대좌 9만 7561엔, 소위 3만 1852엔, 병사 3만 1813엔이었다. 각료 경험자인 도조 히데키는 53만 8560엔으로 2020년 가치로 연간 1000만 엔을 수급하는 수준이었다고 한다(NHKスペシャル〈忘れられた戦後補償〉 2020. 8. 15.).

　일본정신대의 경우, 동원 중의 사망·상병·산업재해에 대한 보상은 전전에 보상받지 못했다고 하더라도 전후에 보상받는 길이 있었다. 비록 일본정부는 자국민의 보상에 대해서도 매우 억제적 태도를 취했지만, 조선인의 노무동원은 전후 국적 상실을 이유로 원호사업의 대상에서 원천적으로 제외되었다. 물론 보상이란 정신대 동원 자체에 대한 것이 아니었고, 어디까지나 동원 중 사망·산재·상병을 입은 경우에 한정된 이야기다.

　폭탄 제조공장에 배속된 어느 일본정신대원은 당시 공장에서 일하던 남자노동자에게는 방독마스크가 지급되었으나 여자정신대원에게는 방독면이 지급되지 않았고, 그로 인해 종전까지 살아남았던 사람도 그 후 독극물 중독 후유증으로 사망하는 경우가 많았다고 증언한다. 그 공장에서 일하다가 결핵에 걸려 1947년에 사망한 어느 정신대원의 여동생은, 당시 의사가 "이것은 보통 결핵이 아니다. 약물에 의한 흉부질환이다"고 진단했다고 전한다.

　독가스공장에서 일했던 노동자(정신대원 포함)가 전후 폐결핵이나

원인불명의 기관지염으로 고통받고 있음이 밝혀진 것은 1952년 히로시마의과대학 등의 조사연구에 의해서였다. 호흡기 계통 질환 사망자는 24명이었다. 일본정부는 1954년 '가스장애자 구제를 위한 특별조치요강'(대장성)을 발표했다. '가스장애자'로 인정된 사람에 대한 치료비는 국가에서 부담했고, 독가스장애에 의한 사망자에게는 일시금이 지급되었다(いのうえ,「女子挺身隊の女性たち (19)」).

산업재해 중 현재 내가 확인한 것은 후지코시 소송 원고인 최복년씨(손가락 제2관절 절단), 그리고 미쓰비시 원고 김○○의 손가락 절단 사례가 있다. 충청남도 대원 중 한 명이 작업 중에 손가락 네 개가 절단되었다는 증언이 다수 있지만, 그 대원이 누구인지는 확인되지 않고 있다. 또한 후지코시 원고 P씨의 경우는 작업 중 금속편에 손가락을 찔려 2차례 수술을 받았으며 당시에도 그리고 해방 후에도 불면증을 앓았다고 증언한다. 또한 박진희(진상규명위)는 파편을 손에 맞아 붕대를 감은 채 귀국했으나 그 후 10년간 주먹을 쥐지 못하게 되어 결혼생활에 큰 애로를 겪었다. 또한 후지코시의 정영자(진상규명위)는 쇳덩이에 다리를 다쳤다. 진상규명위 조사 당시에도 지팡이에 의지하고 있었다. 이들 사례는 후유장애에 해당하는 것으로, 만약 일본 국적이었다면 공적 보상 대상이 될 가능성이 있었다.

형식적으로 본다면, 산업재해를 당하거나 후유장애를 가진 사람들은 한국정부의 두 번째 보상에서 위로금 지급의 대상자였다. 그러나 여자정신대원 중 한국정부에 보상을 신청한 사례는 확인되지 않고 있다.

일본의 억제적 보상 관행

오늘날 공공부조의 운영을 국제적으로 비교해보더라도, 일본은 세계에서 가장 억제적으로 제도를 운용하는 나라다. 철저한 자기책임주의는 과거나 현재나 일본사회의 특징적 문화다. 국가를 상대로 한 보상청구나 산업재해 인정청구 등에 대해서는 가능한 한 국가보상을 피하려고 해왔다. 전시기에 있었던 많은 희생에 대해서도 그 보상은 차별적이었고 또한 극히 억제적이었다. 차별적이었다는 뜻은, 피해자가 군인이나 공직자인 경우에만 보상하고 민간인 피해는 외면했다는 것, 더구나 공직자들은 계급이나 직위에 따라 상당한 차등을 두었다는 것이다.

2020년 8월 기준 일본은 전시에 희생된 군인과 군속에 대한 보상을 실시해왔고 그 금액은 약 60조 엔에 이른다. 그러나 전시에 행해진 공습과 폭격으로 20개 이상 지역에서 수많은 민간인 희생자가 발생했다. 1944년 말 공습으로 미쓰비시 오에 공장 내에서만 400명 가까운 노동자가 사망했고 그중 한 명은 조선정신대원이었다. 도쿄 대공습으로 하룻밤에 10만 명이 희생되었다. 원자폭탄에 의한 희생도 있었다. 거기에 식민지 등에 나가 있던 300만 명 이상의 귀환자들은 모두 재산을 잃었다. 그러한 민간인의 피해에 대해 일본은 지금까지 일관적으로 외면해왔고 법원에서도 그 청구를 기각해왔다.

최근 NHK(NHKスペシャル〈忘れられた戦後補償〉 2020. 8. 15.)는 민간 피해자들의 보상 요구를 일본정부가 어떻게 외면해왔는가, 그리고 왜 공직자만을 우대하는 전후보상이 이루어져왔는가 하는 두 가지 문제제기를 다뤘다. 당시 민간 피해 보상문제를 검토했던 대장성의 전직 관료들은, 국가의 재정능력이 없으니 '정말 안됐지만 국민 한 사람 한

사람의 노력으로 다시 재기해달라'는 것이 그들이 내린 결론이었다고 말한다. 그것은 피해자 입장에서 본다면 '강요된 인내'였다.

잘 알려진 대로 전시에 일본의 동맹국이었던 독일은 전후 즉시, 그리고 이탈리아는 전후 30년의 시간이 흐른 뒤이기는 했으나, 희생자가 민간인이든 군인·군속이든 평등하게 보상했다. 일본은 전시재해보호법(1942)과 1923년에 성립된 은급법(공직자·군인에 대한 연금 성격의 보상)을 통해 전쟁희생자에 대한 원호제도를 시행했는데, 점령군사령부(GHQ)는 이 두 개 제도가 군국주의의 온상이라고 판단해서 폐지했다. 군인과 민간인에 차별을 두지 않고 평등하게 보장하는 시스템 만들기를 일본에 요구했던 것이다. 하지만 그러한 보편적 보상시스템은 만들어지지 않았고, 일본은 점령군 통치가 끝나기를 기다려서 군인보상을 가장 먼저 부활시켰다. 그리고 민간인에 대한 보상은 억제적 태도로 일관했다.

프리 저널리스트인 이노우에는 일본정신대 관계자나 단체, 그리고 조선정신대 도쿄마사 소송 당사자 등을 인터뷰해서 정신대의 실상을 전하는 글을 19차례 잡지(『月刊状況と主体』)에 연재했고 그것을 바탕으로 책을 발간하기도 했다. 이노우에는 일본정신대원 중에서 공습으로 인한 사망이나 기숙사에서 발생한 티푸스로 인한 사망 등 동원 당시에 사망한 경우도 있지만, 극도의 영양실조로 결핵 등을 앓다가 전쟁 후에 사망한 경우도 많았음을 지적하면서 그 사망자 규모는 5만 명을 넘을 것으로 추정했다. 하지만 앞에서도 언급했듯이, 전후 이들에 대한 보상은 매우 억제적이었고, 이는 일본정신대도 마찬가지였다. 같은 희생자라도 군인 혹은 공직자가 우선적으로 보상을 받았으며 노무동원자는 우선순위에서 밀렸다는 것이다.

예를 들어 미쓰비시명항에서 조선정신대 6명과 함께 지진으로 사망한 사람 중 일본인 학도대 등은 전상병자戰傷病者 전몰자 대상에서 제외되었다. '공무상 사망'이 아니라고 판단했던 것으로 보인다. 이에 대해, 학도대의 소속학교나 유족들이 주체가 되어 군수공장 내의 지진 사망자도 공무상 사망에 포함시켜야 한다는 운동을 일으킨 결과, 1963년에 이르러서야 지진 사망자도 그 대상에 포함시키는 원호법 개정이 이루어졌다(調査追悼委, 1988: 68-69). 일본정부의 이러한 행태는 국가재정을 함부로 쓰거나 국민의 재정부담을 늘리면 선거에서 반드시 심판받는 정치사회 문화의 반영이기도 했다. 한마디로 자기책임주의 이데올로기의 편의적 동원이었다. 매스컴의 태도 역시 보상문제에 매우 냉담했다고 한다. 전체적으로 볼 때, 민간인 피해자의 보상요구를 '거지근성'이라고 치부하는 분위기가 있었다고 한다.

전시동원자의 산재보상이 활성화되지 않았던 이유의 하나로서 제도에 대한 무지도 있었다. 일본정신대 당사자들도 동원 중의 산업재해에 대해서는 보상받을 수 있는 길이 있음을 알지 못한 경우가 많았다. 보상제도를 뒤늦게 알고 신청했던 사례를 소개하면 다음과 같다(少女の会, 2013: 48-49의 요약).

일본정신대원이었던 A씨는 정신대 동원 중 다쳐서 손가락 제1관절을 절단했다. 그녀는 65세가 지나서야 후견인의 도움으로 산업재해보상을 청구했는데, 산재연금 및 보상을 받지 못했다. 관련법은 20세 이하에서 산업재해를 당했을 경우, 65세까지 신청절차를 밟지 않으면 무효라고 규정되어 있었다(20세 이상의 산재는 부상시점에서 수년 이내에 신청 수속해야).

노무동원 중 공습으로 중상을 입었던 오사카 출신 H씨는 1974년에 산재를 증명하기 위해 모교를 방문했다. 하지만 학적부에는 '1944년 11월 1일 출동'이라는 기록만 있었고 자세한 기록은 패전과 동시에 소각되어 부상에 관한 아무런 증명기록을 찾을 수 없었다. 이에 모교 교사들이 나서서 부상당한 졸업생, 공습 사망자 등을 조사하여 H씨가 공습 중 부상했음을 증명해주었다. 그 후 오사카부府 복지과 은급계를 방문하여 관련 증빙서류들을 제출했고, 크게 남아 있던 상처자국과 신체기능장애를 증명했다. H씨의 경우는 공습 당시 부상당했을 때 수술해준 의사가 그 당시까지 살아 있었고 그 병원에 진료기록이 남아 있었던 것도 행운이었다. 그렇게 하여 산재연금을 수급했다.

4. 정신대원이 (군)위안부가 된 경우

네 사람의 상황

정신대라는 이름으로 일본으로 가서 그 후 위안부가 되었다는 피해자 증언이 4명 있다. 1993년 한국정부에서 군위안부 생활지원이 결정되었을 때 보사부에 신고한 인원은 대략 170명 정도였는데, 그중 근로정신대에 지원하여 군위안부가 된 경우가 2명, 근로정신대로 일하다가 군위안부로 동원된 경우가 2명이었다(여순주, 1993: 4). 그 외 낮에는 노동으로 밤에는 위안부로 혹사당한 경우가 2명이었다고 하는데, 어떤 경우인지 알 수 없다.

　현재까지 여자정신대로 동원되어 군위안부 혹은 위안부가 된 경우는 모두 네 사람이며, 정대협의 구술자료집에 그 사정이 실려 있다. 그들은 최장 1년 정도 (군)위안부 생활을 했는데, 그 계기가 된 것은 그들이 일하던 일본 공장에서 스스로 이탈한 일이었다. 다만, 그중 한 명은 공장 도착 전에 인신매매되었을 가능성도 있어 보인다. 사실 민간업자나 범죄자들이 사기나 인신매매적 수법으로 군위안부를 모집한 사례는 적지 않으며, 그것은 극동재판 혹은 2007년 미의회조사국(CRS)의 일본군위안부제도에 관한 보고서를 통해서도 확인할 수 있다. 위의 네 사람은 여자정신대로서 동원된 경우이므로 민간업자 등에 의한 동원과는 구분되는 것이다.

업자에게 속아 군위안부가 된 사례는, 군위안부 문제에 관한 최초의 체계적 연구라고 일컬어지는 센다 가코千田夏光의 책(千田, 1973)에도 언급되어 있다. 하지만 이 책에는 "위안부들은 정신대라는 이름으로 모집되었다. 합계 20만 명(한국 측 추산)이 모집되었는데, 그중 5만 명에서 7만 명을 위안부로 삼았다"는 잘못된 기술이 있었다. 이것은 "정신대는 위안부다. 그 수는 약 20만 명이고 그중 조선인은 5~7만 명"이라는『서울신문』기사(1970. 8. 14.)를 잘못 이해한 결과였다.[11] 이것은 최악의 오해로 서구의 학계 및 언론계로까지 확산되었고, 그 저술들이 다시 한국으로 소개되기도 했다. 이처럼 '군위안부 20만 명설'이 확대 재생산된 결과, 오늘날까지도 이 언설을 믿는 사람이 적지 않다.

그런데 업자에게 속아서 군위안부가 된 사람의 목소리가 직접 등장하는 것은 1977년에 출간된 한 일본인의 저술(土金, 1977)이며, 주목해

---

11) 『서울신문』(1970. 8. 14.)의 기사내용은 다음과 같다. "12세 이상 40세 미만 미혼여성을 대상으로 한 정신대는 사실상 나치 소녀대보다도 잔인했던 위안대. 정신대로 끌려갔던 부소녀婦少女들은 군수공장, 후방기지의 세탁소 등에도 배속되었지만, 대부분은 남양, 북만주 등 최전선까지 실려가서 짐승과 같은 생활을 강요당했다. … 1943년에서 1945년까지 정신대로 동원된 여성은 전부 약 20만 명. 그중 한국여성은 5~7만 명으로 추산." 이 기사의 근거는 알려져 있지 않다.

야 할 내용이다. 이 체험록은 사실성이 높은 증언으로 채워져 있는데, 군위안부로 동원된 여자들이 정신대 등의 이름으로 동원되었음을 보여주는 것이었다. 동원 주체에 대한 언급은 없지만, 군과 관계를 가진 업자가 그들을 속여서 모집했을 것으로 생각된다. 이 책은 한국에 거의 소개되어 있지 않은 것 같으므로 그 내용을 소개한다.

저자는 당시 근위병(헌병보조)으로서 중부 및 남부 수마트라 두 군데에서 근무했던 일본인이다. 중부 수마트라에는 일본인 군위안부 십수 명, 기타 여러 나라의 군위안부들이 국적별로 독립된 건물에 거주하고 있었다. 남부 수마트라에서도 여러 나라의 위안부들이 국적별로 독립 건물에 거주하고 있었는데, 모두 합쳐 70~80명 정도였다. 저자는 헌병 신분이었으므로, 병사가 군위안부에게 폭력을 행사하거나 혹은 위안부끼리 싸움이 벌어지거나 하면 관여하면서 군위안부들과 자주 접촉했던 것 같다. 성적 상대로 접하는 경우는 없었다고 한다. 그곳에서 그는 조선인 군위안부 두 명과 서로 인격적 신뢰를 바탕으로 한 대화를 하기도 했는데, 그들 조선인 군위안부가 그에게 전했다는 말을 소개하면 다음과 같다(土金, 1977: 47-49). 하나는 위안부가 된 계기를 밝힌 내용으로, 군위안부로 동원된 여자들이 정신대라는 명칭을 포함하여 사기적 수법으로 모집되었음을 보여준다. 다른 하나는 조선인 군위안부 'Y꼬'(18~19세)가 자신의 심경을 토로하는 내용이다.

여기 있는 여자들은 좋아서 여기서 일하는 것이 아닙니다. 조선에서 종군간호부, 여자정신대, 여자근로봉사대라는 이름으로 동원되었어요. 위안부가 될 줄은 누구도 생각하지 못했어요. 외지에 수송되고 나서 위안부라고 말해줍디다.

당신들 병사들은 좋겠지요. 일본으로 돌아가면 자기가 세운 공에 대해서도 말할 수 있지요. 사람들에게 환영받는 명예로운 일이니까요. 그러나 우리들은요? 간호사가 될 수 있다, 군수공장에서 일한다는 말을 듣고 나와서, 배운 것이라곤 담배와 화장 짙게 하고 웃음을 파는 것뿐, 간호사 '간' 자도 모릅니다. 몸이 더럽혀져서 옛날의 나로는 돌아갈 수가 없어요. 부모형제 볼 낯도 없고요. 아무래도 돌아갈 수 없으니, 여기 친구들과 함께 돈을 저축해서 이곳 어딘가에서 장사라도 하자, 이렇게 서로 의논하는 중입니다.

정대협에서 발간한 『강제로 끌려간 조선인 군위안부들―증언집 1·2·3』에는 여자정신대로 동원된 후 군위안부 혹은 위안부가 된 4명의 구술기록이 실려 있다. 이들이 여자정신대원이었다는 것은 확실하다. 그러나 현지 공장을 스스로 이탈한 후, 위안부가 되기까지의 경위는 구술자료만으로는 파악하기 어렵다. 우선 이 증언집에 근거하여 4명의 진술내용과 위안부가 된 계기 등을 요약한 것이 〈표 6-3〉이다. 이하 각각의 경위를 살펴본다.[12]

이미 밝힌 대로 여기서 말하는 위안부란 민간시설에서 일반인 등(군인 포함)을 상대로 위안일을 한 여성을 말하며, 군위안부란 일본군이 설치한 군위안소에서 군인을 상대로 위안일을 한 여자를 말한다.

먼저 강덕경의 증언 내용이다. 1944년 6월경 진주 길야(吉野. 요시노) 국민학교 고등과(수업 연한 2년) 1학년 때 담임교사의 말을 듣고 정신대 1기로 모집된 150명과 함께 후지코시에 갔다. 모친 반대를 물리친

---

12) 여순주가 언급한 4명과 정대협 구술자료집에 수록된 4명은 동일인물이거나 겹치는 인물일 가능성이 있는 것 같다.

표 6-3 근로정신대로 동원된 후 (군)위안부가 되었다는 증언자 4명

	강덕경	박순이(가명)
출신지 동원 시기	1929년 경남 진주. 길야(吉野.요시노)국민학교 졸. 1944년 6월경.	1930년 경남 합천. 합천국민학교 6학년. 1944년 8월.
동원 사정	담임선생이 가정 방문하여 권유. 엄마 반대. 반장과 두 명 지원.	담임 권유, 엄마 반대. 집에 혼자 있을 때 두 사람 찾아와 따라감. 학교에서 3명 감.
이동	진주 50명. 마산 50명. 부산에 가니 다른 곳 50명. 도청에서 장행회.	신사에서 전송. 합천국교 교장이 거기 있었 음을 기억함. 버스로 부산으로 감.
후지코시 도착경로	3층 배의 1층 승선. 양쪽 군함. 시모노세키에 서 기차로 후지코시로. 두 달 후 진주에서 온 50명 중 한 살 아래 강영숙 있었음.	저녁배 2층에 타고 배에서 도시락 먹었음. 배에서 내리자 트럭 이용 저녁 무렵 도착. 거기 있던 여자들이 위안부일이라고 했음.
공장 생활	여자정신대라고 박힌 누런 옷과 모자 기억. 일 시작 전 신항新港에 소풍가서 그곳 조선 인과 알게 됨. 낮밤 2교대. 선반작업, 배고픔. 일본인에게 비누를 주고 밥과 바꾸어 먹음. 전라도대1명 정신병으로 귀향. 자신도 미친 척했으나 꾀병 탄로. 기숙사는 진주, 마산, 전 라도 등 지역별 구분.	기숙사. 모두 나이 많음, 18~20세. 부산 사람, 전라도 사람, 필리핀 사람 같은 여자 도 있었음. 3층에서 밖을 보면 근처 동네 없었음. 한 보름 정도 훈련. 공장 노동 진술 없음. 면담자 질문에 후지코시는 처음 듣는 이름이라고 대답.
위안부 계기	도착 2달 후 새벽에 친구 1명과 이탈. 신항 근처 조선인 집에서 붙잡힘. 그 후 2명 다른 방향 도망. 혼자만 잡혀서 트럭 이동 중 야산 에서 고바야시(헌병-운전병)에게 성폭행(후일 친하게 지냄). 부대 내 천막. 여자 5명 있었음. 여러 군인 성폭력. 밥은 부대 주먹밥. 차로 하루 걸리지 않은 곳으로 이동(도착해보 니 여자 20명 정도). 대가로서 돈이나 표를 받 은 적 없음.	설명 거의 없음. 도야마에서 훈련시켰던 일본인 여자가 군 인받을 준비를 하라고 했고, 이후 군인을 상대함. 방에 모여 있으면 일본인 여자가 호명. 2층 옆건물에서 군인 상대함. 폭력은 없었음. 군인들은 트럭을 타고 옴. 돈이나 돈표 받 은 적 없음. 어느 날 열 명 남짓 여자들과 함께 트럭으 로 히로시마에 가서 몇 달. 그 후 규수섬에 감. 관리인은 일본여자.
귀국	해방 후 어느 조선인 도움으로 2, 3명과 차 로 오사카로. 다른 조선여자는 뿔뿔이 흩어 짐. 그때 임신을 인지. 밤에 밀항(야미배)해서 귀국 후 지인 방 씨 고향 남원 거주. 1946년 1월경 출산 후 진주로. 본가에서 거부당하고 아이는 아동시설로.	밥은 주는데 군인이 안 오는 날이 며칠 계 속됨. 관리인이 돈을 주면서 귀향하라고 함. 배 타고 섬에서 나와 기차 타고 항구로. 배에 여자 약 30명 있었음. 부산 와서 해방 된 지 몇 달 지났음을 알았음. 합천으로 돌 아옴.
특기사항	후지코시 도착 후 훈련 언급만 있고 노동 언 급 없음.	공장 언급 전혀 없음. 5학년 때가 아닌 6학 년 때로 면담자가 확인 후 정정. 학적부에 는 후지코시 정신대.

김은진(가명)	김유감(가명)
1932년 대구 봉산. 경성 광희국민학교 6년. 1944년 4. 5월경.	1930년 경남 진주. 봉래국민학교 1944년 졸. 1945년 초(?) 진주 2차.
교장 권유. 중학교 가기 어렵고, 엄마 고생 덜려고 자원.	일본인 시청 직원이 집으로 옴. 아버지 시청에 항의. 결국은 가게 됨.
신사나 환송회 기억 없음. 서울역 출발. 서울에서 논스톱 기차로 부산 도착.	하치마키(머리띠)를 기억함. 진주에서 기차로 부산으로 감(시청 직원이 데리다줌).
서울 출발 당일 연락선(가모메) 타고 시모노세키. 도착 후 군인 트럭 20대 정도 후지코시 이동. 밤에 도착.	연락선으로 시모노세키. 내리자 바로 기차역. 기차로 오사카 환승하여 도야마로. 눈 많이 내렸음.
도착 다음날부터 일 시작. 비행기 부속공장. 매우 큰 공장. 같은 방에 서울, 인천, 개성 출신. 아이 있는 여자도 있었음. 부산 가는 기차에서 만난 정신대원들은 후지코시에서 만난 적 없음. 공습 많았음. 사원수첩 받은 적도 월급 받은 적도 없음.	기숙사 30명 한방 10명씩. 어느 남자가 공장 구경시켜줌. 진주 1차 대원들은 못 만남. 두 달 정도 훈련. 공습대피훈련(귀막고 입벌린 채 땅에 엎드리는 훈련 등) 기억이 구체적임. 공장에서 일한 언급이 거의 없음.
어느 날 공습으로 공장 파괴되어 일 못함. 2월 말쯤 살아남은 30~40명이 트럭으로 아오모리靑森 감. 실려간 사람은 16~20세, 30명 정도. 옆건물에서 상대함(본인을 이곳을 창녀굴이라고 말함). 관리인 언급 없음. 이탈 후 다시 잡혀옴. 1년 정도 아오모리. 고베 거쳐 시즈오카에서 군인 상대하다 해방 맞음.	어느 날 밤 군속 남자 두세 명이 가자고 해서 30명이 화물차 타고 마이즈루舞鶴로. 거기서 화물선 타고 여러 날. 대만 2일 체류했지만 하선은 금지. 군인과 징용자도 동승. 내리니 할마헤라섬(인니). 위안소에서 군인, 조선군인 상대함. 조선인 30명, 남양 여자15명, 필리핀, 대만, 인니 여자도 있었음.
시즈오카에서 항복방송 들음. 다른 이들과 모여 7개월 더 있다가 군인트럭으로 시모노세키로 감 연락선으로 부산. 기차로 서울.	1946년 5월. 일본인보다 한 달 늦게 미국 화물선으로 귀국. 한인 수백 명과 같이 갔던 30명 여자 모두 돌아옴. 대만인은 대만에서 내리고 부산 거쳐 인천에서 내림.
1945년 2월 말경 아오모리 가서 1년, 다시 시즈오카로 가서 몇 달 후 해방 맞음. 몇 개월 시차.	노동내용 기억 거의 없음. 후지코시 머문 기간은 매우 짧음.

자료: 한국정신대문제대책협의회 · 한국정신대연구소 엮음, 『강제로 끌려간 조선인 군위안부들—증언집 1 · 2 · 3』. 강덕경은 『증언집 1』, 박순이 · 김은진은 『증언집 2』, 김유감은 『증언집 3』에 기초하여 필자가 작성했다.

지원이었다. 약 2개월 후 공장을 이탈하여 도야마의 조선인 집에 숨어 있다가 붙들려 공장으로 돌아왔다. 하지만 다시 이탈을 시도하여 결국 성공했다. 후지코시 도착 후 7개월쯤 뒤의 일이라고 하므로 그해 겨울 즉 1945년 1월경이었다고 생각된다. 그러나 헌병에게 붙잡힌 후 성폭행을 당했다고 하며, 그 후 군인을 상대하는 위안부가 되었다.

강덕경은 정신대로 동원된 것이 명백하며, 공장에서 이탈한 후 결과적으로 위안부가 된 것이다. 헌병에게 붙잡힌 경위나 위안부가 된 경위에 관한 기술이 없으므로, 구체적인 상황은 파악하기 어렵다. 강덕경은 군위안소가 아니라 군인들을 상대하는 사설 매춘시설에 복속되어 있었을 가능성이 크다. 군위안부로서의 경험에 관한 기술은 거의 보이지 않는다. 그녀는 해방 후, 이전에 도야마에 살던 조선인의 오사카 집에 잠시 머물 때 임신 사실을 알았다. 귀국 후 출산하여 고향집으로 찾아갔으나 집에서는 받아들이지 않았다. 아이는 아동복지시설에 맡겼는데 후일 사망했다.

다음은 박순이(가명)의 증언이다. 박순이의 구술에는 도저히 이해 불가능한 부분이 있다. 학적부에는 분명히 여자정신대(후지코시)로 기재되어 있지만, 그 증언은 다른 정신대원 증언과는 확연히 다르며, 위안부가 된 경위도 증언집 기술내용으로는 거의 완전하게 짐작하기 어렵다.

박순이는 경남 합천국민학교 6학년 때 담임의 권유가 정신대의 계기였는데, 혼자 집에 있을 때 두 사람이 찾아와서 따라나섰다고 한다. 출발할 때 신사에서 전송을 받았고 그 자리에 합천국민학교 교장도 와 있었다고 기억한다. 부산에서 배를 탔고 시모노세키에서 내렸는데, 배에서 내려서는 곧 트럭을 탔다고 말한다. 그녀는 후지코시라는 말

자체를 처음 듣는다고 말하며, 후지코시나 기타 공장에서의 노동이나 생활에 관한 내용도 구술기록에 전혀 등장하지 않는다. 트럭을 타고 도착했더니, 거기 있던 사람들로부터 '이름은 정신대지만 사실은 군인을 상대로 하는 위안부'라는 말을 들었다. 거기 있던 여자들의 나이는 18~20세였고 필리핀 사람으로 보이는 이도 있었다고 한다.

그 후 히로시마를 거쳐 규슈에 있는 어느 섬에서 군인을 상대로 위안부생활을 하다가 해방을 맞았다. 군인이 찾아오지 않는 날이 계속되던 어느 날, 관리인이 조선으로 돌아가라고 말하며 돈을 주길래 배를 타고 섬에서 나와 다시 기차를 타고 항구(아마 하카타항)로 와서 귀국했다. 박순이에 대해서는 뒤에서 보다 자세히 검토한다.

김은진(가명)의 증언은 다음과 같다. 서울 광희국민학교 6학년 때 교장의 명령으로 정신대로 선발되어 1944년 4~5월경 후지코시로 갔다. 1945년 2월 말 공장이 공습으로 파괴되어 살아남은 30~40명과 함께 아오모리青森로 가서 매춘하는 곳으로 갔다. 김은진 스스로가 그곳을 매춘굴이라고 부른다. 김은진의 학적부에는 여자정신대로 간 것이 기록되어 있으므로 정신대로 동원된 것은 분명하다. 그리고 후지코시에 한동안 있었던 것도 확실하다. 그런데 공장을 벗어나게 된 계기나 정황, 그리고 도야마에서 일본 최북단에 위치한 아오모리까지 가게 된 경위는 진술만으로는 전혀 가늠할 수 없다. 그녀는 아오모리에서 1년 정도 있다가 시즈오카로 가서 몇 개월 후에 해방을 맞았다고 한다. 김은진의 증언대로라면 해방이 1946년 7월경이 되므로 10개월 정도 시간 차이가 있다. 아오모리에서 오래 체재하지 않고 잠시 체재했는지 모른다. 김은진은 해방된 것을 안 후에도 몇 개월 더 여러 사람과 같이 지내다가 귀국했다. 어떤 사람들과 어떻게 지냈는지, 왜 곧장 귀국하지 않았는지는 알 수 없다.

다음은 김유감(가명)의 증언이다. 진주 봉래국민학교를 졸업하고 1945년 초에 후지코시에 동원되었다. 시청 직원이 집에 와서 권유한 것이 계기였다. 진주에서 부산, 시모노세키를 경유하여 도야마로 갔다. 후지코시에서 사전훈련, 특히 공습대피훈련을 받았다는 증언이 매우 구체적이므로 후지코시에서 기초훈련을 받은 것이 틀림없다. 그런데 훈련이 끝난 후 후지코시에서 노동했다는 증언내용이 전혀 없다. 사전훈련 직후 혹은 얼마 지나지 않아 공장에서 이탈한 것으로 보인다. 공장 이탈의 경위에 관한 진술은 없다. 어느 날 군속 남자 두세 명이 와서 가자고 하길래 따라가서 화물차를 타고 마이즈루(舞鶴. 도야마 동남쪽 약 280킬로미터의 항구도시)까지 가서 배를 탔다고 한다. 그 배를 타게 된 경위도 증언내용에 없다. 그녀가 배에서 내린 곳은 인도네시아 할마헤라섬이었다. 거기서는 군위안부 생활을 한 것으로 생각된다. 아마 후지코시를 이탈한 후 어느 장소에 머물다가 인도네시아까지 가게 된 것으로 보인다.

한편 정신대로 동원되었다가 위안부가 될 뻔했다는 이재윤의 증언도 있다. 그녀는 1945년 3월 전라도 담양에서 언니 대신 정신대로 갔다고 말한다. 여수에서 관련연락선을 타니 비슷한 아이들 10명 정도가 타고 있었다. 시모노세키에서 내려 도쿄에 가니 20명 정도 여자가 있었는데, 위안부로서 만주와 남양으로 가라고 했다. 이재윤 자신은 나이가 어리다는 이유로 조선으로 송환되었다. 그녀는 돌아오자마자 조선 내의 공장에 동원되었다.[13] 이재윤의 진술은 일반적인 정신대원

---

13) 이재윤 증언대로라면 정신대가 바로 위안부가 된 케이스가 되는데, 그녀가 일본으로 갈 때부터 여자정신대 모집이 아니었을 가능성이 있다. 다른 증언과의 차이

진술과는 확연히 다른 부분이 있다. 출발 당초부터 위안부 업자의 사기성 모집이었을 가능성을 완전히 배제하기 어렵다고 생각된다.

위안부가 된 경위에 관해

앞의 4명이 (군)위안부가 되었던 것은, 그들이 여자정신대로 동원되어 일본으로 갔기 때문에 벌어진 일이다. 조선에 있을 때에는 상상하지도 못한 삶을 어린아이들이 겪었던 사실에 대한 일제의 책임이 엄중함은 움직일 수 없는 사실이다.

인간의 사회환경은 각 개인에게 같은 정도로 영향을 주는 것이 아니다. 개인의 대응 방식은 사람에 따라 다르며 같은 사람이라도 그때그때의 정신·신체적 상황에 따라 달리 나타나기도 한다. 한때 한 장소에서 똑같은 일을 당했더라도 어떤 이는 그것을 잘 극복하고, 어떤 이는 극복하지 못하고 고통받는다. 그것은 오히려 자연스러운 일이다. 그러므로 적어도 2000여 명의 정신대원 중에서 극히 일부만이 공장을 이탈했고 결과적으로 위안부가 되었다는 사실을 들어, 누구보다 그 당사자에게 문제가 있다고 보는 시각은 사실과 다를 뿐만 아니라 적절하지도 않다. 이 점을 전제해두고, 그들이 위안부가 된 직접적인 계기를 보다 자세히 살펴보자.

앞의 4명은 도야마, 아오모리, 시즈오카, 규슈의 어느 섬, 그리고 인도네시아에서 위안부 혹은 군위안부로 있었다. 그 기간은 1944년에

가 너무나 선명하다. 12세였기 때문에 연령이 어리다는 이유로 송환되었다는 말을 보면, 여자정신대가 아니었을 가능성을 점치게 한다. 이재윤의 증언은 이토(伊藤, 1992)에 실려 있다. 그녀는 키가 좀더 컸더라면 거기서 바로 군위안부가 되었을 것이라고 증언하지만, 군위안부 신분에는 연령제한 등이 엄격했으므로 국민학교 갓 졸업한 사람이 군위안부가 된다는 것은 생각하기 어렵다.

동원된 3명의 경우, 최장 1년 정도의 기간이었다.

먼저 확인할 것은 그들이 있었던 곳이 '군위안소'였는가 아닌가다. 일본군이 설치했던 군위안소는 '여자들의 전쟁과 평화 자료관女たちの戦争と平和資料館'(https://wam-peace.org/ianjo/intro/)이 운영하는 '일본군위안소 지도'에 현재 공개되어 있으며 실시간으로 확인이 가능하다. 이 자료에 의하면 이들이 있었다고 말하는 도야마, 아오모리, 시즈오카에는 군위안소가 설치되어 있지 않았다. 그리고 박순이가 있었던 규슈에는 군위안소가 몇 개 있었으나 섬 안에 설치된 군위안소는 없었다. 그러므로 해외로 간 김유감을 제외한 세 사람의 경우, 그들의 증언대로라면 그들이 있었던 곳은 군위안소가 아니라 군인을 주로 상대하는 민간의 매춘업소였고, 그들은 업자에 복속되어 있었을 가능성이 크다. 증언자 스스로가 그곳을 매춘굴이라고 표현하기도 한다. 군위안소에서 사용되는 군표나 돈을 받은 것에 관한 기술이 전혀 없고, 성병검사를 받은 적도 없다.

이 네 개의 구술자료에는 위안부가 된 계기나 경위를 짐작하게 하는 구체적인 진술이 없다. 위안부가 된 일차적 계기는 정신대 혹은 공장에서 이탈한 것인데, 그 이후 어떤 경위로 위안부가 되었는가는 판단하기 어렵다. 강덕경의 경우에만 약간의 실마리를 찾을 수 있을 뿐이다.

이 증언들에 대해서 어떤 방식으로든 설명을 시도하려 한다면, 당시의 여러 정황들을 총동원할 필요가 있다. 정신대가 일하던 공장 내에서는, 누군가가 이탈하면 그 소문이 대원들 간에 널리 알려졌다. 그러한 상황을 보면, 김은진이 공습으로 공장이 파괴된 후 공장을 이탈하여 같이 이동했다고 하는 그 30~40명은 정신대원이 아닐 것으로 판단된다. 후지코시 공장 건물은 대공습에도 파괴되지 않았음이 밝혀져 있다. 30명 이상의 대규모 실종이라면 회사뿐만 아니라 경찰에게도 엄청나게 큰 사건이다. 총동원법에 의한 동원자의 고용상 변동은 경찰 보고사항이었기 때문이다. 무엇보다 그렇게 큰 일이 공장에 있던 대원들에게 알려지지 않았을 리가 없다. 정신대원의 이탈에 대한 대원들의 증언은 다수 있지만, '두세 명이 도망가서 한 명은 잡혀왔다'는 식의 증언이다. 『후지코시 25년』에는 조선정신대가 들어온 초기에 3명의 이탈자가 있었다고 기술되어 있지만, 후일 후지코시 소송 과정에서 회사 측은 조선정신대 이탈자수가 총 14명이었다고 밝혔다.[14]

이러한 증거자료를 감안하지 않더라도 후지코시에서 30명이 넘는 대규모 이탈은 있을 수 없는 일이었다고 판단된다. 김은진이 자신과 동행했다고 하는 30~40명이란 그 지역에 있던 다른 위안부들이었을 가능성이 크다. 김은진과 김유감은 이미 공장을 이탈한 후, 어떤 경위든 도야마에서 위안부 관련 업자와 접촉이 생겼고, 그 업자들이 관리하는 집단에 소속 혹은 복속되어 있다가 그들과 함께 이동했을 가능성이 있다고 여겨진다.

박순이의 경우

박순이는 분명히 조선정신대로 동원된 사람이다. 학적부에도 그리되어 있다. 그러나 그녀가 어떤 경위로 위안부가 되었는지 설명이 어렵

---

14) 이 14명 중 후술하는 박순이가 포함되어 있는지는 알 수 없다. 만약 박순이가 애초에 후지코시에 도착하지 않았다고 하면, 이 숫자에는 포함되어 있지 않을 것이다. 이들 중 그 소재가 확인된 경우는 (군)위안부가 된 3명 및 박순이, 그리고 공장을 이탈하여 곧 밀항을 통해 조선으로 돌아온 2명. 그 이외 이탈자의 경우, 귀국 여부 등은 알 수 없다.

고 도저히 이해되지 않는 부분이 있다. 박순이의 구술은 조선에서 떠날 때까지 매우 구체적이며 신뢰할 수 있다. 그러나 일본에 내려서부터의 증언은 이해하기가 힘들다. 만약 박순이가 위안부가 된 경위를 설명하자면 다음과 같은 가설적 수준의 추정밖에 없다고 나는 생각한다.

나의 추정을 결론부터 말하자면, 시모노세키에서 내린 후 박순이는 예정되어 있던 후지코시로 가지 못했을 가능성이 있다. 즉 매우 혼잡하던 시모노세키항에서 조선정신대 대열에서 떨어져 길을 잃고 그 결과 위안부가 되었거나 혹은 조선에서 일본으로 들어오는 여자들을 노리는 인신매매조직에 유인되었을 가능성도 생각해볼 수 있다는 것이다.

박순이가 승선했을 것으로 추정되는 부관연락선 덴잔마루는 정원 2000명 이상의 큰 배다. 정신대원들의 증언에 의하면 배 안에서 회사 직원으로부터 정신대라고 적힌 완장을 지급받았고, 하선하기 전에 완장을 반드시 차라는 지시를 받았다. 시모노세키항은 '출구가 일곱 군데나 되고 매우 혼잡하므로 길을 잃을 위험이 크다'는 이유 때문이었다. 즉 하선하여 우왕좌왕하다가는 길을 잃을 가능성이 있었다는 것이다. 박순이는 농촌지역 학교 출신 두세 명씩을 모아 대를 만든 지역동원의 성격이었으므로, 인솔자가 있었다고 하더라도 대원들 얼굴을 모두 파악하지 못했을 가능성이 비교적 크다. 이 점은 학교동원자의 경우 인솔교사가 대부분의 대원들의 신원을 파악하고 있었던 사정과 달랐을 것이다.

사실 제3장에서 간략히 언급했듯이, 관 알선에 의한 일본취업의 경우에도 항구에서 사람이 바뀌는 일이 많았다. 야마구치山口(시모노세키는 야마구치현의 최대 도시임) 지역에 약 1년간 발생한 건수만도 200명 정도였다. 인솔책임자 수가 적은데다 조선어를 모르는 인솔팀으로 구성되면 인원파악은 호적서류만으로 할 수밖에 없었기 때문에 항구에서 호적 바꿔치기 등이 많이 일어났던 것이다.

시모노세키항은 기차역과 바로 연결되어 있다. 대다수 대원들도 항구에 내리면 바로 옆에 있던 역에서 곧 기차를 탔다고 증언한다. 그러나 박순이는 배에서 내리자 조선에서 온 여자를 트럭에 태우더라고 말한다. 적어도 내가 확인한 모든 조선정신대 증언 중에서 배에서 내려 바로 트럭을 탔다는 증언은 박순이가 유일하다. 트럭을 탔다는 증언이 두 건 더 있지만, 그것은 도야마역에서 공장까지 이동할 때 탔던 트럭을 언급한 것으로 보인다. 박순이는 항구에서 트럭을 탄 그날 저녁 무렵에 어느 장소에 내렸는데 그곳이 위안소였다는 것이다. 후지코시가 있는 도야마는 시모노세키에서 기차로 꼬박 하루거리이며 트럭으로 이동할 수 있는 거리가 아니다.

배에서 수많은 사람들이 내리고, 많은 사람들이 마중나와 있었으며, 한편에서는 기차를 타려고 북적이던 혼란 속에서 한순간 길을 잃었을 가능성이 있다. 혹은 그 틈새에 인신매매와 같은 나쁜 손길이 그녀를 다른 곳으로 유도하여 정신대원들과 떨어지게 했을 가능성도 생각해볼 수 있다. 어리둥절한 상태의 아이에게 누군가가 이쪽으로 오라고 말하면 그대로 따라갔을 가능성이 있다는 것이다. 오늘날에도 다른 나라 공항에서 가끔씩 일어나는 범죄행위다.

박순이의 구술내용을 자세히 분석해보면, 나의 이러한 추정도 결코 무리가 아니라고 이해할 수 있을 것이다. 박순이는 합천에서 일본 출발까지의 여정, 그리고 부관연락선 내의 상황에 관해서는 매우 명확한 내용의 구술을 하고 있다.

박순이는 합천국민학교에서 3명이 정신대로 갔다고 말한다. 그리고 어느 신사에서 전송을 받았는데(장행회가 있었던 것으로 보임) 그 자리에 합천국민학교 교장이 와 있었다는 것도 기억한다. 합천에서 부산으로는 버스로 이동했다(합천은 지금도 기차노선이 지나지 않는 곳이다). 부산에서는 숙박하지 않고 당일 저녁에 일본행 배를 탔는데, 자신은 배 2층에 타고 있었으며 배 안에서 도시락을 먹었다. 여기까지 구술은 구체적이며 자연스럽고 사실에 부합한다.

그러나 시모노세키에서 내린 이후, 구술 내용 중 여자정신대와 관련된 내용은 전혀 없다. 심지어 후지코시라는 이름도 들어본 적이 없다고 말한다. 그녀의 진술은 다음이 전부다. 즉 "시모노세키에 내리자 조선에서 온 여자들을 트럭에 태웠고, 그날 저녁 무렵 트럭에서 내렸다. 그곳은 공장이 아니라 18~20세 여자들이 모인 곳이었다. 그 여자들은 이곳은 위안부일 하는 곳이라고 말했다. 부산 사람, 전라도 사람도 있었고 필리핀 사람 같은 여자도 있었다."

관부연락선에서 내릴 때까지의 상황을 정확하게 기억하면서도, 하선 후 조선정신대에 관한 구술이 전혀 없고 후지코시라는 회사이름조차 기억에 없다고 한다. 그렇다면 그녀는 후지코시에 도착하지 않았을 수 있다고 생각한들 그것이 지나친 비약은 아니지 않을까?

박순이의 경우, 조선에서의 기억과 일본에서의 기억에 명백한 단절이 있다. 정신대로 출발했던 기억이 시모노세키항에서 끝나는 이유는 무엇일까? 그것은 그녀가 시모노세키항에서 이미 정신대로부터 이탈했고, 후지코시에는 도착도 하지 못했기 때문이 아닐까? 즉 일본 도착 후 후지코시에서 어떤 경험도 하지 않았기 때문에, 구술내용에 후지코시가 등장하지 않을지 모른다고 생각해보는 것이다.

만약 후지코시에 1944년 6월경 도착한 경상남도대의 '도착 예정자 명단'과 실제 도착한 대원 명부가 있다면, 그것을 대조해봄으로써 이 추정의 진위를 검증할 수 있을 것이다. 그러므로 그러한 명부가 존재하는지, 혹은 '도착 예정자 중 실제로 도착하지 않은 자가 있었다는 기록이 후지코시에 남아 있는지'를 조사해볼 필요가 있겠다. 성과를 기대하기는 어려워도 시도해볼 가치는 있다고 생각된다.[15] 연구자의 부질없는 공상이라고 비아냥 받을 일인지 모르나, 워낙 불가해한 사례이므로 가설적 설명을 시도해보았을 뿐이다.

5. 이탈 후, 돌아오거나 돌아오지 못하거나

이탈 후 돌아온 경우

정신대로 동원되어 일본 공장에서 이탈한 경우, 그들의 진로는 세 가지였다. 하나는 이탈하여 곧 밀항을 통해 귀국하는 경우다. 이 사례는 2건 이상 확인된다. 둘째는 이탈 후 (군)위안부가 된 경우다. 그들은 해방 후에 따로따로 개별적으로 귀국했다. 셋째는, 이탈 후 다시 스스로 공장으로 돌아온 경우인데, 이 경우는 다른 정신대원들과 함께 집단으로 귀국했다.

이 세 갈래 길 가운데 두 번째와 세 번째의 선택지를 가르게 했던 것

---

15) 나는 여자정신대 문제와 관련하여 후지코시와 연결고리를 가진 사회활동가를 통해 후지코시 본사에 그러한 서류가 있는지 없는지 확인해보려고 궁리 중에 있다. 당시의 동원자 명부가 있다고 하더라도 일본명으로 작성되어 있을 것이기 때문에 정확한 확인은 어려울 수도 있다.

은 무엇인가? 이탈한 후 공장으로 돌아온 경우와 그렇지 않은 경우는 어떻게 설명할 수 있는가? 위안부가 된 네 명은 왜 모두 후지코시 대원인가?

공장을 이탈한 사람은 내가 확인한 경우만도 거의 20명으로, 후지코시가 14명이다. 이 밖에 이탈했다가 붙잡혀온 경우가 있다. 후지코시 원고 이○순b(1931년생 순천)은 1945년 5월경, 고향친구로 같이 와 있던 박 모로부터 '일본에 살고 있는 친척 삼촌집으로 가자'는 권유를 받고 공장을 이탈했다. 그러나 경찰관에게 붙잡혀 다시 공장으로 돌아왔다(후지코시 1차 판결문). 공장으로 돌아오자, 기숙사 동료들로부터는 '전라도의 수치다'며 비난받았다고 한다. 후지코시에서 처음 이탈했다가 붙잡혀 다시 돌아온 사례에는 강덕경도 있다. 강덕경은 두 번째로 이탈해서는 공장으로 돌아오지 못했다. 후지코시 대원 중에 누군가가 이탈했다가 붙잡혀왔다는 소문을 들었다는 증언은 다수 있다.

그런데 도쿄마사와 미쓰비시에서는 자발적으로 돌아온 사례가 있었다. 당시 미쓰비시 청년학교 교사로 조선정신대 교육에 관여했던 가와이(調査追悼委, 1988: 47)에 의하면 미쓰비시 정신대에서도 이탈자가 있었는데, 붙잡혀서 돌아온 것이 아니라 갈 곳이 없었기 때문에 결국은 돌아왔다고 말한다.

또한 도쿄마사의 박군자는 공장에 있던 조선인 선임자 두 명(여자 정신대 도착 이전부터 도쿄마사에 와 있던 여공으로 추정됨)과 함께 이탈했다. 이탈 이유는 공습이 많아져서 공장에 남아 있으면 결국은 모두 죽는다고 판단했기 때문이었다. 그들은 시모노세키로 가서 밀항 배를 찾았는데, 마침 두 사람 자리가 구해져서 선임자 두 사람은 그 밀항 배로 귀국했고 그녀만 혼자 남았다. 그녀는 한동안 시모노세키에서 조선인들의 도움을 받고 지내다가 다시 공장으로 돌아왔다. 공장관계자들은 그녀가 돌아온 것을 매우 반가워했다고 한다.

그녀는 이미 여자정신대로 공장에 도착한 후 간호사 자격을 딴 상태였고 공장 간호실에서 일하면서 일본인 간호사들과 좋은 관계를 맺고 있었다. 당시 일본에서는 비누를 넣고 빨래를 삶는 세탁법은 없었던 모양으로, 그녀가 생리대를 삶아 세탁하는 방법을 일본 간호사 언니들에게 가르쳐주자 옷감이 너무나 깨끗해졌다면서 매우 좋아하더라는 경험을 소개한다. 그러한 인간관계가 공장 이탈 후 다시 공장으로 돌아오게 한 요인이었을 수 있겠다. 그녀는 대원들과 함께 1945년 10월에 단체로 귀국했다.

정부의 진상규명위원회 구술자료집에 있는 도쿄마사 대원 김남이도 이탈 후 밀항으로 귀국한 경우다.[16] 그녀는 간이학교를 다니다가 14세에 일본으로 가서 17세에 귀국했다. 그녀는 도쿄마사에서 일하다가 거기 있던 언니들(여공)과 시모노세키로 가서 도둑배(구술자의 용어임)로 귀국했다. 그녀는 진주 근교의 개양 출신이었는데, 깜깜한 밤에 기차로 문산역에 내리니 변소 같은 작은 건물이 있었고 거기에 문산역이라고 쓰여 있었다. 건물이 너무 작아서 잘못 내린 것이 아닌가 하고 당황했다고 말한다.

후지코시에서도 같은 고향 출신의 어느 대원으로부터 함께 도망가자는 제의를 받았던 대원이 있다. 주금용(진상규명위)은 나주 출신으로 국민학교 5학년 때 집이 가난해서 스스로 나서서 정신대를 지원했

---

16) 진상규명위 자료집에는 김남이가 여자정신대로 소개되어 있지만, 그녀의 구술내용을 살펴보면, 여자정신대가 아니라 그 이전에 집단모집을 통해 도쿄마사에 취업했던 여공일 가능성이 있다고 생각된다.

다. 어느 날 같은 고향 출신 두 사람이 주금용에게 함께 도망가자고 권유했다. 그녀는 다음과 같이 구술한다. "나는 안 갔어. 돈 한 푼 가진 게 없는데 어떻게 도망을 가? 도망가서 뭐하게?"

주금용에게 도망을 권유했던 두 사람은 결국 공장을 이탈했고, 곧 조선으로 돌아왔던 것 같다. 아마도 밀항했을 것으로 추정된다. 자기 딸과 같이 여자정신대로 일본에 갔던 그 두 사람이 고향으로 돌아왔다는 말을 듣고, 주금용의 어머니는 그들을 찾아가서 '내 딸은 왜 같이 안 왔느냐'고 물었다고 한다. 그러한 사정은 주금용이 귀국한 후에 어머니로부터 듣고 알았다. 밀항지는 시모노세키 근처였을 것으로 생각된다.

이상과 같은 사례를 보면, 이탈이란 우선 공장을 벗어나고 보자는 단순한 도망이 아니라, 밀항을 통해 조선으로 귀국하는 것까지 계획된 경우도 있었다. 도쿄마사나 후지코시에서 시모노세키까지는 꼬박 하루거리의 먼 길이지만, 시모노세키로 가서 밀항 배로 조선으로 돌아가는 방법은 어느 정도 일반에 알려져 있었다고 추측된다.

이탈 후 돌아오지 못한 경우

그런데 후지코시의 경우, 이탈한 후 붙잡혀온 사례는 있어도 공장으로 되돌아왔다는 증언은 없다. 더욱이 이탈 후 위안부가 된 4명의 사례는 모두 후지코시 대원이었다. 이러한 사실은 어떻게 설명할 수 있는가?

우선 상식적으로 설명하자면, 후지코시 생활이 더 힘들어서 제발로는 돌아가고 싶지 않았기 때문이라고 생각할 수 있다. 이 점은 물론 기본적으로 중요하다. 확실히 배고픔의 증언이 후지코시의 경우 상대적으로 많기 때문이다. 전라남도대 1차로 미쓰비시명항에 동원되었던 양승자는, 후지코시로 동원된 전남대 2차에 대해 "우리 뒤에 2차로 후지코시로 간 사람들은 엄청 고생했다고 한다. 배가 고파서 몸이 부었다고 들었다"고 말한다.

다만, 나는 그 점에 더하여 도야마지역의 풍토적 특성 또한 검토해야 한다고 본다. 풍토적 특성이란 도야마가 매춘산업의 규모가 상대적으로 큰 도시였고, 조선인이 많이 살고 있었다는 사실이다. 요컨대 공장 이탈 후 돌아온 경우와 그렇지 않은 경우를 설명하기 위해서는, 공장 내의 환경뿐만 아니라 공장 밖의 환경에 관한 검토가 필요하다는 것이다.

배고픔과 힘든 노동, 군대식 생활 등을 견디지 못하는 어린 여자대원들이 공장 문을 나서는 것은, 또다른 엄청난 위험에 노출되는 것이었다. 대원들은 그 점을 전혀 인식하지 못했을 수 있지만, 그들에게 노출된 리스크 중에는 매춘 리스크도 있었다고 짐작된다. 조선인 징용자들도 다수 와 있었으며, 후지코시 공장에도 징용자들이 일하고 있었다. 증언 중에는, 정신대원이 징용 온 남자를 만나러 다녔다는 내용도 있다. 징용자가 여자정신대를 만나러 기숙사에 왔다는 기숙사 관계자 증언도 있다(調査追悼委, 1988). 여순주(1993: 81-88)의 면담에도 어느 정신대원이 공장을 벗어나 며칠 조선인 집으로 다니며 몸을 팔다가 돌아온 사례에 대한 증언이 있다. 비교적 나이든 대원은 조선인 노무자와 함께 도망가는 경우도 있었고, 조선인 남자 기숙사(아마 징용자)에 다니면서 임신해서 배가 불러오자 귀국하는 경우도 있었다고 한다.

나고야 공장에서 도야마 공장으로 전속된 미쓰비시 대원들은, 나고야에서는 조선인을 만난 적이 거의 없었으나 도야마에 가보니 조선인이 많아 놀랐다고 입을 모은다. 『도야마현 경찰사(하)』(1965)에 의하면

1937년 도야마현 거주 조선인은 2448명으로, 주로 토목건축 노동자들이었다. 당시까지는 도야마가 공습대상지역이 아니었기 때문에 많은 공장들이 도야마로 이전해왔다고 한다. 그에 따라 1938년부터 조선인 거주자가 급증한다. 정신대나 보국대 등의 유입도 있어서 종전시에는 조선인이 2만 5000명으로 증가했다.

특히 앞에서도 언급했듯이, 상대적으로 유곽산업의 규모가 컸던 도야마의 유곽에는 국방부인회가 아홉 개나 조직되어 있을 정도였고, 국방헌금까지 하기도 했다.[17] 유곽 주변에는 인신매매도 많았고, 예기나 창기를 학대하는 악덕 포주의 횡포도 심했음이 당시의 경찰 사료를 통해 확인된다.

여자정신대의 이탈자 소문에 대한 대원들의 증언은 상당히 구체적이다. 도쿄마사 공장의 관리인은 조선인 여자 박 씨(52세)였는데, 도망갔다가 잡혀온 대원을 때리면서 "이년들 말 잘 안 들으면 씹 팔러 보낸다"는 욕설을 했다고 한다(여순주, 1994). 이 말도 그냥 흘려서 들을 일이 아니다. 어린 소녀들에게 매춘업은 큰 현실적 리스크였다고 나는 해석하고 싶다. 매춘업자들 중에는 정신대원들을 노리는 이들이 있었을 것이다. 조선인 여공들이 일하는 일본의 공장 주위에도 조선여자를 노리는 조직이 있었고 실제로 납치 피해자들이 있었음은 이미 제3장에서 살펴본 대로다. 공장을 이탈한 대원들은 적어도 이탈 시점에서는 공장을 벗어나더라도 당장 머물 곳을 보아둔 상태였다고 판단된다.

이러한 점에서 나는 강덕경의 증언에 매우 중요한 시사가 있다고 생

---

17) 국방부인회는 부인들로 구성된 민간조직으로서 군국주의 체제를 지원하는 단체였다. 군의 지도하에 놓여 있었으며 회원수는 약 1000만 명에 달했다. 일본 본토뿐만 아니라 조선과 타이완에도 결성되어 있었다.

각한다. 그녀는 후지코시에서 공장일을 본격적으로 하기 전에 도야마 신항新港 근처에 소풍 나갔을 때의 경험을 술회한다. 그녀는 그곳에 조선인이 많이 살고 있다는 것을 처음 알았고, 그들과 서로 이야기를 나누었으며 소금을 조금 얻어 돌아왔다고 한다. 그러면서 '그 동네를 잘 봐두었다'고 말하고 있다. 그녀는 처음 이탈했을 때, 바로 그곳 방씨 집으로 갔으나 곧 붙잡혔다. 하지만 친구 한 명과 함께 두 번째 이탈했을 때는 다른 방향으로 가서 붙잡히지는 않았다. 그러나 군인에게 붙잡혀 성폭행당하고 주로 군인을 상대하는 위안부가 되었다.

여자정신대가 공장을 이탈한 후 곧장 밀항하여 조선으로 돌아온 사례가 적어도 2건 있음은 이미 본 대로다. 강덕경도 공장을 탈출할 때, 밀항이라도 해서 곧바로 조선으로 돌아오려고 했는가? 방씨 집 근처로 가면 붙잡힐 것 같아서 반대방향으로 갔다고 했는데, 두 번째 이탈 시에 그녀의 마지막 행선지는 어디였는가? 아무리 어린 나이라고 하지만, 공장 밖으로만 나가면 문제가 해결된다는 단순한 생각만을 가지고 있었다고는 보기 어렵다. 강덕경이 공장을 이탈한 시기는 1945년 1월경으로 추정되는데, 도야마는 눈이 많은 곳인 데다가 그해 겨울은 특히 폭설이 내렸다고 알려져 있다. 그 계절에 공장을 이탈하려면 큰 결심이 있었을 것이다. 당분간 몸을 숨길 수 있는 함바 같은 곳을 봐두었는지, 아니면 시간이 흐른 후 방씨 집으로 가려고 했는지, 아니면 누군가를 만나기로 했는지 알 수 없다.

주목하고 싶은 부분은, 강덕경이 도야마에 살았던 방씨라는 조선인과 지속적으로 연락하고 있었다고 추정된다는 점이다. 해방 후 강덕경은 위안일에서 벗어나 오사카로 가는데, 오사카에서 전에 도야마에 살았던 방씨를 만나고 있다. 그녀는 방씨 집에서 몇 개월 허드렛일을 하며 지냈는데, 그때 임신사실을 알았다. 그리고 해방 후 밀항으로 귀국해서는 방 씨 고향(남원)에서 지내다가 출산한 후 진주로 돌아왔다. 본가에서는 미혼으로 출산한 강덕경을 받아들이지 않았다.[18] 아이는 아동복지시설에 맡겼는데, 그 후 아이는 곧 사망했다. 강덕경은 당시 아이에 대한 애정이 없었다고 말하는데, 그녀는 겨우 17세 정도였으므로 그럴 수 있는 일이라고 생각된다. 그러나 그 가혹하고 비극적인 체험은 나이들어 갈수록 두고두고 그녀를 괴롭혔을 것이다.[19]

당시 경상남도대로 후지코시에 동원되었던 진주 출신의 대원 중에는 "진주에서 82명이 갔는데, 이유는 모르지만 2명이 같이 오지 못하고 80명만 돌아왔다"(진상규명위. 강영복)는 증언이 있다. 돌아오지 못했다는 그 두 명이 강덕경과 그녀의 친구일 가능성이 있는데, 강덕경과 함께 탈출했다는 그녀의 친구는 그 후 어떻게 되었는지 알 수 없다.

군부대 근처, 그리고 노무자들이 모이는 곳에는 매춘업이 따라다니는 경우가 많고, 당시 도야마 역시 그런 환경이었을 가능성이 매우 크다. 배고픈 어린 소녀들에게는 특히 리스크가 큰 상황이었다. 밥만 배불리 먹게 해준다면 어떤 일이라도 하겠다고 생각했다는 증언도 있다.

당시 일본사회는 오늘날 상식으로 이해할 수 있는 사회가 아니었다. 다음의 사료는 일본이 위안부라는 존재를 얼마나 당연시했는가, 그리

---

18) 강덕경의 어머니는 강덕경이 정신대를 지원할 당시 이미 개가한 상태였고, 그녀는 외할머니와 함께 살고 있었다. 본가에서 그녀를 받아들이지 않았다고 하는데, 외할머니는 어떻게 대했는지 등은 알 수 없다. 그녀의 고향 진주는 여성에 대해 보수적인 지역이었다.

19) 강덕경의 기구한 삶은 재미 시인 에밀리 정민 윤(『우리 종족의 특별한 잔인함』, 2020)의 시재詩材이기도 하다. 아이를 맡겼던 아동복지시설에 갔더니 모르는 아이가 자기 아이 옷을 입고 있었다. 연유를 물었더니 자기 아기는 죽었다는 대답을 들었다. 그 가슴 아픈 사연이 시로 표현되어 있다. 내가 보기에 이 시는 다름 아닌 '한국사회의 자기 성찰'을 촉구한 것으로 받아들여진다.

고 위안부가 얼마나 널리 퍼져 있었는가를 가늠하게 해준다. 일본에 가 있던 조선인 남자노동자들의 위안부에 대한 인식도 그와 크게 다르지 않았을 것이라고 생각된다.

1940년대 초 부산직업소개소의 알선을 통해 일본으로 동원된 노동자 중 홋카이도 탄광으로 간 노동자집단과 돗토리鳥取 공사에 동원된 노동자집단이 있었다. 그들을 받아들인 회사의 노무담당자는 조선 노동자의 성적 욕구를 해소하는 일에 상당히 고심했다. 기혼자의 경우 가족을 일본으로 데려오려 해도 가족 숙사 건설에 필요한 자재가 부족하여 건설이 어려웠던 것 같다. 돗토리의 노무담당자는 '노무자들을 가까운 시가지의 유곽에 집단으로 데려가서 성적 욕구를 해소하게 하는 방도'를 세웠다고 한다.

더욱 눈여겨봐야 할 것은 홋카이도 사업장의 대응이다. 당시 홋카이도에는 '조선요리'라는 이름의 '수상한 집'(원문은 아이마이야=曖昧屋. 매춘이 가능한 곳이라는 의미로 보인다)이 산재해 있었고 한 집에 2명 내지 4명의 여자를 두고 있었는데, 그 수를 합하면 상당한 수에 달했다. 탄광사업장은 그 여자들을 조선 노동자가 밀집해 있는 지역으로 모아서 그들의 성적 욕구를 해소시키는 방안을 검토하고 있었다(河村, 1941: 56). 그리고 어떤 방식이든 노동자들에게 경제적 부담이 되지 않는 방식으로 성적 욕구 해소를 검토하고 있었다는 것이다. 큰 규모의 회사에서는 회사가 직접 위안부를 고용한 경우가 있었다고 한다. 어느 강제연행 연구자(賀沢昇)는 1943년 설립된 국책회사 '제국사금회사'(홋카이도 소재)의 광산에도 당시 조선인 위안부 6명이 있었다고 증언한다(『赤旗』1992. 7. 2. 일본공산당 기관지).

이러한 상황을 보면, 단신으로 동원된 조선인 남자노동자의 고용유지를 위해서는 노동자의 성욕 해소를 위한 조치가 반드시 필요하다는 것이 당시 기업 노무관리자의 일반적 인식이었다고 생각된다. 오늘날의 눈으로 보면 이해하기 어려운 일이지만, 그런 시대였고 그런 문화였다. 그러므로 당시 노무자들이 모이는 곳에는 매춘업이 따라다녔다고 해도 과언이 아니며, 이러한 사정은 많은 기록이나 기사들을 통해서도 충분히 짐작되는 일이다.

제7장

여자정신대에 관한
학술적 쟁점들

조선정신대에 대해서는 몇 가지 쟁점이 있어왔다. 그중에는 이미 역사적 사실이 밝혀져서 더이상 논란의 여지가 없어진 것도 있지만, 여전히 논란 중인 쟁점도 있다. 논란 중인 문제의 대표적인 것이 '정신대령이 조선에서 발동되었는가 아닌가'라는 문제다. 이 장은 주로 이 논쟁을 다룬다.

여자정신대가 시행된 근거는 무엇인가? 총독부의 행정행위로서 시행되었는가, 아니면 정신대령이라는 칙령에 근거하여 시행되었는가? 이 문제를 둘러싼 논의는 1999년경부터 시작되었는데, 한국과 일본의 여러 연구자들이 관련되어 있다. 이 논쟁에서 마지막으로 제시된 견해는 도노무라(外村, 2017)에 의한 것이다. 그는 그간의 각 논자들의 견해를 종합적으로 검토하고 어느 정도 결론을 내린 듯한 논문을 공개했다. 도노무라의 견해에는 선행연구들의 오류를 지적하는 내용이 들어 있지만, 오류를 지적당한 논자로부터 다시 반박하는 견해는 아직 나오지 않은 것 같다. 하지만 나로서는 도노무라의 견해에 동의하기 어려운 부분이 있으므로 그에 대하여 검토한다.

조선정신대 발동에 관한 일련의 의견공방이 학문적 논쟁이라고 평가할 수 있는가에 대해서는 이론이 있을 수 있겠다. 각 논의에 공통적인 초점이 있었다고 말하기 어렵기 때문이다. 기본적으로 이 논의는 군위안부 관련 논의 과정에서 부분적으로 파생된 것이었다. 만약 이것을 논쟁이라고 인정한다면, 그 주된 쟁점은 '당시 조선에서 정신대령이 발동되었는가 아닌가'라는 문제, 즉 '조선정신대의 일본 동원은 정신대령 발동에 의한 것이었는가 아닌가'였다. 그러므로 이 논쟁은 동원된 여자정신대의 규모나 노동, 보상문제 등과 관련된 실제적이고 현실적인 문제에 관한 논쟁이 아니다. 정신대 동원에 관련된 법해석의 문제, 정신대령의 '시행'과 '발동'이라는 두 개념의 해석에 관한 학술적 논쟁이었다.

이 장에서는 각 논객들의 견해를 가능한 한 자세히 검토하고 '정신대령 발동'에 관한 나의 견해를 제시한다. 정신대의 실태를 밝히는 작업과는 다소 동떨어진 주제로 여겨질 수 있지만, 정신대 동원의 근거를 분명히 한다는 점에서는 중요한 논의이므로, 별도의 장을 두고 논의하기로 한 것이다.

1. 여자정신대에 관한 학술적 논의

네 가지 쟁점

조선정신대에 관한 논란이라고 하면 다음 네 가지로 정리할 수 있겠다.

첫째는 여자정신대와 군위안부의 혼동을 바로잡으려는 논의다. 정신대란 곧 군위안부라는 견해는 오랫동안 한국사회에 널리 퍼져 있다가 2000년을 전후하여 그것이 사실 오인임이 밝혀지기 시작한다. 다만 그러한 자각은 학식자들 사이의 일이었고 일부 매스컴이나 일반인들은 그 후에도 혹은 지금까지도 양자를 혼동하고 있는 것이 현실이다. 따지고 보면 이러한 오해는 해방 후 지속적으로 변하지 않고 존속해온 것이 아니라, 1960년대 중반부터 그간에 항간의 소문과 같은 이야기를 미디어나 학계가 사실인양 공인함으로써 그 심각도를 더하게 된 일이다. 더구나 그 후 역사 교과서에까지 거짓을 기술함으로써 오해는 더욱 확산되었는데, 그 점은 우리 사회가 정말로 심각하게 반성해야 할 일이다.

이미 언급했듯이, 여자정신대에 관한 선구적 연구였던 여순주(1994)는 여자정신대와 군위안부는 다른 제도라는 견해를 제시했었다. 그러나 이 견해는 그 후의 여자정신대 논자들에게도 받아들여지지 않았거나 읽히지 않았던 것으로 보이며, 그 후 2000년대에 들어서도 그러한 오해가 널리 퍼져 있었다.

두 번째 논점은, 정신대령이 일본과 마찬가지로 조선에서도 시행되고 발동되었는가에 관한 논의다. 이에 대해서는 최근까지 일본 학계에서 학술적 논쟁이 전개되어왔다. 조선정신대 동원에 관해서는 한일 연구자들 사이에 연구나 정보 공유 혹은 논쟁이 비교적 활발하게 이루어졌던 것 같다. 물론 그 입장은 달라서, 일본 연구자들 사이에 상당히 격한 공방도 있었다. 그것은 순수한 역사적 사실 확인에 관한 의견 공방이라는 측면도 있지만, 때로는 정신대나 위안부 문제에 대한 일본의 책임을 묻는 입장과 일본이 책임질 문제가 아니라는 입장 사이의 대립이라는 성격도 가지고 있었다.

정신대령은 법 조항 내용을 보더라도 조선에서 시행하는 것이 명확히 상정되어 있었다.[1] 그러므로 쟁점은 그 법이 실제로 조선에서 집행되었는가의 문제다. 이에 대해서는, 국내연구자로서는 이영훈(2008;

---

1) 즉 정신대령 제21조에서 '본령 중 후생대신이란, 조선에서는 조선총독으로 하며, 지방장관이란 조선에서는 도지사로 하며, 시정촌장이란 조선에서는 부윤(경성에서는 구장區長) 혹은 읍면장으로 한다'고 되어 있다. 또한 '국민근로동원서장이란 조선의 경우는 부윤 군수 혹은 도사島司로 하며, 도도부현都道府県이란 조선의 경우 도道로 한다'고 규정하고 있다. 조선(및 타이완)에서의 시행을 염두에 둔 규정인 것이다.

2019)과 박유하(2013)가 관련되어 있고, 일본 연구자(재일 연구자 포함) 중에는 하타 이쿠히코(秦郁彦, 1999), 김부자(金富子, 2015), 정영환(鄭栄桓, 2016), 도노무라(外村大, 2017), 이마다(今田真人, 2018) 등이 관련되어 있다. 사실 일본 측 논객 중 도노무라와 정영환을 제외한 연구자들의 주된 관심은 군위안부 문제였고, 그것을 논의하는 과정에서 여자정신대를 언급하고 있을 뿐이다. 그러므로 엄격하게 말한다면 '정신대령이 조선에서 발동되었는가'라는 문제는 위의 모든 논객들이 공유한 논점이었다고 말하기 어렵다. 즉 이들은 한국에서는 정신대와 위안부를 혼동해왔다는 사실을 지적하는 논지를 펴면서, 그 과정에서 정신대 문제를 언급했던 것이다. 이 장은 주로 이 두 번째 쟁점에 관해 다룬다.

세 번째 쟁점은, 당시 여자정신대 지원자의 소위 황민의식에 관한 논의다. 상당수의 여학생들이 부모의 반대를 무릅쓰고 여자정신대에 지원했던 것은 사실인데, 그 지원의 배경에 일제가 학교 교육을 통해 조선 어린이들에게 침투시켰던 황민화 교육이 있었다는 논의다. 여자정신대 연구자 중에는 이 점을 중시하여 논의한 경우가 있는데, 그러한 견해에 대해서는 본격적인 검토나 논박은 없는 것 같다. 나는 그러한 논의의 의의는 인정하면서도, 당시 어린 소녀들이 가지고 있었던 생각을 황민의식이라고 보기는 어렵지 않을까 하는 의견을 제시한다.

네 번째 쟁점은 여자정신대 동원 규모에 관한 것이다. 이에 대해서는 선행연구를 존중하면서 간략하게 검토하기로 한다.

도노무라의 논지

위의 네 가지 쟁점 중 첫 번째 쟁점은 이미 사실이 밝혀져서 논란거리가 아니다. 두 번째 쟁점이 학술적 차원의 쟁점으로서는 가장 중요하므로, 그에 대해 주로 검토하기로 한다.

먼저 조선에서 정신대령이 발동했는가에 관해 자신의 입장을 명확하게 밝힌 도노무라의 견해를 제시하고, 이를 소재로 하여 논의를 시작한다. 도노무라(外村, 2017)는 시기적으로 가장 마지막 논객이라고 할 수 있는데, 그는 여러 논객들의 논의에 대한 비판적 검토를 바탕으로 정신대령 시행 문제만을 주제로 한 논문을 공개했다. 중요한 선행연구인데, 그의 주장과 논거를 요약하면 다음과 같다.

조선에서 여자정신근로령은 **발동되지 않았다.** 그 근거는 두 가지다. 첫째, 만약 발동되었다면 신문 등에 크게 보도되지 않을 리가 없는데 그러한 보도가 보이지 않는다는 것이다. 둘째, 여자정신근로령에 관한 시행규칙이 공포되지 않았다는 점이다. 정신대령에 근거하여 대원의 선정이나 출동할 사업소를 지정하기 위해서는 세세한 절차와 영서슈書 서식 등이 제시되어야 한다. 일본에서는 1944년 8월 23일 정신대령이 공포된 당일 관보官報에 시행규칙이 게재되어 그날로 시행되고 있다(시행지역은 일본에 한정). 만약 조선에서 정신대령이 발동되었다면 조선총독부 관보에 시행규칙 등이 실려야 하는데 그것이 보이지 않는다. 학도근로령의 경우에는 조선총독부령(1944. 10. 30.)인 학도동원령 시행규칙이 조선총독부 관보에 실려 있다. **여자정신대는 조선에서 모집되었으나 여자정신근로령에 근거한 것은 아니었다.** (강조는 인용자)

도노무라는, 발동이라는 용어의 의미를 '정신대령이 규정한 방법과 절차에 의한 동원'이라고 해석한다. 그러므로 정신대 동원의 실체는 분명히 있었으나, 그 동원 방법은 이전부터 행해지던 관 알선 방법에 의해 동원되었기 때문에 정신대령은 발동되지 않았다고 해석한 것이다.

정신대령이 조선에서 '시행되었다'는 것은 역사적 사실이며 조선총독부도 명언하고 있고, 또 조선 내의 신문뿐만 아니라 일본 내 신문도 그렇게 보도했다. 『매일신문』은 정신대령이 공포된 당일(8월 23일)에 정신대령 공포사실을 큰 기사로 싣고 있다. 그러므로 쟁점이 되는 것은 정신대령이 조선에서 발동되었는가 아닌가의 문제가 된다.

2. 정신대령 '시행'과 '발동'에 관한 쟁점

각 논객들의 논지

이 논의의 논점을 보다 복잡하게 만드는 것은, '시행'이라는 용어 이외에 '발동'과 '적용'이라는 용어를 사용하는 논객이 있고, 더욱이 그 용어들이 논객에 따라 반드시 같은 의미로 사용되고 있지 않다는 점이다. 가장 최근에는 '실행'이라는 용어도 등장했다. 우선 시기별로 각 논객들의 논지를 정리해보자.

내가 확인하기에 그 최초의 논의는 하타(秦郁彦, 1999: 367)에 의한 것이었다. 그는 위안부에 관한 7개의 쟁점을 제시하면서 그 첫 번째로 여자정신대와 위안부의 혼동을 들었다. 그리고 정신대령이 '조선에서는 적용되지 않았다'고 주장했다. 다만 적용되지 않았다는 것을 시행되지 않았다는 의미로 말한 것인지, 발동되지 않았다는 의미로 말한 것인지는 명확하지 않다. 후일 도노무라(外村, 2017)는 하타의 논지를 '발동되지 않았다'는 의미로 해석하여 하타의 견해가 사실이라고 주장했다.

이영훈(2008; 2019)의 견해는 두 가지다. 먼저 이영훈(2008: 97-100)[2]은 정신대와 위안부를 혼동하는 현상의 역사적 경로를 밝힘으로써, 여순주(1994) 이후 처음으로 두 제도가 별개의 것이라는 점을 지적했다. 나아가 그러한 오해가 한국사회에 널리 퍼진 배경에 대해 역사교과서 분석을 통해 다음의 세 가지 사실을 밝혔다. 첫째, 역사 교과서에서 정신대와 위안부가 다른 제도라는 것은 1952년 이후 60년대까지 명확하게 기술되어 있었다는 점, 둘째, 사실과 다른 역사기술이 등장하는 것은 1979년 이후라는 것, 셋째, 1997년에서 2001년까지의 교과서는 결정적인 오해, 즉 '조선여성이 정신대라는 이름으로 동원되어 일본군의 위안부로서 희생되었다'고 하는 기술이 있었음을 지적했다. 교과서뿐만 아니라 매스컴과 일부 학자들의 태도 역시 오해 확산을 가속시킨 요인이었지만, 그중에서도 오해의 근원을 교과서 내용과 관련지어 논증했던 것이다. 이 점에 관한 한 이영훈의 견해는 적확하며 이론의 여지가 없다. 그 후 여러 연구들에 의해 한국에서도 여자정신대와 군위안부를 혼동하는 경향은, 적어도 학계 차원에서는 거의 찾아볼 수 없다.

그런데 이영훈(2008)은 그 논의과정에서 정신대령을 언급하면서 '식민지 조선에서 정신대령은 공식적으로는 발동되지 않았다'고 기술

---

2) 이 책은 한국어판(『한일 역사인식 논쟁의 메타히스토리』, 뿌리와이파리, 2008)의 일본어 번역판인데, 여기서는 일본어판을 참고했다.

했다. 이것이 정신대령의 시행과 발동에 관한 이영훈의 첫 번째 견해다. 이 주장은 표현 방식으로만 본다면 도노무라의 견해와 그 맥을 같이 하는데, 해석하기에 따라 사실 오인의 가능성이 있다. 그 후 이영훈은 최근의 저서(이영훈 외, 2019: 308)에서, 첫 번째와는 다른 용어를 사용하여 견해를 제기했다. 그는 '정신대령은 조선에서 실행되지는 않았다'고 기술했다. 여기서 실행되지 '는' 않았다는 의미는, '법 시행은 있었지만, 실제로 집행되지는 않았다'는 뜻이라고 해석된다. 실행이란 법 시행 후 실제로 법을 집행하는 것을 뜻하기 때문이다. 그러므로 이 견해는 도노무라의 '발동되지 않았다'는 견해와 맥을 같이한다.

이영훈의 2019년 견해에 대해서는 한국 내에서도 논의가 있었는데, 거기에는 오해가 다소 포함되어 있었던 것 같다. 강성현(康誠賢著·古橋綾訳, 2020: 98-100. 이하 일본어 번역본을 통해 확인한 내용임)은 이영훈이 과거 '조선에서 정신대령은 공식적으로 발동되지는 않았다'고 주장한 적이 있음을 언급하면서도, 2019년 저작에 대해 **이영훈이 조선에서는 정신대령이 시행되지 않았다**고 주장했다고 말한다(강조는 인용자). 그리고 이영훈이 사실을 오인했다고 강하게 비판했다. 그러나 이영훈의 저술에는 **실행되지는 않았다**(강조는 인용자)고 기술되어 있으므로 강성현은 이영훈의 주장을 잘못 이해한 것으로 보인다.

시행과 실행은 엄연히 다른 용어이자 다른 견해다. '시행되지 않았다'는 것은 사실 오인의 문제이지만, '실행되지는 않았다'는 기술은 해석상의 문제가 되기 때문이다. 강성현의 비판이 실행과 시행은 같은 의미라고 해석한 것의 결과인지, 아니면 실행을 시행으로 잘못 읽었기 때문인지는 알 수 없다.[3] 다만 그 점을 넘어가더라도, 나는 후술하듯이 '발동되지 않았다' 혹은 '실행되지 않았다'는 이영훈과 도노무라의 해석은 적절치 못한 법해석이라고 판단하고 있다.

한편 박유하(2013: 43-44)는 위안부 논의 중에 여자정신대를 잠시 언급하면서 다음과 같이 주장했다: 정신대의 모집은 1944년부터였다. 정신대란 조선인들을 대상으로 한 것이 아니라 일본에서 시행된 제도였는데, 일본에서 시행된 제도가 곧바로 조선에서도 시행된 것처럼 오해하는 견해가 있다.

박유하는 정신대와 위안부는 완전히 별개의 제도라는 점을 지적하면서, 다른 한편 정신대 동원이 조선에서는 행해지지 않았던 것처럼 기술했던 것이다. 다만 정신대령 시행은 이미 역사적 사실로서 밝혀져 있으므로 여기서 박유하의 논의를 새삼 검토하지는 않는다.

김부자(金富子, 2008: 39-40; 金富子他編, 2018: 21)는 하타와 박유하의 견해가 '여자정신근로령은 조선에서는 적용·모집되지 않았다'는 주장이었다고 해석하고 두 사람을 지명하여 비판했다. 하타의 견해가 사실 오인이라고 주장했으므로, 김부자는 정신대령이 조선에서 '적용되었다'는 입장이었다고 볼 수 있다. 다만, 그 '적용'이라는 용어를 '발동'이라는 의미와 같은 것으로 해석했는지는 판단이 어렵다. 도노무라는 김부자의 논의를 검토하여 '김부자가 정신대령이 발동되었다는 견

---

3) 이영훈외(2019) 저작은 일본어 번역판이 출간되어 있는데, 한국어판에 '실행되지는 않았다'는 문구가 일본어판에는 '施行されなかった' 즉 '시행되지 않았다'로 번역되어 있는 것 같다. 이 번역서의 감수자는 정영환인데, 번역서 본문 중 '시행되지 않았다'는 기술에 '일본어판 266항'이라는 참고 주를 달고 있으므로 그리 짐작된다. 만약 그렇다면 문제가 있는 번역이다. 한국어판 원저에는 분명히 '실행되지는 않았다'고 기술되어 있기 때문이다. 번역상의 문제로 해석 문제가 발생할 수도 있겠다. 참고로 필자가 확인한 것은 이영훈 외(2019)는 한국어판, 강성현의 저작은 일본어판이다.

해를 가졌다'고 간주한 듯, 그녀의 견해가 사실오인이라고 주장했다.

정영환(鄭栄桓, 2016: 51-53)은 박유하가 조선에서는 정신대령이 시행되지 않았다고 말했다며 박유하를 다소 집요하게 비판한다. 그리고 정신대령의 시행·적용·발동의 의미에 대해서는 언급하지 않고, 정신대령은 조선에서 발동되었다고 단 한 줄로 쓰고 있다. 정영환은 '조선에서 공식적으로는 발동되지 않았다'고 한 이영훈(2008)의 주장을 검토하고 있지만, 그 시비에 대해서는 자신의 판단을 보류하고 있으며 하타의 '적용되지 않았다'는 주장에 대해서도, 그 사실성 판단을 유보하고 있는 것 같다. 다만 정영환은, 하타가 '적용되지 않았다'고 주장한 의도는 정신대 동원이 강제동원이 아니었다는 것을 보여주기 위한 목적이었다고 추정하면서 비판한다.

마지막으로 도노무라(外村, 2017)는 이상의 견해들(물론 2017년 이전의 저작들)을 모두 검토한 후, 전술한 대로 정신대령은 조선에서 '시행되었으나 적용되지 않았고 발동되지 않았다'(=동원은 있었지만 정신대령에 근거한 동원은 아니었다)고 주장했다. 그리고 그는 '정신대령이 적용되지 않았다는 하타의 주장이 사실에 근거한 것이며, 하타의 주장을 비판한 김부자의 주장은 사실이 아니다'고 규정했다.

사실 논의의 첫출발이라고 할 수 있는 하타의 주장, 즉 '적용되지 않았다'는 의미는 객관적으로 본다면 두 가지 해석이 가능하다. 하나는 '정신대령의 시행범위에서 조선은 적용 제외되었다'는 것, 즉 조선에서는 정신대령이 시행되지 않았다는 해석이다. 다른 하나는 '정신대 동원은 정신대령에 근거한 것이 아니었다'는 해석이다. 김부자는 하타의 견해를 전자로 해석하고 하타를 비판했던 반면, 도노무라는 후자로 해석하여 반대로 김부자를 비판했다. 그러나 당초 하타의 '적용되지 않았다'는 견해가 '조선에서는 시행되지 않았다'는 뜻이었을 가능성은 엄연히 있다고 생각된다. 하타의 견해를 '발동되지 않았다'고 해석한 도노무라의 논거는 분명하지 않다.

이러한 도노무라의 결론 내린 듯한 견해에 대해서, 그 후 정영환이나 김부자로부터 어떤 반론이 제기되었는지는 필자가 확인하지 못했다. 적어도 지금 시점에서는 도노무라의 견해가 일본에서는 정설로 받아들여지고 있는 듯이 보인다.

앞으로의 논의를 위해 이에 관련된 논객들의 입장을 간략히 정리한 것이 다음이다.

①하타(1999): 정신대령은 조선에서 적용되지 않았다('적용'이 시행의 의미인지 발동의 의미인지 판단하기는 어려움).

②이영훈(2008): 정신대령은 조선에서 공식적으로는 발동되지 않았다. 이영훈 외(2019): 정신대령은 조선에서 실행되지는 않았다.

③박유하(2013): 정신대령이 조선에서도 곧바로 시행된 것처럼 인식하는 오해가 있다.

④김부자(2015): 정신대령은 조선에서 적용되었다('적용되지 않았다'는 하타 의견을 비판했다. 다만 그것이 '정신대령이 발동되었다'는 입장이었는지는 알 수 없다).

⑤정영환(2016): 정신대령은 조선에서 시행되었다.

⑥도노무라(2017): 정신대령은 조선에서 시행되었으나 발동되지는 않았다.

'발동'의 용례

도노무라는 정신대령이 발동되지 않았다고 주장한다. 그렇다면 어떤 법령을 '시행하면서 발동하지 않는 경우'란 구체적으로 어떤 상황인 가? 아니 그 이전에 '시행하면서 발동하지 않는 법 운용'이란 어떤 경 우에 가능한가?

도노무라는 '발동'의 의미를 **정신대령이 규정한 방법과 절차에 의거**한 정신대 동원이라고 해석했다. 즉 정신대령이 규정한 방법 및 절차가 아닌 다른 방법으로 행해진 동원은 발동이 아니라는 것이다. 보다 구체적으로 말하면, 정신대령에서는 영서를 발급하고 그 영서 발급 대상 자가 정신대 동원을 거부하면 벌칙이 적용된다고 규정되어 있었으므로, 영서 발급이라는 절차가 없었다면 정신대령을 발동한 것이 아니라고 해석했던 것 같다.

먼저, 정신대 동원과 관련해 발동이 실제로 어떤 용례로 사용되었는지를 살펴보자. 발동이라는 용어는 정신대령 시행일에 즈음하여 『매일신보』와 『경성일보』가 총독부 광공국장 시오타 세이코塩田正洪와 한 문답 기사에서 사용되었다. 그리고 그에 이어 발간된 『국민징용의 해설』이라는 책자에서도 신문보도와 같은 문답 과정에서 발동이라는 용어가 등장했다.

그에 관련된 문답 내용을 전체적인 콘텍스트 속에서 살펴보자. 광공국장은 첫머리에서 다음과 같이 말한다. "지금까지 정신대 동원은 관청의 지도 장려에 의한 관 알선 방법으로 시행한 것이며 법령상 명령에 의한 것은 아니었다. 8월 23일 공포된 정신대령은 조선에서도 시행된다. 동원기간은 지금까지 2년이었으나 앞으로는 1년이다. 정당한 이유 없이 백지白紙 영장을 받고서도 출동하지 않으면 취직명령이 내려지고 거기에 불응하면 1년 이하의 징역 혹은 1000엔 이하의 벌금에 처해진다"(『매일신보』 1944. 8. 23.).

이 견해 후에 시오타는 '발동은 적당한 때에'라는 항목의 문답에서 '조선에서 정신대령을 곧 발동할 예정인가'라는 질문에 대해 다음과 같이 답변한다. "조선은 내지(일본)와 달라서 여러 가지로 사정이 있으므로 **지금 곧 발동을 하지 않을 방침**이다. 그러나 긴박한 전국戰局에 대응하여 적당한 때에 이를 발동하려는 태세를 갖추려고 한다"(강조는 인용자).

이 대담은 그 후 발행된 『국민징용의 해설』이라는 책자에 거의 그대로 실렸다. 이 책자는 기본적으로 징용 등 노무동원의 실체를 알려주는 중요한 문헌인데, 60여 쪽 분량의 소책자다. 이 책자의 마지막 부분에 여자정신대 동원에 관한 문답이 있다. '징용은 실시하는가, 조선에서 여자정신근로령은 일본(內地)과 동일하게 할 방침인가'라는 두 가지 질문에 대해서 다음과 같은 대답이 제시되어 있다.

여자정신근로령은 조선에서도 시행되고 있다. 그러나 조선에서는 일반 여자는 국민등록을 하지 않고 13종류의 기능을 가진 기능자만이 등록한 상태다. 그 등록자는 매우 적다. 앞으로 **여자정신근로령의 발동을 통한 동원은 현재 고려하고 있지 않다**. 지금까지 조선여자정신대는 모두 관 알선에 의해 이루어졌다. 일본에서 가장 노무관리가 잘되고 시설이 좋은 비행기 공장 등에 보냈다. 앞으로도 **표면상으로는**(주. 원문은 建前=다테마에. 본심인 本音=혼네와는 다른, 겉으로 드러난 태도) '관의 지도알선'을 통해 동원하려고 한다. 다만 전황 추이에 따라서는, 여자 동원을 더더욱 강화해야 할 때가 올 것으로 본다. 국민은 그 각오만은 가져야 한다. (강조는 인용자).

이 책자에 나타난 총독부의 입장은 이전에 광공국장의 신문 대담 때의 입장과 완전히 같은 것은 아니지만, '정신근로령에 근거한 방식으로 정신대를 동원하지는 않는다' 혹은 '정신대령에 근거한 방식의 동원은 불가능하다'는 의사 표명이라고 해석할 수 있다. 그런데 이는 어찌 보면 당연한 견해라 할 수 있다. 왜냐하면 정신대는 '국민등록된 12~40세의 여자'가 그 대상이라고 정해져 있었으나, 조선에서는 국민등록 자체가 시행되지 않았으므로 정신대령이 정한 방법으로는 동원할 수 없었기 때문이다. 그렇다고 정신대 동원을 위해, 먼저 조선의 12~40세 여자를 국민등록하게 하는 일은 현실적으로 불가능했다. 그러므로 정신대를 동원하기 위해서 남아 있는 방법이란 '관의 지도알선'이라는 수단을 통하는 것 외에 없었다.

이 책자에서 '관의 지도알선'이라는 용어는 '관 알선'이라는 용어와 구분하는 의미로 사용되었을 가능성도 있지만, 전자는 그 이전부터도 사용되는 용어였으므로 양자가 전혀 다른 성격의 용어라고는 생각하기 어렵다. 그것은 징용 이전의 동원 방법, 징용과는 다른 동원 방법을 나타내는 용어였다.

그러나 국민등록을 시행하고 등록자 중 일부에게 근로령서를 통지하여 동원하는 방식, 즉 정신대령이 규정한 절차와 방법을 통하지 않았다고 하더라도, 그것을 이유로 정신대령이 발동된 것으로 볼 수 없다고 해석하는 것은 무리다. 왜냐하면 정신대령이 시행되고 있다는 사실, 정당한 이유 없이 여자정신대 동원을 거부할 경우 총동원법에 의한 벌칙이 상정되어 있다는 사실을 총독부는 신문지상을 통해서도 공식적으로 거듭 밝히고 있었기 때문이다. 그러므로 1944년 9월 이후(실제적인 단체동원은 1945년 초 이후)에는, 최후의 수단으로서 동원의 강제성이 정신대령에 의해 담보되어 있었다고 해석하는 것이 합당하다.

3. 정신대령은 조선에서 시행되고 발동되었다

도노무라 해석에 대한 검토

정신대령 시행에 관한 논의가 분분해진 것은, 앞에서 소개한 조선총독부의 입장에 다소 불분명한 부분이 있었기 때문이기도 하다. 하타와 도노무라의 견해는 『국민징용의 해설』이라는 책자 내용에 기반을 두고 있고, 도노무라는 거기에 광공국장의 대담도 검토한 것으로 보인다. 그런데 하타는 '조선에서 정신대령은 적용되지 않았다'고 주장했고, 도노무라는 '발동되지 않았다'고 주장한 것이다.[4] 그러나 결론부터 말하자면, 이 책자의 내용을 가지고 '적용 혹은 발동되지 않았다'는 주장의 근거로 삼기는 어렵다.

도노무라의 주장에는 다음과 같은 두 가지 의문이 있다.

첫째, 도노무라는 『경성일보』(1944. 8. 26.)에 게재된 시오타 광공국장의 견해, 즉 '지난번 내지에 출동시킨 여자정신대는 관청의 지도 장려에 의한 관 알선 방법으로 시행한 것이며 법령상 명령에 의한 것이 아니었다'는 발언을 정신근로령은 적용되지 않았다는 근거의 하나로 삼고 있다. 그러나 이 질문과 답변은 원래 1944년 8월 이전까지 행해

---

4) 하타秦郁彦의 견해는 '정신대 동원의 강제성이 없었다'는 입장을 전면에 내세운 것으로 판단된다. 하타는 위안부 문제를 연구해온 대표적인 우익 성향의 역사학자다. 군위안부 문제에 있어서도 일본의 배상 책임이 없다는 입장이며, 정신대 동원 논의에 있어서도 일본 책임이 아니라는 논리에 근거해 있는 것으로 보인다. 군위안부 증언에 관해서도 각 증언내용의 사실성만을 문제삼는 경향이 있다.

진 동원에 관한 문답, 즉 '정신대령 성립 이전의 동원에 관한 문답'이므로 이 발언을 근거로 정신대령이 적용되지 않았다고 말하는 것은 애초부터 논리에 맞지 않는다.

둘째로, 도노무라는 '발동'의 의미를 '정신대령이 규정한 절차와 방법에 기초한 시행'이라고 해석한다. 그러나 나는 '정신대를 편성하고 동원하는 행위 그 자체가 발동'이라고 해석해야 한다고 본다. 1944년 8월 23일 정신대령 시행 후 만약 조선정신대가 동원된 사실이 없었다면 정신대령 발동은 없었다는 것이며, 1944년 8월 23일 이후 실제로 조선정신대 동원이 행해졌다면 정신대령이 발동되었다고 보아야 한다는 것이다. 법률의 발동이란 법률 규정이 실제에 적용되는 것이라고 보는 것이 합당하지 않을까?

실제는 어떠했는가? 정신대령 시행 이후 1945년 초부터 조선정신대의 집단동원이 시행되었다. 그러므로 정신대령은 조선에서 발동된 것이다. 총독부가 학교장이나 부윤 등에게 여자정신대 편성을 명령하는 행위가 벌써 정신대령의 발동이었다.

'당장은 발동하지 않는다'고 한 시오타의 발언에는 매우 중요한 의미가 있다. 그 발언은 곧 **당분간은 정신대를 편성 송출하지 않는다**는 뜻이었다고 생각된다. 발동하지 않는다는 광공국장 발언의 속내는 '문답이 언제 이루어졌는지'를 살펴보아야 알 수 있다. 즉 문답이 이루어진 1944년 8월 23일의 시점이 의미하는 것을 조선정신대 동원의 전체적인 흐름 속에서 해석해야 한다는 것이다.

시오타 광공국장의 문답이 『매일신보』에 공개된 1944년 8월 23일은 '1944년의 단체동원이 이미 종료된 시점'이었다. 즉 1944년의 단체동원은 1943학년도 졸업자(1944년 3월 졸업자)가 포함되어 있었으나 1944년 8월 시점에서는 모두 끝나 있었다. 그러므로 1944년에 행해진 단체동원은 모두 정신대령 이전의 동원이었다. 비록 1944년 9월부터 12월에 걸쳐 조선에서 여자정신대 개별 지원자가 나왔다는 기사가 간간이 보이지만, 신문기사에 난 건수는 모두 합쳐 30명을 넘지 않았다. 총독부로서는 여자정신대 지원자가 나왔다는 것을 적극 홍보하고 싶어했을 것이므로, 신문보도 내용이 정신대 지원자수의 전부였다고 생각된다. 그들이 동원된 장소는 명확하지 않다. 수개월에 걸쳐서도 해당 지원자들이 소수였으므로 일본의 군수공장이 아닌 조선 내의 군수공장에 동원되었을 가능성도 없지 않다.

정신대령이 시행된 이후, 처음으로 단체동원이 개시된 것은 1945년 초였다. 1944학년도(1944. 4~1945. 3.)의 국민학교 졸업자 혹은 졸업 예정자가 배출되는 시기에 맞추어 1945년 동원이 시작된 것이다. 1944년 8월 23일 지금 곧 정신대령을 발동하지 않는다는 시오타의 말은, **'새 졸업생이 나오는 내년 초에나 여자정신대 동원이 가능하다'**는 뜻이었을 것이다. 이 발언은, 조선에서 정신대령을 '곧 발동할 예정인가'라는 질문에 대한 대답이었다. 조선의 잠정적 정신대 자원은 매우 한정되어 있어서, 1944년 3월 국민학교 졸업자에 대한 동원은 이미 1944년 7월까지 이루어진 동원에 의해 거의 바닥난 상태였다. 사실 졸업생이 많이 배출되는 봄에서 초여름까지의 동원에서도 모집수 채우기가 매우 어려웠음은 앞에서 본 대로다.[5]

그렇다면, 광공국장 담화가 공개된 1944년 8월 말 시점에서 볼 때

---

5) 일본과는 달리 조선에서는 고등여학교 재학생의 정신대 동원은 거의 발견되지 않는데, 그들이 동원에서 제외된 이유는 알 수 없다. 고등여학교 학생은 일본인이 많이 포함되어 있었기 때문일 가능성도 있고, 학부모들의 큰 저항이 예상되는 등 다른 요인이 있었을 수도 있다.

앞으로의 정신대 동원이라는 말의 의미는 **1945년 3월 졸업자(혹은 졸업 예정자)를 상대로 한 동원**이었을 것이다. 이러한 사정을 본다면 '곧 발동하지 않을 예정이다'는 뜻은 **1944년 9월부터 1945년 초까지는 집단동원이 어렵다**는 의사 표명이었다고 해석된다.

이 외에도 도노무라는 '조선총독부가 여자정신대를 출동할 사업소를 지정하기 위해서는 세세한 절차나 서식 등이 제시되어야 한다'고 하여, 총독부가 정신대를 선발한 뒤 사업소를 지정하여 송출하게 되어 있었던 것처럼 기술하고 있다. 하지만 그에 대해서도 의문이 있다. 여자정신대 동원에 있어서(뿐만 아니라 노무동원 전반에서) 조선총독부의 역할은 사업자로부터 접수된 신청서를 검토하여 동원 희망자수를 인가하거나 혹은 조정해서 정하고, 노무자 모집지역 및 모집기간을 할당해준 후, 동원자를 편성해서 인솔하는 것이었기 때문이다. 총독부에서 정신대가 투입되는 사업소를 지정하는 것이 아니었다.

정신대령 '발동'의 의미

'시행'과 '발동'을 구태여 구분하려는 의도는 '정신대 동원이 자발적인 것인가, 강제적인 동원인가'라는 논의와 관련된다. 정신대령이 발동되었다는 것은, 정신대령이 상정하는 강제성이 공식화되었다는 의미가 있기 때문이다. 하지만 나는, 당시 조선의 현실에서 정신대령의 '시행'과 '발동'은 다른 성질의 용어가 아니며, 따라서 '발동되었는가 아닌가'라는 문제는 사실 공허한 논쟁거리일 수 있다고 생각한다. 양자는 형식논리적으로는 구분할 수 있겠지만 그것을 일부러 구분하는 것의 의의는 크지 않기 때문이다. 예를 들어 '노동자모집취체규칙'의 경우라면, 시행일자 이후 그 규칙의 위반사례가 적발되었을 때 비로소 그 규칙이 '발동'되는 것이다. 어찌 보면 위반사례가 발생하여 벌칙을 적용하기 이전까지는 발동되지 않은 상태라고 해석할 수도 있다. 하지만 법이 시행되면 그 법을 의식하는 행위가 이루어지기 때문에 시행과 발동을 구분하기란 매우 어렵다.

다만, 노무동원에 관한 법령은 일반적인 법률과는 다른 성격이 있다. 징용이나 여자정신대의 경우는 동원 절차가 시작되는 시점에서 발동되는 것이며 한정된 대상자 이외의 일반 국민에게는 적용될 가능성이 거의 없는 법령이기 때문이다. 남자 징용의 경우, 조선에서의 법 시행은 1939년이었으나, 조선에서 그 법이 처음으로 발동된 것은 1944년 9월의 일이었다. 마찬가지로 정신대령에 있어서 그 발동은 정신대령 시행 이후 정신대를 동원하는 행위 그 자체를 의미한다. 집단동원은 1944년 8월 이후 한동안 행해지지 않다가 1945년 2월부터 다시 시작되었기 때문에, 정신대령이 공식적으로 발동된 시점은 1945년 동원의 준비가 시작된 시점, 늦어도 1945년 2월로 보는 것이 합당하다.

소위 시로가미白紙라고 불리는 정신근로령서를 통지하고 그에 근거하여 정신대를 동원하는 방식만이 정신대령의 발동이라고 간주한다면, 일본정신대 역시 그 일부는 발동되지 않았다는 결론으로 이어질 가능성이 없지 않다. 사실, 일본에서의 정신대 영서 발급 방식에 관해서조차 불분명한 점이 있다. 따지고 보면 일본에서의 정신대 동원 과정과 절차를 명확히 밝히지 않은 채 조선정신대 논의를 전개하고 있는 것도, 논란을 필요 이상 장황하게 만든 요인의 하나라고 생각된다. 일본과 조선의 동원 방법의 차이를 규명하려면, 애초에 일본 상황을 명확히 밝혀둘 필요가 있기 때문이다.

일본의 경우, 지역동원에서는 정신근로령서가 발급되었음이 명백하

다. 일본에서는 정신대령 이전인 1944년 3월에 이미 20만 1487명이 정신대원으로 동원되었는데(제4장 〈표 4-1〉 참조), 정신대령 이후에는 지역동원에서 시로가미(영서)가 대상자에게 통지되었다. 일본여자정신대 1기생의 "공무원이 시로가미를 가지고 왔다"(いのうえ, 『女子挺身隊の女性たち』4)는 증언을 비롯해 다수의 증언이 있기 때문이다. 이 경우, 그 대상자는 물론 국민등록자였을 것이므로 직업소개소를 통해 영서가 전달되었고 대상자에 대해서는 노무협력 동의를 받았을 것이다.

그러나 일본에서도 학교를 통한 집단동원에서 각 대원에게 영서가 발급되었다는 기록은 보이지 않는다. 내가 조회한 여러 사례에서 영서가 발급된 경우는 모두 지역동원이었고, 학교나 동창회를 통한 동원에서 영서를 받았다는 증언은 아직 보지 못했다. 이노우에(いのうえ, 『女子挺身隊の女性たち』19)는 정신대에 관한 현장 자료를 면밀히 분석했는데, 그중에서 나는 특별히 이노우에의 다음과 같은 지적을 주의 깊게 볼 필요가 있다고 생각한다.

여자정신대라고 한마디로 말하지만, 여학교를 비롯한 동창회 단위의 정신대와 지역에서 시로가미에 의해 편성되고 동원된 여자정신대는 작업 내용도 대우도 크게 달랐다.

이 지적은 일본에서도 학교동원에는 정신근로령서 발급이 없었다는 의미가 아닐까? 그렇다면 영서 발급이라는 절차가 없거나 생략되면 정신대령 발동이 아니라는 견해는, 일본의 경우를 보더라도 성립하기 어렵다. 조선의 학교동원에서 영서 발급의 증언이 없는 것도 수긍이 간다. 다만 조선에서 혹은 일본에서 학교가 이 영서 문제를 행정적으로 어떻게 처리했는지는 밝혀져 있지 않다. 조선정신대원들이 부모 도장을 학교에 제출했다는 증언이 다수 있는데, 그 도장은 정신대 '지원'에 필요한 것이었는지, 정신대 '편성'에 필요한 것이었는지는 알 수 없다.

조선정신대의 경우, 직업소개소로부터 출두하라는 통지를 받고 정신대에 동원된 사례가 두 건 확인된다. 두 사람 모두 공장에서 일하고 있었기 때문에 그들의 노동력 정보는 직업소개소에 전달되어 있었던 것으로 보인다. 다만 그들이 직업소개소에서 받았다는 통지는, 영서가 아니라 정신대 지원 여부를 확인하기 위한 출두 요구서와 같은 문서였을 가능성이 크다. 왜냐하면, 예를 들어 박순덕(진상규명위)은 대전 직업소개소로부터 연락을 받고 직업소개소에 출두했더니, 직원들이 거기 출두한 사람들에게 각자의 의향을 묻고 정신대 모집에 응하지 않겠다는 사람들은 따로 모아 개별면담을 했다고 말하기 때문이다. 그 통지가 영서였다면 개개인의 의사를 물을 필요가 없었을 것이다.

정신대령 시행 이후, 1945년 여자정신대 모집 신문광고 내용에서 그 이전과 다른 변화가 있었다는 점 역시 정신대령의 발동을 증명하는 자료다. 1944년의 신문광고에는 '계약기간 2년'이라는 문구가 있었으나 1945년 광고에는 그 문구가 없어졌다. 총독부는 정신대령이 시행되면서 동원기간이 예전의 2년에서 1년으로 바뀌었음을 공표하고 있었으므로, 계약기간 내용을 변경한 광고내용은 정신대령의 발동을 보여주는 또 하나의 증거다. 1945년 조선정신대원 중에는 계약기간이 1년이었다고 분명히 말하는 대원이 있다. 정신대령이 시행됨으로써 정신대를 편성하는 방법상의 변화(비록 큰 변화는 아니었다고 하더라도)가 발생했음은 명백하며, 그것은 정신대령 발동의 증거가 될 수

7-1(좌), 7-2(우) 정신대령 이전의 여자정신대 모집광고(『매일신보』1944. 6. 30.)와 그 이후의 모집광고(『매일신보』1945. 1. 24.). 1944년 6월의 모집광고에는 그 대상이 '14~21세 미혼자'로 되어 있고 , 기간은 '2년간'이라고 명시되어 있다. 1945년 1월의 모집광고에는 '13~21세(만 12~20세) 미혼자'로, 그리고 계약기간에 관한 언급이 없다. 정신대령에 원칙적으로 1년이라는 기간으로 정해져 있었기 때문으로 추측된다. 정신대령이 실제로 조선에서 발동되었음을 보여주는 증거의 하나다.

있다.

이러한 사실들을 들지 않더라도, 정신대령이 시행됨에 따라 정신대 동원에 대한 이유 없는 거부는 총동원법에 의한 처벌대상이라고 총독부는 거듭 공언하고 있었다. 그 처벌의 법적 근거가 정신대령에 있었음은 부정할 수 없는 사실이다. 정신대령 시행 이후에 실제로 정신대 동원이 있었기 때문에, 정신대령은 조선에서 발동된 것이다.

정신대령 시행하의 동원 및 그 강제성

실제로 조선정신대의 1944년 동원과 1945년 동원에 있어 방법상의 근본적인 차이는 없었다고 생각된다. 논의를 보다 명확하게 하기 위해 작성한 것이 〈그림 7-1〉이다. 일본과 조선 공히 전체동원수의 적어도 절반은 정신대령 이전에 동원되었다.[6] 조선에서 1944년에 이루어진 집단동원의 근거는 1944년 3월의 각의결정으로 보아야 한다는 점은 이미 지적했다. 〈그림 7-1〉에서 후지코시에 동원된 정신대의 경우를 보자. 최초 동원(자주적 정신대 제외)은 1944년 5월 9일 도착한 약 100명의 경상북도대였다. 그리고 마지막 동원은 1945년 3월 2일 도착한 전라북도대 100명이었다.

정신대령에 근거하여 정신대를 동원한다는 것은, 규정대로 해석하자면 국민등록을 한 여성 중에서 대원을 선발하며, 선발된 자에게 영서를 발급하고, 영서가 발급되면 그 대상자는 근로협력을 거부할 수 없게 된다는 것이다. 그런데 이러한 동원 방법의 핵심내용은 이미 '정신대강화요강'에도 규정되어 있었다. 즉 '정신대원으로 선정된 자에 대해서는, 필요에 따라 정신대 조직에 의해 필요업무에 정신협력하게끔 명령할 수 있도록 할 것'(요강 3조)이라는 방침이다. 국민등록을 한 여성이 원칙적으로 그 대상이 되지만, 조선의 상황에서 유심히 보아야 할 것은 국민등록을 하지 않은 자라도 자원하는 여성은 대원이 될 수

그림 7-1 후지코시 정신대 최초 동원 및 최후 동원과 관련 법령

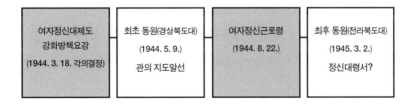

6) 1944년 정신대 집단동원은 7월까지 시행되었다. 그리고 1945년 2월부터 다시 집단동원이 행해진다. 이것은 조선정신대의 경우, 국민학교 졸업생이 배출되는 3월 말을 전후하여 주로 동원되기 시작했다는 뜻이라고 해석할 수 있다.

있다(정신대령 제3조)는 규정이다. 즉 조선에서는 국민등록이 시행되지 않았기 때문에 당초부터 정신대원은 자원(=지원) 형식으로 모집되었을 가능성이 없지 않다. 거기에 관이 지도알선이라는 행정행위를 했기 때문에 '관의 지도알선'이라는 방법이라고 표현될 수 있는 것이다.

물론 지원이라는 것은 어디까지나 형식절차상 그렇다는 뜻이고, 동원해야 할 할당수가 이미 정해진 틀 내에서 행해지는 동원이라면 순수한 의미의 지원과 다르다는 점은 고려해야 한다.

논점은 정신대령 이후, 영서통지를 통한 명령에 근거하여 동원이 행해졌는가 아닌가다. 지역동원의 경우, 직업소개소를 통해 영서통지와 유사한 방법의 동원이 있었음은 앞서 언급한 대로다. 그 경우라도 일단 본인 의사로 정신대로 편성된 다음 동원을 거부한다면, 적어도 형식적으로는 취직명령에 이어 총동원법 벌칙이 적용되는 것으로 해석된다.

정신대령은 그 부칙에서 '공포일로부터 시행한다'고 되어 있기 때문에 소급 적용된 법령이 아닌 것은 분명하다.[7] 하지만 정신대령 시행 이후인 1945년 2월부터 시작된 동원도, 국민등록자를 대상으로 하는 방식은 아니었다. 『국민징용의 해설』에 기술된 '정신대령을 적용하여 정신대 동원을 하지 않을 것'이라는 말은 그러한 조선의 현실을 보여주는 것이다. 다만 정신대령 3조에 의해 정신대 지원자는 정신대원이 될 수 있었으므로, 지원 형식 자체가 정신대령을 적용한 동원 방법이라고 해석할 수 있다.

---

7) 정신대령이 시행되기 직전, 『매일신보』(1944. 7. 8.)는 '징용 근로보국대 기피자는 엄중 처벌'이라는 큰 기사를 냈지만, 여자정신대에 대해서는 언급이 없다. 처벌이라는 요소가 강제성에 부가된 것은 역시 정신대령 이후로 보아야 할 것이다.

총독부는 정신대령서가 벌칙이 상정된 노무동원이라는 점을 누차 밝혔고, 시오타 광공국장은 신문기사의 문답에서 정신근로령서를 시로가미라고 구체적으로 지칭하지만[8] 조선에서 영서가 통지되었음을 보여주는 증거나 증언은 없다.

지역동원의 경우, 단시간 내 정신대 편성을 위해 긴급 시의 징용과 같은 방법이 동원되었을 가능성이 있다. 징용에는 '출두명령-심사-적격자 징용령서'라는 절차가 있었으나, 긴급 시에는 도지사의 명령으로 출두한 사람을 그 자리에서 심사하여 바로 징용령서를 교부할 수도 있었다. 후지코시 원고 이종숙의 증언은 사실성이 높은데, 그녀는 후지코시 직원으로부터 회사 설명을 들은 뒤 보호자에게 말하지 않고 바로 다음날 집합장소인 광화문으로 가서 거기 모여 있던 정신대원들과 함께 서울역으로 이동하여 부산으로 출발했다고 말한다. 설사 정신대령서를 발급하는 체제였다고 하더라도, 경성부가 경기도지사에게 대원 선발을 보고하고, 경기도지사가 당사자에게 영서를 교부한 후 강제성이 전제된 동원 방식을 적용한다는 것은 시간적으로 무리였다. 이러한 사정을 보면, 지역동원의 경우에는 회사 직원과 지방 관리가 서로 협력 내지 결탁하여 긴급 시 징용과 유사한 방법으로 정신대를 동원했는지 모른다.

총독부가 말한 관의 지도알선이라는 방법은, 적어도 정신대령 시행 이후에는 어디까지나 최후수단으로서 '총동원법에 의한 강제성'이 전제되어 있었음은 분명하다. 1944년과 1945년 집단동원된 정신대의

---

8) 당시 징병영장은 아카가미(赤紙. 영장의 색깔에서 유래), 징용영장은 시로가미로 불리었는데, 광공국장은 정신근로령서를 시로가미라고 칭했다. 즉 정신대령서는 징용령서와 마찬가지로, 거부할 수 없는 명령과 같은 의미였다고 볼 수 있다.

동원 방법을 다시 요약해보면 다음과 같다.

①일본 사업체는 후생성에서 인가받은 희망 노동자수를 총독부에 신청하고, 총독부는 그것을 심사한 후 기업이 모집할 수 있는 지역(도별)과 모집기간을 정한다.

②회사는 할당된 지역에서 할당된 수의 정신대 모집을 위해 직원을 파견하여 지역행정기관이나 학교, 개인(학생)들을 상대로 홍보한다.

③정신대원의 결정은 어디까지나 군읍면과 학교장 등을 통하여 도지사가 결정한다. 다만 회사 측은 대원을 확보하기 위해 학교 및 읍면 조직에 적극 협력한다.

④총독부는 대원들을 조직화한 후, 부산과 여수 등 출국 장소까지 인솔 책임을 진다. 집결지에서부터 회사 직원이 정신대 인솔에 동행한다고 하더라도 출국 때까지의 모든 절차는 총독부 책임으로 행한다.

형식적·상징적 성격의 강제성

정신근로령서 발급을 통한 방식이 아니었더라도 정신대령 이후의 동원은 강제성이 전제되어 있었다. 물론 강제성이란 본인의 의사와 보호자 동의하에 정신대로 편성된 자에게만 적용되는 것이었다. 그런데 조선여자정신대가 만약 정신대 편성 후에 동원을 거부하는 일이 발생했다고 치자. 예를 들면 일본 공장에 간 후 노동을 거부하는 사례가 있었다고 가정해보자. 그 경우, 과연 정신대령에 의한 처벌이 가능했을까?

나는 조선정신대의 경우, 일본으로 동원된 후 공장을 이탈하더라도 정신대령의 벌칙을 적용하는 것은 불가능한 일이었다고 생각한다. 그 점에서 정신대 동원은 징용과 달랐다. 징용과 정신대의 강제성을 비교

그림 7-2 정신대(정신대령에 의한)와 징용의 법령상 강제성 비교

정신대	근로협력에 대한 동의	정신근로령서* (강제성 시작)	동원 거부→취직명령→거부→처벌**
징용	대상자 출두명령서 (강제성 시작)	출두→심사 출두 거부→경찰범 처벌	적격자 징용영장→강제동원 징용 거부→처벌**

주: * 정신근로령서는 정신대령에 규정된 것이나 조선에서 실제로 정신근로령서가 발급된 사례
는 보이지 않는다. 일본에서도 학교동원의 경우에는 영서가 발급되지 않았을 가능성이 있다.
　　** 처벌은 국가총동원법에 의한 처벌임.
자료: 필자 작성.

한 것이 〈그림 7-2〉다. 징용의 경우, 도지사가 출두명령서를 읍면장을 통해 대상자에게 교부하고 정해진 시간과 장소에 출두시켜 심사 절차를 밟은 후, 징용 적격자에게만 징용령서를 교부했다. 징용의 첫 단계인 출두명령을 거부하면 경찰범 처벌 대상이었기 때문에, 출두 요구 때부터 강제력이 발동된다. 더욱이 징용령서 발급 후 동원을 거부하면 총동원법 벌칙이 가해졌으므로 징용 사업장에서 이탈하는 행위 자체가 처벌대상이었다.[9]

그러나 정신대령의 경우, 정신대에 편성된 자가 동원을 거부하더라도 그 즉시 벌칙이 적용되는 것이 아니었다. 먼저 당사자에게 취직명령을 행하고, 취직명령에도 불구하고 작업을 거부했을 때, 비로소 국가총동원법에 의한 벌칙이 상정되어 있었기 때문이다.

후지코시에서 공장을 이탈한 사람이 다시 붙잡혀온 사례가 적어도

---

9) 조선총독부가 제국의회에 제출한 보고자료를 보면, 징용자가 이탈했을 경우 붙잡
힌 사례가 자세하게 보고되어 있다. 그것은 이탈 자체가 법적 제재대상이었기 때
문이다.

두 건 있다. 그러나 붙잡혀서 공장으로 돌아오더라도 다시 일한다면 정신대령에 의한 벌칙을 적용할 수 없었을 것이다. 도망 후 공장으로 돌아와서 다시 일한다면, 취직명령에 따른 것이 되므로 그것으로 그만이었다.

한편 이탈 후 붙잡히지 않거나 돌아오지 않으면 어떻게 되는가? 그 경우는 취직명령을 내릴 대상자가 아예 부재한 상태이기 때문에 취직명령을 내릴 방도마저 없어진다. 따라서 조선정신대가 공장에서 이탈했다는 이유로 총동원법에 의해 처벌받는 것은 실제로는 발생할 수 없는 일이었다.

이렇게 본다면 조선정신대의 경우, 처벌규정은 상징적·형식적인 규정에 불과했다. 그럼에도 정신대령이 시행되는 한 처벌규정이라는 강제성이 전제되어 있었고, 총독부는 그 점을 신문 등을 통해 적극적으로 알렸다. 조선에서는 1944년 8월 이전부터 이미 시행해오던 동원방식(관 알선)이 있었기 때문에, 정신대령 발령을 이유로 기존의 동원방법을 일부러 바꿀 필요가 없었다고 생각된다. 아니, 국민등록제도를 시행하지 않는 조선에서는 정신대령에 의한 노무동원이었다고 하더라도 그 형식은 관의 지도알선 이외의 다른 방법이 없었다고 생각된다.

앞서 집단모집, 관 알선, 징용이라는 노무동원 방법은 그 각각이 단절적이거나 배타적인 것이 아니라고 지적했다. 조선여성에게는 징용이 시행되지 않았다. 징용이 시행되지 않았기 때문에, 정신대령 이후에도 여자정신대 동원 방법은 군이 말하자면 관 알선과 다름없었다. 그러므로 관의 지도알선이라는 방법으로 여자정신대가 동원되었다는 사실을 이유로 들어, 그것은 정신대령이 규정한 방법에 의한 동원이

아니었으므로 정신대령이 발동되지 않았다고 하는 견해에는 동의할
수 없다.

4. 황민화 교육, 강제성 그리고 동원 규모

황민화 교육에 관한 논의

정신대 모집에 대한 부모와 본인의 태도는 몇 가지로 나누어볼 수 있
다. 첫째, 본인과 보호자가 모두 반대한 경우인데, 이 경우는 정신대에
동원되지 않았다. 충청도 북이면 지서에 호출된 세 부녀 중 두 아버지
가 끝까지 반대해서 동원되지 않았고, 동원된 한 소녀는 본인 스스로
가겠다고 나서서 가게 된 사례는 이미 소개한 대로다. 두 번째는, 본인
이 가려고 했을 때 부모가 강하게 반대한 경우다. 학교동원자는 이 경
우가 대부분이었다. 이 상황에서 결국 정신대원이 된 것은 부모 설득
에 성공했거나 혹은 부모 도장을 몰래 훔친 경우였다. 심지어는 부모
에게 말하지 않고 출국하여 일본에서 편지로 정신대 사실을 알린 경
우조차 있었다.

세 번째는 학교장이나 교사 혹은 지역 관리 등의 압력으로 정신대
원이 된 경우다. 지역동원에서는 모집단계부터 학교 측이나 주민조직
의 압력을 받았다는 증언들이 적지 않다. 농촌지역에서는 관헌이 찾아
와 정신대에 가지 않으면 다른 가족을 징용(혹은 보국대 동원)하겠다고
협박했다는 증언도 있다. 다른 한편, 진학기회에 관한 이야기도 들은
적 없고, 강압적 권유도 없었으며, 오로지 집안이 가난하여 돈을 벌어
야겠다는 생각에서 정신대에 지원했다고 말하는 대원도 다수 있는 것

또한 사실이다. 학교를 통한 동원과 지역을 통한 동원 사이에는, 정신대원들이 느낀 강제성이 다르게 나타날 수 있다. 또한 지역동원이라고 하더라도 지역이 어디인지에 따라 달랐을 가능성도 있다.

그러나 정신대는 적어도 형식적으로는 국가의 근로협력 요구에 대한 동의를 전제한 것이었다. 조선총독부는 그들을 위해 장행회를 열었고 시가지 행진을 벌였다. 쉽게 말하면 정신대는 비밀리에 이루어진 동원이 아니었다. 정신대원의 필요조건이라고 할 수 있는 국민학교 졸업(혹은 졸업 예정)이라는 학력은, 빈곤층이 아닌 가정의 상징이기도 했다. 그중에서도 체력이 좋은 사람만이(성적이 좋은 사람만이 선발되었다는 증언도 있음) 선발되었다는 점에서 대원들은 우쭐한 기분이었다고 회고하기도 한다. 그러므로 가난 때문에 아예 국민학교 문턱에도 가보지 못했던 빈곤층 또래집단의 눈에는 여자정신대가 부러운 존재였을 수 있었다. 이러한 배경 때문에 정신대원들 중에는 자신이 많은 사람들의 환송과 격려 속에서 일본으로 떠난 사람이라고 인식하고, 그 점 때문에 친일파로 낙인찍히지 않을까 조마조마했다고 증언하는 대원이 실제로 있다.

어쨌든 어린 마음이었지만, 많은 소녀들이 정신대로 가는 것에 적극적이었다. 그렇다면 그 소녀들 눈으로 보았을 때, 거기에는 어떤 유인이 있었을까?

선행연구자 중에는 그러한 소녀들의 의식구조 속에는 일제 때 학교에서 일본(內)과 조선(鮮)이 한 몸이라는 내선일체內鮮一體 사상과 황민화 교육의 영향이 있었다고 지적하는 경우가 있다. 당시 황민의식이란 자신들도 노동과 학습을 통해 일본제국의 번영에 기여하겠다는 주체적 의식을 뜻했다. 식민지 말기에는 내선일체가 교육현장에서 매우 강조되었고, 1940년부터는 창씨개명이 강제되었다. 실제로 조선정신 대원 중에는 당시 정신대로 가는 것은 나라에 보탬이 되는 일로 인식 했다고 말하는 이들도 있다.

그런데 조선정신대원의 그러한 생각을 과연 '황민의식'이라고 표현할 수 있을까? 만약 그것을 황민의식이라고 말한다면, 그들의 황민의식은 일본정신대가 말하는 황민의식과 같은 성격의 것이었을까?

야마다 쇼지山田昭次(山田, 2001; 2005a)는 조선정신대 증언에서 '애국심'을 지원 동기로 언급하는 경우가 상당수 있다는 사실을 들어, 그것을 조선 교육현장에서 황민화 교육이 침투한 결과라고 해석한다. 그리고 공개된 여자정신대 구술자료에 근거하여, 정신대의 동기를 몇 가지로 분류하고 '일본 숭배, 애국심'(2001: 표 6; 2005: 표 4)이라는 항목을 만들어 제시했다. 특히 야마다(山田·古庄·樋口, 2005: 第5章. 이하 2005b)의 집필로 보이는 다른 논문에서는 제목이 '전시기의 황민화 교육과 조선여자근로정신대'로 되어 있고, 황민의식을 중점적으로 논하고 있다.

또한 한국에서 1980~90년대 위안부 문제 운동에 직접 참가한 경험을 가졌다고 말하는 야마시타 영애山下英愛(山下, 2008: 補論)도 철저한 황민화 교육을 받은 정신대원들이 가지고 있었던 황민의식을 언급한다. 그리고 그것이 귀국 후에도 일본에 대한 협력자로 오인되는 것이 아닌가 하는 불안으로 이어졌을 수 있다는 점을 지적한다.

나는 여기서 야마다의 논의를 검토하는데, 비판적 검토라기보다는 '조선의 입장에서 본 황민의식이란 어떤 것이었을까'라는 시각에서 야마다와 다른 해석을 시도해보려고 한다. 황민의식이라고 해도 천편일률적 생각이 아니라 그 안에 다양한 편차들이 있을 수 있다는 점, 혹은 당시 조선인과 일본인 사이에도 인식 차이가 있을 수 있었다는 점을 지적하고 싶은 것이다. 어쩌면 이 논의는 오늘날의 일본인과 한국인의 시각 차이를 보여주는 것일 수도 있겠다.

확실히 내선일체 교육의 영향으로 나라에 보탬이 되고 싶었다고 말하는 정신대원들이 있다. 그런데 비교 가능한 증언들을 검토해볼 때, 그러한 증언들은 '일본을 믿고 동원에 응했는데 결과가 참담했다'는 이야기 문맥에서 나온 경우가 대부분이다. 즉 그것은 당시 '일본에 가는 것에 대해서 거부감이 전혀 없었다'는 의미에 보다 가까운 것이라고 생각된다.

교육기회에 대한 동경은 황민의식과는 다르게 보아야 할 것이다. 해방 후 귀국할 때 본심은 일본에 남아 공부하고 싶었으며, 이번에 돌아가더라도 꼭 다시 돌아오고 싶다고 마음먹었다는 증언이 있다. 어떤 대원은 전쟁에서 일본이 이겼으면 좋겠다고 생각했다고 말한다. 그러나 일본 패전소식을 듣고 근처에서 일본인 노무자들이 울고 있었음에도 불구하고 조선정신대원들은 모여서 환성을 질렀다고 말하기도 한다. 비록 조선 소녀들에게는 황민의식이 형성되어 있었다고 해도 조선의 부모세대에 황민의식이 침투해 있었다고 보기는 힘들기 때문에, 조선정신대의 황민의식은 한정되어 있었다고 생각된다. 감정기복이 심한 사춘기의 어린 소녀들이었다는 점도 고려해야 할 것이다.

새로운 세계로 향하고자 하는 마음에는 새 세계가 가진 매력 즉 흡입요인pull factor과 현 세계로부터 벗어나려고 하는 심정 즉 이탈요인 push factor이 뒤섞여서 작용하는 법이다. 정신대 소녀들에게는 학교의 황민화 교육에서 만들어진 일본 동경이라는 흡입요인이 있었겠으나, 이탈요인도 결코 무시될 수 없다. 지역에 따라서는 정신대로 가기 위해서 증언자 대다수가 부모 도장을 훔쳤다. 거기에는 오히려 경제사정이나 성적 혹은 민족차별로 인해 상급학교에 갈 수 없는 상황, 여자에 대한 심각한 차별, 열악한 환경 등이 배경으로 작용했을 수 있고, 보다 개별적 요인으로서 계모, 가족갈등 등 가정환경 등으로 인해 조선 밖으로 나가고 싶다는 요인도 작용했다고 생각된다.

박양덕은 일본 동원 중 공장에서 알게 된 어느 일본인 언니뻘 집에 초대받아 갔었는데, 살림이 검소한 것을 보고 '나도 다음에 이렇게 살아야겠다'고 생각했다고 말한다. 나는 어쩌면 그러한 마음가짐이 '조선사회가 개선해야 할 문화에 대해 나름대로 눈을 뜬 아이들의 정직한 반응'이었을 수 있다고 생각한다. 일본에서 진학할 기회가 있다는 선전에 혹했다고 말하는 어느 대원(양춘희)은 "당시 조선에서는 여자가 공부할 수 있는 분위기가 아니었다"고 말한다. 말의 의미를 깊이 새겨야 할 증언이다. 물론 일본에 가서 민족차별도 뼈저리게 느꼈겠지만, 자신들이 민족적 마이너리티라는 사실은 이미 조선에서도 가정생활이나 지역풍토를 통해 어느 정도 알고 있지 않았을까?[10]

후지코시에서 조선 사리원 공장으로 전속이 결정되어 1945년 7월 조선으로 돌아가기 바로 전날에 있었다는 일이다. 내일 조선으로 돌아간다고 하여 많은 대원들은 들떠 있었는데, 어느 대원이 옷으로 음식을 바꾸어 먹겠다면서 옷을 들고 나가서는 돌아오지 않았다고 한다. 자세한 경위는 알 수 없고, 그녀가 그 후 돌아왔는지 아닌지도 알 수

___
10) 진상규명위 오일순은 자신에게 어떤 새로운 도전심이 생겨난 심경을 다음과 같이 토로한다. "국민학교 재학생 중 남학생이 4분의 3, 여학생은 4분의 1 정도였고 여자차별이 많았다. 교사 중에 조선인은 남자교사 두 명뿐이었다. 그랬는데, 국민학교에 치마저고리를 입은 조선인 여교사가 부임해왔다. 그때 나는 '나도 선생님이 될 수 있다'고 강하게 느꼈다."

없지만, 그녀에게는 귀국할 수 없는 사정이 있었을 수도 있다.

일본에서 말하는 황민의식이란 어떤 것이었는가? 물론 일본에서도 정신대 동원에 대한 저항이 강했음은 이미 언급한 바 있고, 대원에 따른 개인차가 크다는 점은 기본적으로 인식해야 할 것이다. 어느 일본 소녀는 교실에서 정신대 모집을 하자 "전장에 나갈 수 없는 여자로서 나라를 위해 직접 보탬이 되는 가장 손쉬운 길, 그것이 바로 병기兵器를 만드는 일"(少女の会, 2013: 360)이라는 심정으로 부모 허락도 받지 않고 정신대에 참가했다고 증언한다. 일본정신대 기록을 보면, 정신대의 노동현장에서는 규정 이상의 노동을 무리하게 강행하여 건강상 문제가 생기기도 했다. 또한 쉴 틈 없이 공장을 가동하기 위해 모든 대원들이 삼교대로 일했는데, 전황이 불리하다는 소식이 들리면 자진해서 노동시간을 늘리는 경우까지 있었다.[11]

이런 모습과 조선정신대가 가지고 있었던 생각을 비교한다면, 비록 황민의식이라는 용어는 같다고 하더라도 그 깊은 곳에 있는 심정은 아무래도 같을 수가 없다는 생각을 버릴 수 없다. 교통공사에서 일하다가 해군 수로부水路部의 요청으로 정신대에 지원한 어느 일본인 소녀는, 해군에서 일하면 공습 위험이 큰 것이 사실이지만, 그것이 나라를 위하는 일이라고 생각했다고 말한다(松谷, 2011). 어느 정신대원은 해군항공창에 배속되어 사무직을 맡게 되었는데, '나라를 위하여 왔으니 현장으로 보내달라'고 요구했다. 그녀는 정신대로 올 때 비행기를 만드는 일을 한다고 생각하고 왔기 때문에 모두가 사무직 배치를 싫어했다고 말한다(橋田, 2017: 73-74).

---

11) 이에 대해서는 齋藤(1997: 제3장)를 참조할 것.

일본에서도 물론 노무동원에 회의적인 여학생이나 학부모가 있었다. 정신대로 나가지 않으면 퇴학당한다거나, 후일 징용대상자가 된다거나 하는 우려 때문에 싫어도 어쩔 수 없이 정신대에 응한 학생과 학부모도 적지 않았다.[12] 하지만 황민의식에 거부감 있는 사람들이 있었다고 하더라도, 일본인의 황민의식을 조선정신대와 평면적으로 비교하기는 어렵지 않을까?

이봉심(진상규명위)은 정신대 경험을 회상하며 당시 일본의 풍토에 대해 다음과 같이 말한다. "일본사람, 독하고 모질고 오로지 아는 것은 나라뿐이더라. 양심가이고 나라를 위해서는 목숨도 바친다고 생각하고 있더라. 우리는 안 그렇잖아?"

이상의 논의를 생략하더라도, 조선정신대 지원을 황민의식으로 설명하기는 어렵다는 점을 뒷받침해주는 매우 중요하고도 결정적인 증거가 하나 있다. 그것은 고녀나 실업학교 학생 중에서 정신대 지원자가 거의 전무했다는 사실이다. 정신대 동원에서 황민의식이 매우 중요한 동기였다면, '왜 고녀高女 학생들의 지원은 없었는가'라는 물음에 대해 설명이 궁해진다. 확인된 바로는, 상급학교에서 동원된 경우는 김금진이 유일했다. 그 김금진마저도 학교의 기념촬영에서 처음에 일장기 머리띠 하기를 거부했다. 학교를 살리기 위해서 가는 것이지, 일본을 위해 가는 것이 아니라는 자신의 태도를 분명히 내보인 것이다. 그 학교에서는 교장 교감이 나서서 정신대 지원을 간절히 호소했음에

---

12) 少女の会(2013)의 기록자료집에는 영어수업이 폐지된 것에 대한 원망부터 동원에 앞장서야 한다는 생각에 불탔던 경우, 노동현장의 충격적 경험, 노동재해와 사망자, 공습피해 등등에 대한 다양한 경험담이 실려 있다. 본가에서 멀리 떨어진 학교에 딸을 보낸 학부형이 정신대로 동원되는 것을 의문시하여 퇴학을 원한 경우도 있었다.

도 지원자 단 한 명을 모집하기가 왜 그렇게 어려웠던가? 그 사실이, 소녀들 마음속에 황민의식이라는 것이 매우 희박했다는 것을 잘 보여 주는 증거가 아닐까?

동원 규모

조선정신대로서 일본으로 동원된 수는 어느 정도였는가?

일본에서는 1999년경부터 정신대 규모에 관한 연구가 발표되었다. 특히 다카사키(高崎, 1999)는 당시까지 알려진 거의 모든 단편적 기록들을 망라하여 최대 4000명 정도일 것으로 추정했다. 도쿄마사 누마즈 공장에 약 300명, 후지코시 약 1100명, 미쓰비시명항 약 300명으로 합계 약 1700명이다. 거기에 자료는 불분명하지만 정신대 동원으로 추정되는 경우 등을 모두 합치면 4050명에서 4150명 정도라는 것이다.[13] 같은 시기 하타(秦郁彦, 1999: 368)는 위의 후지코시, 미쓰비시, 도쿄마사, 기타 확인되지 않은 나가사키조선소에 동원된 경우 등을 합하여 2000명 정도로 추정했다. 한편 임인숙(2003: 주 1)은 1944년부터 1945년에 동원된 조선인 여자정신대는 1000여 명에 달할 것으로 추론된다고 말하는데, 그 근거는 제시하고 있지 않다.

조선정신대의 해외동원은 일본만이 아니라 만주국(일본이 만든 괴뢰국가)에서도 동원되었을 가능성을 전혀 배제할 수 없으므로 새로운 자료발굴에 의해 그 수가 늘어날 가능성이 없지는 않지만, 정신대 동원자수는 위의 범위에서 크게 벗어나지는 않을 것이라고 생각된다.

---

13) 다카사키가 집계한 인원 중 도야마현 동원으로 1550명을 합하고 있는데, 그 정확한 근거는 알 수 없다. 『북일본신문』이나 『도야마현 경찰사』에 기록된 조선여자근로대 2800명이라는 숫자에서 공식적으로 동원된 정신대 숫자를 뺀 것이 아닌가 생각된다.

이 연구에서는 주로 1943년 이후의 여자정신대 동원을 다루었지만, 그 이전에 일본으로 간 여자노동자가 정신대령이 시행되면서 일본 군수공장 내에서 여자정신대로 재편성되었을 가능성도 없지 않다. 그러나 그에 관한 자료는 거의 보이지 않는다. 확실히 조선정신대는 학교동원의 경우는 학적부 등에 기록이 남아 있기는 하지만, 지역동원의 경우는 더욱 사료가 부족하다. 후지코시의 경우를 보면, 당시 동원된 조선정신대원은 1089명으로 되어 있다. 공식적인 반도정신대가 처음 도착한 것이 1944년 5월이었지만, 1943년 6월 최복년과 함께 후지코시에 온 50명 이외에 또다른 사람들이 이미 그곳에 와 있었는지는 알수 없다.

만약 이미 소개한 사례 이외에 1943년 이전 동원자가 있었다면, 그들의 동원 루트로서 생각할 수 있는 것은 두 가지다. 하나는 집단모집이다. 도쿄마사의 경우는 이미 1939년부터 집단모집으로 조선 여공을 고용하고 있었다. 후지코시의 경우에도 유사한 방법의 고용이 있었는지 모른다. 다만 그에 대한 언급은 『후지코시 25년』에는 보이지 않는다.

다른 하나는 소위 관의 지도알선이다. 관 알선 방식으로는 우선 1943년부터 시작된 자주적 정신대가 조선에서 편성되어 일본으로 동원되는 경우를 생각할 수 있다. 위의 최복년의 사례가 여기에 포함되지만, 앞서 언급한 김금진의 경우처럼 자주적 정신대가 제도화되기 전에 정신대라는 이름으로 노무동원된 사례가 있다는 것은 엄연한 사실이다. 다만 그 규모를 파악하기 어렵다. 그 외에 근로보국대로서 일본으로 간 경우도 생각해볼 수 있다.

이러한 방법으로 1943년 혹은 그 이전에 노무동원된 여자노동자는,

공식적 여자정신대가 일본에 도착한 이후 공장 내에서 공식적 정신대에 편입되어 재편성되었을 것으로 보인다. 이와 같은 사례는 후지코시 이외의 군수공장에서도 발견된다. 이들은 적지 않은 월급을 받는다는 것과 여학교에 다니게 해준다는 제안을 받고 일본으로 왔다고 증언한다. 어쨌든 이러한 사정을 보면, 공식적인 정신대 동원 이전인 1943년에는 물론이고 그 이전에도 일본 군수공장으로 동원된 조선 소녀들이 있었고, 그들은 해방 전후한 시점에서 최종적으로 여자정신대 신분이 되어 있었을 가능성을 배제할 수 없다.[14]

조선정신대의 규모를 추정하는 것은 1944년 이후 강제성이 전제된 동원만을 대상으로 할 것인가, 혹은 해방 시점에서 여자정신대 신분으로 군수공장에서 일하던 사람(조기 귀국자 포함)을 모두 포함할 것인가에 따라 달라질 수 있다. 후자의 방식으로 추정하는 것이 적절할 것이다. 『도야마현 경찰사』에 기록된 2800명 중에는 1944년 봄 이전의 동원자가 상당수 포함되어 있었던 것으로 보인다. 『북일본신문』(1944. 11. 6.) 보도 내용과 겹치지만, 『도야마현 경찰사』(하권, 230~231)의 '조

---

14) 국민근로보국협력령에 의한 근로보국대 중 상당 규모가 일본으로 동원되었다. 당시 신문 등에서도 그에 관한 기사가 적지 않다. 예를 들어 『부산일보』(1944. 1. 9.; 1944. 3. 1.)는 '경제경찰문답' 코너를 만들어 근로보국대의 업무, 급여, 경비부담, 직종, 사고 시의 보상 등을 소개하고 있다. 그에 의하면, 전쟁수행상 필요한 생산·보급·수확 등의 업무, 군사상 필요한 토목공사 중 비교적 비숙련노동, 탄광에서 갱외 노동 등이 그 대상이었다. 근로보국대가 해외에 동원된 사례에 관한 보도도 적지 않은데, 예를 들면 『매일신보』(1944. 6. 8.)는 '증송增送에 활약한 조선인(半島人)들—이시카와石川현에서 근로보국대 표창'이라는 제목의 다음과 같은 기사를 싣고 있다. "이시카와현에서는 춘계 임산물 증송운동을 했는데 목표보다 더 높게 성취했다. 그에 따라 관련단체에 표창을 했는데, 이시카와현(가나자와시 등)에 조선 근로대 50명과 20명의 두 단체가 그 대상이었다. 이들은 각각 6일간과 4일간 목재 운반 등에 협력했다." 여성으로 구성된 근로보국대 역시 일본으로 동원되었던 것으로 보이는데, 도야마현에 상당 규모로 와 있었던 것으로 보인다. 이들은 기본적으로 14세 이상이었다.

선의 정신대' 항목에는 다음과 같이 기술되어 있다. "현 내의 인적 자원이 완전히 고갈된 1944년 조선에서 많은 청년정신대가 들어왔는데, 11월에는 처음으로 여자정신대 800명이 현 내로 파견되었고, 1945년 3월까지 조선의 여자근로대는 2800명에 달했다."[15]

다카사키는 조선정신대 추계에서 후지코시 1100명, 기타 도야마현의 분산 공장에 1550명으로 추산했는데, 1550명 중에는 해방 전후 시점에서 여자정신대 신분이 아닌 사람들이 포함되어 있을 가능성이 있다. 후지코시 이외에 많은 정신대가 동원된 미쓰비시명항은 도야마에도 공장이 있었고, 나고야지역의 공장이 공습을 받은 이후 정신대원들을 도야마 공장으로 배속시켰다. 다카사키의 추정치는 도야마 경찰 기록보다는 150명이 적은 수치이지만, 큰 차이는 아니다.

이상과 같은 선행연구 등을 종합해본다면, 1943년부터 동원되어 해방을 전후한 시점에서 공식적 여자정신대로 편입되어 있던 사람은 2500명 선을 넘지 않을 것으로 생각된다. 다카사키의 추정대로 최대로 잡아도 4000명 수준일 것이다.

---

15) 후지코시에 여자정신대가 들어온 것은 1944년 11월이라고 하고 있지만, 공식적인 조선정신대가 처음 도착한 일시는 1944년 5월 9일의 일이다. 이 사료는 청년정신대, 여자정신대, 여자근로대라는 세 가지 용어를 사용하고 있는데, 서로 다른 의미로 의도적으로 사용했을 가능성이 있다. 800명은 '여자정신대'로 표기, 전체 숫자는 '조선의 여자근로대'라고 표기하고 있으므로 전체 숫자에는 집단모집으로 일본에 온 사람들도 포함되어 있을 가능성이 있다.

에필로그

1945년 이른 봄에 12세의 나이로 여자정신대로서는 마지막으로 일본에 동원된 사람이 지금 생존해 있다면 88세가 된다. 이들이 여자정신대 최저연령이므로, 대원 중 많은 분들은 고령 등으로 이미 사망했을 것으로 추측된다. 이 책에서도 증언을 인용한 어느 대원은 최근 치매가 발병했다고 하는데, 그 소식은 여자정신대 소송을 지원하는 일본의 시민단체 관계자로부터 들었다. 하지만 또한 적지 않은 정신대원들이 생존해 있다. 이 시점에서나마 이 책을 출간하게 된 것이 감사한 일이라고 생각한다.

이 자리에서는 이 책을 준비해온 과정과 감회를 간략히 밝히면서, 나아가 여자정신대 문제에 관하여 한국사회가 성찰해보아야 할 몇 가지를 제기하는 것으로 마무리하고자 한다.

책 출간의 경위에 관해

나는 최근 20여 년 동안 일본에 거점을 두고 동아시아 비교사회정책 혹은 비교사회정책사를 연구해왔다. 학문적 배경은 사회복지사상사다. 그간의 연구과제는 대한민국 건국 이전까지의 빈곤정책을 가능한 한 세세히 밝히는 작업이었는데, 그 전반부인 조선왕조의 빈곤정책에 대해서는 연구성과를 출간함으로써 일단락지었다. 남아 있는 후반부는 일제통치하의 빈곤문제와 빈곤정책을 규명하는 일인데, 개항기를 연구 기점으로 한다. 개항기는 빈곤으로 인한 한민족의 이산(디아스포라)이 시작된 시기이기도 하므로, 국경을 초월한 인구이동 현상이 연구의 시작점이 되는 셈이다.

원거리 인구이동은 식민지하에서 대규모로 이루어졌다. 특히 일제의 국가총동원법에 의한 동원정책이 시작된 1939년을 전후하여 강제적 동원이 시작되자 이동 규모는 급증했다. 초기의 인구이동에 관한 연구자료는 부족하지만, 그중 미시자료인 디아스포라 경험자의 구술자료가 있다. 그것들은 당시 조선의 상황뿐만 아니라 일본이나 중국 동북지방의 상황을 동시에 생생하게 보여주는 귀중한 사료다. 특히 일본 이주자의 경우는 구술자료가 출간되기도 했고 조사자료도 상대적으로 많은 편이다. 나는 역사연구에서 미시적 사료를 매우 중시하는 입장이기 때문에 구술자료 수집에 상당한 공을 들였다. 당사자의 구술내용에는 공감하는 바가 컸는데, 거기에는 구술내용과 관련된 당시의 법령이나 제도에 대한 기초적 이해가 있었기 때문이기도 하지만, 그에 덧붙여 구술에 등장하는 일본과 중국의 여러 지역들에 대한 나의 체험도 자료를 읽는 데 재미를 더했다. 연변지역(연길, 용정, 도문, 훈춘 등)이나 목단강, 봉천, 혹은 일본의 각 지방에 대한 경험과 위치감각 덕분에 구술자료를 읽는 데 흥미가 식는 일은 없었다.

물론 구술내용 외적인 지식이 구술자료 그 자체의 가치를 결정하는 것은 아니다. 그럼에도 나의 주관적인 경험으로 말하자면, 자료 외적인 지식이 구술자료의 찾기와 읽기를 지속하게 해주는 요인이 된다. 여자정신대 증언에 거의 빠짐없이 등장하는 시모노세키라는 지명 또한 그러했다.

시모노세키에 대한 나의 첫 경험은, 오래전 박사과정 재학 중 관부연락선을 타고 부산으로 도항한 일이었다. 왜 일부러 관부연락선을 탔느냐 하면, 당시 나의 연구 주제였던 웹 부부(Sidney Webb, Beatrice Webb)가 1911년 10월 시모노세키에서 그 연락선을 타고 부산으로 입국했기 때문이었다. 웹 부부는 국민최저생활보장을 최초로 제기한 사상가이자 영국 정부의 각료급 인사였다. 웹 부부는 곧 기차로 서울에 도착하여 당시 손탁호텔(현 이화여고 교정)에 며칠 머물렀고, 그때 지인들에게 보낸 편지에 당시 조선에 대한 인상을 남겼다. 그들의 여정을 따라 관부연락선을 타보고 그들의 감정을 헤아려본다고 해서 웹 부부의 사상을 연구하는 데에 어떤 결실이 생긴 것은 아니었다. 그러나 연구 외적인 경험에서 얻어진 감정적 경험이 왠지 연구성과를 보다 알찬 것으로 만들어주는 듯이 느껴졌다. 그러한 시모노세키에 대한 느낌은, 뜻밖에도 여자정신대 증언을 검토할 때 다시 되살아났다. 거기에 이병주의 소설 『관부연락선』은 그 배가 단순한 쇠붙이가 아니라 많은 사람들의 사연을 싣고 날랐던 생물체 같은 존재임을 새삼 부각시켜주었다. 그러한 경험이나 주관적 감성으로 인하여 정신대 증언에 대한 이해의 폭이 넓어졌고 증언의 사실성에 대한 확신도 깊어졌다.

다만 거꾸로 생각하면, 구술자료에 등장하는 일본 지리에 익숙하지 않은 독자들은 본문 속의 많은 지명들이 이해를 방해할 수도 있다. 그분들에게는 간략한 지명만을 표기하여 실은 지도가 조금이라도 도움이 되기를 바란다.

한동안은 오로지 구술자료만을 집중적으로 읽었던 것 같다. 그 내용은 그때그때 몇 개 항목으로 구분하여 기록해두었다. 그러던 중 이 사료들을 우리 사회에 알릴 필요가 있다는 생각이 점차 쌓였는데, 큰 계기는 후지코시 소송 자료를 검토하면서 원고 측이 피해보상 요구의 근거로서 제시한 '강제동원으로 인한 피해 항목 리스트'를 접한 일이었다. 열거된 아홉 가지 항목 중에는 '정신대 출신이라는 경험 때문에 해방 후 취직이나 결혼 등에서 현저한 사회적 차별을 받아온 것에 대한 고통과 고난'이 들어 있었고, '귀국 후 그럴듯한 일자리를 구할 수 없었던 것에 대한 경제적 손실', '인생을 농락당한 것에 의한 모든 불이익과 손실' 등도 포함되어 있었다. 나는 곧 고민에 빠졌는데, 왜냐하면 그 요구사항들은 예컨대 정부의 진상규명위 구술자료에 나타난 여자정신대의 실상과는 상당한 거리가 있었기 때문이다.

후지코시 소송은 전술했듯이 화해금 지급으로 마무리되었다. 소송을 지원해왔던 일본 시민단체(호쿠리쿠연락회)는 그것을 '승리'라고 표현했다. 내가 보기에도 그들에게는 틀림없는 승리였다. 그들은 일본제국주의가 범한 잘못은 아무리 사소한 것이라도 철저히 그 책임을 추궁해야만, 일본이 다시 전쟁을 일으키는 우를 범하지 않는다는 신념을 가지고 있기 때문이다. 한편 보도에 의하면, 한국 원고단장도 화해금을 '승리의 화해'라고 평했다고 보도되었다. 원고의 입장에서 본다면 승리라고 할 수도 있겠다.

그런데 우리는 과연 그것을 '한국사회의 승리'라고도 말할 수 있을 것인가? 한국이 잃은 것은 없는가? 이 물음이 곧 나의 고뇌였다.

그 소송은 철저히 일본인들의 지원으로 이루어졌다. 일본 시민단체 관계자들은 한국을 수차례 방문하여 서울과 광주를 오가며 한국 내에서 그 소송에 힘을 보태어줄 사람들과 단체를 찾았으나 성과가 없었다고 한다. 소송을 통해 책임을 추궁하고 보상을 받겠다는 정신대원의 수는 적지만, 그것은 당사자의 선택 문제이며 외부에서 도덕적 판단을 할 문제가 아니다. 한국에서는 정신대원을 지원하는 모임도 만들어졌다고 들었는데, 그 역시 개인이나 단체의 선택 문제다. 어려운 사람들을 돌보고자 하는 움직임은 좋은 사회의 증거이기도 하다.

그럼에도 이 문제가 나에게 고뇌가 되었던 것은, 그러한 활동가들이 믿고 있는 여자정신대의 실상은 어떤 방식으로 수집된 자료에 근거하고 있는가 하는 의문 때문이었다. 여자정신대였기 때문에 한국에서 받았다고 하는 차별이란 어떤 것인가, 만약 그러한 구체적인 차별이 있었다면 그 차별의 대가를 지불해야 할 책임은 누구에게 있는가 하는 의문도 일었다.

일본의 식민지 지배와 침략전쟁 피해에 관하여, 전승국이었던 중화민국(타이완)은 점령군의 일본통치가 끝나기도 전에, 그리고 전후 성립된 중국(중화인민공화국)은 일본과 국교를 맺을 때(1972년) 식민통치와 침략 피해에 대한 청구권을 행사하지 않는다(민간청구권은 살아 있었음)고 공언했다. 그것은 물론 그 나라의 선택이다. 한편 일본으로부터 보상금을 받아 그 일부를 피해자에게 배분한 다음 30여 년이나 흐른 뒤, 다시 한번 막대한 세금을 재원으로 하여 생환자에게도 위로금을 지급했던 한국에서는, 해방 후 75년이 지난 지금까지도 금전보상 문제가 여전히 제기되고 있다.

과연 한국사회에서 '보상금'이라는 낱말은 어떤 의미로 받아들여지고 있는가? '우리는 책임질 일이 없지만 화해금을 지불하니 앞으로 회사에 더이상 금전요구를 하지 말라'는 후지코시 화해금을 두고 만약 '우리들의 승리'라고 받아들인다면, 그것은 우리가 정신승리법에 도취해 있다는 것을 보여주는 증거에 다름 아니지 않을까?

그러한 고민 끝에, 물론 최종적 판단은 국민 각자의 몫이지만, 무엇보다 각자의 판단 재료로써 여자정신대 스스로의 구술자료 내용과 그 해설자료를 가능한 한 널리 알릴 필요가 있다고 생각했다. 국내 월간잡지에 '여자정신대의 기억과 진실'이라는 제목으로 6차례에 걸쳐 원고를 게재했던 것도 그 때문이었다. 그 원고들은 나와 학문적 교분을 가진 국내외 연구자들과 공유했는데, 어떤 분들은 책 출간을 권해주기도 했다. 그러한 의견들도 참고하면서, 여자정신대라는 주제가 논란의 여지가 있는 만큼 가능한 한 사료의 출처를 명백히 밝힌 세세한 자료제공이 혹시 일어날지 모르는 불필요한 논란거리를 줄이는 길이라고 생각했다. 이것이 이 책을, 많은 각주가 달린 모습으로 출간하게 된 간략한 경위다.

구술사료로 알 수 있었던 것과 알 수 없었던 것

정신대원의 구술자료는 이미 공표된 것만 해도 60여 건이 있다. 거기에 정신대 선행연구자 면담 사례를 합하면, 육성을 전한 정신대원은 100여 명 정도가 될 것이다. 그 수는 정신대원을 2000명으로 잡는다고 하더라도 전체의 5퍼센트 정도이지만, 결코 적은 사료가 아니다. 그들의 목소리에 대해 우리가 무엇보다 눈여겨보아야 할 것은, 그렇게 한정된 사례 속에서도 확인할 수 있는 '그들 속의 다양성'이다. 정신대의 지원 동기는 크게 보면 학교조직을 통한 동원자와 지역동원자 사이에 달랐지만, 각각의 집단 속에서도 다양성이 존재했다. 이 작은 집단마저도 동질적이지 않다는 사실을 늘 상기하고, 하물며 여자정신대 전체를 하나의 동질집단으로만 바라보는 단순함은 바로잡아야 할 것이다. 이것은 비단 여자정신대에 한정된 문제가 아니라 군위안부나 노무동원 전반에도 해당되는 문제다.

다만 정신대원들이 다양한 동기와 상황 속에 있었으나 구술 내용상 서로 모순되는 경우란 드물고, 대체로 정신대의 전반적 실체 파악에 도움이 되는 것들이다. 하지만 안타깝게도 구술자료에 나타난 실태와, 우리 사회에 퍼져 있는 상식적 이미지 사이에는 상당한 괴리가 있다. 그 배경에는 '식민지를 도외시한 식민지 논의'를 거듭해온 결과가 만들어낸 강고한 상식이 있다. 그리고 그것은 '사실을 알아보지 않더라도 이미 알고 있다'고 생각하는 풍조로 이어지고 있다.

답을 정해두고 문제를 보는 것, 자신의 상식과 부합하는 지식만이 진실이라고 믿는 것, 심지어는 자신의 상식과 상반되는 목소리는 아예 왜곡된 견해라고 치부해버리는 것. 이와 같은 경향이 특히 일제시기와 관련해서는 우리 사회에 강하게 존재한다. 인간의 무한한 지적 상상력과 호기심을 제 스스로 가두고 마는 딱하기 그지없는 행태다.

여자정신대 문제에 국한된 것은 아니지만, 우리 사회에는 즉각적 반응이 많다. 어쩌면 즉각적 반응을 보이는 사람이 많다기보다는, 즉각적 반응을 듣기 좋아하는 사회풍토가 있다고 해야 할지 모르겠다. 나는 여자정신대 문제 탐구에 있어서도, 즉각적 반응을 억제하고 가능한 한 신중하고 다각도로 그 문제를 보는 자세를 내 힘닿는 대로 보이고 싶었다.

여자정신대원들의 증언은 어느 하나 가볍게 여겨질 수 없다. 나는 '휴일에는 도야마 시내에 나가서 죽을 사먹기도 했다'는 어느 대원의 증언을 읽고 매우 의아하게 생각한 적이 있다. 해방 직전에는 배급제가 철저히 시행되고 있었고 식당영업 같은 것은 생각할 수 없는 시기였기 때문이다. 그런데 당시 도야마현 경찰기록을 검토해보니 그 증언은 있는 그대로의 사실이었다. 도야마현의 배급량이 겨우 아사를 면할 수준까지 내려갔을 때, 노동자에 한해 최소한의 영양을 보충시키려고 죽을 만들어 염가로 판매한 적이 있었던 것이다. 1944년 7월부터 시작된 사업이었다. 호응이 매우 좋았는데, 소위 산업전사만이 사먹을 수 있었고 일반인은 이용할 수 없었다고 한다. 죽의 기준은 다음과 같이 규정되어 있었다. '쌀 0.3홉에 물과 야채를 넣고 끓여서 2.5홉으로 불린 다음, 그 중간에 나무막대를 꽂아서 막대가 넘어지지 않을 정도가 된 상태.'

죽 한 그릇은 30전이었다. 당시 후지코시에 동원된 여자정신대의 하루 세 끼 식비가 30전이었으므로 그에 비하면 가볍지 않은 부담이었겠으나, 임금을 받아도 식량을 구할 수 없는 노동자들로부터는 매우 환영받았다고 한다. 그러나 식량사정이 계속 악화되면서 이 사업도 1945년 6월로 마감되었다. 조선정신대원 중에는 1944년 7월부터 약 1년 동안, 휴일이 되면 도야마 시내로 나가 그 죽 한 그릇으로 그동안 주렸던 배를 채우는 소녀들이 있었던 것이다.

이 사료를 확인하고, 나는 정신대원 증언의 무게를 새삼 통감했다. 그들의 육성을 어떤 형태로든 연구자로서 '설명을 시도해야 한다'는 생각을 더한층 하게 된 계기였다. 생각해보면, 구술내용에 설명을 붙이는 것은 연구자의 기호가 아니라 의무다. 그것은 귀중한 목소리를 후대에 전하는 작업이기도 하다.

구술내용에 대한 설명을 시도하면, '그들이 말하지 않았던 것이 무엇인가'를 찾아낼 가능성이 생긴다. 하지만 그렇다고 해서 숨겨진 사연이 쉽게 찾아지는 것은 아니다. 후지코시를 이탈하여 최장 1년 정도 (군)위안부일을 하게 되었던 대원 4명의 상황은 제6장에서 살펴보았지만, 각각의 구술자료가 있음에도 불구하고 그들이 위안부가 된 경위를 설명하기가 어려웠다. 그것은 곧 그들이 구술하지 않은 것이 무엇인가를, 내가 찾아내지 못했다는 뜻에 다름 아니다.

도야마의 산과 바다를 보았을 때, 물론 마음에 남는 사람은 누구보다도 사망자와 산업재해를 당한 대원들이었다. 거기에 또 강덕경이 있었다. 그녀는 눈이 많이 쌓여 있었을 한겨울에 공장을 이탈한 후 최장 8개월 정도 위안부가 되었다. '공장을 이탈할 때 강덕경의 최종 목적지는 어디였는가? 일본 내 어느 곳이었는가, 아니면 곧장 밀항을 통해 조선으로 돌아올 셈이었는가? 어느 경우든, 먼저 도야마 어딘가에 몸을 숨길 곳이 필요한데, 그곳은 미리 봐둔 곳이었는가? 도야마에 살던 방 씨라는 조선인은 무슨 일을 하던 사람이었는가? 첫 번째 이탈 시 어떤 경위로 방 씨 집에 숨어 있게 되었는가?' 이런 물음들이 꼬리를 물고 일었지만, 어느 것 하나 답을 얻지는 못했다.

구술자료는 그 시대 그 사회의 산물이다. 당연히 그것들을 보다 정확하게 이해하기 위해서는 당시 조선과 더불어 일본, 그리고 정신대제도와 이를 둘러싼 관련제도를 가능한 한 넓은 범위로 잡아 제시해야 한다고 생각했다. 다만 그 범위를 어디까지 잡는 것이 적절한가에 대해서는 확신이 없었다. 처음에는 보다 넓게 범위를 잡았으나, 본론이 지지부진해지는 느낌이 있어서 크게 줄였다.

좋은 사회과학 책은 좋은 소설과 같아야 한다고들 말한다. 좋은 소설은 사회를 더 많이 알게 해준다. 그리고 사회의 깊은 곳에 존재하는 문제까지 날카롭게 파고들어 관찰하는 눈을 제공해준다. 나는 이 책이 여자정신대 문제와 관련된 당시 조선과 일본의 사회제도와 사회문화를 조금이라도 더 정확하고 입체적으로 전하는 자료가 되기를 바란다.

적지 않은 연구과제들을 남기게 되었지만, 보다 많은 연구자들이 남겨진 과제들의 해명에 나서기를 바란다. 이 책이 그러한 작업에 하나의 발판이 되기를 기대한다.

지식인의 연대 가능성에 관해

나는 역사의 교훈이든 혹은 그에 대한 원망의 감정이든, 그 지나간 역사가 결국 향해야 할 대상은 먼저 우리 사회와 우리 자신이어야 한다고 생각한다. 마찬가지로 이 책에서 다룬 문제도 먼저 '우리(한국) 사회의 문제'로서 볼 필요가 있다. 역사문제를 공유한 두 나라 사이의 평화는 각각의 나라가 스스로를 성찰하는 것이 그 출발점이다. 이 책에서는 일본의 책임 추궁문제는 거의 다루지 않았는데, 그것은 물론 그 문제까지 논의할 여유가 없었기도 하지만, 역사문제가 기본적으로 우선 한국사회의 성찰로부터 시작해야 하는 문제라고 보는 나의 입장이 반영된 결과다.

이는 일본에 대한 책임 추궁이 불필요하다는 의미가 아니다. 일본사회가 가져야 할 역사적 책임이나 교훈은 일차적으로 일본사회의 문제라고 본다는 의미일 뿐이다. 일본도 과거사를 진정으로 반성하고 역사적 과오를 되풀이하지 않기를 바란다. 그러나 일본이 반성하든 하지 않든, 앞으로 국제환경이 어떻게 변하든, 나라의 주권을 빼앗기는 수치를 다시는 후손들에게 남기지 않아야 한다는 각오와 실천은 누구보다도 바로 한국인에게 더더욱 요구되는 것이 아닐까? 그러기 위해서 우리가 먼저 바라보아야 할 곳은 일본이 아니라 바로 우리 사회다. "잘못하고도 바로잡지 않는 것, 그것을 일컬어 잘못(過)이라고 한다(過而不改, 是謂過矣)"(『논어』 위공령편)는 가르침은 우리가 흔히 입에 올리는 문구 아닌가?

『한국전쟁의 기원』의 저자 커밍스는 역사문제를 대하는 한국사회의 풍토를 영국과 대조하여 비유한 적이 있다. "영국은 새 병에도 이전부터 써오던 헌 레벨을 붙인다. 반면 한국은 헌 병에도 새 레벨을 붙인다." 이 말은 우리가 진정으로 귀담아들어야 할 통렬한 비판이다. 식민지기를 '강점기'로 이름을 바꾼다고 해서 한때 식민통치를 받았다는 굴욕적 사실이 없어질 리가 없다. 그럼에도 마치 그러한 듯 자위하는 이들이 우리 사회에 적지 않다. 오래된 병에 새 상표를 붙이고는 이제 새 병이 되었다고 자만하는 잘못을 거듭해온 행태는 오늘날까지 이어지고 있는 것이다.

'역사를 잊은 민족에게 미래는 없다'는 말이 있다. 지구상의 문명국 사람들이 한국인의 입에서 나온 이 말을 듣는다면 '수치스러운 과거사를 잊지 말아야 한다는 스스로의 경종이겠지' 하고 받아들일 것이다. 그게 아니라 '일본에 대한 경종'의 말이라고 한다면, 이에 동조하는 자는 아마도 한국인 이외에는 찾기 어렵지 않을까? 그만큼 우리는 수치를 잊고 있으며, 어쩌면 수치를 잊고 있다는 사실조차도 의식하지 못하고 있는지 모른다.

나는 지식인이란 모름지기 자기 사회의 반성과 성찰을 첫 번째 요건으로 하는 사람이라고 생각한다. 지식인이 '지적 망명자'(에드워드 사이드 『지식인의 표상: 지식인이란 무엇인가?』)라고 일컬어지는 이유가 바로 여기에 있다고 본다. 지식인은 자국의 감정적 민족주의로부터 추방당하기 일쑤인 존재다. 그럼에도 민족적 감정에 영합하여 자기 사회의 정당화에 앞장서기보다는 책임과 성찰을 촉구하는 데 힘 쏟아야 할 역할이 지식인에게 주어져 있다.

자기 사회의 반성을 추구하는 문제제기는 연구자의 소속 지역에 따라 상반된 연구 결과가 나올 수 있다. 오히려 연구의 강조점이 유사하다면 양자의 밑바탕은 반대적일 가능성이 크다. 한국에서는 여자정신대 연구와 관련하여 제7장에서 자세히 검토한 두 학자 이영훈과 하타가 거의 같은 주장을 한다는 것을 이유로, '한국 우익과 일본 우익의 합작'이라고 규정하는 견해가 있는 것 같다. 그러나 내가 보기에 그러한 견해는 오로지 바로 눈앞의 내편 네편 관념에 사로잡힌 유치하고도 즉각적인 반응이다. 그들은 나와는 연구영역을 달리하고 아무 교류도 없지만, 연구물을 통해 판단해본다면 두 사람의 본질은 정반대적이라면 모를까 도저히 그 바탕이 같을 수가 없다고 생각된다. 왜냐하면 이영훈은 일차적으로 한국사회의 반성과 성찰을 추구하는 입장인 것으로 보이지만, 하타의 입장은 일본사회의 방패막이와 같다고 생각되기 때문이다. 자기 사회의 반성을 촉구하는 사람은 자기 사회를 '깊이 사랑하는' 사람이라고 나는 믿고 있다.

　　일본의 연구 중에서 내가 높이 평가하는 것은, 당연히 문제제기의 바탕에 '일본사회의 반성과 성찰'이 자리한 연구들이다. 물론 그것들의 강조점은 나의 강조점과는 부분적으로 모순될 수 있다. 그럼에도 정신대 문제를 먼저 '자기 사회의 문제'로 본다는 입장에서는 다르지 않다. 이 책에서도 여자정신대에 관한 야마다 쇼지山田昭次, 다카사키 소지高崎宗司 등의 선행연구를 참고했다. 그들의 연구력歷과 관련연구를 살펴보면, 일본사회의 반성과 성찰을 추구하는 입장이 일관되게 자리잡고 있다. 그렇기 때문에 만남도 교류도 없는 학자들이지만 유대감이 느껴진다.

　　이러한 느낌은 초기 재일 학자들의 활동과 연구에 대해서도, 이 책에서 인용한 현재의 일부 재일 학자들에 대해서도 마찬가지다. 연구 내용과 결론에는 동의할 수 없는 부분이 있음에도 불구하고, 자신이 위치한 사회에서 그 사회(일본)의 책임을 추구한다는 점에서 평가할 수 있으며 그래서 공감도 생긴다. 학자들 사이의 신뢰와 연대는 '그들은 그들의 사회에서, 우리는 우리 사회에서 각기 반성과 성찰을 촉구하는 입장'이 전제될 때 비로소 가능하지 않을까?

요시다 세이지吉田淸治(『私の戦争犯罪』 1983. 한국어역 『나는 조선사람을 이렇게 잡아갔다』 1989)라는 어느 일본인의 거짓말이 종군위안부 문제에 대한 한국사회의 분노에 불을 지른 적이 있다. 요시다는 1996년 그것이 거짓말이었다고 스스로 고백했지만, 그 이전에 "제주도 여러 마을에서 200명의 처녀들을 납치하여 군위안부로 삼았다"는 요시다의 말을 검증한 젊은 기자가 있었다. 그녀는 확인 취재를 거쳐 "제주도에서는 요시다의 주장과 같은 일은 일어나지 않았다"는 기사를 썼다. 날조된 기사를 검증도 없이 보도했다는 것에 대하여 일본의 대표적인 신문사가 사죄한 것은 그 후의 일이다.

그런데 그 취재기사는 일본 우익들에게 인용되어 엉뚱하게도 군위안부 문제는 일본 책임이 아니라는 주장에 한껏 이용되었던 모양이다. 나는 그에 관한 이야기를 나누던 중에 그녀가 그 기사로 인해 마음고생을 했다는 것, 그리고 일본 우익의 행태에 분한 마음을 가지고 있음을 느꼈다. 그래서 다음과 같은 말로 위로했다. "그까짓 일본 우익의 행태에까지 마음 쓸 건 없지 않을까요? 나는 그 기사가 '누가 뭐라고 하건 사실을 사실대로 말한다'는 한국 기자의 기백을 보여주신 것이라고 생각하며 그 점을 높이 평가합니다." 그녀는 내 말에 위안을 얻었다고 했는데, 그 말은 나의 진심이다. 사람의 에너지에는 한도가 있고, 제대로 된 사람으로부터 평가받을 수 있도록 노력을 집중하는 것이 우선이라고 늘 생각하고 있기 때문이다. 우리는 정도를 걷는다는 사실을 보여주는 것이 소중하며, 사도邪道를 걷는 이들의 행태에 귀를 기울이거나 눈길 줄 만큼 한가할 수가 없다.

유대인은 유제품과 육류를 철저히 분리해서 요리하고 섞어 먹지 않는다고 들었다. 어미의 젖으로 키워진 어린 염소를 그 젖으로 삶아서는 안 된다는 성서의 가르침이 그 근거라고 한다. 내가 이 이야기를 가끔씩 떠올릴 때란, 주로 육류와 유제품을 사회과학자의 입장과 한국인이라는 입장으로 대치해서 생각해볼 경우다. 다만 결론은, 육류-유제품의 관계와는 달리 내가 한국인-사회과학자라는 두 가지 입장을 완전히 분리하는 것은 불가능하다는 생각이다.

사회과학자인 이상 한편에서는 탐구과정에서 가능한 한 선입관을 배제한 채 사실만을 추구해야 하고, 다른 한편에서는 사회의 상식에 끊임없이 도전해야 한다는 책무를 잊어서는 안 될 것이다. 나아가 사회에 전해야 할 '사실'이란 기담奇談이나 에피소드 같은 것들이 아니라, '핵심적 진실'이라고 스스로 판단하여 고르고 고른 사실들에 한정해야 한다는 점도 유념해야 할 일이다. 그럼에도 사회과학의 착상과 탐구과정, 나아가 그 해석에서는 연구자의 주관적 가치가 개입될 수밖에 없다. 특히 일제 통치에 관련된 문제라면, 내가 한국인이라는 입장이 어쩔 수 없이 개입된다.

문제제기는 연구의 질과 연구대상을 결정한다. 역사적 사건에 관한 연구자의 입장은, 첫째, 자신이 속한 사회의 성찰과 반성을 철저하게 촉구하는 입장, 둘째, 가해자의 책임을 먼저 추궁하는 입장이라는 양극단 사이 어디쯤에 있다. 이는 다양한 층층의 차이로 나타날 것이다. 식민통치에 대해서도 일본인과 한국인의 입장이 다르고 연구의 관점이나 결론이 서로 모순될 수 있다. 이는 오히려 당연한 일일 것이다. 현실사회에서 사회과학자라는 입장과 소속 사회의 성원이라는 입장은 그만큼 분리되기 어렵기 때문이다.

그렇다고는 하지만 민족적 입장이 연구자의 입장을 전적으로 결정해버리는 것은 결코 아니다. 각각의 사회에는 민족을 넘어서 연대의 준비가 되어 있는 사람들이 존재하기 때문이다. 보다 평화로운 사회를 위한 진정한 국제적 연대는 '우리 사회에서 우리의 성찰을 촉구하는 사람들'과 '일본에서 일본사회의 성찰을 촉구하는 사람들' 사이에서만 그 가능성이 있다고 본다. 이 두 집단의 연구 결론이나 강조점은 서로 대립적으로 나타날 수 있지만, 그것이야말로 연대의 가능성을 보여주는 증거물일 수 있다. 그 점이 바로 동아시아 역사문제의 특질이 아닐까 생각한다.

여자정신대와 강제동원 피해보상에 관해

한국정부는 일제시대 강제동원과 관련하여 국민 피해자에게 보상금과 위로금을 각각 한 차례씩 지급했다. 첫 번째는 한일청구권협정 보상금을 재원으로 한 것이었고, 민간청구권에 대한 보상이라는 성격을 관련법에 명기했다. 즉 보상금은 청구자의 권리였다. 이와는 달리 2005년부터 시행된 두 번째의 정부보상은 '위로금'이라는 형식이었고, 그 재원도 전적으로 국민의 세금이었다. 아쉽게도 위로금 사업은, 보상금이 지급되고 30년이나 지난 시점에서 시행된 것이었음에도 불구하고 1970년대 보상금과 비교하면 오히려 졸속이었다는 느낌이 든다.

소위 강제동원조사법이라고 불리는 특별법에 의한 보상은 장애와 후유 장애, 군위안부 그리고 미수금 피해자를 정부보상의 범위에 포함시켰다는 점에서 이전에 비해 진일보한 것이었다. 그러나 사업의 주된 목적인 '강제동원 피해의 진상규명'은 달성되지 않았다. 엄청난 예산이 투입된 사업이었기 때문에 그 자체도 중대한 문제지만, 형평성이라는 측면에서도 심각한 문제를 남겼다.

특별법 사업에 의해 사망자에게 2000만 원의 위로금이 지급되었다. 이미 청구권 보상금 30만 원을 수령했던 사람에게는 2000만 원 중 234만 원을 공제하고 나머지 금액을 추가로 지급했다. 그런데 청구권 보상에서 사망자 보상기준이 된 30만 원은 당시 군대에서 사고로 사망한 군인에 대한 보상금을 기준으로 삼았다고 알려져 있다. 한번 지급한 보상금이 너무 적으니 거기에 1766만 원을 추가하여 지급한다는 결정을 했다면, 당시 군대에서 사망한 군인에 대한 보상금 역시 마찬가지로 그 수준으로 조정하는 것이 도리에 맞는 이야기 아닐까? 형평성 논의는 끝이 없을 정도지만, 여기서는 다음 세 가지 문제만을 지적하기로 한다.

첫째, 위로금 사업은 인도적 차원의 위로금 대상자를 '국외' 강제동원 희생자 및 피해자로 범위를 한정시켰다. 노무동원은 당연히 국내에서도 있었지만, 국내 동원자는 원천적으로 위로금에서 배제되었다. 말할 것까지도 없이, 식민지가 된다는 것은 전 민족적 수난이었고 노무동원에 관련된 수난 또한 국외 동원자에게만 한정된 것이 아니었다. 조선 북부의 탄광, 그리고 조선 내의 수많은 토목공사를 떠올려보면 좋겠다. 여자정신대 기록만 보더라도 당시 조선 국내 고녀 학생들이 군수공장에 동원되거나 학교 자체가 공장과 다름없이 된 경우가 있었다. 단기 동원이었기 때문에 임금이 지급되지 않았을 가능성이 크다.

평양에서는 소녀들이 병기창에 동원되었다는 기록도 있는데, 비록 조선땅에 공습피해는 없었다고 하더라도 산업재해의 가능성은 언제나 있었다.

조선에 진출한 일본 방적공장은 그 자체가 군수공장의 성격이었으므로 노무동원자가 있었다. 조선 내 동원자들은 일본 사업장과는 비교하기 어려울 정도로 열악한 환경에서 일했다. 가네보 광주 공장에서 일어난 산업재해나 사망사례, 폭력적인 노무관리 등은 이미 본 대로다. 함흥의 제사공장 등에서 일어난 일들 또한 그에 못지않을 것이다.

두 번째 문제는 앞의 문제와 연결되어 있는데, 국외 강제동원 '생환자'가 위로금 대상에 포함된 것과 관련된다. 위로금을 받지 않아야 할 사람을 포함시켰다고 비판하는 것이 아니다. '국외 동원의 생환자'로 한정된 것을 지적할 뿐이다. 사실, 만약 국외 동원자라는 조건을 달지 않았더라면 일제치하에서 살아남은 거의 모든 한국인이 그 대상자가 되었을 것이다. 단기적인 노무동원은 조선 내에서도 거의 일상적이었기 때문이다. 그렇다면 다음과 같은 문제제기는 당연한 것이다. '우리 정부는 일제의 노무동원으로 사망 혹은 장애를 입은 사람만이 아니라, 동원자가 겪었던 고난이나 식민지민의 고초에 대해서까지 위로금을 지급할 만큼의 재정능력을 가지고 있는가? 그리고 공평한 지급을 보장해줄 행정능력을 갖추고 있는가?'

제5장에서 학교운동장을 고구마밭으로 만들어 급식재료로 삼았던 일본정신대 문집을 소개했다. 그런데 사실 그 같은 일은 조선에서도 있었다. 1943년 제주에서 도일했던 어느 재일 한국인은 "학교에서 공부란 거의 하지 못했고 학교운동장에서 고구마를 키웠다"고 말한다. 제주도에서는 위험스러운 군사시설 건설에도 많은 사람들이 동원되

었다. 조선 전토에서 국민학교 학생들마저 신사 참배와 신사 청소, 비행기장 풀 뽑기 등에 동원되었다. 그 과정에서 사고를 당하는 일이 없었다고는 아무도 장담할 수 없다. 이미 본문에서 본 대로 1938년에 경기도에서만 남녀 중학생 1만 1000명이 방학 중 10일간 토목공사나 생산 보조에 동원되었다. 잡일에 동원되는 경우도 다반사였다. 노역을 정기적으로 하지 않으면 배급을 제대로 받을 수 없었다는 증언도 있다.

구라시키倉敷市(오카야마현 소재)에 있는 오하라大原 미술관은 일본에서도 손꼽히는 미술관이다. 그곳 입구에 서 있는 로댕의 동상 작품 두 점(〈칼레의 시민〉, 〈설교하는 세례 요한〉)을 보았을 때, 나에게는 착잡한 감회가 일었다. 일제는 금속류회수령(1943. 8. 12. 칙령 제667호)에 의해 무기생산을 위한 금속류 공출을 강제했는데, 이 두 작품도 그 대상이었다. 여러 사람들의 탄원 활동으로 가까스로 공출에서 제외되었는데, 오카야마현에서는 공출대상 170개의 동상 중 로댕의 두 작품을 포함하여 7개만 살아남았다고 한다. 쇠붙이 공출은 조선에서도 시행되었기 때문에 경우에 따라 큰 피해를 본 사람이나 단체도 있을 것이고, 귀중한 범종이나 불상을 공출당한 사찰도 있을 것이다. 이러한 수난들이 국외 동원 생환자의 고통에 비해 가벼운 것이었다고 누가 말할 수 있는가?

현실적으로 볼 때, 식민통치 피해에 대해서 오늘날 한국정부가 형평성 있는 위로금을 지급한다는 것은 불가능한 일일지 모른다. 그러나만약 정부가 이왕에 그러한 결심을 했다면 그 금액이 많든 적든 가능한 한 형평성을 신중히 따져서 했어야 하는데, 귀환자로 위로금을 한정시킨 결정의 정당성은 찾기 어렵다. 국민의 세금은 신중히 그리고 아끼고 아껴서 사용해야 함은 말할 것까지 없다.

세 번째는, 특별법 사업 이전의 법규정 문제인데, 이상적으로 들릴지 모르겠지만, 그 지원금은 위로금 명목이었기 때문에 '사망·행방불명·후유 장애'에 한정시켜서 재일동포까지 그 지원 대상에 포함시켜야 했다고 나는 생각한다. 진상규명특별법(제12조)은 '외국에 체재하거나 거주하는 자를 위하여 재외공관에도 신고처를 둔다'고 규정했다. 그러나 위로금 지급의 근거법인 강제동원지원특별법에는 '위로금 등 지급 제외 규정'(제7조)을 두고 '1947년 8월 15일부터 1965년 6월 22일까지 계속하여 일본에 거주한 사람'을 제외시켰다. 『백만 명의 신세타령』과 같은 강제동원 피해자료집에는 장애를 입은 사례와 사진 등이 다수 실려 있다. 한국정부가 '위로금'이라는 형식을 선택했던 만큼, 재일 한국인을 그 대상에서 제외해야 할 명분이 있을 리 없다. 나라 빼앗긴 민족으로서 그것도 식민본국 일본에서 살아온 사람들의 수난을 돌아보아야 마땅했다.

동원경험자 재일 한국인 조사에 의하면 해방 때 귀국을 희망한 사람이 67.5퍼센트, 그중 실제로 구체적인 귀국 준비를 한 사람도 70퍼센트 이상이었다. 일본 거주는 개인의 선택문제일 뿐 동원 중 입은 피해의 본질과는 무관한 일이다. 더구나 그들의 구술자료를 보면, '귀국이 불가능했기 때문'에 일본에 거주하게 된 경우가 많았다. 밀항 뱃삯이 없었던 경우도 있고, 조선행 배를 타러 항구까지 갔으나 뱃삯이 모자라 귀국하지 못한 경우도, 일본인들의 심상치 않은 눈이 무서워 귀국길에 나서지 못한 경우도 있었다. 혼란 속에서 항구까지 가는 일도 간단하지 않았다. 해방이 되자 약간의 돈과 담요 한 장만 받아들고 갑작스레 탄광 문을 나서게 된 사람 중에는 일본말도 글도 몰라서 걸인처럼 헤매던 경우도 있었다.

나는 일제시대를 거치면서 어려움을 이겨내고 몸 성히 살아남은 사람이 겪었던 고초에 대해서까지 직접 보상하거나 위로금을 지급할 능력을 가진 정부란 사실상 만들어지기 어려울 것이라고 생각한다. 그리고 식민통치 피해보상문제는 보상제도만으로 해결할 수는 없다고 본다.

하지만 사망자, 실종자, 장애를 입은 사람이라면 경우가 다르다. 3개 공장에 동원된 약 1700명의 조선여자정신대에 한해서 보더라도 사망자 9명, 장애 및 후유 장애가 적어도 8명이다. 이들에게는 어떤 방식이든 한국정부도 보상의 책임을 져야 한다고 본다. 한국정부의 보상과정에서 여자 신청자란 군위안부에 거의 한정되었기 때문에, 여자정신대가 보상신청을 하는 예는 없었을 것이다. 정신대 중 사망자와 부상자 문제는, 일본에 그 책임을 추궁하는 것과 별도로 한국정부가 움직여야 하는 일이다. 또한 거기에 재일 한국인을 원천적으로 제외해야 할 이유는 어디에도 없다고 생각한다.

한국에는 국민기초생활보장제도라는 이름의 그런대로 잘 설계된 공공부조제도가 있다. 생활이 어려우면 그 원인을 묻지 않고 최저한의 생활을 보장하는 제도다. 인간의 삶이나 인권 및 복지에 관한 전문적인 지식을 가진 사회복지사들이 현장에서 일하고 있는데, 그 인력의 질에 있어서는 어느 나라에도 뒤지지 않는 수준이다. 제도 운용에 있어서도 일본에 비하면 훨씬 관대하며, 수급자에 대한 국민의 시선도 일본만큼 차갑지 않다. 국외로 동원되었던 사람이건 국내에 동원되었던 사람이건, 지금 생활이 어려우면 이 제도를 관대하게 활용하여 대처해나갈 수 있다고 본다.

그리고 무엇보다 식민지민으로서 받았던 고통은 거의 모든 국민이 강요당했던 고통이었다는 사실을 받아들여야 한다. 서로를 위로하고 보살피려는 평화로운 마음을 갖는 것이 지금 한국사회에서 필요한 일이라고 믿는다.

감사의 말

모든 연구성과물이 그렇듯이 이 책 역시 많은 분들의 은혜가 없었다면 열매 맺지 못했을 것이다. 먼저, 자신이 겪었던 일들을 기술하거나 구술하여 후세에 남겨줌으로써 당시 사회의 모습을 전해주신 여자정신대원들에게 감사한다. 동원 중에 생명을 잃은 분들과 가족에게는 깊은 애도를 표하고, 동원 중 상해로 인하여 장애가 남았거나 후유 장애를 가진 분들에게는 그 아픔과 고통이 아물기를 빈다. 그리고 이국땅에서 힘든 노동과 차별을 견뎌내고 살아남은 정신대원들과 노무동원자들에게는 그 꿋꿋한 삶에 존경의 마음을 표한다.

많은 선행연구자들, 그리고 해방 후부터 귀중한 노무동원 자료들을 착실히 모아두고 동원 경험자들의 목소리를 보존해준 선배 연구자들과 재일 한국인 관련단체에게 감사한다. 한국인 여자정신대 소송에 헌신적으로 뒷바라지해준 많은 일본인들과 시민단체에게도 감사한다. 특히 후지코시 소송을 헌신적으로 지원해온 호쿠리쿠연락회의 나카가와 미유키中川美由紀와 무라야마 가즈히로村山和弘의 모습에는 머리가 깊이 수그려진다.

여러 가지로 모자람이 많지만, 상호 신뢰와 정의情誼로 관계 맺어온 한·중·일의 적지 않은 연구자들은 언제나 나를 학문적 도전에 나서도록 용기를 주는 원천이다. 이 책도 그 예외가 아니었으므로 새삼 여기 글로 남겨서 감사를 전한다. 최근 2년간 한국에 갈 수 없어서 적지 않은 자료의 수집은 한국에 있는 지인들의 호의에 의지했는데, 그분들에게도 감사를 전한다. 이 책의 골격은 『M이코노미』(MBC 경제매거진)에 게재한 일련의 원고였는데, 그 과정에서 배려와 조언을 주신 동지 수석논설주간 이상용 님에게 감사를 표한다.

오래된 자료 수집을 포함한 연구 수행에는 과학연구비(과제번호: 20K02200) 지원과 내가 재직하고 있는 붓쿄대학의 연구비 지원이 있었음도 밝혀둔다.

마지막으로 이 책의 출간을 맡아주시고 책 만들기에 최선을 다해준 뿌리와이파리 정종주 대표와 박윤선 편집주간에게 감사드린다. 학술서를 출간한 것 때문에 뜻밖의 어려움을 당하기도 했다고 들었다. '사회적 활동이란, 같은 이상을 공유하는 사람들로부터 좋은 평가를 받겠다는 것을 목표로 삼고, 그 목표만을 바라보고 걸을 때 가장 큰 결실을 얻을 수 있다'는 나의 신조를 전하는 것으로 위로드리면서, 아울러 뿌리와이파리가 앞으로도 좋은 책 만들기에 공헌해주기를 기대한다.

참고문헌

강만길, 1997, 『일본군 「위안부」의 개념과 호칭문제』, 한국정신대문제대책협의회 진상조사연구회 엮음, 『일본군 위안부 문제의 진상』, 역사비평사.

강정숙, 2006, 「역사용어 바로쓰기: 위안부, 정신대, 공창, 성노예」, 『역사비평』 74.

『구례 유씨가의 생활일기』(상·하), 1991, 한국농촌경제연구원.

국사편찬위원회, 한일역사공동연구위원회 한국측위원회 편, 2005, 『후지코시 강제 동원 소송기록』 1·2·3·4권(대일과거청산소송자료집).

김영모, 1972, 『한말지배층 연구』, 한국문화연구소.

김영모, 1977, 『조선지배층연구』, 일조각.

김영모, 2009, 『일제하 한인지배층 연구』, 고헌.

김영모, 2013, 『조선 한국 신분계급사』, 고헌.

김운태, 1998, 「일제식민치하의 사회변동」, 『行政論叢』 Vol. 36 No. 2, 서울대학교 한국행정연구소.

김정란, 2004, 「일본군 위안부운동의 전개와 문제인식에 관한 연구: 정대협의 활동 을 중심으로」, 이화여자대학교 박사학위논문.

김태길, 1982, 『한국인의 가치관 연구』, 문음사.

게일/신복룡 역, 1999, 『전환기의 조선』, 집문당.

노대명·박광준 외, 2019, 『재외동포 생활 실태에 관한 기초연구 - 연변지역을 중심 으로』, 한국보건사회연구원.

루돌프 차벨/이상희 역, 2009, 『독일인 부부 한국 신혼여행』, 살림출판사.

박광준, 2002, 『사회복지의 사상과 역사』, 양서원.

박광준, 2013, 『한국사회복지역사론』, 양서원.

박광준, 2018, 『조선왕조의 빈곤정책: 중국 일본과 어떻게 달랐나』, 문사철.

박명규, 1996, 「한국 민족주의의 역사적 전개와 특성」, 『世界의 文學』, Vol. 21 No. 2.

박순원, 1994, 「일제하 조선인 숙련노동자의 형성 - 오노다 시멘트 승호리공장의 사 례」, 『국사관논총』 제51호.

박유하, 2013, 『제국의 위안부: 식민지지배와 기억의투쟁』, 뿌리와이파리.

박유하·배춘희, 2020, 『일본군 위안부, 또 하나의 목소리』, 뿌리와이파리.

박은경, 1999,『일제하 조선인 관료 연구』, 학민사.

박정애, 2015,「피해실태를 통해 본 일본군 위안부의 개념과 범주 시론」,『사학연구』120.

박정애, 2020,「총동원체제기 식민지 조선에서 정신대와 위안부 개념의 착종연구: 정신대의 역사적 개념 변천을 중심으로」,『아시아여성연구』59(2).

비숍/신복룡 역, 2000,『조선과 그 이웃나라들』, 집문당.

서지영, 2010,「식민지시기 일본 공장으로 간 제주 여성」,『비교한국학』18-3.

슐룸봄/백승종 외역, 2001,『미시사와 거시사』, 궁리.

아손 크렙스트/김상열 역, 2005,『스웨덴 기자 아손, 100년전 한국을 걷다』, 책과함께.

안종철, 2009,「일제의 신사참배강요와 미 국무부의 대응, 1931-1937」,『한국사연구』Vol. 145, 한국사연구회.

에밀리 정민 윤 지음, 한유주 역, 2020,『우리 종족의 특별한 잔인함』, 열림원.

오승환, 김광혁, 좌현숙, 2016,「근대적 아동복지사업의 도입과 전개에 관한 연구」,『동광』Vol. 111, 초록우산 어린이재단.

유광호, 2007,『한국경제의 근대화과정』, 유풍출판사.

윤덕한, 2012,『이완용 평전: 한때의 애국자, 만고의 매국노』, 도서출판 길.

윤해동, 1990,「실종된 진상, 日帝下 한국인 徵用」,『月刊 中央』Vol. 16 No. 8, 중앙일보 시사미디어.

여순주, 1994,「일제말기 조선인 여자근로정신대에 관한 실태연구」, 이화여자대학교 대학원.

염복규, 2005,『서울은 어떻게 계획되었는가』, 살림출판사.

에른스트 폰헤세-바르택/정현규 역, 2012,『조선, 1894년 여름』, 책과함께.

우치다 준/한승동 역, 2020,『제국의 브로커들: 일제강점기의 일본 정착민 식민주의 1876-1945』, 도서출판 길.

이규수, 2005,『개항장 일본과 재조일본인』, 인천학연구총서 29.

이승우, 2015,「일제강점기 근로정신대여성의 손해배상청구」,『한국동북아논총』76.

이영훈 외, 2019,『반일종족주의』, 미래사.

이재은, 2015,『일제강점기 조선지방재정사 연구』, 한국지방세연구원.

이철우, 2006,「일제하 법치와 권력」, 박지향 외편,『해방전후사의 재인식』1, 책세상.

이해준, 1997,「한말~일제시기 일기에 나타난 사회상」,『殉國』no. 80, 순국선열유족회.

일제강점기 강제동원 피해 자료집, 2012,『조각난 그날의 기억』.

일제강점하 강제동원피해진상규명위원회, 2008,『조선여자정신근로대, 그 경험과 기억』.

임인숙, 2003, 「일제 시기 근로정신대 여성들의 정신대 경험 해석과 의미화 과정에 관한 연구」, 이화여자대학교 대학원.

전송림, 1996, 「일제통치기의 조선의 경제와 산업분포」, 『지리교육논집』 Vol. 35, 서울대학교 지리교육과.

丁振聲·吉仁成, 1998, 「일본의 이민정책과 조선인의 일본 이민」, 『경제사학』 25.

정진성, 2001, 「군위안부/정신대의 개념에 관한 고찰」, 『사회와 역사』 60권, 사회사학회.

정진성, 2016, 「여자근로정신대의 실상」, 정진성, 『일본군 성노예제』(개정판), 서울대학교 출판문화원.

조성윤, 2010, 「개항초기 서울지역 민중의 근대적 국민의식 형성과정과 반일의식」, 한일관계사연구논집 편찬위원회 편, 『한국근대국가 수립과 한일관계』, 경인문화사.

제이콥 로버트 무스/문무홍 역, 2008, 『1900, 조선에 살다』, 푸른역사.

차재호, 1994, 「한국사회의 가치관 변화와 가치에 관한 명제의 도출」, 『심리과학』 제3호.

최영희, 1996, 『격동의 해방 3년』, 한림대학교 아시아문화연구소.

커밍스/김주환 역, 1986, 『한국전쟁의 기원(상·하)』, 청사.

기무라 겐지, 2004, 「식민지하 조선 재류 일본인의 특징-비교사적 시점에서」, 『지역과 역사』 15호.

하원호, 2004, 「개항기 경제구조연구의 성과와 과제」, 『韓國史論』 25.

한국정신대문제대책협의회, 한국정신대연구소 엮음, 1993, 『강제로 끌려간 조선인 군위안부들』(증언집 1), 한울.

한국정신대문제대책협의회, 한국정신대연구소 엮음, 1997, 『강제로 끌려간 조선인 군위안부들』(증언집 2), 한울.

한국정신대문제대책협의회, 한국정신대연구소 엮음, 1999, 『강제로 끌려간 조선인 군위안부들』(증언집 3), 한울.

한일관계사연구논집 편찬위원회 편, 2010, 『한국근대국가 수립과 한일관계』, 경인문화사.

한중일 3국공동역사편찬위원회 편, 2012, 『한중일이 함께 쓴 동아시아근현대사』, 휴머니스트.

한혜인, 2003, 「강제연행에서의 공출구조-1930/40년의 조선총독부정책과 부산직업소개소의 역할을 중심으로-」, 『한일민족문제연구』 제4호.

한혜인, 2013, 「총동원체제하 직업소개령과 일본군 위안부 동원-제국일본과 식민지 조선의 차별적 제도운영을 중심으로-」, 『사림』 제46호, 수선사학회.

한혜인, 2015, 「한국의 일본군 위안부 피해자 증언의 역사성」, 이인선 외, 『일본군

위안부 피해자문제 해결을 위한 종합연구(1)』, 한국여성정책연구원.

한혜인, 2018, 「젠더유산으로서의 일본군 위안부 기록물」, 『기록인』 44.

해밀턴/이형식 역, 2010, 『러일전쟁 당시 조선에 대한 보고서』, 살림출판사.

허수열, 2005, 『개발없는 개발: 일제하 조선경제개발의 환상과 본질』, 은행나무.

허호준, 2014, 『그리스와 제주, 비극의 역사와 그 후: 그리스 내전과 제주 4.3 그리
고 미국』, 선인.

헐버트/신복룡 역, 1999, 『대한제국멸망사』, 집문당.

홍순권, 1991, 「한말 호남지역 경제구조의 특질과 일본인의 토지침탈-호남의병운
동의 경제적 배경」, 『한국문화』 11, 서울대한국문화연구소.

홍양희, 1918, 「제국 일본의 '여공'이 된 식민지 조선의 여성들: 그 배경을 중심으
로」, 『여성과 역사』 29, 한국여성사학회.

「청구권 자금의 운용 및 관리에 관한 법률」(1966. 2. 19. 시행)

「대일 민간 청구권 신고에 관한 법률」(1971. 3. 21. 시행)

「대일 청구권 보상에 관한 법률」(1974. 12. 21. 시행)

「일제강점하 강제동원피해진상규명 등에 관한 특별법」(2004. 9. 6. 시행)

「태평양전쟁 전후 국외강제동원 희생자 등 지원에 관한 법률」(2008. 6. 8. 시행)

「대일항쟁기 강제동원 피해조사 및 국외강제동원 희생자 등 지원에 관한 특별법」
(2010. 3. 22. 제정, 2018. 10. 16. 일부 개정, 2019. 1. 17. 시행)

浅野豊子·小倉紀蔵·西成彦編著, 2017, 『対話のために: 「帝国の慰安婦」という問い
をひらく』, クレイン.

朝日新聞社編, 1997, 『女たちの太平洋戦争②—日本軍を見た内外の瞳』, 朝日新聞
社.

足立喜美子, 1969, 「戦時経済下の婦人労働者」, 大羽綾子·氏原正次郎編, 『婦人労働』,
現代婦人問題講座 2, 亜紀書房.

李覚鍾, 1927, 「朝鮮の農村と社会事業」, 『朝鮮社会事業』 第5巻 第3号.

李光宰, 2014, 「経済史的にみた朝鮮人の渡航について—なぜ朝鮮人は来日したの
か」, 『在日朝鮮人史研究』 No. 44, 緑陰書房.

李清源, 1936, 『朝鮮読本』, 学藝社.

李憲昶, 2011, 「1910年, 朝鮮が植民地化された内的原因」, Grobal COE Hi-Stat
Discussion Paper Series 161.

李英和, 1993, 『在日韓国·朝鮮人と参政権』, 明石書店.

今田真人, 2018, 『極秘公文書と慰安婦強制連行: 外交史料館等からの発見資料』,

三一書房.

李栄薫, 2008, 「国史教科書に描かれた日帝の収奪の様相とその神話性」, 小森陽一他編, 『東アジア歴史認識のメタヒストリー「韓日, 連帯21」の試み』, 青弓社.

池田英箭, 1988, 「三菱青年学校の思い出」, 東南海地震·旧三菱名航道徳工場犠牲者調査追悼実行委員会編·発行, 『悲しみを繰り返さぬようここに真実を刻む──東南海地震·旧三菱名航道徳工場の記録』.

池田正枝, 1991, 「強制連行と戦後の責任」, 『解放教育』1991年 12月号.

池田正枝, 1999, 『二つのウリナラ』, 解放出版社.

石川準吉編, 1975, 『国家総動員史 資料編』第1巻, 国家総動員史刊行会.

石川準吉編, 1980, 『国家総動員史 資料編』第9巻, 国家総動員史刊行会.

伊藤孝司, 1991, 「軍需工場に動員された朝鮮人少女たち」, 『世界』1991年 8月号.

伊藤孝司編著, 1992, 『〈証言〉従軍慰安婦·女子勤労挺身隊』, 風媒社.

伊藤孝司, 1997, 「朝鮮『女子勤労挺身隊』三菱道徳工場」, 朝鮮人強制連行真相調査団編, 『朝鮮人強制連行調査の記録──中部·東海編(篇)』, 柏書房.

糸永ヨシ, 1961, 「あと始末」, 純心女子学園編.

井上清, 1932, 「府立診療所設置に就て」, 『京城彙報』第134号.

いのうえせつこ, 1998, 『女子挺身隊の記録』, 新評論.

いのうえせつこ, 1996~1998, 「女子挺身隊の女性たち」1-19, 『月刊状況と主体』, 谷沢書房.

今田真人, 2018, 『極秘公文書と慰安婦強制連行: 外交史料館等からの発見資料』, 三一書房.

江口匡太, 2007, 「工場法史の現代的意義」, 『日本労働研究雑誌』No. 562.

江角ヤス, 1961, 「あの日の前のこと」, 純心女子学園編.

M. アルヴァックス·小関藤一郎訳, 1989, 『集合的記憶』, 行路社.

遠藤公嗣, 1987, 「戦時下朝鮮人労働者連行政策の展開と労使関係」, 『歴史学研究』第567号.

大竹十郎, 1938, 「朝鮮における軍事援護事業の概況」, 『同胞愛』第16巻 11月号.

大羽綾子·氏原正次郎編, 1969, 『婦人労働』, 現代婦人問題講座 2, 亜紀書房.

小栗勝也, 1999, 「軍事保護法の成立と議会」, 『日本法政学会法政論叢』35-2.

奥健太郎, 2009, 「戦時下日本の労務動員と政府宣伝」, 『法学研究: 法律·政治·社会』82-2.

梶井陟, 1980, 『朝鮮語を考える』, 竜渓書舎.

梶村秀樹, 1992, 『朝鮮史と日本人』, 明石書店.

加瀬和俊, 2011, 『失業と救済の近代史』, 吉川弘文館.

加藤千尋他, 2017, 「昭和戦前期における在京朝鮮人の住宅問題と東京市の住宅供給施策について」, 『日本建築学会計画系文集』82号.

加藤直樹, 2014, 『九月, 東京の路上で』, ころから.

鎌田澤一郎, 1933, 『朝鮮は起き上がる』, 千倉書房, 広瀬順晧編·解説, 2011, 『日本植民地下の朝鮮研究』第9巻, クレス出版.

鎌田澤一郎, 1950, 『朝鮮新話』, 創元社.

河原節子, 2014, 「和解—そのかたちとプロセス」, 『外務省調査月報』2014/No. 1.

河村静観, 1941, 「半島労務者の内地移動」, 『社会事業』第25巻 第1号.

康誠賢著·古橋綾訳, 鄭栄桓監修, 2020, 『歴史否定とポスト真実の時代』, 大月書店.

姜在彦, 1998, 『朝鮮近代史』, 平凡社.

姜在鎬, 2001, 『植民地朝鮮の地方制度』, 東京大学出版会.

姜萬吉, 小川晴久訳, 1986, 『韓国近代史』, 高麗書林.

官公庁審議会, 1960, 『厚生省二十年史』.

韓国挺身隊問題対策協議会·挺身隊研究会編著, 従軍慰安婦問題ウリヨソンネットワーク訳, 1993, 『証言‐強制連行された朝鮮人軍慰安婦たち』, 明石書房.

『関釜裁判』, 山口地方裁判所下関支部 判決文, 1998. 4. 27.

北場勉, 2012, 「国民国家の形成と救済」, 『日本社会事業大学研究紀要』58号.

金俊輔, 1977, 「韓日合併初期のインフレーと農業恐慌」, 『韓国近代史論Ⅰ』, 知識産業社.

金達寿, 1979, 『わがアリランの歌』, 中公新書.

金賛汀, 1985, 『異邦人は君が代に乗って』, 岩波新書.

金賛汀, 1982, 『朝鮮人女工のうた: 1930年岸和田紡績争議』, 岩波新書.

金賛汀·方鮮姫, 1977, 『風の慟哭: 在日朝鮮人女工の生活と歴史』, 田畑書店.

金熙明, 1935, 「チョウセン·サラムと社会事業」1·2, 『社会福利』第19巻 第7·8号.

金富子, 2005, 『植民地期朝鮮の教育とジェンダー』, 世織書房.

金富子, 2008, 「植民地末期＝戦時体制期朝鮮における帝国の「教化」の包摂と排除—女子勤労挺身隊と女子青年錬成所を中心に」, 『民衆史研究』75号.

金富子·板垣竜太編, 2018 増補版, 『Q&A朝鮮人「慰安婦」と植民地支配責任』, 御茶の水書房.

金英達, 2003, 『朝鮮人強制連行の歴史』, 明石書店.

金英達編, 1992, 『朝鮮人従軍慰安婦·女子挺身隊資料集』, 神戸学生青年センター出版部.

金英達·飛田雄一編, 1993, 『朝鮮人·中国人 強制連行·強制労働 資料集』, 神戸学生青年センター出版部.

木村幹, 2005, 「総力戦体制期の朝鮮半島に関する一考察—人的動員を中心にして—」, 日韓歴史共同研究委員会編, 『日韓歴史共同研究報告書』.

木村健二, 1989, 『在朝日本人の社会史』, 未来社.

木村秀明編, 1983, 『進駐軍が写したフクオカ戦後写真集』, 西図協出版.

木村秀明編, 1999, 『米軍が写した終戦直後の福岡県』, 引揚港・博多を考える集い.

熊谷明泰, 2006, 「賞罰表象を用いた朝鮮総督府の国語常用運動」, 『関西大学視聴覚教育』29.

強制連行労働者等に対する未払賃金等請求事件弁護団著・発行, 『訴状』1992年.

黒田勝弘, 1992, 「挺身隊問題で考えたこと」, 『現代コリア』319号.

軍事工業新聞編, 1944, 『女子勤労管理の要諦』, 軍事工業新聞出版局.

京城日報社編, 『朝鮮年鑑』各年度.

ケンフェル・呉秀三訳, 1929, 『ケンフェル江戸参府記・下巻』, 駿南社.

工場管理研究所編, 1944, 『女子勤労管理の実際』, 三和書房.

工場管理研究所編, 1944, 『勤労報国隊と女子挺身隊』, 三和書房.

小池藤五郎, 1940, 「国民学校の完成と貧困児童及半島人教育」, 『社会事業』第24巻第9.

小池善之, 1996, 「戦時下朝鮮人女性の労務動員—東京麻糸紡績沼津工場の朝鮮人女子挺身隊を手がかりとして」, 『静岡県近代史研究』第22号.

小島宏・廣嶋清志編, 2019, 『人口政策の比較史』, 日本経済評論社.

古庄正編, 1993, 『強制連行の企業責任: 徴用された朝鮮人は訴える』, 創史社.

小松裕・金英達・山脇啓造編, 1994, 『韓国併合前の在日朝鮮人』, 明石書店.

近藤英男, 1944, 「朝鮮に於ける学園非常態勢について」, 『朝鮮』1944年 3月号.

(財)女性のためのアジア平和国民基金編, 1998, 『政府調査「従軍慰安婦」関係資料集成』第4巻, 龍渓書舎.

財団法人友邦協会編, 友邦シリーズ第4巻: 財政・金融, 1981, 水田直昌の口述資料.

齊藤勉, 1997, 『新聞にみる東京都女子挺身隊の記録』, のんぶる舎.

斎藤實, 1931, 「窮民救済事業に就て」, 『朝鮮』第192号.

在日本大韓民国青年会中央本部編・発行, 1988, 『아버지聞かせてあの日のことを—「我々の歴史を取り戻す運動」報告書』.

桜井絹江, 1987, 『母性保護運動史』, ドメス出版.

重松鷹泰, 1941, 「児童保護政策と国民学校」, 『社会事業』第25巻 第5号.

静岡県・戦後補償を考える市民公聴会実行委員会編・発行, 1996, 『アジア諸国民の怒り—忘れられていない日本軍の侵略』.

司法省刑事局, 1941, 「労務動員計画に基づく内地移住朝鮮人労働者の動向に関する調査」, 『思想月報』79号.

下重清, 2012, 『〈身売り〉の日本史—人身売買から年季奉公へ』, 吉川弘文館.

純心女子学園編, 1961, 『純女学徒隊殉難の記録』, 純心出版部.

「証言する風景」刊行委員会編, 1991, 『写真集 証言する風景—名古屋発 / 朝鮮人・中国人強制連行の記録』, 風媒社.

ジョージ・アキタ, ブランドン・パーマー, 塩谷紘訳, 2013, 『「日本の朝鮮統治」を検証

する1910-1945』, 草思社.

「女子挺身隊」, 『アジア・太平洋戦争事典』, 吉川弘文館, 2015.

「女子挺身隊受入側措置要綱」, 赤松良子編集/解説, 1977, 『日本婦人問題資料集成』
　　第三巻＝労働, ドメス出版.

「女子勤労動員の促進に関する件」1943.9.閣議決定.

杉原薫, 2004, 「東アジアにおける勤勉革命経路の成立」, 『大阪大学経済学』54-3.

鈴木裕子・山下英愛・外村大編, 2006, 『日本軍「慰安婦」関係資料集成』, 上・下, 明石書
　　店.

関野満夫, 2019, 「日本の戦費調達と国債」, 『中央大学経済学論纂』第60巻 第2号.

戦後責任を問う「関釜裁判」を支援する会編・発行, 1993, 『あやまれそしてつぐなえ
　　―日本の道義的国家たるべき義務を求める』.

戦後責任を問う「関釜裁判」を支援する会編・発行, 1995, 『強制動員された朝鮮の少
　　女達―あやまれそしてつぐなえ(II)』.

戦後責任を問う・関釜裁判を支援する会編・発行, 1998, 『関釜裁判判決文全文―あや
　　まれ そしてつぐなえ(III)』.

戦時下勤労動員少女の会, 2013, 『記録―少女たちの勤労動員―女子学徒・挺身隊勤
　　労動員の実態』(改訂版), 西田書店.

千田夏光, 1973, 『従軍慰安婦―"声なき女"八万人の告発』, 双葉社.

善生永助, 1925, 『朝鮮の人口研究』.

善生永助, 1928, 「朝鮮における貧富考察」, 『朝鮮』1928年 2月号.

総督府学務局社会課, 1933, 「妊産婦保護に関する調査」, 『朝鮮社会事業』第11巻 3月
　　号.

高崎宗司, 1990, 『「妄言」の原型: 日本人の朝鮮観』, 木犀社.

高崎宗司, 1999, 「朝鮮女子挺身隊について」, アジア女性基金.

高崎宗司, 2002, 『植民地朝鮮の日本人』, 岩波新書.

高橋保, 2008, 「戦時下の女性労働政策」, 1・2, 『創価法学』37.

高橋信, 1991, 「旧三菱重工業名古屋航空機製作所道徳工場―朝鮮女子勤労挺身隊の
　　閉ざされた真相」, 『証言する風景』刊行委員会編.

武田行雄, 1938, 「内地在住半島人と協和事業」, 『朝鮮』277号.

田中由香子, 2018, 『植民地朝鮮の児童保護史: 植民地政策の展開と子育ての変容』,
　　勁草書房.

谷口伸子, 1961, 「原爆を通して示された道」, 純心女子学園編.

千本暁子, 2008, 「日本における工場法成立史―熟練形成の視点から―」, 『阪南論集
　　社会科学編』Vol. 43 No. 2.

『朝鮮財政余談』, 『朝鮮近代史料研究』, 財団法人友邦協会編, 友邦シリーズ 第4巻:
　　「財政・金融」1981.

朝鮮人強制動員真相調査団編, 1990,『強制連行された朝鮮人の証言』, 明石書店.

朝鮮人強制連行真相調査団編, 1997,『朝鮮人強制連行調査の記録——中部・東海編〔篇〕』, 柏書房.

「朝鮮人労働者活用に関する方策」, 1942年 2月 13日 閣議決定.

「朝鮮人労務者内地移住に関する件」, 1939. 7. 28. 内務・厚生両次官.

「朝鮮人労務者内地移住問題」,『高等外事月報』1939. 8.

朝鮮総督府, 1927,『朝鮮の人口現象』.

朝鮮総督府, 1933,「妊産婦保護に関する調査」,『朝鮮社会事業』第11巻 3月号.

朝鮮総督府, 1939,『最近に於ける朝鮮治安状況』.

朝鮮総督府, 1944,『国民徴用の解説』.

朝鮮総督府, 1942,『朝鮮人内地移入斡旋要綱』.

朝鮮総督府社会課, 1931,「窮民救済事業における労働者使役の状況」.

朝鮮総督府殖産局, 1930,『朝鮮の農業事情』.

朝鮮総督府農林局, 1932,「朝鮮ニ於ケル春窮状態ニアル農民戸数」,『農村窮民の実情と農村救済対策案参考資料』.

趙景達編, 2011,『植民地朝鮮: その現実と解放への道』, 東京堂出版.

坪井幸生, 2004,『ある朝鮮総督府警察官僚の回想』, 草思社.

鄭在貞, 2005,「日帝下朝鮮における国家総力戦体制と朝鮮人の生活」, 日韓歴史共同研究委員会編,『日韓歴史共同研究報告書』.

鄭栄桓, 2016,『忘却のための「和解」——『帝国の慰安婦』と日本の責任』, 世織書房.

東南海地震・旧三菱名航道徳工場犠牲者調査追悼実行委員会編・発行, 1988,『悲しみを繰り返さぬようここに真実を刻む——東南海地震・旧三菱名航道徳工場の記録』(본문에서 調査追悼委로 표기).

外村大, 2012,『朝鮮人強制連行』, 岩波書店.

外村大, 2017,「女子挺身隊について」(2017. 8. 4.)(www.sumquick.com/tonomura/note/pdf/170804.pdf).

富山県警察本部編・発行, 1965,『富山県警察史』下巻.

土金冨之助, 1977,『シンガポールへの道——ある近衛兵の記録』(下), 創芸社.

中谷忠治・河内牧, 1944,「朝鮮における女子の未婚率に関する若干の統計的考察」,『調査月報』1944年 5月号.

鍋部光, 1937,「軍事救護法の改正に就て」,『社会事業』第21巻 2号.

西垣次郎, 1942,「製糸工場に於ける結核の統計的観察」,『行動科学』1942年 1月号.

西成田豊, 1997,『在日朝鮮人の「世界」と「帝国」国家』, 東京大学出版会.

西野瑠美子・金富子・小野沢あかね編, 2013,『慰安婦バッシングを超えて』, 大月書店.

日本軍「慰安婦」問題webサイト製作委員会編, 金富子・板垣竜太責任編集, 2015,『朝鮮人「慰安婦」と植民地支配責任』(増補版), お茶の水書房.

沼津女子勤労挺身隊訴訟弁護団著·発行, 1996, 『訴状』.

朴慶植, 1992, 『在日朝鮮人·強制連行·民族問題』, 三一書房.

朴光駿, 2017, 「共同体の哲学: 相互義務システムとしての共同体」, 第1回「東アジア におけるケアと共生」国際会議in北京, 『報告論文集』, 佛教大学·中国社会科学 院.

朴光駿, 2020, 『朝鮮王朝の貧困政策: 日中韓比較研究の視点から』, 明石書店.

朴澈, 1939, 「朝鮮における農繁期託児所経営に対する私見」, 『同胞愛』第17巻 1月 号.

朴裕河, 2014, 『帝国の慰安婦: 植民地支配と記憶の戦い』, 朝日新聞出版.

朴裕河·佐藤久訳, 2011, 『和解のために: 教科書·慰安婦·靖国·独島』, 平凡社.

橋田俊介, 2017, 「女子挺身隊の記憶」, 『土佐史談』265号.

秦郁彦, 1999, 『慰安婦と戦場の性』, 新潮社.

旗田巍, 1987, 『朝鮮の近代史と日本』, 大和書房.

波多野和夫, 2015, 『刑務所の医療と福祉』, ナカニシヤ出版.

埴野謙二, 1993, 「『企業責任』の『存在証明』—五年戦争期不二越の場合」, 古庄正編著, 『強制連行の企業責任—徴用された朝鮮人は訴える』, 創史社.

埴野謙二·藤岡彰弘, 1988, 「不二越—『一〇〇年訴訟』にむきあう〈私·たち〉をつく りだすことへ, 対不二越訴訟の判決を迎えるにあたって」, 東南海地震·旧三菱名 航道徳工場犠牲者調査追悼実行委員会編·発行(1988).

浜口裕子, 1994, 「朝鮮総督府の朝鮮人官吏—満洲国の中国人官吏との比較でー」, 『法学研究: 法律·政治·社会』Vo. 67 No. 7.

樋口雄一編, 2000, 『戦時下朝鮮人労務動員基礎資料集 Ⅰ~Ⅴ』, 緑陰書房.

樋口雄一, 1990, 「朝鮮人少女の日本への強制連行について—実態調査のための覚え 書き」, 『在日朝鮮人史研究』第20号.

久間健一, 1935, 『朝鮮農業の近代的様相』, 西ケ原刊行会.

兵庫朝鮮関係研究会編, 1990, 『地下工場と朝鮮人強制労働』, 明石書店.

広瀬玲子, 2014, 「植民地支配とジェンダー」, 『ジェンダー史学』第10号.

弘谷多喜夫·広川淑子, 1973, 「日本統治下の台湾·朝鮮における植民地教育政策の比 較史的研究」, 『北海道大学教育学部紀要』22.

黄尚翼, 2012, 「植民地朝鮮人の死亡類型と変遷—法定伝染病」, 『コリア研究』第3号.

『百萬人の身世打鈴』編集委員編, 1999, 『百萬人の身世打鈴』, 東方出版.

深山篁子, 2004, 『忘れない! 不二越女子勤労挺身隊: 第二次不二越強制連行·強制労 働訴訟原告 11人の陳述書と著者の記憶から実態把握の記録』, クローバーの会.

藤井忠次郎, 1922, 「朝鮮人下層社会の研究」(1~3), 『社会事業』第6巻 4·5·8号.

藤井忠次郎, 1933, 「棄児に就て」, 『朝鮮社会事業』第11巻 12月号.

『不二越一次訴訟一審判決』1996. 7. 24.

不二越強制連行・強制労働訴訟を支援する北陸連絡会(fujisosho.exblog.jp), データベース.

不二越二十五年史編集委員会編・発行, 1953,『不二越二十五年』.

不二出版編・発行, 1994,『朝鮮総督府 帝国議会説明資料』第10巻.

藤永壮, 2012,「植民地期・在日朝鮮人紡績女工の労働と生活—大阪在住の済州島出身者を中心にー」,『女性史学』第22号.

プレハーノフ著・木原正雄訳, 1958,『歴史における個人の役割』, 岩波書店.

法政大学大原社会問題研究所編, 1964,『太平洋戦争下の労働者状態』, 東洋経済新報社.

法政大学大原社会問題研究所・榎一江, 2018,『戦間期の労働と生活』, 法政大学出版局.

ポール・コナトン, 芦刈美紀子訳, 2011,『社会はいかに記憶するのか』, 新曜社(Connerton, Paul, 1989, *How Societies Remember*, Cambridge University Press).

許淑真, 1990,「日本における労働移民禁止法の成立」, 布目潮渢博士古希記念論集,『東アジアの法と社会』, 汲古書院.

堀サチ子, 1991,「十五年戦争における女子労働政策と既婚女子労働者」, 東京歴史科学研究会婦人労働支部会編,『女と戦争: 戦争は女の生活をどう変えたのか』, 昭和出版.

堀川祐里, 2018a,「戦時動員政策と既婚女性労働者—戦時期における女性労働者の階級性をめぐる一考察」, 社会政策学会誌,『社会政策』第9巻 第3号.

堀川祐里, 2018b,「戦時期の女性労働者動員政策と産業報告会—赤松常子の思想に着目して」,『大原社会問題研究所雑誌』, No.715.

堀川祐里, 2018c,「戦間期における女性労働政策の展開」, 法政大学大原社会問題研究所・榎一江編,『戦時期の労働と生活』, 法政大学出版局.

洪祥進, 1990,「朝鮮の青年・少女を挺身隊に—三菱重工業・雄神地下工場」, 兵庫朝鮮関係研究会編,『地下工場と朝鮮人強制連行』, 明石書店.

舛添要一, 2001,「立候補した父親とハングル選挙ビラ」,『現代』, 講談社 2001年 1月号.

増田抱村, 1939,「戦争と人口問題」,『社会事業』第23巻 第4号.

松田利彦, 1995,『戦前期の在日朝鮮人と参政権』, 明石書店.

松本邦彦, 2019,「協和会と皇民化運動の思想的背景—戦時下の在日朝鮮人政策」,『山形大学紀要(社会科学)』第50巻 第1号.

松谷みよ子, 2011,『自伝じょうちゃん』, 朝日文庫.

三浦惇, 2005,「女子挺身隊の記録」,『土佐史談』230号.

水津正雄, 1933,「職業紹介所の現況及び将来に対する希望」,『朝鮮社会事業』第11巻 10月号.

『三菱名古屋・朝鮮女子勤労挺身隊訴訟一審判決』, 2005. 2. 24.

三菱名古屋・朝鮮女子勤労挺身隊問題を考える会編・発行, 1998, 『三菱名古屋・朝鮮女子勤労挺身隊問題を考える──シンポジウム〈戦後補償と国・企業の責任〉』.

宮尾武男, 1941, 「銃後女子勤労要員制度の示唆」, 『社会事業』第25巻 第5号.

明治大正昭和新聞研究会編・発行, 1943, 『新聞集成昭和編年史』IV, 新聞資料出版.

望月京子, 1994, 「空しさだけが残った在韓の教師生活」, 『別冊歴史読本』特別増刊 『女性たちの太平洋戦争』, 新人物往来社.

森川万智子(構成・解説), 1996, 『文玉珠ビルマ戦線盾師団の「慰安婦」だった私』, 梨の木舎(2015年 増補版).

森田芳夫, 1996, 『数字が語る在日韓国・朝鮮人の歴史』, 明石書店.

森田芳夫・長田かな子, 1980, 『朝鮮終戦の記録・資料編第1巻』, 巌南堂書店.

文部省教学局, 1941, 「事変下に於ける朝鮮人思想運動について」, 『思想研究』第12輯.

山川修平, 2008, 『人間の砦』, 三一書房.

山崎正子, 1961, 「深堀綾子先生」, 純心女子学園編.

山下英愛, 2008, 『ナショナリズムの狭間から──「慰安婦」問題へのもう一つの視座』, 明石書店.

山添達夫, 1988, 「三菱第四菱和寮での思い出」, 東南海地震・旧三菱名航道徳工場犠牲者調査追悼実行委員会編・発行.

山田昭次, 2001, 「朝鮮女子勤労挺身隊の成立」, 『在日朝鮮人研究』No. 31, 緑蔭書房.

山田昭次, 2005, 「朝鮮女子勤労挺身隊の動員と鉄鋼業への朝鮮人男子の戦時動員との比較検討」, 『한일민족문제연구』9호, 한일민족문제학회.

山田昭次・古庄正・樋口雄一, 2005, 『朝鮮人戦時労働動員』, 岩波書店.

山田昭次・田中宏編著, 1996, 『隣国からの告発──強制連行の企業責任──』, 創史社.

山田辦信, 1941, 「銃後女子勤労要員制度」, 『社会事業』第25巻 第5号.

山脇啓造, 1993, 『近代日本と外国人労働者』, 明石書店.

陸芝修, 1938, 「南鮮蚕業地雑感」, 『朝鮮』第272号.

吉田久一, 1994, 『日本社会事業の歴史 全訂版』, 勁草書房.

吉野誠, 2004, 『東アジア史のなかの日本と朝鮮』, 明石書店.

吉見義明, 2019, 『売春する帝国: 日本軍「慰安婦」問題の基底』, 岩波書店.

利府良司, 1934, 「浮浪児に就いて」, 『朝鮮社会事業』第12巻 新年号.

労働省編, 1961, 『労働行政史』第1巻, 労働法令協会.

渡辺章, 2007, 「工場法史が今問うもの」, 『日本労働研究雑誌』No. 562.

渡邊多恵子, 1941, 「戦時女子労働者保護(二)」, 『社会事業』第25巻 第8号.

渡邊多恵子, 1941, 「戦時女子労働者保護」, 『社会事業』第25巻 第7号.

渡邊洋子, 2003, 「1940年代前半期の女子青年団運動の指導理念と事業(I)」, 『京都大

学生涯教育学·図書館情報学研究』3-41.

亘明志, 2020, 「総力戦と戦時期における植民地からの労務動員をめぐって」, 『現代社会研究科論集』14号.

Fairbank ed. 1968, *The Chinese World Order: Traditional Chinas Foreign Relations*, Harvard University Press.

Silberman, B. S. and Harootunian, H. D. ed. 1966, *Modern Japanese Leadership*, The University of Arizona Press.

[참고자료1] 노동자모집취체규칙労働者募集取締規則

(1918. 1. 조선총독부령 제6호) 요약

제1조 조선 밖에서 일하는 노동자를 모집하는 자는 다음 각호의 사항을 기재한 원서에 고용인계약서안을 첨부하여 모집지역 경무부장에게 출원하여 허가를 받아야 한다.

모집자 본적 주소 등, 노동자가 일하는 사업종류와 장소, 필요한 노동자의 남녀별 노무종류별 인원, 노동자 연령, 모집 기간 등.

제2조 고용인계약서에는 다음 사항을 기재할 것.

노무 종류, 고용기간, 임금과 지급방법, 저금방법, 노무 장려방법, 수용설비, 목욕료나 침구 등 일상생활에 필요한 비용의 부담방법, 산재발생 시의 임금 지급방법, 작업 중 장애나 사망 시 부조금, 위자금, 조의금 등의 지급방법, 장애나 질병으로 인하여 부모 등이 왕래하는 경우 여비 부담방법 등 13개 항목.

제3조 모집자나 모집종사자를 사용하려는 자는 원서에 그 본적 직업 성명 등등을 기재하여 경무부장에게 출원하여 허가를 받아야 한다.

제4조 모집자는 다음 사항을 준수해야 한다.

①사실을 은폐 혹은 과대선전, 허위 언동을 사용하여 모집하지 않을 것, ②14세 미만의 자를 모집하지 않을 것, ③부모나 그에 대신할 보호자를 가지지 않은 20세 미만의 자나, 남편의 승낙을 받지 않은 부녀를 모집하지 않을 것.

제5조 모집자는 응모자의 본적, 주소, 성명, 생년월일 등이 기재된 응모자 명부를 만들어 모집지 출발 전에 경찰서장(경찰사무를 취급하는 헌병분대, 헌병분견소의 장을 포함. 이하 같음)에게 보고해야 한다. 필요한 경우, 경찰서장은 응모자의 민적 등본이나 위 ③항의 승낙서 제시를 명할 수 있다.

제6조 모집자가 응모자를 조선 밖으로 도항시키려 할 때는 승선지명과 출발일을 예정하여 응모자 명부 및 모집허가 사증을 첨부하여 출발 3일 전에 승선지 경찰서장에게 신고해야 한다(승선지나 출발일시 변경 시에도 마찬가지).

위 사항을 신고한 후 응모자 명부 기재사항에 변경이 발생했을 때에는 출발 당일까지 그 내용을 신고해야 한다.

제7조 모집구역이 2개 이상의 도에 걸쳐 있는 경우, 위 제1조와 제3조의 원서 혹은 신고서는 경무총장에게 제출해야 한다.

제8조 모집자가 법령을 위반하거나 공익상 필요하다고 인정될 때에는, 경무총장 혹은 경부부장은 제1조 및 제3조의 허가를 취소할 수 있다.

제9조 경찰서장이 필요하다고 인정한 때에는 제1조 제3조 허가를 받은 자에 대해서 일시 모집중지 등 필요한 명령을 내릴 수 있다.

제10조 본령의 규정에 의해 경무총장 혹은 경무부장에게 제출할 서류는, 주소지 혹은 가假주소지를 관할하는 경찰서장을 경유해야 한다.

제11조 다음 각항에 해당하는 자는 200엔 이하의 벌금 혹은 과료에 처한다.

①허가 없이 자신 혹은 타인을 위해 모집하는 행위, ②제3조의 허가를 받지 않은 자를 모집에 종사시키는 행위, ③제3조 제2항에 위반한 경우, ④제5조 제1항 혹은 제6조의 신고서를 제출하지 않거나 허위로 제출한 경우, ⑤제5조 제2항 및 제9조의 규정에 의한 명령에 위반한 경우.

제12조 모집자는 모집종사자가 그 모집에 관하여 본령 혹은 본령에 의한 명령을 위반했을 때, 자신이 행한 행위가 아니라는 이유로 책임을 모면할 수 없다.

제13조 모집자가 법인인 경우에, 본령에 위반한 경우의 벌칙은 법인에게 적용한다. 법인을 처벌해야 할 경우에는 법인 대표자를 피고인으로 한다.

제14조 본령은 이민보호법에 의한 이민수속을 행하는 자에게는 적용하지 않는다.

부칙

본령은 1918년 2월 1일부터 시행한다.

본령 시행 전, 모집허가를 받은 자는 본령에 의한 허가를 받은 것으로 간주한다.

(전략)

제4 노무보도원

1. 사업주는 다음 비율로서 조선에서 행해지는 관청의 노무자 공출 알선에 협력하기 위하여 적당한 자를 선출할 것.

조선인노무자 알선신청자수 100명에 대해 2명으로 하고, 100명이 증가할 때마다 1인씩 추가할 것. 단, 500인 이상은 300명 증가할 때마다 1인을 증가시킬 것.

2. 도지사는 전항의 협력자에 대하여 노무자 공출에 관한 사무를 위촉하고(무급), 그에게 노무보도원이라는 명칭을 부여할 것.

이 경우, 내지 관할 경찰서장에 대하여 그 신원이나 기타 업무수행 지장 유무 등을 조사하게 할 것.

3. 노무보도원은 사업주 혹은 사업주가 고용한 직원, 혹은 관계산업단체의 직원으로서 신원이 확실한 자로 할 것.

4. 노무보도원은 관청의 지도감독을 받으면서 주의깊게 노무자의 선정에 협력할 것.

5. 노무보도원에 소요되는 경비 일체는 사업주의 부담으로 할 것.

제5 인계 및 인솔

1. 직업소개소장 및 부군도府郡島는 편성한 대隊를 출발지에서 사업주 혹은 그 대리인에게 인계하는 것으로 한다.

출발지는 부군도의 소재지로 한다.

인계하는 경우, 직업소개소 혹은 부군도는 별지 제9호 양식의 인계증 정본, 부본 3통을 작성하여, 정본은 직업소개소장 혹은 부군도가, 부본은 도와 사업주가 그것을 보관하게 한다.

상기 인계서에는 대원 명부를 첨부할 것.

직업소개소 및 부군도는 대편성지 관할 경찰서장의 서명이 든 소개장(奧書紹介狀)*이 첨부된 대원 명부 2통을 사업주에게 교부할 것.

2. 대의 인계를 마쳤을 때에는, 직업소개소장 혹은 부군도는 인계서 부본을 첨부하여 그 상황을 즉시 보고할 것.

3. 도 할당을 받은 노무자의 인계가 완료된 때에는, 바로 그 사항을 조선총독부에 보고할 것.

4. 대 인계 후, 조선 내의 수송 및 조선 출국항으로의 인솔 수송에 대해서, 조선총독부 노무협회는 그에 협력해야 할 것.

5. 사업주는 대를 인계받고, 그들을 인솔 수송하는 데 있어서는 다음 사항을 유의할 것.

①사업주 혹은 책임 있는 대리인이 그 인솔을 담당할 것.

②인솔자는 적어도 노무자 50인당 1인 이상을 둘 것.

③인솔자는 취업지 관할 국민직업지도소**가 발행하는 인솔증명서를 휴대할 것.

④인솔자는 승선지 관할 경찰서장에게 대원 명부를 제출하고 소정의 증명사증(奧書査證)*을 받을 것.

주 * 오쿠가키奧書란, 문서 마지막에 '이 문서는 사실과 다름없음'이라는 서명을 받는 것을 말함.

주 ** 일본 직업소개소는 1942년 이후 국민직업지도소로 개칭되었음.

방침

여자의 근로동원을 촉진 강화하기 위하여 여자정신대제도를 강화하고, 그 노동능률의 고양을 도모하는 것.

요령

一. 여자정신대 결성

1. 학교장, 여자청년단장, 부인회장 기타 적절한 직역 및 지역단체의 장으로 하여금 정신대를 조직하는 것에 필요한 조치를 행하게 한다.

2. 여자정신대에 의해 근로에 종사하는 자는, 국민등록자로서 가정의 기축基軸인 자를 제외하고 신체조건이나 가정사정 등을 참작하여 선정할 것. 전시농업요원인 여자는 대원으로 선정하지 않을 것.

3. 선정된 자에 대해서는, 필요에 따라 정신대조직에 의해 필요업무에 정신협력하게 哨 명령할 수 있도록 할 것.

4. 2의 대상자는 아니지만, 정신대를 지원하는 경우, 그것을 막지 말아야 할 것.

5. 결혼이나 기타 어쩔 수 없는 사유가 있는 대원에게는 정신대에서 벗어날 수 있도록 (離隊) 할 것.

6. 정신대에는 통솔자를 정하고 대장 및 대원을 조직할 것. 한 대의 인원은 원칙으로 20명에서 50명으로 하고, 필요에 따라서 반班으로 나누어서 반장을 둘 것.

二. 여자정신대의 운영

1. 정신대가 종사할 공장, 사업장은 규율, 종업조건 기타 근로관리가 우량하고 받아들일 태세가 완비된 곳을 선정하도록 노력하고, 가급적 통근 가능한 범위에서 선정할 것. 통근 불가능한 경우, 기숙사 시설이 완비된 곳을 선정할 것. 학교 동창회를 단위로 결성된 여자정신대로서 해당 학교가 공장이 된 경우에는 되도록 그 장소에서 작업할 수 있도록 할 것. 지역을 단위로 해서 결성된 여자정신대는 해당 지역 내에 있는 가정작업장에 종사할 수 있도록 고려할 것.

2. 공장, 사업장으로서 앞항의 조건을 갖추지 못한 경우에는, 해당 정신대를 다른 공장 사업자로 바꾸어 배치하는 조치를 할 수 있도록 강구할 것.

3. 정신대는 원칙적으로 각종 직장에 분산시키지 말고, 동일 직장으로 모아 집단적으로 배치할 것.

4. 배치해야 할 직종은 당해 정신대에 적당한 직종을 선정할 것.

5. 정신대원의 가정사정 등에 의해 종업시간, 시업이나 종업 시간, 휴일 등에 관하여 상당한 배려를 행함과 더불어 통근에 대해서도 필요한 조치를 강구할 것.

6. 정신대원으로 종업하는 기간은 우선 1년으로 할 것.

7. 정신대원에 대해서는 종업 실시 전 가급적 필요한 예비훈련을 시행할 것.

8. 정신대원의 급여나 기타 종업조건은, 원칙적으로 통상의 방법에 의한 근로자와 동일하게 하지만, 급여 지급방법에 관해서는 별도 조치를 취할 것.

9. 상당수의 정신대원이 종업하는 공장 사업장에 대해서는 정신대 전문직원을 배치하도록 할 것. 그 경우, 필요하면 여자를 그 직원으로 할 것.

10. 정신대에 관한 동원 업무는 원칙적으로 모두 지방장관이 행하는 것으로 하고, 그 업무 일부는 국민근로동원서장国民勤労動員署長*으로 하여금 분장할 수 있도록 한다. 그 이외에 학교장, 시구정촌장市区町村長, 기타 단체의 장으로 하여금 보좌하도록 한다.

(비고)

(1) 본 요강 중 기본사항에 관해서는 국가동원법 제5조에 근거하여 칙령을 제정하는 것으로 할 것.

(2) 협력 명령을 거부하는 자에 대해서는 필요에 따라 국가총동원법 제6조에 근거하여 취직명령을 발동시킬 수 있게 할 것.

주* 근로동원서는 직업소개소의 개편 조직임.

[참고자료4] 여자정신근로령女子挺身勤労令

(1944. 8. 22. 勅令第519号)

제1조 근로상시요원으로서의 여자(학도근로령을 적용받는 자는 제외)를 대隊조직
(이하 여자정신대로 칭함)으로 행하는 근로협력에 관한 명령으로서 국가총동원법 제5조
규정에 근거한 명령이다. 동시에 이 명령에 의해 근로협력을 행해야 하는 자 및 여자정
신대 종업을 행하는 자의 고용 취업 종업 혹은 급여 기타 종업 조건에 관한 명령이다. 국
가총동원법 제6조에 근거한 사항은, 본령이 정한 바에 따른다.

제2조 국가동원법 제5조의 규정에 의해, 여자가 여자정신대에서 행하는 근로협력(이
하 정신근로라고 칭함)은 국가, 지방공공단체 혹은 후생대신이나 지방장관(도쿄의 경우
는 경시총감. 이하 동)이 지정하는 자가 지정하는 총동원업무에 종사하도록 한다.

제3조 정신근로를 행하는 자(이하 대원으로 칭함)는 국민직업능력신고령에 의해 국
민등록을 한 여성이다. 전 항 해당자 이외의 여자는, 지원하는 경우에 대원이 될 수 있다.

제4조 정신근로를 행하는 기간은 특별한 사정이 있는 경우를 제외하고는 대개 1년으
로 한다. 대원으로 하여금 1년을 초과하여 근무하게 할 경우에는 대원의 동의를 받아야
한다.

제5조 정신근로를 받아들이고자 하는 자는, 본령 규정에 의해 지방장관에게 정신근로
를 청구 혹은 신청해야 한다.

제6조 지방장관은 앞 6조 규정에 의한 청구 혹은 신청이 있는 경우, 여자정신대를 출
동시킬 필요가 있다고 인정할 때에는, 시정촌市町村의 장長에 준하는 곳을 포함. 도쿄도
의 구역區域, 교토시, 오사카시, 나고야시, 요코하마시 및 고베시의 경우는 구장区長. 이
하 동), 기타 단체의 장 혹은 학교장에 대해 대원을 선발하도록 명령한다.

제7조 전 항의 명령을 받은 자는 본인의 연령, 신체상태, 가정상황 등을 참작하여 대
원을 선발하여 지방장관에게 보고해야 한다.

제8조 지방장관은 전 조의 규정에 의해 보고된 자들 중에서 대원을 결정하고, 본인에
게 정신근로령서令書를 통지하고, 정신근로에 관하여 필요한 사항을 지시한다.

제9조 전 조의 규정에 의해 통지를 받은 자는, 정신근로를 행해야 한다.

제10조 정신근로를 행하는 경우, 여자정신대 조직 및 운용과 기타 대원의 규율에 필
요한 사항은 명령으로 정한다.

제11조 지방장관은 특별한 사정이 있는 경우에는 정신근로의 전부 혹은 일부를 정지
하는 것에 관하여 필요한 조치를 할 수 있다.

제12조 정신근로에 소요되는 경비는 특별한 사정이 있는 경우를 제외하고 정신근로
를 받아들이는 자가 부담하는 것으로 한다.

제13조 후생대신(군수성 소관 기업에 대해서는 군수軍需대신) 혹은 지방장관이 필요
하다고 인정할 때에는, 국가총동원법 제6조에 의해 정신근로를 받아들이는 사업자에 대

해, 대원의 사용 및 급여 기타 노동조건에 관하여 필요한 명령을 할 수 있다. 대원이 업무상 부상하거나, 질병 혹은 사망한 경우, 본인 및 그 유족의 부조에 관하여 필요한 사항은 명령으로 정한다.

제14조 다음 각 호의 하나에 해당하는 자는 대원이 될 수 없다. 다만, 대원으로서 다음 1호 혹은 2호에 해당하는 자는 예외로 할 수 있다.

①육해군 군속.

②육군대신 혹은 해군대신에 속하는 관아(부대급 학교를 포함) 혹은 후생대신이 지정하는 공장, 사업장 기타 장소에서 군사상 필요한 총동원업무에 종사하는 자.

③법령에 의해 구금 중인 자.

제15조 다음 각 호의 하나에 해당하는 자는 지원에 의한 경우를 제외하고 대원이 될 수 없다.

①후생대신이 지정한 총동원업무에 종사하는 자.

②가정생활의 기축인 자.

③기타 후생대신이 인정하는 자.

제16조 후생대신 혹은 지방장관은, 규정에 따라 정신근로에 관하여 시정촌장 기타 단체의 장, 학교장, 대원, 정신근로를 받아들이는 사업주를 감독한다.

제17조 지방장관이 필요하다고 인정하는 경우, 국가동원법에 의한 정신근로를 행하지 않는 자에 대해서 정신근로 관련 공장이나 사업장에 취업하도록 명령할 수 있다. 그에 해당하는 사업주는 취업신청을 받은 경우, 그 사람을 고용할 필요가 있다. 후생대신혹은 지방장관은 필요하다고 인정한 경우, 사업주에 대해 사용이나 급여 기타 작업조건에 관하여 필요한 사항을 명령할 수 있다.

제18조~제20조 생략

제21조 본령 중 후생대신이란, 조선의 경우 조선총독, 타이완의 경우는 타이완총독으로 한다. 지방장관이란 조선에서는 도지사, 타이완에서는 주지사 혹은 청장厅長으로 한다. 시정촌장이란, 조선에서는 부윤(경성에서는 구장區長) 혹은 읍면장, 타이완에서는 시장 혹은 군수(평후청澎湖庁의 경우는 청장厅長)로 한다. 국민근로동원서장이란 조선의 경우는 부윤, 군수 혹은 도사島司, 타이완의 경우는 시장 혹은 군수(평후청의 경우는 청장)로 한다. 도도부현都道府県이란 조선의 경우 도道, 타이완의 경우는 주州 혹은 청庁으로 한다.

제22조 정신근로에 대해서는 국민근로보국협력령의 적용을 받지 않는다.

제23조 본령이 정한 것 이외에 정신근로에 관하여 필요한 사항은 명령으로 정한다.

부칙

본령은 공포일부터 시행한다.

찾아보기

166

주금용 314, 405~6

주임관奏任官 73

『중앙여고 25년사』 224

중앙협화회 121~22, 294n11

중일전쟁 16, 76, 115, 122, 134~35, 152, 164, 275, 277

지대집세통제령 135

지석영池錫永 84

지정면指定面 67

직업소개소 124n32, 146~47, 156, 156n12, 166, 169, 200, 234~35, 237, 240~45, 242n23, 243n24, 279, 434~35, 438, 493~94, 496

진상규명위 24, 42, 44, 74, 147, 159, 213, 216~17, 220, 231, 233, 235~38, 242, 248, 251~52, 254, 257, 265, 272, 272n4, 288, 290, 292, 294, 296~98, 300, 303~4, 309, 310, 312, 314, 323, 325, 327~29, 328n26, 338, 341, 368, 384, 405, 405n16, 410, 435, 447n10, 449, 458

진○○ 283

집단모집 50, 77, 118, 122, 128, 134, 138, 140n6, 142, 160~64, 166, 168~70, 173~74, 177, 184~86, 189, 191, 203, 272, 272n4, 318, 344, 405n16, 442, 451, 453n15

집단취업 126, 179

집합적 기억 19

징병 16, 48, 51~2, 63, 119, 133~34, 137, 139, 148, 150, 155~56, 158, 167, 182, 191, 200, 231, 237, 268, 275, 279, 282, 300, 373, 439n8

징용 16, 30, 50, 51n15, 115, 126,

128, 133~34, 136~39, 139n6, 141, 146~47, 150, 160, 163, 171~77, 172n22, 173n23, 175n24, 179n25, 180~82, 185, 185n27, 186, 191, 194, 208~11, 209n13, 237, 239, 244~45, 248, 258, 260, 268~69, 287~88, 310, 318, 331n28, 347, 347n37, 349, 373~75, 377, 393, 407, 427~28, 433, 438n37, 439, 439n8, 440, 441~43, 441n9, 449

징용명령 172

징용자 원호규칙 174

【 ㅊ 】

창기 81, 81n10, 85, 408

창씨개명 167, 230n21, 233, 445

첩 81, 148~149

청구권자금의 운용 및 관리에 관한 법률 376

청년학교 27, 44, 151~52, 157~58, 205, 218, 232, 293~94, 305, 343, 354, 365, 367, 404,

청년학교령青年学校令 151

청년훈련소 151, 158

청소년고용제한령 279

총감 46, 169, 195, 211, 497

총독 46, 64, 73, 153, 156, 166~67, 167n19, 171~72, 180~81, 210, 266, 417n1, 498

총독부 →조선총독부

총독부관제 64

총후銃後 366, 373,

최복년 221~23, 227~28, 254, 269, 312, 327, 333, 344, 346, 384, 451

여자정신대, 그 기억과 진실

2022년 2월 15일 초판 1쇄 찍음
2022년 2월 28일 초판 1쇄 펴냄

지은이 박광준

펴낸이 정종주
편집주간 박윤선
편집 박소진 김신일
마케팅 김창덕

펴낸곳 도서출판 뿌리와이파리
등록번호 제10-2201호 (2001년 8월 21일)
주소 서울시 마포구 월드컵로 128-4 (월드빌딩 2층)
전화 02)324-2142~3
전송 02)324-2150
전자우편 puripari@hanmail.net

디자인 가필드
종이 화인페이퍼
인쇄 및 제본 영신사
라미네이팅 금성산업

값 25,000원
ISBN 978-89-6462-170-7 (93910)